Histoire du Consulat (Vol. 09)

faisant suite à l'Histoire de la Révolution Française

Adolphe Thiers

Alpha Editions

This edition published in 2024

ISBN : 9789367248065

Design and Setting By
Alpha Editions
www.alphaedis.com
Email - info@alphaedis.com

As per information held with us this book is in Public Domain.
This book is a reproduction of an important historical work. Alpha Editions uses the best technology to reproduce historical work in the same manner it was first published to preserve its original nature. Any marks or number seen are left intentionally to preserve its true form.

Contents

LIVRE TRENTE ET UNIÈME. .... - 1 -
   BAYLEN. .... - 1 -
LIVRE TRENTE-DEUXIÈME. .... - 144 -
   ERFURT. .... - 144 -
LIVRE TRENTE-TROISIÈME. .... - 220 -
   SOMO-SIERRA. .... - 220 -
Notes .... - 354 -

LIVRE TRENTE ET UNIÈME.

BAYLEN.

Situation de l'Espagne pendant les événements qui se passaient à Bayonne. — Esprit des différentes classes de la nation. — Sourde indignation près d'éclater à chaque instant. — Publication officielle des abdications arrachées à Ferdinand VII et à Charles IV. — Effet prodigieux de cette publication. — Insurrection simultanée dans les Asturies, la Galice, la Vieille-Castille, l'Estrémadure, l'Andalousie, les royaumes de Murcie et de Valence, la Catalogne et l'Aragon. — Formation de juntes insurrectionnelles, déclaration de guerre à la France, levée en masse, et massacre des capitaines généraux. — Premières mesures ordonnées par Napoléon pour la répression de l'insurrection. — Vieux régiments tirés de Paris, des camps de Boulogne et de Bretagne. — Envoi en Espagne des troupes polonaises. — Le général Verdier comprime le mouvement de Logroño, le général Lasalle celui de Valladolid, le général Frère celui de Ségovie. — Le général Lefebvre-Desnoette, à la tête d'une colonne composée principalement de cavalerie, disperse les Aragonais à Tudela, Mallen, Alagon, puis se trouve arrêté tout à coup devant Saragosse. — Combats du général Duhesme autour de Barcelone. — Marche du maréchal Moncey sur Valence, et son séjour à Cuenca. — Mouvement du général Dupont sur l'Andalousie. — Celui-ci rencontre les insurgés de Cordoue au pont d'Alcolea, les culbute, enfonce les portes de Cordoue, et y pénètre de vive force. — Sac de Cordoue. — Massacre des malades et des blessés français sur toutes les routes. — Le général Dupont s'arrête à Cordoue. — Dangereuse situation de la flotte de l'amiral Rosily à Cadix, attendant les Français qui n'arrivent pas. — Attaquée dans la rade de Cadix par les Espagnols, elle est obligée de se rendre après la plus vive résistance. — Le général Dupont, entouré d'insurgés, fait un mouvement rétrograde pour se rapprocher des renforts qu'il a demandés, et vient prendre position à Andujar. — Inconvénients de cette position. — Ignorance absolue où l'on est à Madrid de ce qui se passe dans les divers corps de l'armée française, par suite du massacre de tous les courriers. — Inquiétudes pour le maréchal Moncey et le général Dupont. — La division Frère envoyée au secours du maréchal Moncey, la division Vedel au secours du général Dupont. — Nouveaux renforts expédiés de Bayonne par Napoléon. — Colonnes de gendarmerie et de gardes nationales disposées sur les frontières. — Formation de la division Reille pour débloquer le général Duhesme à Barcelone. — Réunion d'une armée de siége devant Saragosse. — Composition d'une division de vieilles troupes sous les ordres du général Mouton, pour contenir le nord de la Péninsule et escorter Joseph. — Marche de Joseph en Espagne. — Lenteur de cette marche. — Tristesse qu'il éprouve en voyant tous ses sujets révoltés contre lui. — Événements militaires dans les pays qu'il traverse. — Inutile attaque sur Saragosse. — Réunion des forces insurrectionnelles du nord de l'Espagne sous les généraux Blake et de la Cuesta. — Mouvement du maréchal Bessières vers eux. — Bataille de Rio-Seco, et brillante victoire du maréchal Bessières. — Sous les auspices de cette victoire Joseph se hâte d'entrer dans Madrid. — Accueil qu'il y reçoit. — Événements militaires dans le midi de l'Espagne. — Campagne du maréchal Moncey dans le royaume de Valence. — Passage du défilé de Las Cabreras. — Attaque sans succès contre Valence. — Retraite par la route de Murcie. — Importance des événements dans l'Andalousie. — La division Gobert envoyée à la suite de la division Vedel pour secourir le général Dupont. — Situation de celui-ci à Andujar. — Difficulté qu'il éprouve à vivre. — Chaleur étouffante. — Vedel vient prendre position à Baylen après avoir forcé les défilés de la Sierra-Morena. — Gobert s'établit à la Caroline. — Obstination du général Dupont à demeurer à Andujar. — Les insurgés de Grenade et de l'Andalousie, après avoir opéré leur jonction, se présentent le 15 juillet devant Andujar, et canonnent cette position sans résultat sérieux. — Vedel, intempestivement accouru de Baylen à Andujar, est renvoyé aussi mal à propos d'Andujar à Baylen. — Pendant que Baylen est découvert, le général espagnol Reding force le Guadalquivir, et le général Gobert, voulant s'y opposer, est tué. — Celui-ci remplacé par le général Dufour. — Sur un faux bruit qui fait croire que les Espagnols se sont portés par un chemin de traverse aux défilés de la Sierra-Morena, les généraux Dufour et Vedel courent à la Caroline, et laissent une seconde fois Baylen découvert. — Conseil de guerre au camp des insurgés. — Il est décidé dans ce conseil que les insurgés, ayant trouvé trop de difficulté à Andujar, attaqueront Baylen. — Baylen, attaqué en conséquence de cette résolution, est occupé sans résistance. — En apprenant cette nouvelle, le général Dupont y marche. — Il y trouve les insurgés en masse. — Malheureuse bataille de Baylen. — Le général Dupont, ne pouvant forcer le passage pour rejoindre ses lieutenants, est obligé de demander une suspension d'armes. — Tardif et inutile retour des généraux Dufour et Vedel sur Baylen. — Conférences qui amènent la désastreuse capitulation de Baylen. — Violation de cette capitulation aussitôt après sa signature. — Les Français qui devaient être reconduits en France, avec permission de servir, sont retenus prisonniers. — Barbares traitements qu'ils essuient. — Funeste effet de cette nouvelle dans toute l'Espagne. — Enthousiasme des Espagnols et abattement des Français. — Joseph, épouvanté, se décide à évacuer Madrid. — Retraite de l'armée française sur l'Èbre. — Le général Verdier, entré dans Saragosse de vive force, et maître d'une partie de la ville, est obligé de l'évacuer pour rejoindre l'armée française à Tudela. — Le général Duhesme, après une inutile tentative sur Girone, est obligé de se renfermer dans Barcelone, sans avoir pu être secouru par le général Reille. — Contre-coup de ces événements en Portugal. — Soulèvement général des Portugais. — Efforts du général Junot pour comprimer l'insurrection. — Empressement du gouvernement britannique à seconder l'insurrection du Portugal. — Envoi de plusieurs corps d'armée dans la Péninsule. — Débarquement de sir Arthur Wellesley à l'embouchure du Mondego. — Sa marche sur Lisbonne. — Brillant combat de trois mille Français contre quinze mille Anglais à Roliça. — Junot court avec des forces insuffisantes à la rencontre des Anglais. — Bataille malheureuse de Vimeiro. — Capitulation de Cintra, stipulant l'évacuation du Portugal. — De toute la Péninsule il ne reste plus aux Français que le terrain compris entre l'Èbre et les Pyrénées. — Désespoir de Joseph, et son vif désir de retourner à Naples. — Chagrin de Napoléon, promptement et cruellement puni de ses fautes.

Mai 1808.

Napoléon, en quittant Bayonne, est déjà revenu de ses illusions sur l'Espagne.

Lorsque Napoléon quitta Bayonne pour visiter à son retour la Gascogne et la Vendée, il ne conservait plus aucune des illusions qu'il avait conçues un moment sur l'esprit de l'Espagne, et sur la facilité qu'il aurait à disposer d'elle. Une insurrection d'abord partielle, bientôt universelle, venait d'éclater, et de faire arriver jusqu'à lui les cris d'une haine implacable. Il comptait toutefois sur ses jeunes soldats, et sur quelques vieux régiments récemment dirigés vers les Pyrénées, pour réduire un mouvement qui pouvait n'être encore qu'une insurrection pareille à celle des Calabres. Bien qu'il fût déjà détrompé, peut-être même aux regrets de ce qu'il avait entrepris, il lui restait sur ce sujet beaucoup à apprendre, et avant d'avoir regagné Paris il devait connaître toutes les conséquences de la faute commise à Bayonne.

Dispositions de la nation espagnole à l'aspect des événements de Bayonne.

Les Espagnols, depuis le mois de mars, avaient passé en peu de temps par les émotions les plus diverses. Pleins d'espérance en voyant paraître les Français, de joie en voyant tomber la vieille cour, d'anxiété en voyant Ferdinand VII obligé d'aller chercher en France la reconnaissance de son titre royal, ils avaient été promptement éclairés sur ce qui allait se faire à Bayonne, et une haine ardente s'était tout à coup allumée dans leur cœur. Tous, il est vrai, ne partageaient pas ce sentiment au même degré. Les classes élevées et même les moyennes, appréciant les biens qui pouvaient provenir d'une régénération de l'Espagne par les mains civilisatrices de Napoléon, animées contre l'étranger de sentiments moins sauvages que le peuple, moins portées que lui à l'agitation, souffraient uniquement dans leur fierté, vivement blessée de la manière dont on entendait disposer de leur sort. Pourtant avec des égards, avec un déploiement subit et irrésistible de forces, on les aurait contenues, et peut-être même eût-on fini par les ramener. Mais le peuple et surtout les moines, cette portion cloîtrée du peuple, étaient exaspérés. Rien chez ceux-ci ne pouvait adoucir le sentiment de l'orgueil froissé, ni l'espérance d'une régénération qu'ils étaient incapables d'apprécier, ni la tolérance à l'égard de l'étranger qu'ils détestaient, ni l'amour du repos, ni la crainte du désordre. Ce peuple espagnol, celui des rues et des champs comme celui du cloître, ardent, oisif, fatigué du repos loin de l'aimer, s'inquiétant peu de l'incendie des villes et des campagnes dans lesquelles il ne possédait rien, allait satisfaire à sa manière ce penchant à l'agitation que le peuple français, en 1789, avait satisfait en opérant une grande révolution démocratique. Il allait déployer pour le soutien de l'ancien régime toutes les passions démagogiques que le peuple français avait déployées pour la fondation du nouveau. Il allait être violent, tumultueux, sanguinaire, pour le trône et l'autel, autant que son voisin l'avait été contre tous les deux. Il allait l'être en proportion de la chaleur de son sang et de la férocité de son caractère. Cependant, un généreux sentiment se mêlait chez le peuple espagnol à ceux que nous venons de décrire: c'était l'amour de son sol, de ses rois, de sa religion, qu'il confondait dans la même affection; et sous cette noble inspiration il allait donner d'immortels exemples de constance et souvent d'héroïsme.

Je ne suis point, je ne serai jamais le flatteur de la multitude. Je me suis promis au contraire de braver son pouvoir tyrannique, car il m'a été infligé de vivre en des temps où elle domine et trouble le monde. Toutefois je lui rends justice: si elle ne voit pas, elle sent; et, dans les occasions fort rares où il faut fermer les yeux et obéir à son cœur, elle est, non pas un conseiller à écouter, mais un torrent à suivre. Le peuple espagnol, quoiqu'en repoussant la royauté de Joseph il repoussât un bon prince et de bonnes institutions, fut peut-être mieux inspiré que les hautes classes. Il agit noblement en repoussant le bien qui lui venait d'une main étrangère, et sans yeux il vit plus juste que les hommes éclairés, en croyant qu'on pouvait tenir tête au conquérant auquel n'avaient pu résister les plus puissantes armées et les plus grands généraux.

Le départ de Ferdinand VII, suivi du départ de Charles IV, puis de celui des infants, avait clairement révélé l'intention de Napoléon, et le peuple de Madrid, n'y tenant plus, se souleva le 2 mai, comme on l'a vu au livre précédent. Il s'insurgea, se fit sabrer par Murat, mais eut l'indicible satisfaction d'égorger quelques Français tombés isolément sous ses coups. En un clin d'œil la nouvelle répandue dans l'Estrémadure, la Manche, l'Andalousie, allait y faire éclater l'incendie qui couvait sourdement, quand la prompte et terrible répression exercée par Murat glaça ces provinces de terreur, et les contint pour quelque temps. Tous les visages redevinrent mornes et silencieux, mais empreints d'une haine profonde. On s'arrêta sous une main menaçante, mais le récit exagéré du sang versé à Madrid, le détail des événements de Bayonne propagé par la correspondance des couvents, accroissaient à chaque instant la secrète fureur qui régnait dans les âmes, et préparaient une nouvelle explosion, tellement soudaine, tellement universelle, qu'aucun coup, même frappé à propos, ne pourrait la prévenir. Toutefois, si Napoléon, prenant plus au sérieux cette grave entreprise, avait eu partout une force suffisante, si au lieu de 80 mille conscrits, il avait eu 150 mille vieux soldats contenant à la fois Saragosse, Valence, Carthagène, Grenade, Séville, Badajoz, comme on contenait Madrid, Burgos, Barcelone; si Murat présent, et en santé, se fût montré partout, peut-être aurait-on pu empêcher l'incendie de se propager, en admettant qu'il soit donné à la force matérielle de prévaloir contre la force morale, surtout lorsque celle-ci est fortement excitée. Malheureusement, tandis que le maréchal Moncey avec 20 mille jeunes soldats occupait la gauche de la capitale, depuis Aranda jusqu'à Chamartin; tandis que le général Dupont avec 18 mille en occupait la droite, de Ségovie à l'Escurial; tandis que le maréchal Bessières avec environ 15 mille occupait la Vieille-Castille, et le général Duhesme la Catalogne avec 10 mille[1] (voir la carte n° 43), en arrière les Asturies, à droite la Galice, à gauche l'Aragon, en avant l'Estrémadure, la Manche, l'Andalousie, Valence, restaient libres, et n'étaient contenus que par les autorités espagnoles, désirant sans doute le maintien de l'ordre, mais navrées de douleur, et servies par une armée qui partageait tous les sentiments du peuple. Il était bien évident qu'elles ne déploieraient pas une grande énergie pour réprimer une insurrection avec laquelle elles sympathisaient secrètement. Cependant, sous l'impression du 2 mai, et dans l'attente de ce qui se passerait définitivement à Bayonne, on se contenait encore, mais avec tous les signes d'une anxiété extraordinaire, et d'une violente passion près d'éclater.

> Faux bruits répandus pour exciter les imaginations.

Dans cette situation, l'imagination populaire, vivement éveillée, accueillait les bruits les plus étranges. Les voyages forcés à Bayonne en étaient surtout le texte. Les principaux personnages devaient, disait-on, après la famille royale, être conduits dans cette ville, devenue le gouffre où allait s'engloutir tout ce que l'Espagne avait de plus illustre. Après la royauté, après les grands, viendrait le tour de l'armée. Elle devait, régiment par régiment, être menée à Bayonne, de Bayonne sur les rives de l'Océan, où se trouvaient déjà les troupes du marquis de La Romana, et périr dans quelque guerre lointaine pour la grandeur du tyran du monde. Ce n'était pas tout: la population entière devait être enlevée au moyen d'une conscription générale, qui frapperait la Péninsule comme elle frappait la France, et on verrait la fleur de la nation espagnole sacrifiée aux atroces projets du nouvel Attila. On débitait à ce propos les plus singuliers détails. Des quantités considérables de menottes avaient été fabriquées, disait-on, et transportées dans les caissons de l'armée française, afin d'emmener pieds et poings liés les malheureux conscrits espagnols. On affirmait les avoir vues et touchées. Il y en avait notamment des milliers déposées dans les arsenaux du Ferrol, où cependant n'avait paru ni un bataillon ni un caisson de l'armée française, mais où l'on travaillait beaucoup, par ordre de Napoléon, à la restauration de la marine espagnole, et où l'on préparait une expédition pour mettre les riches colonies de la Plata à l'abri des attaques de l'Angleterre. À ces bruits s'en joignaient une foule d'autres de même valeur. On allait, disait-on encore, sous un roi français obliger tout le monde à parler et à écrire le français. Une nuée d'employés français accompagneraient ce roi, et s'approprieraient tous les emplois.

La première et la plus grave conséquence de ces bruits fut de faire déserter l'armée espagnole presque tout entière, par la crainte d'être violemment transportée en France. À Madrid, on vit chaque nuit jusqu'à deux et trois cents hommes déserter à la fois. | Désertion générale de l'armée espagnole.

Les soldats s'en allaient sans leurs officiers, quelquefois même avec eux, emportant armes, bagages, matériel de guerre. Les gardes du corps qui étaient à l'Escurial disparurent ainsi peu à peu, au point qu'après quelques jours il n'en restait plus un seul. Cette désertion se manifesta, non-seulement à Madrid, mais à Barcelone, à Burgos, à la Corogne. Généralement les soldats déserteurs fuyaient soit vers le midi, soit vers les provinces dont l'agitation et l'éloignement faisaient un asile plus sûr pour les fugitifs. Ceux de Barcelone fuyaient vers Tortose et Valence. Ceux de la Vieille-Castille gagnaient l'Aragon et Saragosse, contrée réputée invincible chez les Espagnols. Ceux de la Corogne allaient rejoindre le général Taranco, placé avec un corps de troupes au nord du Portugal. Ceux de la Nouvelle-Castille se jetaient partie à gauche vers Guadalaxara et Cuenca, où ils avaient Saragosse et Valence pour retraite, partie à droite vers Talavera, où ils avaient l'asile assuré et impénétrable de l'Estrémadure. Les généraux espagnols, habitués à la subordination, rendaient compte de cette désertion effrayante, qui les laissait sans aucun moyen de maintenir l'ordre, quel que fût le souverain définitivement imposé à la malheureuse Espagne.

Les troupes du midi, celles de l'Andalousie notamment, où l'on était le plus loin possible des Français, et où l'on aurait voulu aller si on n'y avait pas été, demeuraient seules compactes et unies; et c'étaient par malheur pour nous les plus nombreuses, car il y avait, outre le camp de Saint-Roque devant Gibraltar, fort de 9 mille hommes, la garnison de Cadix, qu'on maintenait considérable en tout temps; puis enfin la division du général Solano, marquis del Socorro, destiné d'abord à occuper le Portugal, rapproché plus tard de

Madrid, et renvoyé dernièrement en Andalousie, dont il était capitaine général. Ces troupes, avec celles du camp de Saint-Roque que commandait le général Castaños, ne s'élevaient pas à moins de 25 mille hommes, et c'étaient les seules qui ne fussent pas portées à la désertion. Il fallait y ajouter les troupes suisses engagées depuis long-temps au service d'Espagne. Les deux régiments suisses de Preux et de Reding avaient été, par ordre même de Napoléon, réunis à Talavera, pour être joints à la première division du général Dupont, qui devait occuper Cadix, où se trouvait, comme on sait, une flotte française. Les trois régiments suisses stationnés à Tarragone, Carthagène et Malaga, avaient été, également par son ordre, dirigés sur Grenade, où le général Dupont devait les recueillir en passant. Napoléon pensait qu'en les plaçant, comme il disait, dans un *courant d'opinion française*, ils serviraient la cause de la nouvelle royauté, et non celle de l'ancienne. Malheureusement toutes ses vues devaient être déjouées par le mouvement qui entraînait les cœurs. ⎡Dispositions des autorités espagnoles.⎤ Les autorités militaires espagnoles, quoiqu'elles regrettassent peu, ainsi que les classes éclairées, le gouvernement incapable et corrompu qui venait de finir, étaient indignées aussi des événements de Bayonne, et auraient volontiers déserté avec leurs soldats vers les provinces inaccessibles aux Français. ⎡Fâcheuse conséquence de la maladie de Murat.⎤ Murat seul, qui avait sur elles un certain ascendant, aurait pu les maintenir dans le devoir; mais, atteint d'une fièvre violente, affaibli, épuisé, pouvant à peine supporter qu'on lui parlât d'affaires, souffrant au seul bruit du pas de ses officiers, il avait pris en aversion le pays où il n'était plus appelé à régner, lui attribuait sa fin qu'il croyait prochaine, demandait sa femme et ses enfants avec des cris douloureux, et voulait qu'on le laissât partir immédiatement. Il fallait retenir cet homme héroïque, devenu tout à coup faible comme un enfant, le retenir malgré lui, jusqu'à l'arrivée de Joseph, de crainte que, lui parti, le fantôme d'autorité dont on se servait pour tout ordonner en son nom ne disparût complétement. Les Espagnols, avertis de l'état de Murat qu'on avait transporté à la campagne, et qu'on ne montrait plus, voyaient dans sa maladie une punition du ciel, que du reste ils auraient voulu voir tomber, non sur Murat, qu'ils plaignaient plus qu'ils ne le détestaient, mais sur Napoléon, devenu désormais l'objet de leur haine inexorable. Il y en avait qui allaient jusqu'à dire que c'était Napoléon lui-même qui, pour enfouir dans la tombe le secret de ses machinations abominables, avait fait empoisonner Murat. Ainsi divague, invente, sans souci de la vérité et même de la vraisemblance, l'imagination populaire une fois qu'elle est émue et excitée!

L'anxiété à Madrid était si grande, que le moindre bruit dans une rue, que le pas d'un piquet de cavalerie sur une place publique, suffisaient pour attirer la population en masse. Dans chaque ville on se pressait à l'arrivée du courrier pour recueillir les nouvelles, et on restait assemblé des heures entières pour en disserter. Le peuple, les bourgeois, les grands, les prêtres, les moines, mêlés ensemble avec la familiarité ordinaire à la nation espagnole, s'occupaient sans cesse des événements politiques dans les lieux publics. Partout la curiosité, l'attente, la colère, la haine, agitaient les cœurs, et il ne fallait plus qu'une légère étincelle pour allumer un vaste incendie.

> Publication des abdications arrachées à Charles IV et à Ferdinand VII.

> Effet soudain de cette publication.

Tel était donc l'état des esprits lorsque se répandit tout à coup la nouvelle de la double abdication arrachée à Charles IV et à Ferdinand VII. On venait de la publier dans la *Gazette de Madrid* du 20 mai, à la suite de la manifestation imposée au conseil de Castille en faveur de Joseph. Cette nouvelle n'avait assurément rien d'imprévu, puisque par une foule d'émissaires on avait su que Ferdinand VII était à Bayonne, prisonnier, et exposé aux obsessions les plus menaçantes pour qu'il cédât sa couronne à la famille Bonaparte. Mais la connaissance officielle du sacrifice arraché à la faiblesse du père et à la captivité du fils, agit sur le sentiment public avec une violence inexprimable. On fut profondément indigné de l'acte en lui-même, et cruellement offensé de sa forme dérisoire. L'effet fut instantané, général, immense.

> Insurrection des Asturies.

À Oviedo, capitale des Asturies, on était déjà fort agité par deux circonstances accidentelles: premièrement la convocation de la junte provinciale, qui avait l'habitude de se réunir tous les trois ans, et secondement un procès intenté à quelques Espagnols pour avoir insulté le consul français de Gijon. Ce procès, ordonné par le gouvernement de Madrid, avait provoqué une désapprobation générale, car tout le monde se sentait prêt à faire ce qu'avaient fait les auteurs de l'outrage qu'il s'agissait de punir. La nouvelle des abdications étant arrivée par le courrier de Madrid, on ne se contint plus. Dans cette province, qui était une Espagne dans l'Espagne, et qui éprouvait pour toutes les innovations l'aversion que la Vendée avait manifestée autrefois, il n'y avait qu'un esprit, et les plus grands seigneurs sympathisaient complétement avec le peuple. Ils se mirent à la tête du mouvement, et le 24 mai, jour de l'arrivée du courrier de Madrid, on se concerta par l'intermédiaire des moines et des autorités municipales avec les gens des campagnes, pour s'emparer d'Oviedo. À minuit, au bruit du tocsin, le peuple de la montagne descendit en effet vers la ville, l'envahit, se joignit au peuple de l'intérieur, courut chez les autorités, les déposa, et conféra tous les pouvoirs à la junte. Celle-ci choisit pour son président le marquis de Santa-Cruz de Marcenado, grand personnage du pays, fort ennemi des Français, très-passionné pour la maison de Bourbon, et plein de sentiments patriotiques que nous devons honorer, quoique contraires à la cause de la France. Sous son impulsion, on n'hésita pas à considérer les abdications comme nulles, les événements de Bayonne comme atroces, l'alliance avec la France comme rompue, et on déclara solennellement la guerre à Napoléon.

| Déclaration de guerre à la France. | Après avoir procédé de la sorte, on s'empara de toutes les armes que contenaient les arsenaux royaux, très-largement approvisionnés dans cette province par l'industrie locale. On enleva cent mille fusils, qui furent partie distribués au peuple, partie réservés pour les provinces voisines. On fit des dons considérables pour remplir la caisse de l'insurrection, dons auxquels le clergé et les grands propriétaires contribuèrent pour une forte part. | Envoi de députés en Angleterre. | Enfin on proclama le rétablissement de la paix avec la Grande-Bretagne, et on envoya sur un corsaire de Jersey deux députés à Londres, afin d'invoquer l'alliance et les secours de l'Angleterre. L'un de ces deux députés était le comte de Matarosa, depuis comte de Toreno, si connu des hommes de notre âge, comme ministre, ambassadeur et écrivain.

| Massacre empêché par un chanoine. |

Mais l'enthousiasme patriotique des Espagnols ne pouvait malheureusement éclater sans accompagnement d'affreuses cruautés, et le sang qui coula bientôt dans les autres provinces allait couler dans les Asturies, lorsque, pour l'honneur de cette province, un prêtre en arrêta l'effusion. Il y avait à Oviedo deux commissaires espagnols envoyés à l'instigation de Murat pour accélérer le procès intenté aux offenseurs du consul de Gijon. Il y avait aussi le commandant de la province, appelé La Llave, lequel avait paru peu favorable à une insurrection qui lui semblait singulièrement imprudente; enfin le colonel du régiment des carabiniers royaux et celui du régiment d'Hibernia, qui tous deux avaient opiné autrement que leurs officiers lorsqu'il s'était agi de savoir si on empêcherait ou favoriserait le mouvement populaire. Sur-le-champ on avait proclamé traîtres ces cinq personnages, et la nouvelle autorité les avait mis en prison pour apaiser la populace. Afin de les soustraire à sa fureur, la junte voulut les faire sortir de la principauté. Le peuple profita de l'occasion pour s'emparer de leurs personnes, et une multitude composée surtout des nouveaux volontaires, les avait déjà attachés à des arbres pour les fusiller, lorsqu'un chanoine (en Espagne le clergé séculier se montra partout meilleur que les moines), lorsqu'un chanoine eut l'idée de se rendre en procession au lieu où se préparait le crime, et, couvrant les victimes avec le saint sacrement, parvint à les sauver. Ce ne fut pas le seul effort du clergé honnête pour empêcher l'effusion du sang, mais le seul effort heureux, car bientôt l'Espagne devint un théâtre de crimes atroces, commis non-seulement sur les Français, mais sur les Espagnols les plus illustres et les plus dévoués à leur pays.

L'insurrection des Asturies ne devança que de deux ou trois jours celle du nord de l'Espagne. À Burgos on ne pouvait remuer, car le maréchal Bessières y avait son quartier général. Mais à Valladolid, où ne se trouvait plus aucune des divisions du général Dupont, déjà transportées au delà du Guadarrama, à Léon, à Salamanque, à Benavente, à la Corogne enfin, la nouvelle des abdications avait soulevé tous les cœurs. Toutefois, les plaines de la Castille et du royaume de Léon, que la cavalerie française pouvait traverser au galop sans rencontrer d'obstacle, étaient trop ouvertes pour qu'on n'hésitât pas un peu plus long-temps à s'insurger. Ce fut la Galice, protégée comme les Asturies par des montagnes presque inaccessibles, qui répondit la première au signal d'Oviedo. ⎡Commencement d'agitation à la Corogne.⎤ La Corogne, capitale de cette province, renfermait encore un assez grand nombre de troupes espagnoles, bien que la plupart eussent suivi le général Taranco en Portugal. L'esprit de subordination militaire et administrative dominait dans cette province, l'un des centres de la puissance espagnole.

⎡Vains efforts du capitaine général Filangieri pour contenir cette agitation.⎤
Le capitaine général Filangieri, frère du célèbre jurisconsulte napolitain, homme sage, doux, éclairé, universellement aimé de la population, mais un peu suspect aux Espagnols en sa qualité de Napolitain, cherchait à maintenir l'ordre dans son commandement, et était du nombre des chefs militaires et civils qui ne considéraient l'insurrection ni comme prudente, ni comme profitable au pays. S'étant aperçu que le régiment de Navarre, qui tenait garnison à la Corogne, était prêt à donner la main aux insurgés, il l'avait envoyé au Ferrol. Il avait ainsi réussi à gagner quelques jours, car jusqu'au 30 mai l'insurrection, qui avait éclaté le 24 dans les Asturies, et qu'on disait accomplie ou près de l'être à Léon, à Valladolid, à Salamanque, avait été empêchée dans la Galice. ⎡La fête de saint Ferdinand devient l'occasion dont on se sert pour faire éclater l'insurrection.⎤ Mais le 30 était le jour de la fête de saint Ferdinand. On avait coutume ce jour-là d'arborer à l'hôtel du gouvernement et dans les lieux publics des drapeaux à l'effigie du saint. On

ne l'avait pas osé cette fois, car en fêtant saint Ferdinand, on aurait semblé fêter le souverain détenu à Bayonne, et qui venait d'abdiquer. À ce spectacle, le peuple de la Corogne ne se contint plus. Une foule d'hommes, de femmes, d'enfants, vinrent devant le front des troupes qui protégeaient l'hôtel du gouvernement, en criant *Vive Ferdinand!* et en portant des images du saint. Les enfants, plus hardis, se jetèrent au milieu des soldats, qui laissèrent traverser leurs rangs. Les femmes suivirent, et bientôt l'hôtel du capitaine général fut envahi, ravagé, et surmonté des insignes du saint, que d'abord on n'avait pas arborés. Le capitaine général Filangieri lui-même se vit obligé de s'enfuir.

> Déclaration de guerre à la France, dans la Galice comme dans les Asturies.

Aussitôt une junte fut formée, l'insurrection proclamée, la guerre déclarée à la France, une levée en masse ordonnée comme à Oviedo, et la distribution des fusils de l'arsenal faite à la multitude. Quarante ou cinquante mille fusils sortirent des arsenaux royaux pour armer tous les bras qui s'offrirent. Le régiment de Navarre fut immédiatement rappelé du Ferrol et reçu en triomphe. Les dons abondèrent de la part des grands et du clergé. Le trésor de Saint-Jacques de Compostelle envoya deux à trois millions de réaux. Cependant on estimait le capitaine général Filangieri, on sentait le besoin d'avoir à la tête de la junte un personnage aussi éminent, et on lui en offrit la présidence, qu'il consentit à accepter. Cet homme excellent, cédant, quoique à regret, à l'entraînement patriotique de ses concitoyens, se mit loyalement à leur tête, pour racheter par la sagesse des mesures la témérité des résolutions. Il rappela du Portugal les troupes du général Taranco; il versa la population insurgée dans les cadres des troupes de ligne pour les grossir; il employa le matériel considérable dont il disposait pour armer les nouvelles levées, et il se hâta ainsi d'organiser une force militaire de quelque valeur.

En attendant, il avait porté au débouché des montagnes de la Galice, afin d'arrêter les troupes ennemies qui viendraient des plaines de Léon et de la Vieille-Castille, ses corps les mieux organisés, entre Villafranca et Manzanal.

> Assassinat du capitaine général Filangieri.

Mais, tandis qu'il veillait lui-même au placement de ses postes, quelques furieux qui ne lui pardonnaient ni des hésitations, ni une prudence peu en harmonie avec leurs passions désordonnées, l'égorgèrent atrocement dans les rues de Villafranca. Il y avait là un détachement du régiment de Navarre, irrité encore de quelques jours d'exil au Ferrol, et on attribua à ce régiment un crime qui devint le signal du massacre de la plupart des capitaines généraux.

> Soulèvement dans le royaume de Léon et dans la Vieille-Castille.

La commotion de la Galice gagna sur-le-champ le royaume de Léon. À l'arrivée de 800 hommes de troupes envoyés de la Corogne à Léon, l'insurrection s'y produisit de la même manière et avec les mêmes formes. On institua une junte, on déclara la guerre, on décréta une levée en masse, on s'arma avec toutes les armes sorties des arsenaux d'Oviedo, du Ferrol et de la Corogne. À Léon on était déjà en plaine, et assez rapproché des escadrons du maréchal Bessières; mais à Valladolid on en était encore plus près. Néanmoins il suffisait à l'imprudent enthousiasme des Espagnols de ne pas voir ces escadrons, quoiqu'ils fussent à quelques lieues, pour éclater en mouvements insurrectionnels. Le capitaine général de Valladolid était don Gregorio de la Cuesta, vieux militaire, inflexible observateur de la discipline, esprit chagrin et morose, blessé au cœur comme tous les Espagnols des événements de Bayonne, mais n'imaginant pas qu'on pût résister à la puissance de la France, et porté à croire qu'il fallait recevoir d'elle la régénération de l'Espagne, en se dédommageant de la blessure faite à l'orgueil national par les biens qui résulteraient d'une réforme générale des anciens abus. Violence faite à don Gregorio de la Cuesta, gouverneur de la Vieille-Castille, pour l'obliger à proclamer l'insurrection. Un sentiment particulier agissait de plus sur son cœur, c'était l'aversion de la multitude et de son intervention dans les affaires de l'État. La populace de Valladolid, que les événements d'Oviedo, de la Corogne, de Léon avaient fort émue, et qui ne voulait pas se montrer plus insensible que les autres populations du nord à la nouvelle des abdications, s'assembla, courut sous les fenêtres du capitaine général Gregorio de la Cuesta, et l'obligea à paraître. Ce vieil homme de guerre, paraissant avec un visage mécontent, essaya d'opposer quelques raisons fort sensées à une levée de boucliers faite si près des troupes françaises; mais sa voix fut couverte de huées. Une potence apportée par des gens du peuple fut dressée en face de son palais, et, à ce spectacle, il se rendit, donnant son adhésion à ce qu'il regardait comme une folie. Valladolid eut sa junte insurrectionnelle, sa levée en masse et sa déclaration de guerre.

Mouvement à Ségovie et à Ciudad-Rodrigo.

Ségovie, située à quelque distance sur la route de Madrid, quoique se trouvant à quelques lieues de la troisième division du général Dupont, la division Frère, qui était campée à l'Escurial, Ségovie s'insurgea aussi. Il y avait en cette ville, dans le château qui la domine, un collége militaire d'artillerie. Tout le collége se souleva, et, réuni au peuple, barricada la ville. À droite Ciudad-Rodrigo suivit le même exemple, et massacra son gouverneur, parce qu'il n'avait pas mis assez de promptitude à se prononcer. Madrid et

Tolède contenus par la présence de l'armée française. La ville de Madrid tressaillit à ces nouvelles; mais le corps du maréchal Moncey, la garde impériale, la cavalerie entière de l'armée, et enfin la présence à l'Escurial, à Aranjuez, à Tolède du corps du général Dupont, ne lui permettaient guère de montrer ce qu'elle éprouvait. D'ailleurs cette capitale croyait avoir payé sa dette patriotique au 2 mai, et attendait que les provinces de la monarchie vinssent la débarrasser de ses fers. Tolède, qui avait fait mine de s'insurger quelques semaines auparavant, avait été promptement réprimée, et elle attendait aussi qu'on la délivrât, assistant avec une satisfaction mal dissimulée à l'élan universel de l'indignation nationale. La Manche partageait ce sentiment, et le prouvait en donnant asile aux déserteurs de l'armée, qui trouvaient partout logement, vivres, secours de tout genre pour gagner les provinces reculées, où il existait des rassemblements de troupes espagnoles.

Insurrection de l'Andalousie.

Mais la riche et puissante Andalousie, comptant sur sa force et sur la distance qui la séparait des Pyrénées, aspirant à devenir le nouveau centre de la monarchie depuis que Madrid était occupé, avait ressenti des premières le coup porté à la dignité de la nation espagnole. Elle n'avait pas attendu comme quelques autres provinces la fête de saint Ferdinand. La nouvelle des abdications lui avait suffi, et le 26 mai au soir elle avait éclaté. Déjà depuis quelque temps on conspirait à Séville. Un noble espagnol, originaire de l'Estrémadure, le comte de Tilly, frère d'un autre Tilly qui avait figuré dans la révolution française, personnage inquiet, entreprenant, malfamé, porté aux nouveautés quelles qu'elles fussent, se concertait secrètement avec des hommes de toutes les classes, pour préparer un soulèvement contre les Français. Un autre personnage plus singulier, également étranger à Séville, mais s'y montrant beaucoup depuis les derniers événements, le nommé Tap y Nuñez, espèce d'aventurier faisant la contrebande avec Gibraltar, bon Espagnol du reste, doué au plus haut point du talent d'agir sur la multitude, avait acquis sur le bas peuple de cette ville un immense ascendant. Il s'entendit avec les conjurés du comte de Tilly, et la nouvelle des abdications étant venue, tous d'un commun accord choisirent le 26 mai, jour de l'Ascension, pour opérer le soulèvement de la province. Le 26 au soir, en effet, une foule assemblée par eux, et où figuraient des gens du peuple avec des soldats du régiment d'Olivenza, se rendit au grand établissement de la Maestranza d'artillerie, qui renfermait un riche dépôt d'armes, l'envahit et s'empara de ce qu'il contenait. En un instant le peuple de Séville fut armé, et parcourut dans une sorte d'ivresse les rues de cette grande cité. La municipalité, pour délibérer avec plus de calme et d'indépendance, avait abandonné l'Hôtel-de-Ville, et s'était transportée à l'hôpital militaire. On s'empara de l'Hôtel-de-Ville resté vacant, et on y institua une junte insurrectionnelle, comme cela se pratiquait alors dans toute l'Espagne. Ce fut le chef de la populace Tap y Nuñez, qui en désigna les membres, sous l'inspiration de ceux qui conspiraient avec lui. On choisit de ces hommes qui plaisent dans les temps d'agitation, c'est-à-dire des turbulents, et puis quelques hommes graves pour couvrir l'inconsistance des autres. Cette junte, toute pleine de l'orgueil andalou, n'hésita pas à se proclamer *Junte suprême d'Espagne et des Indes*. Elle ne dissimulait pas, comme on le voit, l'ambition de gouverner l'Espagne pendant l'occupation des Castilles par les Français. Tout cela fut fait au milieu d'un enthousiasme impossible à décrire. **Meurtre du comte del Aguila.** Mais le lendemain cet enthousiasme devint sanguinaire, comme il fallait s'y attendre. L'autorité municipale, retirée à l'hôpital militaire, était suspecte comme toute autorité ancienne; car c'était, nous le répétons, la démagogie qui triomphait en ce moment sous le manteau du royalisme. On accusait cette autorité municipale de tiédeur patriotique, et même de secrète connivence avec le gouvernement de Madrid. Son chef, le comte del Aguila, gentilhomme des plus distingués de la province, vint en son nom se présenter à la junte pour lui offrir de se concerter avec elle. À sa vue, la multitude furieuse demanda sa tête. La junte, qui ne partageait pas les sentiments féroces de la populace, voulut le sauver, et pour cela feignit de l'envoyer prisonnier à l'une des tours de la ville. Pendant le trajet, le malheureux comte del Aguila fut enlevé par les insurgés, conduit violemment dans la cour de la prison, attaché à une balustrade et tué à coups de carabine; puis la multitude alla promener dans les rues les débris de son cadavre. Au milieu de l'ivresse populaire, et de la terreur qui commençait à s'emparer des classes élevées, on prit une suite de mesures dictées par les circonstances. **Levée en masse et déclaration de guerre à la France.** On décréta la déclaration de guerre à la France, la levée en masse de tous les hommes de 16 à 45 ans, l'envoi de commissaires dans toutes les villes de l'Andalousie, pour les soulever et les rattacher à la junte qui s'intitulait *Junte suprême d'Espagne et des Indes*. Ces commissaires durent aller à Badajoz, à Cordoue, à Jaen, à Grenade, à Cadix, au camp de Saint-Roque. **Promesse de convoquer les Cortès pour corriger les abus de l'ancien régime.** En déclarant la guerre à la France, on prit l'engagement de ne poser les armes que lorsque Napoléon aurait rendu Ferdinand VII à l'Espagne, et on promit de convoquer après la guerre les Cortès du royaume, afin d'opérer les réformes dont on sentait, disait-on, l'utilité, et appréciait le mérite, sans avoir besoin d'être initié par des étrangers à la connaissance des droits des peuples, car les nouveaux insurgés comprenaient la nécessité d'opposer au moins quelques promesses d'améliorations à la constitution de Bayonne.

> Soulèvement de Cadix, et mort violente du marquis de Solano, capitaine général de l'Andalousie.

C'était surtout vers Cadix que se tournaient tous les regards, car c'était là que résidait le capitaine général Solano, marquis del Socorro, qui réunissait au commandement de la province celui des nombreuses troupes répandues dans le midi de l'Espagne. On lui avait dépêché un commissaire pour le décider à prendre part à l'insurrection, et on en avait expédié un autre également au général Castaños, commandant le camp de Saint-Roque. Le comte de Téba, envoyé à Cadix, s'y présenta avec toute la morgue insurrectionnelle du moment. Il s'adressait mal en s'adressant au marquis del Socorro, caractère fougueux, altier, estimé de l'armée et aimé de la population. Celui-ci était, comme tous les militaires instruits, très-convaincu de la puissance de la France, et jugeait fort imprudente l'insurrection dans laquelle on se jetait aveuglément. Il l'avait dit en revenant du Portugal, soit à Badajoz, soit à Séville, avec une hardiesse de langage qui avait grandement offusqué les conspirateurs. On s'en souvenait, et on était à son égard rempli de défiance. Le général Solano convoqua chez lui une assemblée de généraux pour écouter les propositions de Séville. Cette assemblée fut d'avis, comme lui, que toutes les raisons militaires et politiques se réunissaient contre l'idée d'une lutte armée avec la France, et elle fit une déclaration dans laquelle, argumentant contre l'insurrection et concluant pour, elle ordonnait les enrôlements volontaires, se rendant ainsi par pure déférence à un vœu populaire qu'elle déclarait déraisonnable. La lecture de cette pièce, qui à côté d'un acte de condescendance plaçait un blâme, faite publiquement dans les rues de Cadix, y produisit l'émotion la plus vive. La foule se transporta chez le capitaine général. Un jeune homme se fit son orateur, discuta avec le général Solano, réussit à troubler ce brave militaire, habitué à commander, non à raisonner avec de tels interlocuteurs, et lui arracha la promesse que le lendemain la volonté populaire serait pleinement satisfaite. La multitude, contente pour la journée, voulut cependant se donner le plaisir de ravager, et courut à la maison du consul de France Leroy, qu'elle saccagea. Cet infortuné représentant de la France, naguère si redouté, n'eut d'autre ressource que de se réfugier à bord de l'escadre de l'amiral Rosily, qui depuis trois années attendait vainement dans les eaux de Cadix une occasion favorable pour sortir.

Le lendemain, la populace avait conçu un nouveau désir: elle voulait sans retard commencer la guerre contre la France, en accablant de tous les feux de la rade l'escadre de l'amiral Rosily. La multitude se repaissait avec transport de l'idée de ce triomphe, triomphe facile et bien insensé contre une marine alliée, au profit de la marine anglaise. Toutefois, il y avait quelque difficulté à détruire des vaisseaux montés et commandés par de braves gens, héros malheureux de Trafalgar, qui dans cette journée terrible bravaient la mort à leur poste, tandis que les marins espagnols fuyaient pour la plupart le champ de bataille. De plus, ils étaient tellement mêlés avec les bâtiments espagnols, que ceux-ci pouvaient être brûlés les premiers. C'est ce que disaient les hommes raisonnables de l'armée et de la marine. Ils ajoutaient qu'on avait dans le Nord la division du marquis de La Romana, laquelle pourrait bien expier les barbaries qu'on commettrait à l'égard des marins français. Cependant, la raison, l'humanité avaient en ce moment bien peu de chances de se faire écouter.

La réunion des généraux, convoquée de nouveau le lendemain par le marquis del Socorro, avait adhéré en tout au vœu du peuple, et plusieurs de ses membres avaient dans leurs entretiens rejeté lâchement sur le marquis la demi-résistance opposée la veille. Mais il restait à décider la question fort grave de l'attaque immédiate contre la flotte française. Cette question regardait les officiers de mer plus que les officiers de terre, et ils déclaraient unanimement qu'on s'exposerait, avant d'avoir satisfait la rage populaire, à faire brûler les vaisseaux espagnols. La communication de cet avis des hommes compétents, faite en place publique, avait amené encore une fois la populace devant l'hôtel de l'infortuné Solano. On lui avait aussitôt demandé compte de cette nouvelle résistance au vœu populaire, et on lui avait dépêché trois députés pour s'en expliquer avec lui. L'un des trois députés ayant paru à la fenêtre de l'hôtel pour rendre compte de sa mission, et ne pouvant se faire entendre au milieu du tumulte, la foule crut ou feignit de croire qu'on refusait de lui donner satisfaction, et envahit l'hôtel. Le marquis de Solano, voyant le péril, s'enfuit chez un Irlandais de ses amis établi à Cadix, et qui résidait dans son voisinage. Malheureusement un moine attaché à ses pas l'avait aperçu et dénoncé. Bientôt poursuivi par ces furieux, atteint, blessé dans les bras de la courageuse épouse de cet Irlandais, qui s'efforçait de l'arracher aux assassins, il fut conduit le long des remparts, criblé de blessures, et enfin renversé d'un coup mortel qu'il reçut avec le sang-froid et la dignité d'un brave militaire. C'est ainsi que le peuple espagnol préparait sa résistance aux Français, en commençant par égorger ses plus illustres et ses meilleurs généraux.

> Menace d'attaquer la flotte française dans les eaux de Cadix.

> Thomas de Morla, nommé par les insurgés capitaine général de l'Andalousie, entre en pourparlers avec les Anglais.

Thomas de Morla, hypocrite flatteur de la multitude, cachant sous beaucoup de morgue une lâche soumission à tous les pouvoirs, fut nommé par acclamation capitaine général de l'Andalousie. Sur-le-champ il entra en pourparlers avec l'amiral Rosily, et le somma de se rendre; ce que le brave amiral français déclara ne vouloir faire qu'après avoir défendu à outrance l'honneur de son pavillon. Thomas de Morla, toutefois, chercha à gagner du temps, n'osant ni résister au peuple espagnol, ni attaquer les Français, et, en attendant, s'appliqua à faire prendre aux vaisseaux espagnols une position moins dangereuse pour eux. Cadix eut aussi sa junte insurrectionnelle qui accepta la suprématie de celle de Séville, et se mit en communication avec les Anglais. Le gouverneur de Gibraltar, sir Hew Dalrymple, commandant les forces britanniques dans ces parages, et observant avec une extrême sollicitude ce qui se passait en Espagne, avait déjà envoyé des émissaires à Cadix pour négocier une trêve, offrir l'amitié de la Grande-Bretagne, ses secours de terre et mer, et une division de cinq mille hommes qui arrivait de Sicile. Les Espagnols acceptèrent la trêve, les offres d'alliance, mais s'arrêtèrent devant une mesure aussi grave que l'introduction dans leur port d'une flotte anglaise. Le souvenir de Toulon avait de quoi faire réfléchir les plus aveugles des hommes.

> Le général Castaños, commandant le camp de Saint-Roque, s'associe à l'insurrection.

Tandis que ces choses se passaient à Cadix, le commissaire envoyé au camp de Saint-Roque n'avait pas eu de peine à se faire accueillir par le général Castaños, auquel la fortune destinait un rôle plus grand qu'il ne l'espérait et ne le désirait peut-être. Le général Castaños, comme tous les militaires espagnols de cette époque, ne savait de la guerre que ce qu'on en savait dans l'ancien régime, et particulièrement dans le pays le plus arriéré de l'Europe. Mais s'il ne surpassait pas beaucoup ses compatriotes en expérience militaire, il était politique avisé, plein de sens et de finesse, ne partageant aucune des sauvages passions du peuple espagnol. Il avait commencé par juger l'insurrection tout aussi sévèrement que le faisaient les autres commandants militaires ses collègues, s'en était expliqué franchement avec le colonel Rogniat, envoyé à Gibraltar pour faire une inspection de la côte, et avait paru accepter assez volontiers la régénération de l'Espagne par la main d'un prince de la maison Bonaparte, à ce point qu'à Madrid l'administration française, qui gouvernait en attendant l'arrivée de Joseph, avait cru pouvoir compter sur lui. Mais quand il vit l'insurrection aussi générale, aussi violente, aussi impérieuse, et l'armée disposée à s'y associer, il n'hésita plus, et se soumit aux ordres de la junte de Séville, blâmant au fond du cœur, mais fort en secret, la conduite qu'en public il paraissait suivre avec chaleur et conviction. Il y avait au camp de Saint-Roque de 8 à 9 mille hommes de troupes régulières. Il s'en trouvait autant à Cadix, sans compter les corps répandus dans le reste de la province; ce qui présentait un total disponible de 15 à 18 mille hommes de troupes organisées, propres à servir d'appui au soulèvement populaire, et de noyau à une nombreuse armée d'insurgés. En décernant à Thomas de Morla le titre de capitaine général, on réserva au général Castaños le commandement supérieur des troupes, qu'il accepta. Il eut ordre de les concentrer entre Séville et Cadix.

> Jaen et Cordoue suivent l'exemple de Séville.

L'exemple donné par Séville fut suivi par toutes les villes de l'Andalousie. Jaen, Cordoue se déclarèrent en insurrection, et consentirent à relever de la junte de Séville. Cordoue, placée sur le haut Guadalquivir, confia le commandement de ses insurgés à un officier chargé ordinairement de poursuivre les contrebandiers et les bandits de la Sierra-Morena: c'était Augustin de Echavarri, habitué à la guerre de partisans dans les fameuses montagnes dont il était le gardien. Des brigands qu'il poursuivait d'habitude il fit ses soldats, en leur adjoignant les paysans de la haute Andalousie, et il se porta aux défilés de la Sierra-Morena pour en interdire l'accès aux Français.

> Soulèvement de Badajoz et meurtre du capitaine général, le comte de la Torre.

L'Estrémadure avait ressenti l'émotion générale, car dans cette province reculée, fréquentée par les pâtres et peu par les commerçants, l'esprit nouveau avait moins pénétré que dans les autres, et la haine de l'étranger avait conservé toute son énergie. Quoique vivement agitée par la nouvelle des abdications et par le contre-coup de l'insurrection de Séville, elle ne se prononça que le 30 mai, jour de la Saint-Ferdinand. Comme à la Corogne, le peuple de Badajoz s'irrita de ne point voir paraître sur les murs de cette place le drapeau à l'effigie du saint, et de ne pas entendre le canon qui retentissait tous les ans le jour de cette solennité. Le peuple se porta aux batteries et trouva les artilleurs à leurs pièces, mais n'osant tirer le canon des réjouissances. Une femme hardie, les accablant de reproches, saisit la mèche des mains de l'un d'entre eux, et tira le premier coup. À ce signal toute la ville s'émut, se réunit, s'insurgea. On courut, selon l'usage, à l'hôtel du gouverneur, le comte de la

Torre del Fresno, pour l'enrôler dans l'insurrection ou le tuer. C'était un militaire de cour, fort doux de caractère, suspect comme ami du prince de la Paix, et réputé peu favorable à la pensée téméraire d'un soulèvement général contre les Français. On commença à parlementer avec lui, et on fut bientôt mécontent de ses ambiguïtés. Un courrier porteur de dépêches étant survenu dans le moment, on en prit de l'ombrage. On prétendit que c'étaient des communications arrivées de Madrid, c'est-à-dire de l'autorité française, qui avait, disait-on, plus d'empire sur le capitaine général que les inspirations du patriotisme espagnol. Sous l'influence de ces propos, on envahit son hôtel, et on l'obligea lui-même à s'enfuir. Puis enfin, le poursuivant jusque dans un corps de garde où il avait cherché un asile, on l'égorgea entre les bras même de ses soldats. Après la mort de cet infortuné, on forma une junte qui accepta sans hésiter la suprématie de celle de Séville. On invita le peuple à prendre les armes, on lui distribua toutes celles que contenait l'arsenal de Badajoz, et comme on touchait à la frontière du Portugal, près d'Elvas, où se trouvait la division Kellermann, détachée du corps d'armée du général Junot, on appela tous les hommes de bonne volonté à la réparation des murs de Badajoz. On s'adressa aux troupes espagnoles entrées en Portugal, et on les exhorta à déserter. Badajoz leur offrait sur la frontière un asile assuré, et un utile emploi de leur dévouement.

<u>Événements de Grenade.</u>

À l'autre extrémité des provinces méridionales, Grenade s'insurgea également; mais, comme aux provinces moins promptes à s'émouvoir, il lui fallut, après l'émotion des abdications, la fête de saint Ferdinand pour se soulever. Elle était agitée à l'exemple de toute l'Espagne, lorsque le 29 mai un officier de la junte de Séville, entré avec fracas dans la ville au milieu d'un peuple disposé à la turbulence, attira la foule à sa suite chez le capitaine général Escalante. Celui-ci, homme prudent et timide, fut fort embarrassé de la proposition que lui apportait l'officier venu de Séville, et qui n'était pas moins que la proposition de s'insurger et de déclarer la guerre à la France. Il remit sa réponse au lendemain. Le lendemain 30 était le jour de la Saint-Ferdinand. On s'assembla tumultueusement, on demanda une procession en l'honneur du saint. Du saint on passa au roi prisonnier, qu'on proclama sous son titre de Ferdinand VII; puis on obligea le gouverneur général Escalante à former une junte insurrectionnelle dont il devint président. <u>Envoi d'un commissaire à Gibraltar.</u> La levée en masse fut aussitôt ordonnée, et suivie de la déclaration de guerre. Un jeune professeur de l'université, depuis ambassadeur et ministre, M. Martinez de la Rosa, fut envoyé à Gibraltar pour obtenir des munitions et des armes. Elles furent accordées avec empressement. Une nombreuse population fut aussitôt enrégimentée, et réunie tous les jours à la manœuvre. Il y avait, avons-nous dit, trois beaux régiments suisses, l'un à Malaga, l'autre à Carthagène, l'autre à Tarragone, que Napoléon voulait concentrer à Grenade pour les placer sur la grande route d'Andalousie, afin que le général Dupont, qui avait déjà rallié à lui les deux de Madrid, pût les recueillir en passant. Napoléon pensait qu'en plaçant ces cinq régiments auprès des Français, ils en suivraient tout à fait l'impulsion. Cette combinaison se trouva déjouée par l'insurrection de Grenade. Le régiment de Malaga fut amené à Grenade, et Théodore Reding, gouverneur de Malaga, Suisse d'origine, fut nommé commandant général des troupes de la province.

Massacre à Grenade de l'ancien gouverneur de Malaga, et de plusieurs autres Espagnols suspects.

Le sang coula horriblement dans ces régions comme dans les autres. À Malaga, le vice-consul français et un autre personnage espagnol furent assassinés. À Grenade, don Pedro Truxillo, ancien gouverneur de Malaga, suspect pour son amitié et sa parenté avec les demoiselles Tudo, fut, d'après le vœu de la populace, arrêté et conduit à l'Alhambra. La junte, voulant le sauver, décida sa translation dans une prison plus sûre. Enlevé dans le trajet par la populace, il fut lâchement assassiné, et son corps traîné dans les rues. Deux autres personnages suspects, le corrégidor de Velez-Malaga et le nommé Portillo, savant économiste employé par le prince de la Paix à introduire la culture du coton en Andalousie, furent aussi arrêtés pour satisfaire aux mêmes exigences, mais conduits hors de la ville et déposés dans une chartreuse où l'on s'était figuré qu'ils seraient plus en sûreté. Les moines, profitant d'un jour de fête, où le peuple assemblé venait acheter et boire leur vin, excitèrent à l'assassinat des deux malheureux déposés dans leur couvent, et furent aussitôt obéis par des paysans ivres. L'infortuné corrégidor de Malaga et le savant Portillo furent indignement égorgés. Partout le ravage, le meurtre accompagnaient et souillaient le beau mouvement de la nation espagnole. Non loin de Grenade, à Jaen, qui s'était déjà insurgé, un crime odieux signalait la révolution nouvelle. Jaen, pour se débarrasser de son corrégidor, l'avait envoyé au Val de Peñas, et il y avait été fusillé par les paysans de la Manche.

Soulèvement de Carthagène et de Murcie.

Avant tous les soulèvements dont on vient de lire le récit, Carthagène avait arboré le drapeau de l'insurrection. Ce fut le 22 du mois de mai, à la nouvelle des abdications et de l'arrivée de l'amiral Salcedo, qui allait partir pour conduire des Baléares à Toulon la flotte déjà sortie, que Carthagène se souleva, par le double motif de proclamer le vrai roi, et de sauver la flotte espagnole. Une junte fut formée immédiatement, la levée en masse ordonnée, et un contre-ordre expédié à la flotte espagnole. Contre-ordre expédié à la flotte espagnole, qui des Baléares devait se rendre à Toulon. Le soulèvement de Carthagène livrait aux insurgés une masse immense d'armes et de munitions de guerre, qui furent sur-le-champ distribuées à toute la région voisine. Murcie, à l'appel de Carthagène, s'insurgea deux jours après, c'est-à-dire le 24 mai. Les volontaires des deux provinces se réunirent sous don Gonzalez de Llamas, ancien colonel d'un régiment de milice, chargé de les commander. Le rendez-vous assigné fut sur le Xucar, afin de donner la main aux Valenciens. (Voir la carte n° 43.)

Horribles événements de Valence.

Dans le même instant, en effet, Valence venait de s'insurger aussi, et avec accompagnement de circonstances horribles. La riche et populeuse Valence, au milieu de sa belle Huerta, n'avait pas moins de prétention à dominer que Séville ou Grenade. Son peuple, vif, ardent, tumultueux, n'était capable de se laisser devancer par aucun autre. Ce fut le jour même de l'arrivée du courrier annonçant les abdications qu'il se souleva. Sur l'une des principales places de Valence, un harangueur populaire, lisant à la foule assemblée la *Gazette de Madrid*, qui contenait les abdications, déchira cette feuille en criant: *À bas les Français! vive Ferdinand VII!* Une foule immense se forma autour de lui, et courut chez les autorités pour les entraîner dans l'insurrection. Mais, avant tout, ce peuple voulut se donner un chef. Le père Rico, moine franciscain, mis à la tête du peuple de Valence. Il choisit un moine franciscain, le père Rico, qui était éloquent et audacieux, et le mit à sa tête pour aller parler aux autorités. Il se rendit alors chez le capitaine général, le comte de la Conquista, qu'il trouva, comme tous les capitaines généraux, peu enclin à lui complaire, par prudence et par aversion pour la multitude. Il l'entraîna néanmoins sans l'assassiner, se réservant de faire mieux peu de temps après; se porta ensuite au tribunal de l'*Accord*, principale magistrature de la province, et lui dicta ses résolutions, le moine Rico toujours parlant, ordonnant, décidant pour tous.

Formation d'une junte insurrectionnelle. La formation d'une junte fut immédiatement résolue et exécutée. Les plus grands seigneurs du pays y siégèrent avec les plus vils agitateurs de la rue. Le comte de la Conquista ne paraissant ni assez zélé ni assez énergique, on choisit pour commander les troupes un grand d'Espagne, riche propriétaire de la province, le comte de Cerbellon. La levée en masse fut ordonnée, et des armes demandées à Carthagène, qui s'empressa de les envoyer.

Jusque-là tout était bien, au point de vue de l'insurrection et du patriotisme espagnol. Mais les autorités, quoique subjuguées, semblaient suspectes. Elles n'avaient en effet suivi qu'à contre-cœur un mouvement qui leur paraissait funeste, car il plaçait l'Espagne entre les armées françaises d'une part, et une populace furieuse de l'autre. On voulut donc s'assurer de ce qu'elles mandaient à Madrid, et on arrêta un courrier, dont on porta les dépêches chez le comte de Cerbellon, pour qu'elles fussent lues devant la multitude assemblée. Ces dépêches étaient effectivement de nature à faire égorger les fonctionnaires les plus élevés, car elles demandaient des secours à Madrid contre le peuple insurgé. Noble dévouement de la fille du comte de Cerbellon. La fille du comte de Cerbellon, présente à cette scène, s'apercevant du danger, se jeta sur ces dépêches, les déchira en mille pièces aux yeux étonnés de la foule, qui s'arrêta devant le courage de cette noble femme. Singulière nation, qui, comme toutes les nations encore simples, n'ayant que les vices et les vertus de la nature, mêlait à l'exemple des plus atroces barbaries celui des plus nobles dévouements!

Meurtre de don Miguel de Saavedra.

Mais le peuple valencien se dédommagea bientôt du sang dont on venait de le priver. On avait remarqué qu'un seigneur de la province, don Miguel de Saavedra, baron d'Albalat, était peu exact aux séances de la junte, dont on l'avait nommé membre. Il s'y rendait rarement, parce que, colonel de milices, il avait, quelques années auparavant, pour rétablir l'ordre, fait feu sur la populace de Valence. Ce souvenir le troublait, et il restait volontiers à la campagne. Sur-le-champ, le bruit se répandit que le baron d'Albalat trahissait la cause de l'insurrection. On alla le chercher chez lui, on le conduisit à Valence, et il fut transporté chez le comte de Cerbellon, où ceux qui s'intéressaient à lui espéraient qu'il serait plus en sûreté. Le père Rico était accouru pour le sauver. Le comte de Cerbellon, moins courageux que sa fille, parut peu disposé à se compromettre pour un ancien ami qui venait lui demander la vie. Il imagina de l'envoyer à la citadelle, dont le peuple, grâce à la complicité des troupes, s'était rendu maître, et où l'on entassait tous ceux qu'on voulait arracher aux fureurs de la multitude. Le père Rico, plein de zèle pour la défense de ce malheureux, se mit à la tête de l'escorte, et parvint à le conduire à travers les rues de Valence, malgré les efforts d'une populace altérée de sang. Mais arrivé sur la principale place de la ville, la foule, devenue plus grande et plus compacte, força le carré de soldats au milieu duquel se trouvait l'infortuné baron d'Albalat, l'arracha des mains de ceux qui le défendaient, le tua sans pitié, et promena sa tête au bout d'une pique.

La consternation fut générale à Valence, surtout parmi les hautes classes, qui se voyaient traitées de suspectes, comme la noblesse française en 1793. Pour conjurer le danger, elles multipliaient les dons volontaires, s'enrôlaient dans les nouvelles levées, sans parvenir à calmer la défiance et la colère du peuple, qui s'accroissaient chaque jour. Il devenait évident, en effet, qu'une victime ne suffirait pas à sa rage sanguinaire. Le moine franciscain Rico sentait déjà son autorité minée par un rival. | L'influence du père Rico détruite par celle du chanoine Calvo, scélérat venu de Madrid. | Ce rival était un fanatique venu de Madrid, le chanoine Calvo, dont les passions s'étaient exaltées dans une lutte de jésuites contre jansénistes, lutte dans laquelle il avait soutenu les premiers contre les seconds. Il s'était rendu à Valence, croyant apparemment y trouver un champ plus vaste pour exercer ses fureurs. Il affectait une dévotion extrême, mettait plus de temps qu'aucun autre à dire la messe, et était devenu la principale idole de la populace. Calvo adopta le thème ordinaire de ceux qui dans les révolutions veulent en surpasser d'autres, et accusa le père Rico de tiédeur. Il y avait dans la citadelle de Valence trois ou quatre cents Français, négociants attirés dans cette ville par le commerce, et beaucoup d'entre eux établis depuis long-temps. On les avait mis en ce lieu par humanité, et pour les soustraire à la férocité de la multitude. | Calvo dirige les fureurs de la populace valencienne contre les Français détenus à la citadelle. | L'atroce Calvo avait persuadé à une bande fanatique que c'était là le seul holocauste agréable à Dieu, le seul digne de la cause qu'on servait.

| Horrible massacre de 300 Français détenus à la citadelle de Valence. |

Doutant de pouvoir pénétrer dans la citadelle avec sa troupe d'assassins, pour y consommer le crime abominable qu'il méditait, il aposta sa bande à une poterne qui donnait sur le rivage de la mer; puis il s'introduisit dans la citadelle, et, affectant l'humanité, il fit croire aux Français qu'ils allaient être tous égorgés s'ils ne s'enfuyaient précipitamment par la poterne qui conduisait au rivage. Ces infortunés, cédant à son conseil, sortirent tous, femmes et enfants, par la fatale issue qu'ils regardaient comme l'unique voie de salut. À peine avaient-ils paru, qu'à coups de fusil, de sabre, de couteau, ils furent, impitoyablement massacrés. Les assassins, gorgés de sang, épuisés de fatigue, demandaient grâce pour une soixantaine qui leur restaient à exterminer. Calvo, voyant que le zèle de ses sicaires allait défaillir, parut céder à leur vœu, et se chargea d'emmener avec lui les soixante victimes épargnées. Il les conduisit dans un lieu détourné, où une troupe fraîche acheva l'exécrable sacrifice. Ainsi nos malheureux compatriotes expiaient les fautes de leur gouvernement, sans y avoir aucune part!

> Vains efforts du moine Rico pour arrêter les crimes de Calvo.

Tout ce qui n'appartenait pas dans Valence à la plus vile populace, ressentit une douleur profonde. Le lendemain, le moine Rico, révolté de ces actes qui déshonoraient la cause de l'insurrection, essaya de dénoncer à l'honnêteté publique les crimes de Calvo. Mais il ne put prévaloir; Calvo l'emporta, et le père Rico fut obligé de se cacher. Calvo fut audacieusement proclamé membre de la junte, au grand scandale et au grand effroi de tous les honnêtes gens. | Huit Français encore égorgés dans le sein même de la junte. | Il restait huit malheureux Français échappés par miracle au massacre général. Ne sachant où se réfugier, ils étaient venus se jeter aux pieds de l'égorgeur, dans le sein même de la junte. Calvo les fit ou les laissa mettre à mort, et leur sang rejaillit sur les vêtements des membres de la junte, qui s'enfuirent saisis d'épouvante et d'horreur.

> Le père Rico réussit enfin à renverser le pouvoir de Calvo, et à faire condamner celui-ci au dernier supplice.

Toutefois, tant de crimes avaient enfin amené une réaction. Le père Rico reprit courage, sortit de sa retraite, se rendit à la junte, attaqua Calvo en face, le dénonça, le réduisit à se défendre, parvint à le déconcerter, et obtint son arrestation. Conduit d'abord aux Baléares, ramené à Valence, Calvo fut jugé, condamné, étranglé dans sa prison. Les honnêtes gens regagnèrent un peu d'ascendant sur les brigands qui avaient dominé Valence. Du reste, un grand zèle à s'armer, car on sentait qu'il faudrait bientôt se défendre contre la juste vengeance des Français, n'excusait point, mais rachetait quelque peu les crimes atroces dont Valence venait d'être l'odieux théâtre.

> L'insurrection contenue à Barcelone éclate dans le reste de la Catalogne.

Toutes les villes de cette partie du littoral, telles que Castellon de la Plana, Tortose, Tarragone, suivirent l'exemple général. La puissante Barcelone, peuplée autant que la capitale des Espagnes, habituée sinon à commander, du moins à ne jamais obéir, brûlait de s'insurger. À la nouvelle des abdications, arrivée le 25 mai, toutes les affiches furent déchirées; un peuple immense se montra dans les lieux publics, la haine dans le cœur, la colère dans les yeux. Mais le général Duhesme, à la tête de douze mille hommes, moitié Français, moitié Italiens, contint le mouvement, et, du haut de la citadelle et du fort de Mont-Jouy, menaça d'incendier la ville si elle remuait. Sous cette main de fer, Barcelone trembla, mais ne se donna aucune peine pour dissimuler sa rage. Murat, toujours, dans l'illusion à l'égard de l'Espagne, avait rendu aux Catalans le droit de port d'armes, qui leur avait été enlevé sous Philippe V, voulant ainsi les récompenser de leur soumission apparente. Ils répondirent à ce témoignage de confiance en achetant sur-le-champ tout ce qu'il y avait de fusils, tout ce qu'il y avait de poudre et de plomb à vendre dans les dépôts publics, et on vit les paysans des montagnes et le peuple des villes aliéner ce qu'ils possédaient de plus précieux pour se procurer les moyens d'acquérir des armes. Chaque jour le moindre accident devenait à Barcelone un sujet d'émeute. Une pierre tombée du fort de Mont-Jouy avait atteint un pêcheur. Ce malheureux, blessé, disait-on, par les Français, fut promené sur un brancard dans toute la ville, pour exciter l'indignation publique. La présence de nos troupes comprima ce désordre naissant. Un autre jour, un fifre des régiments italiens vit un petit Espagnol le contrefaire en se moquant de lui. Le fifre ayant tiré son sabre pour se faire respecter, ce fut un nouveau tumulte, qui, cette fois, menaçait d'être général. Mais l'armée française réussit encore, par sa contenance, à arrêter l'insurrection. L'indiscipline des troupes italiennes, moins réservées dans leur conduite que les nôtres, contribuait aussi à l'irritation des Espagnols. Toutefois, les plus turbulents, se voyant serrés de si près, s'enfuirent à Valence, à Manresa, à Lerida, à Saragosse; et Barcelone devint, non pas plus amie des Français, mais plus calme.

Les autres villes de la Catalogne, Girone, Manresa, Lerida, s'insurgèrent. Tous les villages en firent autant. Cependant, Barcelone étant comprimée, la Catalogne ne pouvait rien entreprendre de bien sérieux, et c'était la preuve que si les précautions eussent été mieux prises, et que si des forces suffisantes eussent été placées à temps dans les principales villes d'Espagne, l'insurrection générale aurait pu être, sinon empêchée, du moins contenue, et fort ralentie dans ses progrès.

<blockquote>Troubles à Saragosse, et insurrection de l'Aragon.</blockquote>

Saragosse, enfin, l'immortelle Saragosse, n'avait pas été la dernière, comme on le pense bien, à répondre au cri de l'indépendance espagnole. C'était le 24 mai, deux jours après Carthagène, deux jours avant Séville, et aussitôt que les Asturies, qu'elle s'était insurgée. À l'arrivée du courrier de Madrid portant la nouvelle des abdications, le peuple, à l'exemple des autres provinces, était accouru en foule à l'hôtel du capitaine général, don Juan de Guillermi, et, le trouvant timide comme les autres capitaines généraux, l'avait destitué, et remplacé par son chef d'état-major, le général Mori. Celui-ci, le lendemain 25, convoqua une junte pour satisfaire le peuple et s'entourer d'un conseil qui partageât sa responsabilité. Le général Mori et la junte, sentant le double danger d'être à la fois sous la main de la populace, et sous la main des Français qui remplissaient la Navarre, étaient fort hésitants. Joseph Palafox, ancien garde du corps, institué commandant en chef de l'Aragon. Le peuple, que le zèle le plus exalté aurait à peine satisfait, voulut, sans toutefois les égorger comme on fit ailleurs, se débarrasser de chefs qui ne partageaient pas son ardeur, et donna le commandement à un personnage célèbre, Joseph Palafox de Melzi, propre neveu du duc de Melzi, vice-chancelier du royaume d'Italie. C'était un beau jeune homme, de vingt-huit ans, ayant servi dans les gardes du corps, et connu pour avoir fièrement résisté aux désirs d'une reine corrompue, dont il avait attiré les regards. Attaché à Ferdinand VII, qu'il était allé visiter à Bayonne, et qu'il avait trouvé captif et violenté, il était venu à Saragosse sa patrie, attendant, caché dans les environs, le moment de servir le roi qu'il regardait comme seul légitime. Le peuple, informé de ces particularités, courut le chercher pour le nommer capitaine général. Joseph Palafox accepta, s'entoura d'un moine fort habile et fort brave, d'un vieil officier d'artillerie expérimenté, d'un ancien professeur qui lui avait donné des leçons, et suppléant par leurs lumières à ce qui lui manquait, car il ne savait ni la guerre ni la politique, il se mit à la tête des affaires de l'Aragon. Son âme héroïque devait bientôt lui tenir lieu de toutes les qualités du commandement. Palafox convoqua les Cortès de la province, ordonna une levée en masse, et appela aux armes la belle et vaillante population aragonaise.

L'insurrection poussée jusqu'à Logroño, tout près de l'armée française.

Son appel fut non-seulement écouté, mais partout devancé. Enfin, l'agitation, l'entraînement furent tels, que sur les confins de l'Aragon et de la Navarre, à Logroño, à cinq ou six lieues des troupes françaises, on s'insurgea. On en fit autant à Santander, sur notre droite, et en arrière même de nos colonnes.

Juin 1808.

Ainsi, en huit jours, du 22 au 30 mai, sans qu'aucune province se fût concertée avec une autre, toute l'Espagne s'était soulevée sous l'empire d'un même sentiment, celui de l'indignation excitée par les événements de Bayonne. Partout les traits caractéristiques de cette insurrection nationale avaient été les mêmes: hésitation des hautes classes, sentiment unanime et irrésistible des classes inférieures, et bientôt dévouement égal de toutes; formation locale de gouvernements insurrectionnels; levée en masse; désertion de l'armée régulière pour se joindre à l'insurrection; dons volontaires du haut clergé, ardeur fanatique du bas clergé; en un mot, partout patriotisme, aveuglement, férocité, grandes actions, crimes atroces; une révolution monarchique enfin procédant comme une révolution démocratique, parce que l'instrument était le même, c'était le peuple, et parce que le résultat promettait de l'être aussi, ce devait être la réforme des anciennes institutions, que l'on faisait espérer à l'Espagne, pour opposer à la France ses propres armes.

> Lenteur avec laquelle les nouvelles de l'insurrection arrivent à Bayonne.

Ces insurrections spontanées, qui éclatèrent du 22 au 30 mai, ne furent que successivement et lentement connues à Bayonne, où résidait Napoléon, et où il résida pendant tout le mois de juin et les premiers jours de juillet. On ne sut d'abord que celles qui se produisirent à droite et à gauche de l'armée française, c'est-à-dire dans les Asturies, la Vieille-Castille, l'Aragon. La difficulté des communications toujours grande en Espagne, devenue plus grande en ce moment, car les courriers étaient non-seulement arrêtés, mais le plus souvent assassinés, fut cause que même à Madrid l'état-major français ne connaissait presque rien de ce qui se passait au delà de la Nouvelle-Castille et de la Manche. On savait seulement que dans les autres provinces il régnait un grand trouble, une extrême agitation; mais on ignorait les détails, et ce ne fut que peu à peu, et dans le courant de juin, qu'on apprit tout ce qui était arrivé à la fin de mai; encore ne parvint-on à l'apprendre que par les confidences ou par les bravades des Espagnols, qui racontaient à Madrid ce que des lettres particulières, portées par des messagers, leur avaient révélé.

Dès que Napoléon connut à Bayonne les événements d'Oviedo, de Valladolid, de Logroño, de Saragosse, qui s'étaient passés tout près de lui, et dont il ne fut informé que sept ou huit jours après leur accomplissement, il donna des ordres prompts et énergiques pour arrêter l'insurrection avant qu'elle se fût étendue et consolidée. Il avait eu soin de placer entre Bayonne et Madrid, sur les derrières du maréchal Moncey et du général Dupont, le corps du maréchal Bessières, composé des divisions Merle, Verdier et Lasalle. La division Merle avait été formée avec quelques troisièmes bataillons tirés des côtes, et avec les quatrièmes bataillons des légions de réserve. La division Verdier l'avait été avec les régiments provisoires, depuis le numéro 13 jusqu'au numéro 18[2], les douze premiers composant, comme on l'a vu, le corps du maréchal Moncey.

> Renforts préparés par Napoléon, afin de contenir l'insurrection espagnole.

Dans le moment arrivaient les corps polonais admis au service de France, et consistant en un superbe régiment de cavalerie de 900 à 1,000 chevaux, célèbre depuis sous le titre de lanciers polonais; en trois bons régiments d'infanterie, de 15 à 1,600 hommes chacun, et connus sous le nom de premier, second, troisième de la Vistule. Napoléon avait enfin successivement amené, soit de Paris, soit des camps établis sur les côtes, les 4e léger et 15e de ligne, les 2e et 12e léger, les 14e et 44e de ligne, les faisant succéder les uns aux autres, de Paris au camp de Boulogne, du camp de Boulogne aux camps de Bretagne, des camps de Bretagne à Bayonne, de manière à leur ménager le temps de se reposer, et l'occasion d'être utiles là où ils s'arrêtaient. Il ordonna de plus d'expédier en poste deux bataillons aguerris de la garde de Paris. S'il n'avait donc pas sous la main l'étendue de ressources qui aurait pu suffire à comprimer immédiatement l'insurrection espagnole, il y suppléait avec son génie d'organisation, et il était déjà parvenu à réunir quelques forces, qui permettaient d'apporter au mal un premier remède, puisqu'il lui arrivait six régiments français d'ancienne formation et trois régiments polonais. Il arrivait aussi, sous le titre de régiments de marche, des détachements nombreux destinés à recruter les régiments provisoires[3], et qui, avant de se fondre dans ces derniers, rendaient des services tout le long de la route qu'ils avaient à parcourir.

> Mission donnée au général Verdier de réprimer Logroño, et au général Lefebvre-Desnoette de réprimer Saragosse.

Napoléon ordonna sur-le-champ au général Verdier de courir à Logroño avec 1,500 hommes d'infanterie, 300 chevaux et 4 bouches à feu, pour faire de cette ville un exemple sévère. Il ordonna au général Lefebvre-Desnoette, brillant officier commandant les chasseurs à cheval de la garde impériale, de se transporter à Pampelune avec les lanciers polonais, quelques bataillons d'infanterie provisoire, six bouches à feu, de ramasser en outre dans cette place quelques troisièmes bataillons qui en formaient la garnison, le tout présentant un total d'environ 4 mille hommes, et de se rendre à tire-d'aile sur Saragosse, pour faire rentrer dans l'ordre cette capitale de l'Aragon. Une députation composée de plusieurs membres de la junte devait précéder le général Lefebvre-Desnoette, et employer la persuasion avant la force; mais si la persuasion ne réussissait pas, la force devait être énergiquement appliquée au mal. Napoléon prescrivit au maréchal Bessières, dès que le général Verdier en aurait fini avec Logroño, de se reporter, avec la cavalerie du général Lasalle, sur Valladolid, pour ramener le calme dans la Vieille-Castille. Il expédia à Madrid le général Savary pour suppléer Murat malade, et donner des ordres sous son nom, sans que le commandement parût changé.

> Savary envoyé à Madrid pour suppléer Murat malade. Ordres relativement à Ségovie et à Valence.

Il lui enjoignit de faire refluer de

l'Escurial sur Ségovie insurgée la division Frère, la troisième du général Dupont, et d'expédier une colonne de 3 ou 4 mille hommes sur Saragosse, par un mouvement à gauche en arrière, sur Guadalaxara. Ayant recueilli quelques bruits vagues de l'insurrection de Valence, il prescrivit de faire partir de Madrid la première division du maréchal Moncey avec un corps auxiliaire espagnol, de diriger cette colonne jusqu'à Cuenca, de l'y retenir si les bruits de l'insurrection de Valence ne se confirmaient pas, et de la pousser sur cette ville s'ils se confirmaient. Cependant, comme c'était peu pour réduire une ville de 100 mille âmes (60 dans la ville, 40 dans la Huerta), Napoléon ordonna au général Duhesme d'envoyer de Barcelone sur Tarragone et Tortose la division Chabran, laquelle chemin faisant comprimerait les mouvements de la Catalogne, fixerait dans le parti de la France le régiment suisse de Tarragone, et déboucherait sur Valence par le littoral, tandis que le maréchal Moncey déboucherait sur cette ville par les montagnes.

Ordres relativement à l'Andalousie.

Mais c'est surtout vers l'Andalousie et la flotte française de Cadix que Napoléon porta toute sa sollicitude. Dès les premiers moments il avait songé à diriger le général Dupont vers l'Andalousie, où il lui semblait qu'on avait laissé s'accumuler trop de troupes espagnoles, et où il craignait de plus quelque tentative de la part des Anglais. Direction donnée au corps du général Dupont. Il avait placé ce général en avant, avec une première division à Tolède, une seconde à Aranjuez, une troisième à l'Escurial, pour qu'il fût ainsi échelonné sur la route de Madrid à Cadix, lui recommandant expressément de se tenir prêt à partir au premier signal. À la nouvelle de l'insurrection, l'ordre de départ avait été expédié, et le général Dupont s'était mis en marche (fin de mai) vers la Sierra-Morena. Napoléon comptait sur ce général, qui jusqu'ici avait toujours été brave, brillant et heureux, et lui destinait le bâton de maréchal à la première occasion éclatante. Napoléon ne doutait pas qu'il ne la trouvât en Espagne. Cet infortuné général n'en doutait pas lui-même! Horrible et cruel mystère de la destinée, toujours imprévue dans ses faveurs et ses rigueurs!

Napoléon, qui ne voulait pas le lancer en flèche au fond de l'Espagne, sans moyens suffisants pour s'y soutenir, lui adjoignit divers renforts. Ne l'ayant expédié qu'avec sa première division, celle du général Barbou, il ordonna de porter la seconde à Tolède, pour qu'elle pût le rejoindre, s'il en avait besoin. Il voulut en outre qu'on lui donnât sur-le-champ toute la cavalerie du corps d'armée, les marins de la garde, qui devaient monter les deux nouveaux vaisseaux préparés à Cadix, enfin les deux régiments suisses de l'ancienne garnison de Madrid (de Preux et Reding), réunis en ce moment à Talavera. La division Kellermann, du corps d'armée de Junot, placée à Elvas sur la frontière du Portugal et de l'Andalousie, les trois autres régiments suisses de Tarragone, Carthagène et Malaga, que Napoléon supposait concentrés à Grenade, pouvaient porter le corps du général Dupont à 20 mille hommes au moins, même sans l'adjonction de ses seconde et troisième divisions, force suffisante assurément pour contenir l'Andalousie et sauver Cadix d'un coup de main des Anglais. Il fut prescrit au général Dupont de marcher en toute hâte vers le but qui préoccupait le plus Napoléon, c'est-à-dire vers Cadix et la flotte de l'amiral Rosily.

Il devait rester à Madrid, en conséquence de ces ordres, deux divisions du maréchal Moncey et deux divisions du général Dupont, car ces dernières, placées entre l'Escurial, Aranjuez et Tolède, étaient considérées comme à Madrid même. Il devait y rester en outre les cuirassiers et la garde impériale, c'est-à-dire environ 25 à 30 mille hommes, sans compter l'escorte de vieux régiments qui allaient accompagner le roi Joseph. On était fondé à croire que ce serait assez pour parer aux cas imprévus, ne sachant pas encore à quel point l'insurrection était intense, audacieuse et surtout générale. Ordre fut expédié de nouveau de construire dans Madrid, soit au palais royal, soit au Buen-Retiro, de véritables places d'armes, dans lesquelles on pût déposer les blessés, les malades, les munitions, les caisses, tout le bagage enfin de l'armée.

Ces ordres, donnés directement pour les provinces du nord, indirectement et par l'intermédiaire de l'état-major de Madrid pour les provinces du midi, furent exécutés sur-le-champ. | Prompte dispersion des insurgés de Logroño par le général Verdier. | Le général Verdier marcha le premier avec le 14ᵉ régiment provisoire, environ deux cents chevaux, et quatre pièces de canon, de Vittoria sur Logroño. Arrivé à la Guardia, loin de l'Èbre, il apprit que le pont sur lequel on passe l'Èbre pour se rendre à Logroño était occupé par les insurgés. Il passa l'Èbre à El-Ciego sur un bac, et le 6 juin au matin il se porta sur Logroño. Les insurgés, qui se composaient de gens du peuple et de paysans des environs, au nombre de 2 à 3 mille, avaient obstrué l'entrée de la ville en y accumulant toute espèce de matériaux. Ils avaient mis en batterie sept vieilles pièces de canon montées par des charrons du lieu sur des affûts qu'ils avaient façonnés eux-mêmes, et ils se tenaient derrière leurs grossiers retranchements, animés de beaucoup d'enthousiasme, mais de peu de bravoure. Après les premières décharges, ils s'enfuirent devant nos jeunes soldats, qui enlevèrent en courant tous les obstacles qu'on avait essayé de leur opposer. La défaite de ces premiers insurgés fut si prompte, que le général Verdier n'eut pas le temps de tourner Logroño pour les envelopper et faire des prisonniers. Nos fantassins dans l'intérieur de la ville, nos cavaliers dans la campagne, en tuèrent une centaine à coups de baïonnette ou de sabre. Nous n'eûmes qu'un homme tué et cinq blessés, mais parmi eux deux officiers. On prit aux insurgés leurs sept pièces de canon et 80 mille cartouches d'infanterie. L'évêque de Calahorra, qu'ils avaient malgré lui mis à leur tête, obtint la grâce de la ville de Logroño, qui fut à sa prière exemptée de tout pillage, et frappée seulement d'une contribution de 30 mille francs au profit des soldats, auxquels cette somme fut immédiatement distribuée.

Cette conduite des insurgés n'était pas faite pour donner une grande idée de la résistance que pourraient nous opposer les Espagnols. Le général Verdier rentra sur-le-champ à Vittoria, afin de remplacer au corps du maréchal Bessières les troupes des généraux Merle et Lasalle, qui venaient de partir pour Valladolid. Le général Lasalle, avec les 10e et 22e de chasseurs, et le 17e provisoire d'infanterie emprunté à la division Verdier; le général Merle avec toute sa division, composée d'un bataillon du 47e, d'un bataillon du 86e, d'un régiment de marche, d'un régiment des légions de réserve, s'étaient dirigés sur Valladolid par Torquemada et Palencia, en suivant les deux rives de la Pisuerga, qui coule des montagnes de la Biscaye dans le Duero, après avoir traversé Valladolid.

| Prise et répression de Ségovie par la division Frère.

Pendant qu'ils se portaient ainsi en avant, le général Frère, au contraire, quittant l'Escurial, faisait un mouvement en arrière sur Ségovie insurgée. La Vieille-Castille était donc traversée par deux colonnes, l'une s'avançant sur la route de Burgos à Madrid, l'autre rebroussant chemin sur cette même route. Le général Frère, ayant une moindre distance à parcourir, arriva le premier sur Ségovie, qu'il trouva occupée par les élèves du collège d'artillerie, et par une nuée de paysans qui l'avaient envahie, en y commettant toutes sortes d'excès. Ils avaient complétement barricadé la ville, et mis en batterie l'artillerie que servaient les élèves du collége. Ces obstacles tinrent peu devant nos troupes, qui avaient toute l'ardeur de la jeunesse, et qui étaient depuis une année dans les rangs de l'armée sans avoir tiré un coup de fusil. Elles escaladèrent avec une incroyable vivacité les barricades de Ségovie, tuèrent à coups de baïonnette un certain nombre de paysans, et expulsèrent les autres, qui s'enfuirent après avoir pillé les maisons qu'ils étaient chargés de défendre. Les malheureux habitants s'étaient dispersés, pour ne pas se trouver exposés à tous les excès des défenseurs et des assaillants de leur ville. Ils n'évitèrent pas les excès des premiers, et furent, cette fois du moins, fort ménagés par les seconds. On dut comprendre pourquoi les classes aisées en Espagne inclinaient à la soumission envers la France, placées qu'elles étaient entre une populace sanguinaire et pillarde, et les armées françaises exaspérées. Le général Frère traita fort doucement la ville de Ségovie, mais s'empara de l'immense matériel d'artillerie renfermé dans le collége militaire.

Les prétendus défenseurs de Ségovie s'étaient repliés à la débandade sur Valladolid, comme s'ils eussent été poursuivis par le général Frère, qui n'avait cependant pas de cavalerie à lancer après eux.

Meurtre de don Miguel de Cevallos, gouverneur du collége de Ségovie, par les défenseurs fugitifs de cette ville. Ils avaient amené avec eux à Valladolid le directeur du collége militaire de Ségovie, don Miguel de Cevallos. Suivant l'usage des soldats qui ont fui devant l'ennemi, les insurgés échappés de Ségovie prétendirent que M. de Cevallos, par sa lâcheté ou sa trahison, était l'auteur de leur défaite. Il n'en était rien pourtant, mais on le constitua prisonnier, et on le conduisit ainsi à Valladolid. Au moment où il y entrait, une grande rumeur éclata. Les nouvelles recrues de l'insurrection faisaient l'exercice à feu sur une place qu'il traversait. Elles se ruèrent sur lui, et malgré les cris de sa femme, qui l'accompagnait, malgré les efforts d'un prêtre qui, sous prétexte de recevoir sa confession, demandait qu'on lui accordât quelques instants, il fut impitoyablement égorgé, puis traîné dans les rues. Des femmes furieuses promenèrent dans Valladolid les lambeaux sanglants de son cadavre.

Défaite de don Gregorio de la Cuesta par les troupes du général Lasalle au pont de Cabezon.

Ce triste événement, qui faisait suite à tant d'autres du même genre, causa au capitaine général, don Gregorio de la Cuesta, devenu malgré lui chef de l'insurrection de la Vieille-Castille, une impression douloureuse et profonde. Aussi n'osa-t-il pas résister aux cris d'une populace extravagante, qui demandait qu'on courût en toute hâte au-devant de la colonne française en marche de Burgos sur Valladolid. C'était, comme nous l'avons dit, celle des généraux Lasalle et Merle, partis de Burgos avec quelques mille hommes d'infanterie et un millier de chevaux, c'est-à-dire deux ou trois fois plus de forces qu'il n'en fallait pour mettre en fuite tous les insurgés de la Vieille-Castille. Le vieux et chagrin capitaine général pensait avec raison que c'était tout au plus si on pourrait, dans une ville bien barricadée, et avec la résolution de se défendre jusqu'à la mort, tenir tête aux Français. Mais il regardait comme insensé d'aller braver en rase campagne les plus vigoureuses troupes de l'Europe. Menacé cependant d'un sort semblable à celui de don Miguel de Cevallos s'il résistait, il sortit avec cinq à six mille bourgeois et paysans encadrés dans quelques déserteurs de troupes régulières, cent gardes du corps fugitifs de l'Escurial, quelques centaines de cavaliers du régiment de la reine, et plusieurs pièces de canon. Il se posta au pont de Cabezon, sur la Pisuerga, à deux lieues en avant de Valladolid, point par lequel passait la grande route de Burgos à Valladolid.

Le général Lasalle avait balayé les bandes d'insurgés postées sur son chemin, notamment au bourg de Torquemada, qu'il avait assez maltraité. À Palencia, l'évêque était sorti à sa rencontre, à la tête des principaux habitants, demandant la grâce de la ville. Le général Lasalle la leur avait accordée en exigeant seulement quelques vivres pour ses soldats. Le 12 juin au matin, il arriva en vue du pont de Cabezon, où don Gregorio de la Cuesta avait pris position. Les mesures du général espagnol ne dénotaient ni beaucoup d'expérience ni beaucoup de coup d'œil. Il avait mis en avant du pont sa cavalerie, derrière sa cavalerie une ligne de douze cents fantassins, ses canons sur le pont même, quelques paysans en tirailleurs le long des gués de la Pisuerga, et en arrière, au delà de la rivière, sur des hauteurs qui en dominaient le cours, le reste de son petit corps d'armée. Le général Lasalle, amenant deux régiments de cavalerie et les voltigeurs du 17e provisoire, fit attaquer l'ennemi avec sa résolution accoutumée. Sa cavalerie culbuta celle des Espagnols, qu'elle jeta sur leur infanterie. Nos voltigeurs chargèrent ensuite cette infanterie, et la poussèrent tant sur le pont que sur les gués de la rivière. Il y eut là une confusion horrible, car fantassins, cavaliers, canons se pressaient sur un pont étroit, sous le feu des troupes espagnoles de la rive opposée, qui tiraient indistinctement sur amis et ennemis. Le général Merle ayant appuyé le général Lasalle avec toute sa division, le pont fut franchi, et la position au delà de la Pisuerga promptement enlevée. La cavalerie sabra les fuyards, dont elle tua un assez grand nombre. Quinze morts, vingt ou vingt-cinq blessés composèrent notre perte; cinq ou six cents morts et blessés, celle des Espagnols. Le général Lasalle entra sans coup férir dans Valladolid consternée, mais presque heureuse d'être délivrée des bandits qui l'avaient occupée sous prétexte de la défendre. Le plus grand chagrin des Espagnols était d'avoir vu leur principal général battu si vite et si complétement. Don Gregorio de la Cuesta se retira avec quelques cavaliers sur la route de Léon, entouré d'insurgés qui fuyaient à travers champs, et leur disant à tous qu'on n'avait que ce qu'on méritait en allant avec des bandes indisciplinées braver des troupes régulières et habituées à vaincre l'Europe.

Le général Lasalle ramassa dans Valladolid une grande quantité d'armes, de munitions, de vivres, et ménagea la ville. Les affaires de Logroño, de Ségovie, de Cabezon, n'indiquaient jusqu'ici que beaucoup de présomption, d'ignorance, de fureur, mais encore aucune habitude de la guerre, et surtout aucune preuve de cette ténacité qu'on rencontra plus tard. Aussi, bien que dans l'armée on commençât à savoir que l'insurrection était universelle, on ne s'en inquiétait guère, et on croyait que ce serait une levée de boucliers générale à la vérité, mais partout aussi facile à comprimer que prompte à se produire. Ce qui se passait alors en Aragon était de nature à inspirer la même confiance. Le général Lefebvre-Desnoette, arrivé à Pampelune, y avait organisé sa petite colonne, forte, comme nous l'avons dit, de trois mille fantassins et artilleurs, d'un millier de cavaliers, et de six bouches à feu.

> Affaire du général Lefebvre à Tudela, contre les insurgés de Saragosse.

Ses dispositions achevées, il partit le 6 juin de Pampelune, laissant dans cette ville la députation qu'on avait chargée d'aller porter à Saragosse des paroles de paix, car la violence que les insurgés montraient partout indiquait assez que la lance des Polonais était le seul moyen auquel on pût recourir dans le moment. En marche sur Valtierra le 7, le général Lefebvre trouva partout les villages vides et les paysans réunis aux rebelles. Arrivé à Valtierra même, il apprit que le pont de Tudela sur l'Èbre était détruit, et que toutes les barques existant sur ce fleuve avaient été enlevées et conduites à Tudela. Il s'arrêta à Valtierra pour se procurer des moyens de passer l'Èbre. Il fit descendre de la rivière d'Aragon dans l'Èbre de grosses barques qui servaient de bacs, les disposa en face de Valtierra, et franchit l'Èbre sur ce point. Le lendemain 8, il se porta devant Tudela. Une nuée d'insurgés battaient la campagne, et tiraillaient en se cachant derrière les buissons. Le gros du rassemblement, fort de 8 à 10 mille hommes, était posté sur les hauteurs en avant de cette ville. Le marquis de Lassan, frère de Joseph Palafox, les commandait. Le général Lefebvre, se faisant précéder par ses voltigeurs et de nombreux pelotons de cavalerie, les ramena de position en position jusque sous les murs de Tudela. Parvenu en cet endroit, il essaya de parlementer pour éviter les moyens violents, et surtout la nécessité d'entrer dans Tudela de vive force. Mais on répondit par des coups de fusil à ses parlementaires, et même on fit feu sur lui. Alors il ordonna une charge à la baïonnette. Ses jeunes soldats, toujours ardents, abordèrent au pas de course les positions de l'ennemi, le culbutèrent et lui prirent ses canons. Les lanciers se jetèrent au galop sur les fuyards, et en abattirent quelques centaines à coups de lance. On entra dans Tudela au pas de charge, et, dans les premiers instants, les soldats se mirent à piller la ville. Mais l'ordre fut bientôt rétabli par le général Lefebvre, et grâce faite aux habitants. Nous n'avions eu qu'une dizaine d'hommes morts ou blessés, contre trois ou quatre cents hommes tués aux insurgés, les uns derrière leurs retranchements, les autres dans leur fuite à travers la campagne.

Maître de Tudela, et trouvant le pont de cette ville détruit, toute la campagne insurgée au loin, le général Lefebvre-Desnoette, avant de se porter en avant, crut devoir assurer sa marche, en désarmant les villages environnants, et en rétablissant le pont de Tudela, qui est la communication nécessaire avec Pampelune. Il employa donc les journées des 9, 10 et 11 juin à rétablir le pont de l'Èbre, à battre la campagne, à désarmer les villages, faisant passer au fil de l'épée les obstinés qui ne voulaient pas se rendre. | Nouvelle affaire à

Mallen. Le 12, après avoir assuré ses communications, il se remit en marche, et le 13 au matin, arrivé devant Mallen, il rencontra encore les insurgés ayant le marquis de Lassan en tête, et forts de deux régiments espagnols et de 8 à 10 mille paysans. Après avoir replié les bandes qui étaient répandues en avant de Mallen, il fit attaquer la position elle-même. Ce n'était pas difficile, car ces insurgés indisciplinés, après avoir fait un premier feu, se retiraient en fuyant derrière les troupes de ligne, tirant par-dessus la tête de celles-ci, et tuant plus d'Espagnols que de Français. Le général Lefebvre ayant attaqué l'ennemi par le flanc le culbuta sans difficulté, et renversa tout ce qui était devant lui. Les lanciers polonais, envoyés à la poursuite des fuyards, ne leur firent aucun quartier. Animés à cette poursuite, ils franchirent pour les atteindre l'Èbre à la nage, et en tuèrent ou blessèrent plus d'un millier. Notre perte n'avait guère été plus considérable que dans l'affaire de Tudela, et ne montait pas à plus d'une vingtaine d'hommes. La vivacité des attaques, le peu de tenue des paysans espagnols, l'embarras des troupes de ligne, placées le plus souvent entre notre feu et celui des fuyards, la confusion enfin de toutes choses parmi les insurgés, expliquaient la brièveté de ces petits combats, l'insignifiance de nos pertes, l'importance de celles de l'ennemi, qui périssait moins dans l'action que dans la fuite, et sous la lance des Polonais.

Le 14, le général Lefebvre, continuant sa marche vers Saragosse, rencontra encore les insurgés postés sur les hauteurs d'Alagon, les traita comme à Tudela et à Malien, et les obligea à se retirer précipitamment. Toutefois, à cause de la fatigue des troupes, il ne les poursuivit pas aussi loin que les jours précédents, et remit au lendemain son apparition devant Saragosse.

Arrivée du général Lefebvre-Desnoette devant Saragosse.

Il y arriva le lendemain 15 juin. Il aurait voulu y entrer de vive force; mais pénétrer, avec 3 mille hommes d'infanterie, mille cavaliers et six pièces de 4, dans une ville de 40 à 50 mille âmes, remplie de soldats et surtout d'une nuée de paysans résolus à se défendre en furieux, dans une ville dont la destruction les intéressait peu, puisqu'ils étaient tous habitants des villages voisins, n'était pas chose facile. **Impossibilité de brusquer la prise de cette ville importante, et nécessité de s'y arrêter.** Un vieux mur, flanqué d'un côté par un fort château, et de distance en distance par plusieurs gros couvents, et aboutissant par ses deux extrémités à l'Èbre, entourait Saragosse (voir la carte n° 45). Bien qu'une grande confusion régnât au dedans, que troupes régulières, insurgés, habitants, fussent assez mécontents les uns des autres, les troupes se plaignant des bandits qui pillaient, assassinaient, ne savaient que fuir, les bandits se plaignant des troupes qui ne les empêchaient pas d'être battus, il n'y avait sur la question de la défense qu'un sentiment, celui de résister à outrance et de ne livrer la ville qu'en cendres. Ces paysans pillards et fanatiques, animés du besoin de s'agiter après une longue inaction, quoique inutiles et lâches en rase campagne, se montraient de vaillants défenseurs derrière les murailles d'une ville dont ils étaient les maîtres. Le brave Palafox d'ailleurs partageait leurs sentiments, et le parti de sacrifier la ville étant pris par ceux auxquels elle n'appartenait pas, la surprendre devenait impossible. Aussi, dès que le général Lefebvre parut sous ses murs avec sa petite troupe, il la vit remplie jusque sur les toits d'une immense population de furieux, et entendit partir de toutes parts une incroyable grêle de balles. Il lui fallut s'arrêter, car sa principale force consistait en cavalerie, et il n'avait en fait d'artillerie que six pièces de 4. Il campa sur les hauteurs à gauche, près de l'Èbre, et manda sur-le-champ ses opérations au quartier général à Bayonne, réclamant l'envoi de forces plus considérables en infanterie et en artillerie, afin d'abattre les murailles qu'il avait devant lui, et qui ne consistaient pas seulement dans le mur enveloppant Saragosse, mais dans une multitude de vastes édifices qu'il faudrait, le mur pris, conquérir l'un après l'autre.

| Opérations du général Duhesme en Catalogne. |

En Catalogne, la situation offrait des difficultés d'une autre nature, mais plus graves peut-être. Au lieu de trouver tout facile dans la campagne, tout difficile devant la capitale, c'était exactement le contraire; car la capitale, Barcelone, était dans nos mains, et la campagne présentait un pays montagneux, hérissé de forteresses et de gros bourgs insurgés. Le général Duhesme, avec environ 6 mille Français, 6 mille Italiens, se voyait comme bloqué dans Barcelone, depuis l'insurrection générale des derniers jours de mai. Girone, Lerida, Manresa, Tarragone et presque tous les bourgs principaux étaient en pleine insurrection, et les paysans descendaient jusque sous les murs de la ville, pour tirer sur nos sentinelles. Néanmoins, ayant reçu le 3 juin l'ordre qui lui prescrivait de diriger la division Chabran sur la route de Valence, afin qu'elle donnât la main au maréchal Moncey, il la fit partir le 4, en lui assignant la route de Lerida, de manière qu'elle pût observer chemin faisant ce qui se passait en Aragon. Le général Chabran, à la tête d'une bonne division française, n'éprouva pas beaucoup d'obstacles le long de la grande route, sur laquelle il se tint constamment, traita bien les habitants, en obtint des vivres qu'on ne pouvait pas refuser à la force de sa division, et parvint presque sans coup férir à Tarragone. Il y arriva fort à propos pour prévenir les suites de l'insurrection, car le régiment suisse de Wimpfen, qui l'occupait, hésitait encore. Le général Chabran pacifia Tarragone, exigea des officiers suisses leur parole d'honneur de rester fidèles à la France, qui consentait à les prendre à son service, et remit tout en ordre, du moins pour un moment, dans cette place importante.

Mais c'était précisément sa sortie de Barcelone, et la division des forces françaises, que les insurgés attendaient pour accabler nos troupes. Le fameux couvent du Mont-Serrat, situé au milieu des rochers, dans la ceinture montagneuse qui enveloppe Barcelone, passait pour être le foyer de l'insurrection. La rivière du Llobregat, qui coupe cette ceinture montagneuse avant de se jeter dans la mer, est l'un des obstacles qu'il faut franchir pour se rendre au Mont-Serrat. La prétention des insurgés était de s'emparer du cours de cette rivière, de s'y établir fortement, d'enfermer ainsi le général Duhesme dans la capitale, et de le couper de Tarragone; car le Llobregat coule au midi de Barcelone, entre cette ville et Tarragone. Combats du général Schwartz aux environs du Llobregat. Le général Duhesme, voulant fouiller le Mont-Serrat, et empêcher les insurgés de prendre position entre lui et le général Chabran, fit sortir le général Schwartz à la tête d'une colonne d'infanterie et de cavalerie, avec ordre de se porter sur le Llobregat, de le franchir et d'aller ensuite par Bruch faire une apparition au Mont-Serrat. Cet officier, parti le 5 juin, ne trouva d'abord que des insurgés, qui lui cédèrent le terrain sans le disputer. Il franchit le Llobregat, traversa aussi aisément Molins del Rey, Martorell, Esparraguera, et parvint ainsi jusqu'à Bruch. Mais arrivé en cet endroit, dès qu'il voulut se diriger sur le Mont-Serrat, il entendit sonner le tocsin dans tous les villages, vit une nuée de tirailleurs l'assaillir, apprit que partout autour de lui on barricadait les villages, détruisait les ponts, rendait les routes impraticables, et, de peur d'être enveloppé, il prit le parti de rebrousser chemin. Il eut alors des difficultés de tout genre à vaincre, et particulièrement dans le bourg d'Esparraguera, qui présentait une longue rue barricadée. Il lui fallut à chaque pas livrer des combats acharnés. Les hommes tiraient des fenêtres; les femmes, les enfants jetaient du haut des toits des pierres et de l'huile bouillante sur la tête des soldats. Enfin, au passage d'un pont qu'on avait détruit de manière qu'il s'écroulât au premier ébranlement, l'une de nos pièces de canon s'abîma avec le pont lui-même, au moment où elle y passait. Le général Schwartz, après avoir eu beaucoup de morts et de blessés, rentra dans Barcelone le 7 juin, exténué de fatigue. Il était évident que ces paysans fanatiques, sans force en rase campagne, deviendraient fort redoutables derrière des maisons, des rues barricadées, des ponts obstrués, des rochers, des buissons, derrière tout obstacle enfin dont ils pourraient se couvrir pour combattre.

Le 8 et le 9 juin, les insurgés, enhardis par la retraite du général Schwartz, eurent l'audace de venir s'établir sur le Llobregat, occupant en force les villages de San-Boy, San-Felice, Molins del Rey. Leur plan consistait toujours à envelopper le général Duhesme, et à intercepter les communications entre lui et le général Chabran.

Sortie brillante et heureuse contre les insurgés postés sur le Llobregat.

Le général Duhesme sentit qu'il était impossible de laisser s'accomplir un pareil dessein, et il sortit le 10 juin de Barcelone en trois colonnes, pour enlever la position des insurgés. Arrivés à la pointe du jour le long du Llobregat, nos soldats le traversèrent, ayant de l'eau jusqu'à la ceinture, coururent ensuite sur les villages occupés par l'ennemi, les enlevèrent à la baïonnette, y prirent beaucoup d'insurgés, dont ils tuèrent un nombre considérable, et punirent San-Boy en le livrant aux flammes. Le soir ils rentrèrent triomphants dans Barcelone, amenant l'artillerie ennemie, au grand étonnement du peuple qui avait espéré ne pas les revoir. Ce fait d'armes imposa un peu à la population tumultueuse de cette grande ville, et maintint dans leur hésitation les classes aisées, qui, là comme partout, étaient partagées entre leur orgueil national profondément blessé, et la crainte d'une lutte contre la France, sous la domination d'une multitude effrénée. Cependant le général Duhesme, inquiet pour le général Chabran, qui était loin de lui à Tarragone, écrivit à Bayonne que la course prescrite à ce général pour donner la main au maréchal Moncey sous les murs de Valence, présentait les plus grands périls, tant pour la division Chabran elle-même que pour les troupes restées à Barcelone. Il demanda par ces motifs la permission de le rappeler.

Mouvements des divers corps d'armée français dans le midi de l'Espagne.

Tels étaient les événements au nord de l'Espagne en conséquence des ordres envoyés de Bayonne même aux troupes qui se trouvaient entre les Pyrénées et Madrid. Les ordres transmis par l'intermédiaire de l'état-major de Madrid aux troupes qui devaient agir dans le Midi, s'exécutèrent avec la même ponctualité. Murat était toujours dans un état à ne pouvoir rien ordonner; mais le général Belliard, en attendant l'arrivée du général Savary, expédia lui-même au maréchal Moncey et au général Dupont les instructions de l'Empereur. Le maréchal Moncey, avec sa première division, que commandait le général Musnier, partit de Madrid pour se diriger par Cuenca sur Valence. Le général Dupont partit de Tolède avec sa première division, que commandait le général Barbou, pour se diriger à travers la Manche sur la Sierra-Morena. Il resta donc à Madrid même deux divisions du maréchal Moncey, la garde impériale et les cuirassiers. La division Vedel, seconde de Dupont, prit à Tolède la position laissée vacante par la division Barbou. La division Frère, troisième de Dupont, revenue de Ségovie à l'Escurial, prit à Aranjuez la position laissée vacante par la division Vedel. Il restait par conséquent dans la capitale et dans les environs à peu près 30 mille hommes d'infanterie et de cavalerie, ce qui suffisait pour le moment. Il n'en fut détaché qu'une colonne de près de 3 mille hommes, qu'on voulait par la province de Guadalaxara diriger sur Saragosse, et qui ne dépassa point Guadalaxara.

Marche du maréchal Moncey sur Valence.

Le maréchal Moncey se mit en marche le 4 juin avec un corps français de 8,400 hommes, dont 800 hussards et 16 bouches à feu. Il devait être suivi de 1,500 hommes de bonne infanterie espagnole et de 500 cavaliers de la même nation; ce qui aurait porté son corps à plus de 10 mille hommes, et à 15 ou 16 mille sous Valence, en supposant sa réunion avec le général Chabran. Malheureusement cette dernière réunion était fort douteuse, et de plus, dans la nuit qui précéda le départ de la division française, les deux tiers des troupes espagnoles désertèrent, défection qui affaiblit tellement le corps auxiliaire que ce n'était plus la peine de le faire partir. Le maréchal Moncey entreprit donc son expédition avec 8,400 hommes de troupes françaises, jeunes, mais ardentes, et très-bien disciplinées. Il coucha le premier jour à Pinto, le deuxième à Aranjuez, le troisième à Santa-Cruz, le quatrième à Tarancon, parcourant chaque jour une distance très-courte, pour ne pas fatiguer ses soldats, et les habituer à la chaleur ainsi qu'à la marche. Arrivé le 7 à Tarancon, le maréchal Moncey leur accorda un séjour et les y laissa la journée du 8. Le maréchal Moncey ménageait à la fois ses soldats et les habitants; il obtint partout des vivres et un bon accueil. Les Espagnols le connaissaient depuis la guerre de 1793, et il avait conservé une réputation d'humanité qui le servait auprès d'eux. Il faut ajouter que dans ces provinces du centre, nulle ville importante n'ayant donné l'élan patriotique, le calme était demeuré assez grand. Le maréchal Moncey n'eut donc aucune difficulté à vaincre, soit pour marcher, soit pour vivre. Le 9, il alla coucher à Carrascosa, le 10 à Villar-del-Horno, le 11 à Cuenca.

Le maréchal Moncey s'arrête à Cuenca pour donner au général Chabran le temps de s'approcher de Valence.

Arrivé dans cette ville, il voulut s'y arrêter pour se procurer des nouvelles tant de Valence que du général Chabran, sur lequel il comptait pour accomplir sa mission. Mais les montagnes qui le séparaient à gauche de la basse Catalogne, à droite de Valence, ne laissaient parvenir jusqu'à lui aucune nouvelle. Quant à Valence, rien ne passait le défilé de Requena. Tout ce qu'on savait, c'est que l'insurrection y était violente et persévérante, que d'affreux massacres y avaient été commis, et qu'on ne viendrait à bout de la population soulevée que par la force. Le maréchal Moncey, qui était informé de l'arrivée du général Chabran à Tarragone, et qui calculait que pour se porter à Tortose et Castellon de la Plana, le long de la mer, il faudrait à ce général jusqu'au 25 juin, lui expédia l'ordre de s'y rendre sans retard, et fit ses dispositions de manière à ne pas déboucher lui-même dans la plaine de Valence avant le 25 juin. Il prit le parti de séjourner à Cuenca jusqu'au 18, d'en partir ensuite pour Requena, et de ne forcer les défilés des montagnes de Valence qu'au moment opportun pour agir de concert avec le général Chabran. Il se proposait pendant ces six jours passés à Cuenca de faire reposer ses troupes, de pourvoir à ses transports, de se procurer des détails sur la route difficile et peu fréquentée qu'il allait parcourir. Cette manière méthodique d'opérer pouvait assurément avoir des avantages, mais de funestes conséquences aussi; car elle donnait à l'insurrection le temps de s'organiser, et de s'établir solidement à Valence.

Marche du général Dupont sur Cordoue.

Pendant ce temps, le général Dupont marchait d'un tout autre pas vers l'Andalousie. Parti vers la fin de mai de Tolède, il avait été rejoint en route par les dragons du général Pryvé, qui remplaçaient les cuirassiers à son corps, par les marins de la garde impériale, et par les deux régiments suisses de Preux et Reding. On pouvait évaluer la division Barbou à 6 mille hommes présents sous les armes; les marins de la garde, à environ 5 ou 600 hommes, excellents dans tous les services de terre et de mer; la cavalerie, composée de chasseurs et dragons, à 2,600; l'artillerie et le génie, à 7 ou 800; les Suisses, à 2,400: total, 12 à 13 mille hommes présents au drapeau[4]. Le général Dupont traversa la Manche sans difficulté, trouvant cette province, ordinairement déserte, encore plus déserte que de coutume, apercevant partout dans les bourgs et villages les signes d'une haine contenue mais violente, et obligé de marcher avec des précautions infinies pour ne laisser aucun traînard en arrière.

État des choses dans la Manche et l'Andalousie lorsque le général Dupont y arrive.

Il franchit, sans éprouver de résistance, les redoutables défilés de la Sierra-Morena (voir la carte n° 44), et arriva le 3 juin à Baylen, lieu de sinistre mémoire, et qu'il ne prévoyait pas alors devoir être pour lui le théâtre du plus affreux malheur. Là, il apprit l'insurrection de Séville et du midi de l'Espagne, le soulèvement de toutes les populations, et la réunion des troupes de ligne aux insurgés. Toutefois on doutait encore de la conduite du général Castaños, commandant le camp de Saint-Roque, et on se flattait de le conserver à la cause de la royauté nouvelle, car plusieurs entretiens récents qu'il avait eus avec des officiers français avaient décelé beaucoup d'hésitation et même une désapprobation marquée de l'insurrection. Ce qui était certain, c'est que les trois régiments suisses de Tarragone, de Carthagène, de Malaga, qu'on croyait réunis à Grenade, et prêts à rejoindre l'armée française sur la route de Séville, venaient d'être enveloppés par l'insurrection et entraînés par elle. Ce pouvait être un danger pour la fidélité des deux régiments suisses qu'on avait avec soi, et il n'y avait que la victoire qui pût nous les attacher. Le soulèvement de Badajoz et de l'Estrémadure laissait peu de chances de réunir la division Kellermann, envoyée de Lisbonne à Elvas. Ces considérations, quoique nullement rassurantes, n'étaient pas de nature à faire reculer le général Dupont; car, après avoir rencontré tant de fois les armées autrichiennes, prussiennes et russes, et les avoir toujours vaincues, malgré la disproportion du nombre, il ne faisait guère cas des ramassis de paysans qu'il avait devant lui. Mais, tout en marchant hardiment à eux, il crut devoir avertir l'état-major général à Madrid de l'étendue de l'insurrection, et demander la réunion de tout son corps d'armée, afin qu'il pût dominer l'Andalousie, dans laquelle, disait-il, il n'aurait à faire qu'une *promenade conquérante*.

> Arrivée à Baylen.

Ayant débouché par les défilés de la Sierra-Morena sur Baylen, et se trouvant dans la vallée du Guadalquivir, il tourna à droite, et résolut de suivre le cours du fleuve, pour se porter à Cordoue, et frapper un rude coup sur l'avant-garde de l'insurrection. Arrivé le 4 juin à Andujar, il apprit là de nouveaux détails sur les événements de l'Andalousie, persista plus fortement encore dans la résolution de marcher vivement aux insurgés, mais persista davantage aussi à réclamer la prompte réunion des trois divisions qui composaient son corps d'armée.

À Andujar, on sut avec plus de précision les difficultés qui devaient se présenter sur le chemin de Cordoue.

> Réunion des insurgés de Cordoue au pont d'Alcolea.

Augustin de Echavarri, employé jadis, comme nous l'avons dit, à purger la Sierra-Morena des brigands qui l'infestaient, s'était mis à la tête de ces brigands, des paysans de la contrée, du peuple de Cordoue et des villes environnantes. Il avait en outre deux ou trois bataillons de milices provinciales, et quelque cavalerie, le tout formant une vingtaine de mille hommes, dont 15 mille au moins de bandes indisciplinées. C'était là ce qu'on appelait l'armée de Cordoue, laquelle était en ce moment campée sur le Guadalquivir, au pont d'Alcolea. Méprisant fort de tels adversaires, le général Dupont se hâta d'aller droit à eux, et d'enlever ce pont, qui ne pouvait pas valoir celui de Halle, emporté par lui avec huit mille Français contre vingt mille Prussiens. Il continua donc à descendre le Guadalquivir, pour se rapprocher d'Alcolea et de Cordoue. Le 5 il était à Aldea-del-Rio, le 6 à El-Carpio, le 7, au lever de l'aurore, en face même du pont d'Alcolea.

> Aspect que présentent la vallée du Guadalquivir et la grande route d'Andalousie.

La position qu'avaient prise les insurgés pour couvrir Cordoue n'était pas mal choisie. La grande route d'Andalousie, qui jusqu'à Cordoue suit presque toujours le fond de la vallée du Guadalquivir, est tantôt à gauche, tantôt à droite du fleuve, parcourant avec lui le pied des plus beaux, des plus riants coteaux de la terre, couverts partout d'oliviers, d'orangers, de superbes pins et de quelques palmiers. Par-dessus ces coteaux, on aperçoit à droite et fort près de soi les cimes sombres de la Sierra-Morena, à gauche et fort loin les cimes vaporeuses et bleuâtres des montagnes de Grenade. La route, qui est d'abord à droite du Guadalquivir, passe à gauche à Andujar. Au pont d'Alcolea, elle repasse à droite, pour aller joindre Cordoue, située en effet de ce côté, sur le bord même du fleuve, qu'elle domine de ses tours mauresques.

> Moyens de défense réunis par les Espagnols au pont d'Alcolea.

Bien que dans cette partie le Guadalquivir soit presque partout guéable, surtout en été, il est un obstacle de quelque valeur à cause de ses bords escarpés, et la possession du pont d'Alcolea, qui donnait un passage frayé à l'artillerie, avait une sorte d'importance. Ce pont est long et étroit, et se termine au village même d'Alcolea. Les Espagnols en avaient fermé l'entrée au moyen d'un ouvrage de campagne, consistant dans un épaulement en terre et dans un fossé profond. Ils l'avaient garni de troupes et d'artillerie, et avaient eu soin de répandre en avant, tant à droite qu'à gauche, une nuée de tirailleurs, embusqués dans des champs d'oliviers. Ils avaient de plus obstrué le pont, rempli le village d'Alcolea de paysans fort habiles tireurs, placé au delà douze bouches à feu sur un monticule qui dominait les deux rives, et rangé plus loin encore le reste de leur monde sur un vaste plateau. Pour inquiéter les assaillants, ils leur avaient préparé une diversion, en faisant passer le Guadalquivir au-dessous d'Alcolea à une colonne de trois ou quatre mille hommes, laquelle, remontant la rive gauche qu'occupaient les Français, devait faire mine de les prendre en flanc, pendant qu'ils attaqueraient de front le pont d'Alcolea.

Il fallait donc balayer la nuée de tirailleurs postés dans les oliviers, aborder l'ouvrage, l'enlever, franchir le pont, se rendre maître d'Alcolea, rejeter en même temps dans le Guadalquivir le corps qui l'avait passé, et fondre ensuite sur Cordoue, qui n'est qu'à deux lieues. On avait le temps, car on était arrivé à cinq heures du matin en face de l'ennemi, par une superbe journée du mois de juin.

> Dispositions d'attaque du général Dupont.

Le général Dupont plaça en tête la brigade Pannetier, formée de deux bataillons de la garde de

Paris et de deux bataillons des légions de réserve. Il distribua à droite et à gauche quelques tirailleurs, rangea en seconde ligne la brigade Chabert, en troisième les Suisses, et disposa sur sa gauche toute sa cavalerie sous le général Fresia, pour contenir le corps qui remontait le Guadalquivir. Il avait eu la précaution d'envoyer l'intrépide capitaine Baste, avec une centaine de marins de la garde, pour se glisser sous le pont afin d'examiner s'il n'était pas miné. Il ordonna que l'attaque fût vive et brusque pour ne pas perdre du monde en tâtonnements.

> Attaque et prise du pont d'Alcolea.

Au signal donné, l'artillerie française et les tirailleurs ayant engagé le feu, les bataillons de la garde de Paris, commandés par le général Pannetier et le colonel Estève, s'avancèrent sur la redoute. Les grenadiers se jetèrent bravement dans le fossé, malgré une vive fusillade, et, montant sur les épaules les uns des autres, pénétrèrent dans l'ouvrage par les embrasures, pendant que le capitaine Baste, qui avait achevé sa reconnaissance, s'y introduisait par le côté. La redoute ainsi enlevée, les grenadiers coururent au pont, le franchirent baïonnette baissée, perdirent quelques hommes, et leur capitaine notamment, brave officier qui les avait vaillamment conduits à l'assaut, et arrivèrent ensuite au village d'Alcolea. La troisième légion les suivait; elle attaqua avec eux le village d'Alcolea, défendu par une multitude d'insurgés. On perdit là plus de monde que dans l'attaque du pont; mais si on en perdit davantage, on en tua aussi beaucoup plus aux insurgés, dont un grand nombre furent pris et passés au fil de l'épée dans les maisons du village. Alcolea fut bientôt en notre possession. Pendant ce brusque engagement, le général Fresia, sur l'autre rive du Guadalquivir, avait arrêté le corps espagnol chargé de faire diversion. Sous les charges vigoureuses de nos dragons, ce corps s'était promptement replié, et avait repassé le Guadalquivir en désordre.

Cette brillante action ne nous avait pas coûté plus de 140 hommes tués ou blessés. Nous en avions tué deux ou trois fois davantage dans l'intérieur du village d'Alcolea.

Le pont d'Alcolea enlevé, il fallait quelques instants pour combler le fossé de la redoute, et y faire passer l'artillerie et la cavalerie de l'armée. On s'en occupa sur-le-champ, et on franchit le pont en laissant pour le garder le bataillon des marins de la garde. Le gros des Espagnols s'était rallié, sur la route de Cordoue, au sommet d'un plateau qui d'un côté se terminait au Guadalquivir, de l'autre se reliait à la Sierra-Morena. L'armée française était au pied du plateau en colonne serrée par bataillon, la cavalerie et l'artillerie dans les intervalles. Après lui avoir laissé prendre haleine, le général Dupont la porta en avant. À la seule vue de ces troupes marchant à l'ennemi comme à la parade, les Espagnols s'enfuirent en désordre, et nous livrèrent la route de Cordoue. On leur fit encore quelques prisonniers, et on s'empara d'une partie de leur artillerie.

Arrivée de l'armée française devant Cordoue.

On marcha sans relâche, malgré la brûlante chaleur du milieu du jour, et à deux heures de l'après-midi on aperçut Cordoue, ses tours, et la belle mosquée, aujourd'hui cathédrale, qui la domine. Le général Dupont ne voulait pas donner aux insurgés le temps de se reconnaître, et d'occuper Cordoue de manière à en rendre la prise difficile à une armée qui n'avait avec elle que de l'artillerie de campagne. En conséquence, il résolut de l'enlever sur-le-champ. ### Sommation restée sans réponse. Il voulut cependant la sommer pour lui épargner une prise d'assaut. Il manda le corrégidor, qui s'était caché par peur des Espagnols autant que des Français. Ce magistrat ne parut point. Les insurgés refusèrent d'écouter un prêtre qu'on leur envoya, et tirèrent sur tous les officiers français qui s'approchèrent pour parlementer.

Les portes de Cordoue forcées à coups de canon.

La force était donc le seul moyen de s'introduire dans Cordoue. On fit approcher du canon, on enfonça les portes, et on entra en colonne dans la ville. ### Combat de maison à maison, et désordres qui en résultent. Il fallut prendre plusieurs barricades, et puis attaquer une à une beaucoup de maisons, où les brigands de la Sierra-Morena s'étaient embusqués. Le combat devint acharné. Nos soldats, exaspérés par cette résistance, pénétrèrent dans les maisons, tuèrent les bandits qui les occupaient, et en précipitèrent un grand nombre par les fenêtres. Tandis que les uns soutenaient cette lutte, les autres avaient poursuivi en colonne le gros des insurgés qui s'était enfui par le pont de Cordoue sur la route de Séville. ### Sac de Cordoue. Mais bientôt le combat dégénéra en un véritable brigandage, et cette cité infortunée, l'une des plus anciennes, des plus intéressantes de l'Espagne, fut saccagée. Les soldats, après avoir conquis un certain nombre de maisons au prix de leur sang, et tué les insurgés qui les défendaient, n'avaient pas grand scrupule de s'y établir, et d'user de tous les droits de la guerre. Trouvant les insurgés qu'ils tuaient chargés de pillage, ils pillèrent à leur tour, mais pour manger et boire plus encore que pour remplir leurs sacs. La chaleur était étouffante, et avant tout ils voulaient boire. Ils descendirent dans les caves fournies des meilleurs vins de l'Espagne, enfoncèrent les tonneaux à coups de fusil, et plusieurs même se noyèrent dans le vin répandu. D'autres entièrement ivres, ne respectant plus rien, souillèrent le caractère de l'armée en se jetant sur les femmes, et en leur faisant essuyer toutes sortes d'outrages. Nos officiers, toujours dignes d'eux-mêmes, firent des efforts inouïs pour mettre fin à ces scènes horribles, et il y en eut qui furent obligés de tirer l'épée contre leurs propres soldats. Les troupes qui avaient poursuivi les fuyards au delà du pont de Cordoue voulurent à leur tour entrer en ville pour manger et boire aussi, car depuis la veille elles n'avaient reçu aucune distribution, et elles augmentèrent ainsi la désolation. Les paysans s'étaient mis à piller de leur côté, et la malheureuse ville de Cordoue était en ce moment la proie des brigands espagnols en même temps que de nos soldats exaspérés et affamés. Ce fut un douloureux spectacle, et qui eut d'affreuses conséquences, par le retentissement qu'il produisit plus tard en Espagne et en Europe. Le général Dupont fit battre la générale pour ramener les soldats au drapeau; mais ou ils n'entendaient pas, ou ils refusaient d'obéir, et de toute l'armée il n'était resté en ordre que la cavalerie et l'artillerie, demeurées hors de Cordoue, et attachées à leurs rangs, l'une par ses chevaux, l'autre par ses canons. Un corps ennemi, revenant sur ses pas, aurait pris toute l'infanterie dispersée, gorgée de vin, plongée dans le sommeil et la débauche. Ce furent cette fatigue même, cette ivresse hideuse, qui mirent un terme au désordre; car nos soldats n'en pouvant plus s'étaient jetés à terre au milieu des morts, des blessés, côte à côte avec les Espagnols qu'ils avaient pris ou tués.

> Rétablissement de l'ordre à Cordoue.

Le lendemain matin, au premier coup de tambour, ces mêmes hommes, redevenus dociles et humains, comme de coutume, reparurent tous au drapeau. L'ordre fut immédiatement rétabli, et les infortunés habitants de Cordoue tirés de la désolation où ils avaient été plongés pendant quelques heures. Sauf l'archevêché qui avait été pris d'assaut, et où se trouvait l'état-major des révoltés, les lieux saints avaient en général échappé à la dévastation, bien que les couvents fussent réputés les principaux foyers de l'insurrection. On retira le soldat de chez l'habitant, on le caserna dans les lieux publics, on lui fit des distributions régulières pour qu'il n'y eût aucun prétexte à l'indiscipline, et on remit ainsi toutes choses à leur place. Le sac des soldats fut visité; l'argent dont on les trouva porteurs fut versé à la caisse de chaque régiment. On avait pris plusieurs dépôts de numéraire, les uns appartenant aux révoltés et provenant des dons volontaires faits par les particuliers et le clergé à l'insurrection, les autres appartenant au trésor public. Le montant des uns et des autres fut réuni à la caisse générale de l'armée pour payer la solde arriérée[5]. Peu à peu les habitants rassurés rentrèrent, et formèrent même le vœu de garder chez eux l'armée française, pour n'être pas exposés à de nouveaux combats livrés dans leurs rues et leurs maisons. Un fait singulier et qui pouvait donner lieu d'apprécier les services qu'il y avait à espérer des

Suisses, c'est que deux ou trois cents d'entre eux, qui servaient avec Augustin de Echavarri, passèrent de notre côté après la prise de Cordoue, et qu'en même temps un nombre presque égal de soldats des deux régiments que nous avions avec nous (Preux et Reding) nous quittèrent pour se rendre à l'ennemi. Il était évident que ces soldats étrangers, combattus entre le goût de servir la France et leur ancien attachement pour l'Espagne, flotteraient entre les deux partis, pour se ranger en définitive du côté de la victoire. Il ne fallait donc guère y compter en cas de revers, malgré la fidélité connue et justement estimée des soldats de leur nation.

> Effet produit dans toute l'Espagne par le sac de Cordoue, et redoublement de haine contre les Français.

Le coup de foudre qui avait frappé Cordoue avait à la fois terrifié et exaspéré les Espagnols. Mais la haine dépassant de beaucoup la terreur, ils avaient bientôt dans toute l'Andalousie formé le projet de se réunir en masse pour accabler le général Dupont, et venger sur lui le sac de Cordoue, qu'ils dépeignaient partout des plus sombres couleurs. On racontait jusque dans les moindres villages le massacre des femmes, des enfants, des vieillards, le viol des vierges, la profanation des lieux saints; assertions horriblement mensongères, car, si la confusion avait été un moment assez grande, le pillage avait été peu considérable, et le massacre nul, excepté à l'égard de quelques insurgés pris les armes à la main. Ce ne fut qu'un cri néanmoins dans toute l'Andalousie contre les Français, déjà bien assez détestés sans qu'il fût besoin, par de faux récits, d'augmenter la haine qu'ils inspiraient. On jura de les massacrer jusqu'au dernier, et, autant qu'on le put, on tint parole.

> Massacre des Français sur toutes les routes de l'armée.

À peine nos troupes avaient-elles franchi la Sierra-Morena, sans laisser presque aucun poste sur leurs derrières, à cause de leur petit nombre, que des nuées d'insurgés, chassés de Cordoue, s'étaient répandus sur leur ligne de communication, occupant les défilés, envahissant les villages qui bordent la grande route, et massacrant sans pitié tout ce qu'ils trouvaient de Français voyageurs, malades ou blessés. Le général René fut ainsi assassiné avec des circonstances atroces. À Andujar les révoltés de Jaen, profitant de notre départ, envahirent la ville, et massacrèrent tout un hôpital de malades. La femme du général Chabert, sans l'intervention d'un prêtre, eût été assassinée. Au bourg de Montoro, situé entre Andujar et Cordoue, eut lieu un événement digne des cannibales. On avait laissé un détachement de deux cents hommes pour garder une boulangerie qui était destinée à fabriquer le pain de l'armée, en attendant qu'elle fût entrée dans Cordoue. La veille même du jour où elle allait y entrer, et par conséquent avant les prétendus ravages qu'elle y avait commis, les habitants des environs, les uns venus de la Sierra-Morena, les autres sortis des bourgs voisins, se jetèrent à l'improviste, et en nombre considérable, sur le poste français, et l'égorgèrent tout entier avec un raffinement de férocité inouï. Ils crucifièrent à des arbres quelques-uns de nos malheureux soldats. Ils pendirent les autres en allumant des feux sous leurs pieds. Ils en enterrèrent plusieurs à moitié vivants, ou les scièrent entre des planches. La plus brutale, la plus infâme barbarie n'épargna aucune souffrance à ces infortunées victimes de la guerre. Cinq ou six soldats, échappés par miracle au massacre, vinrent apporter à l'armée cette nouvelle, qui la fit frémir, et ne la disposa point à la clémence. La guerre prenait ainsi un caractère atroce, sans changer toutefois le cœur de nos soldats, qui, la chaleur du combat passée, redevenaient doux et humains comme ils avaient coutume d'être, comme ils ont été dans toute l'Europe, qu'ils ont parcourue en vainqueurs, jamais en barbares.

> Le général Dupont s'établit à Cordoue pour y attendre des renforts.

Le général Dupont, établi à Cordoue, profitant des ressources de cette grande ville pour refaire son armée, pour réparer son matériel, mais n'ayant qu'une douzaine de mille hommes, dont plus de deux mille Suisses sur lesquels il ne pouvait pas compter, n'était guère en mesure de s'avancer en Andalousie avant la jonction des divisions Vedel et Frère, restées, l'une à Tolède, l'autre à l'Escurial. Il les avait réclamées avec instance, et il comptait bien, avec ce renfort de dix à onze mille hommes d'infanterie, ce qui eût porté son corps à vingt-deux mille au moins, traverser l'Andalousie en vainqueur, éteindre le foyer brûlant de Séville, ramener au roi Joseph le général Castaños et les troupes régulières, pacifier le midi de l'Espagne, sauver l'escadre française de l'amiral Rosily, et déjouer ainsi tous les projets des Anglais sur Cadix. Il attendait donc avec impatience les renforts demandés, ne doutant guère de leur arrivée prochaine, après les dépêches qu'il avait écrites à Madrid. Restait à savoir néanmoins si ces dépêches parviendraient, tous les anciens bandits de la Sierra-Morena en étant devenus les gardiens, et égorgeant les courriers sans en laisser passer un seul.

> L'insurrection profite du temps qui s'écoule pour s'organiser.

Mais tandis que le général Dupont, entré le 7 juin à Cordoue, attendait des renforts, le soulèvement de l'Andalousie prenait plus de consistance. Les troupes de ligne, au nombre de 12 à 15 mille hommes, se concentraient autour de Séville. Les nouvelles levées, quoique moins nombreuses qu'on ne l'avait espéré, s'organisaient cependant, et commençaient à se discipliner. Les unes étaient introduites dans les rangs de l'armée pour en grossir l'effectif, les autres étaient formées en bataillons de volontaires. On les armait, on les instruisait. Le temps était ainsi tout au profit de l'insurrection qui préparait ses moyens, et au désavantage de l'armée française, dont la situation empirait à chaque instant; car, indépendamment de la non-arrivée des renforts, la chaleur, sans cesse croissante, augmentait la quantité des malades, et affectait notablement le moral des soldats. En même temps notre flotte courait de grands dangers à Cadix.

> Événements à Cadix pendant que la général Dupont est retenu à Cordoue.

L'agitation, depuis le massacre de l'infortuné Solano, n'avait cessé de s'accroître dans cette ville, où dominait la plus infime populace. Le nouveau capitaine général, Thomas de Morla, cherchait à se maintenir en flattant la multitude, et en lui permettant chaque jour la somme d'excès qui pouvait la satisfaire. Tout de suite après avoir égorgé le capitaine général Solano, cette multitude s'était mise à demander la destruction de notre flotte et le massacre des matelots français.

> La populace de Cadix demande la destruction de la flotte française.

C'était chose naturelle à désirer, mais difficile à exécuter contre cinq vaisseaux français et une frégate, montés par trois à quatre mille marins échappés à Trafalgar, et disposant de quatre à cinq cents bouches à feu. Ils auraient incendié les escadres espagnoles et tout l'arsenal de Cadix avant de laisser monter un seul homme à leur bord. Ajoutez que, placés à l'entrée de la rade de Cadix, près de la ville, mêlés à la division espagnole qui était en état d'armement, ils pouvaient la détruire, et accabler la ville de feux. Il est vrai qu'on aurait appelé les Anglais, et que nos marins auraient succombé sous les feux croisés des forts espagnols et des vaisseaux anglais; mais ils seraient morts cruellement vengés d'alliés aveuglés et d'ennemis barbares.

Thomas de Morla, qui appréciait mieux cette position que le peuple de Cadix, n'avait pas voulu s'exposer à de telles extrémités, et il avait, avec son astuce ordinaire, entrepris de négocier. Il avait proposé à l'amiral Rosily de se mettre un peu à l'écart, en s'enfonçant dans l'intérieur de la rade, de laisser la division espagnole à l'entrée, de manière à séparer les deux escadres et à prévenir les collisions entre elles, de confier ainsi aux Espagnols seuls le soin de fermer Cadix aux Anglais; ce qu'on était résolu à faire, disait-on; car, tout en stipulant une trêve avec ceux-ci, on affectait de ne pas vouloir leur livrer les grands établissements maritimes de l'Espagne. On persistait, en effet, à refuser le secours des cinq mille hommes de débarquement qu'ils avaient offert.

> Convention de l'amiral Rosily avec le capitaine général Thomas de Morla, en vertu de laquelle la flotte française se cantonne au fond de la rade.

L'amiral Rosily, qui attendait à chaque instant l'arrivée du général Dupont qu'il savait en marche, avait accepté ces conditions, se croyant certain, sous peu de jours, d'être maître du port et de l'établissement de Cadix. En conséquence, il avait fait cesser le mélange de ses vaisseaux avec les vaisseaux espagnols, et pris position dans l'intérieur de la rade, dont la division espagnole avait continué d'occuper l'entrée.

C'est ainsi que s'étaient écoulés les premiers jours de juin, temps que le général Dupont avait employé à s'emparer de Cordoue. Mais bientôt l'amiral Rosily s'était aperçu que les ménagements apparents du capitaine général Thomas de Morla n'étaient qu'un leurre afin de gagner du temps, et de préparer les moyens d'accabler la flotte française dans l'intérieur de la rade, sans qu'il pût en résulter un grand mal pour Cadix et son vaste arsenal.

> Description de la rade de Cadix.

Pour se faire une idée de cette situation, il faut savoir que la rade de Cadix, semblable en cela à celle de Venise et à toutes celles de la Hollande, est composée de vastes lagunes qui ont été formées par les alluvions du Guadalquivir. Au milieu de ces lagunes on a pratiqué des bassins, des canaux, des chantiers, de superbes magasins, et on a profité d'un groupe de rochers, placé à quelque distance en mer, et lié à la terre par une jetée, pour former une immense rade, et pour la fermer. C'est sur ce groupe de rochers que la ville de Cadix est construite. C'est du haut de ce groupe qu'elle domine la rade qui porte son nom, et que, croisant ses feux avec la basse terre de Matagorda située vis-à-vis, elle en rend l'entrée impossible aux flottes ennemies. La rade s'ouvre à l'ouest, et à l'est s'étend un vaste enfoncement, qui communique par des passes et des canaux avec les grands établissements connus sous le nom général d'arsenal de la Caraque. Il y a de cette entrée, dont Cadix a la garde, à la Caraque, une distance de trois lieues. Les feux sont très-nombreux près de l'entrée, dans le but d'écarter l'ennemi. Mais en s'enfonçant dans l'intérieur, et au milieu des lagunes dont on s'est servi pour creuser les bassins, l'impossibilité d'y pénétrer a dispensé de prodiguer les défenses et les batteries.

> L'amiral Rosily, voyant de toutes parts des préparatifs d'attaque contre sa division, prend des précautions pour sa sûreté.

En voyant les mortiers, les obusiers amenés à grand renfort de bras dans toutes les batteries qui avaient action sur le milieu de la rade, en voyant, équiper des chaloupes canonnières et des bombardes, l'amiral Rosily ne douta plus de l'objet de ces préparatifs, et il forma le projet, à la pleine lune, lorsque les marées seraient plus hautes, de profiter du tirant d'eau pour se jeter avec ses vaisseaux tout armés dans les canaux aboutissant à la Caraque. Il devait y être à l'abri des feux les plus redoutables, en mesure de se défendre longtemps, et de beaucoup détruire avant de succomber. Mais il aurait fallu pour cela des vents d'ouest, et les vents d'est soufflèrent seuls. Il fut donc obligé de suspendre l'exécution de son projet. Bientôt d'ailleurs la prévoyance des officiers espagnols vint rendre cette manœuvre impossible. Ils coulèrent dans les passes conduisant à la Caraque de vieux vaisseaux; ils placèrent à l'ancre une ligne de chaloupes canonnières et de bombardes qui portaient de la très-grosse artillerie. Ils en firent autant du côté de Cadix, où ils établirent une autre ligne de canonnières et de bombardes, et coulèrent encore de vieux vaisseaux. L'escadre se trouvait ainsi enfermée dans le centre de la rade, fixée dans une position d'où elle ne pouvait sortir, exposée tant aux feux de terre qu'à ceux des chaloupes canonnières, et privée des moyens de se transporter là où elle aurait pu causer le plus de mal.

> Les Espagnols, ayant achevé leurs préparatifs, commencent à canonner la flotte française sans lui faire de sommation.

Le 9 juin, tous ces préparatifs étant achevés, M. de Morla, ne se donnant plus la peine de parlementer, fit commencer le feu contre l'escadre de l'amiral Rosily. Vingt et une chaloupes canonnières et deux bombardes du côté de la Caraque, vingt-cinq canonnières et douze bombardes du coté de Cadix, se mirent à tirer sur nos vaisseaux. Le *Prince-des-Asturies*, destiné à devenir français, avait été rapproché de la ligne des canonnières du côté de Cadix, afin de leur servir d'appui. Les batteries de terre, couvertes de forts épaulements qui les mettaient à l'abri de nos projectiles, ajoutaient à tous ces feux celui de 60 pièces de canon de gros calibre, et de 49 mortiers. Sous une grêle de boulets et de bombes, nos cinq vaisseaux et la frégate qui complétait la division se comportèrent avec un sang-froid et une vigueur dignes des héros de Trafalgar. > Horrible canonnade continuée pendant deux jours.

Malheureusement l'état de la marée ne leur permettait pas de se rapprocher des batteries de terre, qu'ils auraient bouleversées, et ils en recevaient les coups sans presque pouvoir les rendre d'une manière efficace, à cause de l'épaisseur des épaulements. Mais ils s'en vengeaient sur les bombardes et les chaloupes canonnières, dont ils fracassèrent et coulèrent un bon nombre. Le feu, commencé dans la journée du 9, à trois heures de l'après-midi, dura jusqu'au soir à dix heures. Le lendemain 10, il recommença à huit heures du matin, et dura sans interruption jusqu'à trois heures de l'après-midi, avec les mêmes circonstances que celles de la veille. À la fin de ce triste combat, nous avions reçu 2,200 bombes, dont 8 seulement avaient porté à bord sans causer aucun dommage considérable. Nous avions eu 13 hommes tués, 46 grièvement blessés. Mais 15 canonnières et 6 bombardes étaient détruites, et 50 Espagnols hors de combat. C'eût été peu, s'il s'était agi d'obtenir un grand résultat; c'était trop, mille fois trop, pour un combat sans résultat possible, et ne pouvant aboutir qu'à une boucherie inutile. *Pourparlers pour faire cesser le feu entre les Français et les Espagnols.* Thomas de Morla, qui croyait en avoir assez fait pour contenter la populace de Cadix, et qui craignait quelque acte de désespoir de la flotte française, envoya un officier parlementaire pour sommer l'amiral Rosily de se rendre, faisant valoir l'impossibilité où les Français étaient de se défendre au milieu d'une rade fermée, et dans laquelle ils étaient prisonniers. Puis il fit insinuer qu'on était tout disposé, si l'amiral s'y prêtait, à offrir quelque arrangement honorable. L'amiral Rosily fit répondre que se rendre était inadmissible, car les équipages se révolteraient et refuseraient d'obéir; mais qu'il offrait le choix entre deux conditions, ou de sortir moyennant la promesse des Anglais qu'ils ne le poursuivraient pas avant quatre jours, ou de rester immobile dans la rade jusqu'à ce que les événements généraux de la guerre eussent décidé de son sort et de celui de Cadix, prenant l'engagement de déposer son matériel d'artillerie à terre, afin qu'on ne pût en concevoir, aucune crainte. *Proposition d'arrangement déférée à la junte de Séville.* M. de Morla répondit qu'il ne pouvait agréer lui-même ni l'une ni l'autre de ces conditions, et qu'il était obligé d'en référer à la junte de Séville, devenue l'autorité absolue à laquelle tout le monde obéissait dans le midi de l'Espagne. Que la proposition de ce nouveau délai fût une feinte ou non de la part de M. de Morla, qui peut-être cherchait encore à gagner du temps pour préparer de nouveaux moyens de destruction, il convenait à M. l'amiral Rosily de l'accepter, car on annonçait à chaque instant l'arrivée du général Dupont, qu'on savait entré le 7 juin à Cordoue. Il y consentit donc, attendant chaque jour, comme on attend l'annonce de la vie ou de la mort, le bruit du canon à l'horizon, signal de la présence de l'armée française.

Entré le 7 à Cordoue, le général Dupont pouvait bien, en effet, être sur le rivage de Cadix le 13 ou le 14. Mais, pendant ce temps, les terres environnantes se couvraient de redoutes, de canons, de moyens formidables de destruction. *Projet désespéré de l'amiral Rosily en cas de reprise des* hostilités. L'amiral, sentant très-bien que, s'il n'était pas délivré par le général Dupont, il succomberait sous cette masse de feux, et perdrait inutilement trois ou quatre mille matelots, les meilleurs de la France, forma un projet désespéré, qui n'était pas propre à les sauver, mais qui leur offrait au moins une chance de salut, et en tout cas la satisfaction de se venger, en détruisant beaucoup plus d'hommes qu'ils n'en perdraient. Quoique les passes du côté de Cadix pour sortir de la rade fussent obstruées, l'amiral avait découvert un passage praticable, et il résolut, le jour où l'on recommencerait le feu, de se porter en furieux sur la division espagnole, qui était fort mal armée et pas plus nombreuse que la sienne, de la brûler avant l'arrivée des Anglais, de se jeter ensuite sur ces derniers s'ils paraissaient, de détruire et de se faire détruire, en se fiant au sort du soin de sauver tout ou partie de la division. Mais pour ce coup de désespoir il fallait un premier hasard heureux, c'était un vent favorable. Il attendit donc, après avoir fait tous ses préparatifs de départ, ou l'apparition du général Dupont, ou une réponse acceptable de Séville, ou un vent favorable.

Les vents n'ayant pas favorisé le projet de l'amiral Rosily, et la junte de Séville n'ayant pas admis ses conditions, il est obligé de se rendre.

Le 14 juin venu, aucune de ces circonstances n'était réalisée. Le général Dupont n'avait point paru; la junte de Séville exigeait la reddition pure et simple; quant au vent, il soufflait de l'est, et poussait au fond de la rade, au lieu de pousser à la sortie. On avait justement le vent qu'on aurait souhaité quelques jours plus tôt pour se jeter sur la Caraque, avant que les canaux en fussent obstrués. Les moyens de l'ennemi étaient triplés. Il ne restait qu'à essuyer une lente et infaillible destruction, sous une canonnade à laquelle on ne pourrait pas répondre de manière à se venger. Se rendre laissait au moins la chance d'être tiré de prison quelques jours après par une armée française victorieuse. Il fallut donc amener le pavillon sans autre condition que la vie sauve. Perte des derniers restes de la flotte de Trafalgar. Les braves marins de Trafalgar, toujours malheureux par les combinaisons d'une politique qui avait le continent en vue plus que la mer, furent encore sacrifiés ici, et constitués prisonniers d'une nation alliée, qui, après les avoir si mal secondés à Trafalgar, se vengeait sur eux d'événements généraux dont ils n'étaient pas les auteurs. Les vaisseaux furent désarmés, les officiers conduits prisonniers dans les forts, aux applaudissements frénétiques d'une populace féroce. Ainsi finit à Cadix même l'alliance maritime des deux nations, à la grande joie des Anglais débarqués à terre, et se comportant déjà dans le port de Cadix comme dans un port qui leur aurait appartenu! Ainsi s'évanouissaient, l'une après l'autre, les illusions qu'on s'était faites sur la Péninsule, et chacune d'elles, en s'évanouissant, laissait apercevoir un immense danger!

L'amiral Rosily venait de succomber, parce que le général Dupont n'avait pu arriver à temps pour lui tendre la main: qu'allait-il advenir du général Dupont lui-même, jeté avec dix mille jeunes soldats au milieu de l'Andalousie insurgée? On avait compté que tout s'aplanirait devant lui; que cinq à six mille Suisses le renforceraient en route; qu'une division française, traversant paisiblement le Portugal, le rejoindrait par Elvas, et qu'il pourrait ainsi marcher sur Séville et Cadix avec vingt mille hommes. Mais enveloppés par l'insurrection, la plus grande partie des Suisses s'étaient donnés à elle. Le Portugal, commençant à partager l'émotion de l'Espagne, n'était pas plus facile à traverser, et le général Kellermann avait pu s'avancer à peine avec de la cavalerie jusqu'à Elvas. Toutes les facilités qu'on avait rêvées, en se fondant sur l'ancienne soumission de l'Espagne, se changeaient en difficultés. Chaque village devenait un coupe-gorge pour nos soldats; les vivres disparaissaient, et il ne restait partout qu'un climat dévorant.

Le général Dupont, en s'arrêtant en Andalousie, avait été bien loin de soupçonner un pareil état de choses. Il n'avait jamais beaucoup compté ni sur les Suisses qui devaient lui arriver par Grenade, ni sur la division française qui devait le joindre à travers le Portugal. Il avait compté sur ses propres troupes, sur la jonction de ses deux divisions, et, fort de vingt mille Français, il n'avait pas douté un moment de venir à bout de l'Andalousie. Mais il s'agissait de savoir si ses courriers auraient pu parvenir jusqu'à Madrid, où l'on avait retenu ses deux divisions, dans l'incertitude de ce qui pourrait se passer au centre de l'Espagne. Il demeura ainsi une dizaine de jours à Cordoue, attendant des instructions et des secours qui n'arrivaient pas. Cependant la nouvelle du désastre de la flotte, celle de la défection des Suisses et des troupes du camp de Saint-Roque, la réponse faite par le général Castaños à un envoyé qu'on lui avait dépêché, et qui prouvait qu'il était irrévocablement engagé dans l'insurrection, finirent par révéler au général Dupont le danger de sa position. Le général Dupont, après avoir passé dix jours à Cordoue, sans voir arriver ses renforts, rétrograde jusqu'à Andujar. D'une part il voyait venir sur lui, à droite et par Séville, l'armée de l'Andalousie; de l'autre, à gauche et par Jaen, l'armée de Grenade. Celle-ci était pour le moment la plus dangereuse, car de Jaen elle n'avait qu'un pas à faire pour se rendre à Baylen, tête des défilés de la Sierra-Morena, dont le général était à environ vingt-quatre lieues de France en restant à Cordoue. Une telle situation n'était pas tenable, et il ne pouvait pas laisser à l'ennemi la possession des passages de la Sierra-Morena sans périr. C'était bien assez d'y souffrir les bandes indisciplinées d'Augustin Echavarri qui les infestaient et y arrêtaient les courriers et les convois. Il prit donc, quoique à regret, le parti de quitter Cordoue, et de rétrograder jusqu'à Andujar, où il allait être sur le Guadalquivir, à sept lieues de Baylen, et beaucoup plus près des défilés de la Sierra-Morena. Ainsi, au lieu de la *promenade conquérante* de l'Andalousie, il fut contraint à un mouvement rétrograde.

Comme rien ne le pressait, il opéra cette retraite avec ordre et lenteur. Il partit le 17 juin au soir, afin de marcher la nuit, ainsi qu'on a coutume de le faire en cette saison, et sous ce climat brûlant. Depuis ce qu'on avait appris de la cruauté des Espagnols, aucun malade ou blessé pouvant supporter les fatigues du déplacement ne voulait être laissé en arrière. | Longue file de charrois à la suite de l'armée, parce qu'aucun blessé ou malade ne veut être laissé en arrière. | Il fallait donc traîner après soi une immense suite de charrois, qui mirent plus de cinq heures à défiler, et que les Espagnols, les Anglais, dans leurs gazettes, qualifièrent plus tard de caissons chargés des dépouilles de Cordoue. On avait trouvé six cent mille francs à Cordoue, et enlevé fort peu de vases sacrés. La plupart de ces vases avaient été restitués, et trois ou quatre caissons d'ailleurs auraient suffi à emporter, en fait d'objets précieux, le plus grand butin imaginable. Mais des blessés, des malades en nombre considérable, beaucoup de familles d'officiers qui avaient suivi notre armée en Espagne, où elle semblait plutôt destinée à une longue occupation qu'à une guerre active, étaient la cause de cette interminable suite de bagages. On laissa toutefois quelques malades et quelques blessés à Cordoue, sous la garde des autorités espagnoles, qui du reste tinrent la parole donnée au général Dupont d'en avoir le plus grand soin. Si, en effet, les odieux massacres que nous avons rapportés étaient à craindre en Espagne dans les bourgs et les villages, dont étaient maîtres des paysans féroces, on avait moins à les redouter dans les grandes villes, où dominait habituellement une bourgeoisie humaine et sage, étrangère aux atrocités commises par la populace.

On n'eut aucune hostilité à repousser durant la route; mais, parvenue à Montoro, l'armée fut saisie d'horreur en voyant suspendus aux arbres, à moitié ensevelis en terre ou déchirés en lambeaux, les cadavres des Français surpris isolément par l'ennemi. | Sentiment de nos soldats en voyant les cadavres de leurs camarades horriblement mutilés dans le bourg de Montoro. | Jamais nos soldats n'avaient rien commis ni rien essuyé de pareil dans aucun pays, bien qu'ils eussent fait la guerre partout, en Égypte, en Calabre, en Illyrie, en Pologne, en Russie! L'impression qu'ils en ressentirent fut profonde. Ils furent encore moins exaspérés, quoiqu'ils le fussent beaucoup, qu'attristés du sort qui attendait ceux d'entre eux qui seraient ou blessés, ou malades, ou attardés sur une route par la fatigue, la soif, la faim. Une sorte de chagrin s'empara de l'armée, et y laissa des traces fâcheuses.

Le lendemain 18 juin, on arriva à Andujar sur le Guadalquivir. Tous les habitants, qui craignaient qu'on ne vengeât sur eux les massacres commis tant à Andujar que dans les bourgs environnants, s'étaient enfuis, et on trouva cette petite ville absolument abandonnée. <u>Établissement de l'armée française à Andujar.</u> On la fouilla pour y chercher des vivres, et on en découvrit suffisamment pour les premiers jours. Le général Dupont plaça dans Andujar même les marins de la garde, qui étaient les plus solides et les plus sages des troupes qu'il avait avec lui. Il fit engager par des émissaires tous les habitants à revenir, leur promettant qu'il ne leur serait fait aucun mal, et il réussit effectivement à les ramener. La ville d'Andujar présentait, pour les blessés et les malades, quelques ressources, dont on usa avec ordre, de manière à ne pas les épuiser inutilement. On s'occupa aussi d'y attirer, soit avec de l'argent, dont on avait apporté une certaine somme, soit avec des maraudes bien organisées, des moyens de subsister. Andujar avait un vieux pont sur le Guadalquivir, avec des tours mauresques qui faisaient office de tête de pont. On remplit ces tours de troupes d'élite. On éleva à droite et à gauche quelques ouvrages. Puis on établit la première brigade sur le fleuve et un peu en avant, la seconde à droite et à gauche de la ville d'Andujar, les Suisses en arrière de cette ville, la cavalerie au loin dans la plaine, observant le pays jusqu'au pied des montagnes de la Sierra-Morena. En un mot, on fit un établissement où, moyennant beaucoup d'activité à s'approvisionner, l'on pouvait se soutenir assez long-temps, et attendre en sécurité les renforts demandés à Madrid.

<u>Inconvénients de la position d'Andujar, et supériorité de la position de Baylen.</u>

Tout eût été bien dans cette résolution de rétrograder pour se rapprocher des défilés de la Sierra-Morena, si on avait pris, par rapport à ces défilés, la position la meilleure. Malheureusement il n'en était rien, et ce fut une première faute dont le général Dupont eut plus tard à se repentir. Le vrai motif pour abandonner Cordoue et les ressources de cette grande ville, c'était la crainte de voir sur la gauche de l'armée les insurgés de Grenade avancés jusqu'à Jaen, passer le Guadalquivir à Menjibar, se porter à Baylen, et fermer les défilés de la Sierra-Morena. (Voir la carte nº 44.) Comme à Cordoue on était à vingt-quatre lieues de Baylen, cette distance rendait le danger immense. À Andujar, on n'était plus, il est vrai, qu'à sept lieues de Baylen, mais à sept lieues enfin, et il restait une chance de voir l'ennemi se porter à l'improviste vers les défilés. De plus, il y avait au delà de Baylen d'autres issues, par lesquelles on pouvait aussi pénétrer dans les défilés de la Sierra-Morena: c'était la route de Baeza et d'Ubeda, donnant sur la Caroline, point où les défilés commencent véritablement. Il fallait donc d'Andujar veiller sur Baylen, et non-seulement sur Baylen, mais sur Baeza et Ubeda, ce qui exigeait un redoublement de soins. Le parti le plus convenable à prendre en quittant Cordoue, c'était d'abonder complétement dans la sage pensée qui faisait abandonner cette ville, et de se porter à Baylen même, où, par sa présence seule, on aurait gardé la tête des défilés, et d'où on aurait, avec quelques patrouilles de cavalerie, aisément observé la route secondaire de Baeza et d'Ubeda. Baylen avait d'autres avantages encore, c'était d'offrir une belle position sur des coteaux élevés, en bon air, d'où l'on apercevait tout le cours du Guadalquivir, et d'où l'on pouvait tomber sur l'ennemi qui voudrait le franchir. Sans doute, si ce fleuve n'eût pas été guéable en plus d'un endroit, on aurait pu tenir à être sur ses bords mêmes, afin d'en défendre le passage de plus près. Mais le Guadalquivir pouvant être passé sur une infinité de points, le mieux était de s'établir un peu en arrière, sur une position dominante, de laquelle on verrait tout, et d'où l'on pourrait se jeter sur le corps qui aurait traversé le fleuve, pour le culbuter dans le ravin qui lui servait de lit. Baylen avait justement tous ces avantages. Le sacrifice d'Andujar, comme centre de ressources, était trop peu de chose pour qu'on méconnût les raisons que nous venons d'exposer. Ce fut donc, nous le répétons, une véritable faute que de s'arrêter à Andujar, au lieu d'aller à Baylen même, pour couper court à toute tentative de l'ennemi sur les défilés. Du reste, avec une active surveillance, il n'était pas impossible de réparer cette faute, et d'en prévenir les conséquences. Le général Dupont s'établit donc à Andujar, attendant des nouvelles de Madrid qui n'arrivaient guère, car il était rare qu'un courrier réussît à franchir la Sierra-Morena.

Résultat des premiers efforts tentés pour comprimer l'insurrection espagnole.

Tel était à la fin de juin le résultat des premiers efforts qu'on avait faits pour comprimer l'insurrection espagnole. Le général Verdier avait dissipé le rassemblement de Logroño; le général Lasalle, celui de Valladolid et de la Vieille-Castille. Le général Lefebvre avait rejeté les Aragonais dans Saragosse, mais se trouvait arrêté devant cette ville. Le général Duhesme à Barcelone était obligé de combattre tous les jours pour se tenir en communication avec le général Chabran, expédié sur Tarragone. Le maréchal Moncey, acheminé sur Valence, n'avait pas dépassé Cuenca, attendant là que la division Chabran eût fait plus de chemin vers lui. Enfin le général Dupont, arrivé victorieux à Cordoue, après avoir pris et saccagé cette ville, avait rétrogradé vers les défilés de la Sierra-Morena, pour lesquels il avait des craintes, et changé la position de Cordoue contre celle d'Andujar. La flotte française de Cadix, faute de secours, venait de succomber.

> Bruits répandus à Madrid et dans toute l'Espagne, sur les dangers que courent les divers corps de l'armée française.

Tous ces détails, on les connaissait à peine à Madrid et à Bayonne. On ne savait que ce qui concernait Ségovie, Valladolid, Saragosse, et tout au plus Barcelone. Quant à ce qui concernait le midi de l'Espagne, on l'ignorait entièrement, ou à peu près. Si on en apprenait quelque chose à Madrid, c'était par des émissaires secrets appartenant aux couvents ou aux grandes maisons d'Espagne. On répandait en effet avec joie, parmi les Espagnols dévoués à Ferdinand VII, que la flotte française avait été détruite, que les troupes régulières de l'Andalousie et du camp de Saint-Roque s'avançaient sur le général Dupont, que celui-ci avait été obligé de décamper, qu'il était bloqué dans les défilés de la Sierra-Morena; que le maréchal Moncey ne sortirait pas d'autres défilés tout aussi difficiles, ceux de Requena; que Saragosse resterait invincible; que l'échec essuyé à Valladolid par don Gregorio de la Cuesta n'était rien, que celui-ci revenait avec le général Blake à la tête des insurgés des Asturies, de la Galice, de Léon, pour couper la route de Madrid aux Français; que le nouveau roi Joseph, devant tous les jours partir de Bayonne, n'en partirait pas, et que cette formidable armée française serait probablement bientôt obligée d'évacuer la Péninsule. Ces nouvelles, fausses ou vraies, une fois parvenues à Madrid, étaient ensuite consignées dans des bulletins écrits à la main, ou insérées dans des gazettes imprimées au fond des couvents, et répandues dans toute la Péninsule. D'abondantes quêtes au profit des insurgés signalaient la joie qu'on éprouvait à Madrid de leurs succès, et le désir qu'on avait de leur fournir tous les secours possibles.

> Le général Savary, ayant remplacé Murat, envoie des secours au maréchal Moncey et au général Dupont.

L'état-major français recueillait ces bruits, et, bien qu'il n'en crût rien, il en était inquiet néanmoins, et les mandait à Bayonne. L'infortuné Murat avait tant demandé à rentrer en France, que, malgré le désir de conserver à Madrid ce fantôme d'autorité, on lui avait permis de partir, et il en avait profité avec l'impatience d'un enfant. Le général Savary était devenu dès lors le chef avoué de l'administration française, et faisait trembler tout Madrid par sa contenance menaçante, et sa réputation d'exécuteur impitoyable des volontés de son maître. Plein de sagacité, il appréciait très-bien la situation, et n'en dissimulait aucunement la gravité à Napoléon. Ayant conçu des craintes pour les corps avancés du maréchal Moncey et du général Dupont, il se décida à se démunir de troupes à Madrid, et à faire partir deux divisions pour le midi de l'Espagne. Déjà un convoi de biscuit et de munitions, expédié au général Dupont, avait été arrêté au Val-de-Peñas, et il avait fallu un combat acharné pour franchir ce bourg. Envoi de la division Vedel aux défilés de la Sierra-Morena, et instructions données au général Dupont. Le général Savary dirigea la division Vedel, seconde de Dupont, et forte de près de six mille hommes d'infanterie, de Tolède sur la Sierra-Morena, avec ordre de dégager ces défilés, et de rejoindre son général en chef. On estimait que celui-ci, parti avec 12 ou 13 mille hommes, et en comptant avec la division Vedel environ 17 ou 18 mille, serait en mesure de se soutenir en Andalousie. On lui intimait, en tout cas, l'ordre de tenir bon dans les défilés de la Sierra-Morena, afin d'empêcher les insurgés de pénétrer dans la Manche. Cependant le général Savary, doué d'un tact assez sûr et devinant que le général Dupont était le plus compromis, à cause des troupes régulières du camp de Saint-Roque et de Cadix qui marchaient contre lui, se disposait à lui envoyer à Madridejos, c'est-à-dire à moitié chemin d'Andujar, sa troisième division, celle que commandait le général Frère; ce qui aurait porté son corps à 22 ou 23 mille hommes, et l'aurait mis au-dessus de tous les événements. Envoi de la division Frère à San-Clemente, pour qu'elle puisse secourir au besoin, soit le maréchal Moncey, soit le général Dupont. Toutefois, sur une observation de Napoléon, il envoya la division Frère non pas à Madridejos, au centre de la Manche, mais à San-Clemente. À San-Clemente elle ne se trouvait pas plus éloignée du général Dupont qu'à Madridejos, et elle pouvait au besoin aller au secours du maréchal Moncey, dont on ignorait le sort autant qu'on ignorait celui du général Dupont, et qu'on n'espérait plus secourir par Tarragone, car le général Chabran, obligé de rétrograder sur Barcelone, venait d'y rentrer.

Ces précautions prises, on crut pouvoir se rassurer sur les deux corps français envoyés au midi de l'Espagne, et attendre la suite des événements. Il ne restait plus à Madrid que deux divisions d'infanterie, la seconde et la troisième du corps du maréchal Moncey, la garde impériale et les cuirassiers. C'était assez pour l'instant, l'arrivée du roi Joseph avec de nouvelles troupes devant bientôt remettre les forces du centre sur un pied respectable. Seulement le général Savary renonça, avec l'approbation de l'Empereur, à envoyer une colonne sur Saragosse, et laissa à l'état-major général de Bayonne le soin d'amener devant cette ville insurgée des forces capables de la réduire.

Nouvelles forces successivement réunies par Napoléon, à mesure que la gravité de l'insurrection espagnole se révèle à lui.
Dans ce moment, la constitution de Bayonne, comme on l'a vu au livre précédent, venait de s'achever. Il importait de hâter le départ de Joseph pour Madrid par deux raisons, d'abord la nécessité de remplacer l'autorité du lieutenant général Murat, et secondement l'urgence de faire parvenir à Madrid les renforts qu'on retenait pour servir d'escorte au nouveau roi. Napoléon avait tout disposé en effet pour lui procurer une réserve de vieilles troupes, dont une partie le suivrait à Madrid, une autre renforcerait en route le maréchal Bessières, afin de tenir tête aux insurgés des Asturies et de la Galice qui ramenaient au combat les insurgés de la Vieille-Castille, battus au pont de Cabezon sous Gregorio de la Cuesta; une troisième enfin irait sous Saragosse contribuer à la prise de cette ville importante. Napoléon, avons-nous dit, avait amené de Paris au camp de Boulogne, du camp de Boulogne à Rennes, de Rennes à Bayonne, six anciens régiments, les 4e léger et 15e} de ligne, les 2e et 12e légers, enfin les 14e et 44e de ligne, deux bataillons de la garde de Paris, les troupes de la Vistule, et enfin plusieurs régiments de marche. Aux six régiments d'ancienne formation dirigés sur l'Espagne, il en avait joint deux pris sur le Rhin, le 51e et le 49e de ligne, et il avait donné des ordres pour en tirer des bords de l'Elbe quatre autres de la plus grande valeur, les 32e, 58e, 28e et 75e de ligne, qui faisaient partie des troupes d'observation de l'Atlantique; c'était un total de douze vieux régiments ajoutés aux corps provisoires envoyés primitivement en Espagne. Il se préparait ainsi à Bayonne une réserve considérable pour faire face aux difficultés de cette guerre, qui grandissaient à vue d'œil. Il ne borna point là ses précautions.

Colonnes chargées de veiller sur les frontières des Pyrénées pour en écarter les guérillas. Craignant que les coureurs de la Navarre, de l'Aragon, de la haute Catalogne, ne vinssent insulter la frontière française, ce qui eût été un fâcheux désagrément pour un conquérant qui, deux mois auparavant, croyait être maître de la Péninsule, depuis les Pyrénées jusqu'à Gibraltar, il forma quatre colonnes le long des Pyrénées, fortes chacune de 12 à 1,500 hommes, et composées de gendarmerie à cheval, de gardes nationales d'élite, de montagnards des Pyrénées organisés en compagnies de tirailleurs, enfin de quelques centaines de Portugais provenant des débris de l'armée portugaise transportés en France. Ces colonnes devaient veiller sur la frontière, repousser toute insulte des guérillas, et au besoin descendre le revers des Pyrénées pour y prêter main-forte aux troupes françaises quand celles-ci en auraient besoin.

> Formation de la colonne du général Reille pour aller au secours du général Duhesme, bloqué dans Barcelone.

Toutefois, pour les Pyrénées orientales ce n'était pas assez, et il fallait venir au secours du général Duhesme bloqué dans Barcelone. Les choses dans cette province en étaient arrivées à ce point que le fort de Figuières, où l'on avait introduit une petite garnison française lors de la surprise des places fortes espagnoles en mars dernier, était entièrement bloqué, et exposé à se rendre faute de vivres.

Napoléon résolut de former là un petit corps de 7 à 8 mille hommes, sous l'un de ses aides-de-camp les plus habiles, le général Reille, de l'envoyer avec un convoi de vivres à Figuières, et de le réunir ensuite sous Girone au général Duhesme, afin de porter le corps de Catalogne à environ 20 mille hommes. Mais il n'était pas facile de rassembler une pareille force dans le Roussillon, aucune troupe ne stationnant ordinairement en Provence ni en Languedoc. Napoléon sut néanmoins en trouver le moyen. À la colonne de gendarmerie, de gardes nationaux, de montagnards, de Portugais, qui, sous le général Ritay, devait garder les Pyrénées orientales, il ajouta deux nouveaux régiments italiens, l'un de cavalerie, l'autre d'infanterie, qui faisaient partie des troupes toscanes, et qu'il avait eu de bonne heure la précaution d'acheminer sur Avignon. Il y avait en Piémont les corps dont avaient été tirées la division française Chabran et la division italienne Lechi. Napoléon leur emprunta de nouveaux détachements, faciles à trouver à cause de l'abondance des dépôts en conscrits, et les dirigea vers le Languedoc sous le titre de bataillons de marche de Catalogne. Il prit en outre à Marseille, Toulon, Grenoble, plusieurs troisièmes bataillons qui étaient en dépôt dans ces villes, un bataillon de la cinquième légion de réserve stationnée à Grenoble, et, enfin, s'adressant à tous les régiments qui avaient leurs dépôts sur les bords de la Saône et du Rhône, et qui pouvaient par eau envoyer en quelques jours des détachements à Avignon, il leur emprunta à chacun une compagnie, et en forma deux bataillons excellents, qu'il qualifia du titre de premier et second bataillon provisoire de Perpignan. C'est avec cette industrie qu'il parvint à réunir un second corps de 7 à 8 mille hommes pour la Catalogne, sans affaiblir d'une manière sensible ni l'Italie ni l'Allemagne. Heureusement pour lui, le calme dont jouissait la France lui permettait de se priver sans inconvénient même des troupes de dépôt. Seulement, ces troupes de toute origine, de toute formation, les unes italiennes, les autres suisses, portugaises et françaises, la plupart jeunes et point aguerries, présentaient de bizarres assemblages, et ne pouvaient valoir quelque chose que par l'habileté des chefs qui seraient chargés de les commander.

> Envoi d'une armée assiégeante sous Saragosse, et formation du corps du maréchal Bessières, destiné à combattre les insurgés du nord et à escorter Joseph à Madrid.

Ces soins pris pour amener sur la frontière d'Espagne les forces nécessaires, Napoléon s'occupa d'en disposer conformément aux besoins du moment. Il avait successivement acheminé sur Saragosse les trois régiments d'infanterie de la Vistule, une partie de la division Verdier, avec le général Verdier lui-même, beaucoup d'artillerie de siége, et une colonne de gardes nationaux d'élite levés dans les Pyrénées, le tout formant un corps de dix à onze mille hommes. Il chargea le général Verdier de prendre la direction du siége, le général Lefebvre-Desnoette n'étant qu'un général de cavalerie, et lui donna l'un de ses aides-de-camp, le général Lacoste, pour diriger les travaux du génie. Tout faisait espérer qu'avec une pareille force, et beaucoup d'artillerie, on viendrait à bout de cette ville insurgée. En tout cas, Napoléon lui destinait encore quelques-uns de ses vieux régiments en marche vers les Pyrénées.

Il s'occupa ensuite d'organiser, avec les régiments arrivés à Bayonne, le corps du maréchal Bessières, qui avait pour mission de couvrir la marche de Joseph sur Madrid, et de tenir tête aux révoltés du nord, lesquels chaque jour faisaient parler d'eux d'une manière plus inquiétante. Des six vieux régiments mandés les premiers, quatre étaient arrivés, les 4e léger et 15e de ligne, les 2e et 12e légers, et les deux bataillons de Paris. Napoléon les plaça sous le commandement du brave général de division Mouton, qui était en Espagne depuis que les Français y étaient entrés, et en forma deux brigades. La première, composée des 2e et 12e légers et des détachements de la garde impériale, fut commandée par le général Rey. La seconde, composée du 4e léger et du 15e de ligne, avec un bataillon de la garde de Paris, fut commandée par le général Reynaud. L'ancienne division du général Verdier, dont une partie l'avait suivi sous Saragosse, fut réunie tout entière à la division Merle, et formée en quatre brigades sous les généraux Darmagnac, Gaulois, Sabattier et Ducos. Le général de cavalerie Lasalle, qui avait déjà les 10e et 22e de chasseurs, et un détachement de grenadiers et de chasseurs à cheval de la garde impériale, dut y joindre le 26e de chasseurs, et un régiment provisoire de dragons. La division Mouton pouvait être évaluée à 7 mille hommes, celle de Merle à 8 mille et quelques cents, celle de Lasalle à 2 mille, en tout 17 mille hommes. Divers petits corps composés de dépôts, de convalescents, de bataillons et escadrons de marche, formaient à Saint-Sébastien, à Vittoria, à Burgos, des garnisons pour la sûreté de ces villes, et portaient à 21 mille hommes le corps du maréchal Bessières, destiné à contenir le nord de l'Espagne, à réprimer les révoltés de la Castille, des Asturies, de la Galice, à couvrir la route de Madrid, et à escorter le roi Joseph.

Juillet 1808.

Ainsi Napoléon avait déjà envoyé successivement plus de 110 mille hommes en Espagne, dont 50 mille, répandus au delà de Madrid, étaient répartis entre Andujar, Valence et Madrid, sous le général Dupont, le maréchal Moncey, le général Savary, dont 20 mille étaient en Catalogne, sous les généraux Reille et Duhesme; 12 mille devant Saragosse, sous le général Verdier; 21 à 22 mille autour de Burgos, sous le maréchal Bessières, et quelques mille éparpillés entre les divers dépôts de la frontière. Contre des troupes de ligne et pour une guerre régulière avec l'Espagne, c'eût été beaucoup, peut-être même plus qu'il ne fallait, bien que nos soldats fussent jeunes et peu aguerris. Contre un peuple soulevé tout entier, ne tenant nulle part en rase campagne, mais barricadant chaque ville et chaque village, interceptant les convois, assassinant les blessés, obligeant chaque corps à des détachements qui l'affaiblissaient au point de le réduire à rien, on va voir que c'était bien peu de chose. Il eût fallu sur-le-champ 60 ou 80 mille hommes de plus en vieilles troupes, pour comprimer cette insurrection formidable, et probablement on y eût réussi. Mais Napoléon ne voulait puiser que dans ses dépôts du Rhin, des Alpes et des côtes, et n'entendait point diminuer les grandes armées qui assuraient son empire sur l'Italie, l'Illyrie, l'Allemagne et la Pologne: nouvelle preuve de cette vérité souvent reproduite dans cette histoire, qu'il était impossible d'agir à la fois en Pologne, en Allemagne, en Italie, en Espagne, sans s'exposer à être insuffisant sur l'un ou l'autre de ces théâtres de guerre, et bientôt peut-être sur tous.

Entrée du roi Joseph en Espagne sous l'escorte de la brigade du général Rey.

Le moment étant venu de faire entrer Joseph en Espagne, Napoléon décida que l'une des deux brigades de la division Mouton, la brigade Rey, prenant le nouveau roi à Irun, l'escorterait dans toute l'étendue du commandement du maréchal Bessières, qui comprenait de Bayonne à Madrid. Ses nouveaux ministres, MM. O'Farrill, d'Azanza, Cevallos, d'Urquijo, les uns pris dans le conseil même de Ferdinand VII, les autres dans des cabinets antérieurs, tous réunis par l'intérêt pressant d'épargner à l'Espagne une guerre effroyable en se ralliant à la nouvelle dynastie, l'accompagnaient avec les membres de l'ancienne junte. Marche et conduite de Joseph à travers son nouveau royaume. Plus de cent voitures allant au pas des troupes composaient le cortége royal. Joseph était doux, affable, mais parlait fort mal l'espagnol, connaissait plus mal encore l'Espagne elle-même, et par sa figure, son langage, ses questions, rappelait trop qu'il était étranger. Aussi, accueilli, jugé avec une malveillance toute naturelle, fournissait-il matière aux interprétations les plus défavorables. Chaque soir, couchant dans une petite ville ou dans un gros bourg, s'efforçant d'entretenir les principaux habitants qu'il avait de la peine à joindre, il leur prêtait à rire par ses manières étrangères, par son accent peu espagnol. Bien qu'il les touchât quelquefois par sa bonté visible, ils n'en allaient pas moins faire en le quittant mille peintures plus ou moins ridicules du roi *intrus*, comme ils l'appelaient. La plupart aimaient à dire que Joseph était un malheureux, contraint à régner malgré lui sur l'Espagne, et victime du tyran qui opprimait sa famille aussi bien que le monde.

Pénibles impressions du roi Joseph à l'aspect de l'Espagne.

Les impressions que Joseph éprouva à Irun, à Tolosa, à Vittoria, furent profondément tristes, et son âme faible, qui avait déjà regretté plus d'une fois le royaume de Naples pendant les journées passées à Bayonne, se remplit de regrets amers en voyant le peuple sur lequel il était appelé à régner soulevé tout entier, massacrant les soldats français, se faisant massacrer par eux. Dès Vittoria, les lettres de Joseph étaient empreintes d'une vive douleur. *Je n'ai personne pour moi*, furent les premiers mots qu'il adressa à l'Empereur, et ceux qu'il lui répéta le plus souvent.—*Il nous faut cinquante mille hommes de vieilles troupes et cinquante millions, et, si vous tardez, il nous faudra cent mille hommes et cent millions*... telle fut chaque soir la conclusion de toutes ses lettres. Laissant aux généraux français la dure mission de comprimer la révolte, il voulut naturellement se réserver le rôle de la clémence, et à toutes ses demandes d'hommes et d'argent il se mit à joindre des plaintes quotidiennes sur les excès auxquels se livraient les militaires français, se constituant leur accusateur constant, et l'apologiste tout aussi constant des insurgés; genre de contestation qui devait bientôt créer entre lui et l'armée des divergences fâcheuses, et irriter Napoléon lui-même. Il est trop vrai que nos soldats commettaient beaucoup d'excès; mais ces excès étaient bien moindres cependant que n'aurait pu le mériter l'atroce cruauté dont ils étaient souvent les victimes.

Il n'était pas besoin de cette correspondance pour révéler à Napoléon toute l'étendue de la faute qu'il avait commise, quoiqu'il ne voulût pas en convenir. Il savait tout maintenant, il connaissait l'universalité et la violence de l'insurrection.

> Réponses de Napoléon aux lettres de son frère Joseph.

Seulement, il avait trouvé les insurgés si prompts à fuir en rase campagne, qu'il espérait encore pouvoir les réduire sans une trop grande dépense de forces.—Prenez patience, répondait-il à Joseph, et ayez bon courage. Je ne vous laisserai manquer d aucune ressource; vous aurez des troupes en suffisante quantité; l'argent ne vous fera jamais défaut en Espagne avec une administration passable. Mais ne vous constituez pas l'accusateur de mes soldats, au dévouement desquels vous et moi devons ce que nous sommes. Ils ont affaire à des brigands qui les égorgent, et qu'il faut contenir par la terreur. Tâchez de vous acquérir l'affection des Espagnols; mais ne découragez pas l'armée, ce serait une faute irréparable.—À ces discours Napoléon joignit les instructions les plus sévères pour ses généraux, leur recommandant expressément de ne rien prendre, mais d'être d'une impitoyable sévérité pour les révoltés. Ne pas piller, et faire fusiller, afin d'ôter le motif et le goût de la révolte, devint l'ordre le plus souvent exprimé dans sa correspondance.

> Événements militaires en Aragon et en Vieille-Castille pendant la marche du roi Joseph.

> Inutile assaut livré à Saragosse par les troupes du général Verdier.

Pendant que le voyage de Joseph s'effectuait au pas de l'infanterie, la lutte continuait avec des chances variées en Aragon et en Vieille-Castille. Le général Verdier, arrivé devant Saragosse avec deux mille hommes de sa division, et trouvant les divers renforts que Napoléon y avait successivement envoyés, tels qu'infanterie polonaise, régiments de marche, comptait environ 12 mille hommes de troupes, et une nombreuse artillerie amenée de Pampelune. Déjà il avait fait enlever par le général Lefebvre-Desnoette les positions extérieures, resserré les assiégés dans la place, et élevé de nombreuses batteries par les soins du général Lacoste. Les 1er et 2 juillet, il résolut, sur les pressantes instances de Napoléon, de tenter une attaque décisive, avec 20 bouches à feu de gros calibre, et 10 mille fantassins lancés à l'assaut. La ville de Saragosse est située tout entière sur la droite de l'Èbre, et n'a sur la gauche qu'un faubourg. (Voir la carte nº 45.) Malheureusement, on n'avait pas encore réussi, malgré les ordres réitérés de l'Empereur, à jeter un pont sur l'Èbre, de manière à pouvoir porter partout la cavalerie et priver les assiégés de leurs communications avec le dehors. Vivres, munitions, renforts de déserteurs et d'insurgés leur arrivaient donc sans difficulté par le faubourg de la rive gauche, et presque tous les insurgés de l'Aragon avaient fini pour ainsi dire par se réunir dans cette ville. Située tout entière, avons-nous dit, sur la rive droite, Saragosse était entourée d'une muraille, flanquée à gauche d'un fort château dit de l'Inquisition, au centre d'un gros couvent, celui de Santa-Engracia, et à droite d'un autre gros couvent, celui de Saint-Joseph. Le général Verdier avait fait diriger une puissante batterie de brèche contre le château, et s'était réservé cette attaque, la plus difficile et la plus décisive. Il avait dirigé deux autres batteries de brèche contre le couvent de Santa-Engracia au centre, contre le couvent de Saint-Joseph à droite, et il avait confié ces deux attaques au général Lefebvre-Desnoette.

Le 1er juillet, au signal donné, les vingt mortiers et obusiers, soutenus par toute l'artillerie de campagne, ouvrirent un feu violent tant sur les gros bâtiments qui flanquaient la muraille d'enceinte, que sur la ville elle-même. Plus de 200 bombes et de 1,200 obus furent envoyés sur cette malheureuse ville, et y mirent le feu en plusieurs endroits, sans que ses défenseurs, qui lui étaient la plupart étrangers, et qui, postés dans les maisons voisines des points d'attaque, n'avaient pas beaucoup à souffrir, fussent le moins du monde ébranlés. Sous la direction de quelques officiers du génie espagnols, ils avaient placé en batterie 40 bouches à feu qui répondaient parfaitement aux nôtres. Ils avaient, sur les points où nous pouvions nous présenter, des colonnes composées de soldats qui avaient déserté les rangs de l'armée espagnole, et pas moins de dix mille paysans embusqués dans les maisons. Le 2 juillet au matin, de larges brèches ayant été pratiquées au château de l'Inquisition et aux deux couvents qui flanquaient l'enceinte, nos troupes s'élancèrent à l'assaut avec l'ardeur de soldats jeunes et inexpérimentés. Mais elles essuyèrent sur la brèche du château de l'Inquisition un feu si terrible, qu'elles en furent étonnées, et que, malgré tous les efforts des officiers, elles n'osèrent pénétrer plus avant. Il en fut de même au centre, au couvent de Santa-Engracia. À droite seulement le général Habert réussit à s'emparer du couvent de Saint-Joseph, et à se procurer une entrée dans la ville. Mais quand il voulut y pénétrer, il trouva les rues barricadées, les murs des maisons percés de mille ouvertures et vomissant une grêle de balles. Les soldats d'Austerlitz et d'Eylau auraient sans doute bravé ce feu avec plus de sang-froid; mais devant des obstacles matériels de cette espèce, ils n'auraient peut-être pas fait plus de progrès. Il était évident qu'il fallait contre une pareille résistance de nouveaux et plus puissants moyens de destruction, et qu'au lieu de faire tuer des hommes en marchant à découvert devant ces maisons, il fallait les renverser à coups de canon sur la tête de ceux qui les défendaient.

Le général Verdier conservant le couvent de Saint-Joseph dont il s'était emparé à droite, fit rentrer ses troupes dans leurs quartiers, après une perte de 4 à 500 hommes tués ou blessés, perte bien grave par rapport à un effectif de 10 mille hommes. Le grand nombre d'officiers atteints par le feu prouvait quels efforts ils avaient eu à faire pour soutenir ces jeunes soldats en présence de telles difficultés.

Le général Verdier résolut d'attendre des renforts et surtout des moyens plus considérables en artillerie, pour renouveler l'attaque sur cette place, qu'on avait cru d'abord pouvoir réduire en quelques jours, et qui tenait beaucoup mieux qu'une ville régulièrement fortifiée. Napoléon, averti de cet état des choses, lui envoya sur-le-champ les 14e et 44e de ligne, qui venaient d'arriver, et plusieurs convois de grosse artillerie.

Folle confiance inspirée aux Espagnols par la résistance de Saragosse.

La nouvelle de cette résistance causa dans tout le nord de l'Espagne une émotion extrême, et augmenta singulièrement la jactance des Espagnols. Joseph, arrivé à Briviesca, recueillit de tous côtés les preuves de leur haine contre les Français, et de leur confiance dans leur propre force. Il trouva partout ou la solitude, ou la froideur, ou une exaltation d'orgueil inouïe, comme si les Espagnols avaient remporté sur nous les mille victoires que nous avions remportées sur l'Europe. C'était surtout l'armée de don Gregorio de la Cuesta et de don Joaquin Blake, composée des insurgés de la Galice, de Léon, des Asturies, de la Vieille-Castille, et arrivant sur Burgos par Benavente, qui était le principal fondement de leurs espérances. Ils ne doutaient pas qu'une victoire éclatante ne fût bientôt remportée par cette armée sur les troupes du maréchal Bessières, et alors cette victoire, jointe à la résistance de Saragosse, ne pouvait manquer, suivant eux, de dégager tout le nord de l'Espagne. On n'avait pas de nouvelles certaines du midi; mais les mauvais bruits sur le sort du maréchal Moncey à Valence, du général Dupont en Andalousie, redoublaient et s'aggravaient chaque jour, et, en tout cas, disaient les Espagnols, ils seraient prochainement obligés de se retirer l'un et l'autre pour réparer les échecs essuyés au nord. C'était, du reste, l'avis de Napoléon, qu'au nord se trouvait maintenant le plus grand péril, car le nord était la base d'opérations de nos armées, et il avait ordonné au maréchal Bessières de prendre avec lui les divisions Merle et Mouton (moins la brigade Rey laissée à Joseph), d'y joindre la division de cavalerie Lasalle, de marcher vivement au-devant de Blake et de Gregorio de la Cuesta, de fondre sur eux, et de les battre à tout prix. Être les maîtres au nord, sur la route de Bayonne à Madrid, était, suivant lui, le premier intérêt de l'armée, la première condition pour se soutenir en Espagne. Tout en recommandant fort à l'attention du général Savary ce midi si impénétrable, si peu connu, il lui avait prescrit d'envoyer au maréchal Bessières, par Ségovie, toutes les forces dont il n'aurait pas indispensablement besoin dans la capitale; car, disait-il, un échec au midi serait un mal, mais un échec sérieux au nord serait la perte de l'armée peut-être, et au moins la perte de la campagne, car il faudrait évacuer les trois quarts de la Péninsule pour reprendre au nord la position perdue.

> Mouvement du maréchal Bessières contre les généraux Blake et Gregorio de la Cuesta.

Le maréchal Bessières partit en effet le 12 juillet de Burgos avec la division Merle, avec la moitié de la division Mouton (brigade Reynaud) et avec la division Lasalle, ce qui formait en tout 11 mille hommes d'infanterie et 1,500 chevaux, tant chasseurs et dragons que cavalerie de la garde. Avec ces forces, il marcha résolûment sur le grand rassemblement des insurgés du nord, commandé, avons-nous dit, par les généraux Blake et de la Cuesta.

Le capitaine général don Gregorio de la Cuesta s'était retiré dans le royaume de Léon après sa mésaventure du pont de Cabezon, et, bien qu'il fût fort mécontent de l'insurrection, dont l'imprudence l'avait exposé à un échec fâcheux, il tenait cependant à se relever, et il avait essayé de mettre quelque ordre dans les éléments confus dont se composait l'armée insurgée.

> Composition des armées de Blake et Gregorio de la Cuesta.

Il avait 2 à 3 mille hommes de troupes régulières, et environ 7 ou 8 mille volontaires, bourgeois, étudiants, gens du peuple, paysans. Il voulait ajouter à ce rassemblement les levées des Asturies et surtout celles de la Galice, bien plus puissantes que celles des Asturies, parce qu'elles comprenaient une grande partie des troupes de la division Taranco, revenue du Portugal. Les Asturiens songeant d'abord à eux-mêmes, et se tenant pour invincibles dans leurs montagnes tant qu'ils y resteraient enfermés, n'avaient pas voulu se rendre à l'invitation de la Cuesta, et s'étaient bornés à lui envoyer deux ou trois bataillons de troupes régulières. Mais la junte de la Corogne, moins prudente et plus généreuse, avait décidé, malgré le général don Joaquin Blake, qui avait remplacé le capitaine général Filangieri, que les forces de la province seraient envoyées en entier dans les plaines de la Vieille-Castille pour y tenter le sort des armes. Don Joaquin Blake, issu de ces familles anglaises catholiques qui allaient chercher fortune en Espagne, était un militaire de métier, assez instruit dans sa profession. Il s'était appliqué, en se servant des troupes de ligne dont il disposait, à composer une armée régulière, capable de tenir devant un ennemi aussi rompu à la guerre que les Français. Il avait grossi les cadres de ses troupes de ligne d'une partie des insurgés, et formé avec le reste des bataillons de volontaires, qu'il exerçait tous les jours pour leur donner quelque consistance. Soit qu'il ne fût pas désireux de se mesurer trop tôt avec les Français, soit que réellement il comprît bien à quel point la bonne organisation décide de tout à la guerre, il demandait encore plusieurs mois avant de descendre dans les plaines de la Castille, et il voulait, en attendant, qu'on le laissât discipliner son armée derrière les montagnes de la Galice. Vaincu par la volonté de la junte, il fut obligé de se mettre en route, et de s'avancer jusqu'à Benavente. Il aurait pu amener 27 ou 28 mille hommes de troupes, moitié anciens bataillons, moitié nouveaux; mais il laissa deux divisions en arrière, au débouché des montagnes, et avec trois qui présentaient un effectif de 15 ou 18 mille hommes, il s'achemina sur la route de Valladolid. Il fit sa jonction avec don Gregorio de la Cuesta aux environs de Medina de Rio-Seco le 12 juillet. Ces deux généraux n'étaient guère faits pour s'entendre. L'un était impérieux et chagrin, l'autre mécontent de venir se risquer en rase campagne contre un ennemi jusqu'ici invincible, et n'était pas disposé par conséquent à se montrer facile. Gregorio de la Cuesta prit le commandement, à titre de plus ancien, et il eut une entrevue avec son collègue à Medina de Rio-Seco pour concerter leurs opérations. Ils pouvaient à eux deux mettre en ligne de 26 à 28 mille hommes. Avec de meilleurs soldats ils auraient eu des chances de succès contre les Français, qui n'allaient se présenter qu'au nombre de 11 à 12 mille.

> Champ de bataille de Rio-Seco.

Medina de Rio-Seco est sur un plateau. À gauche (pour les Espagnols) se trouve la route de Burgos et Palencia, par laquelle arrivaient les Français sous le maréchal Bessières, à droite celle de Valladolid. Un détachement français de cavalerie, battant le pays entre les deux routes, induisit en erreur les généraux espagnols, peu exercés aux reconnaissances, et ils crurent que l'ennemi venait par la route de Valladolid, c'est-à-dire par leur droite. C'était le 13 juillet au soir. Position prise par les deux généraux espagnols. Abusé par ces apparences, le général Blake profita de la nuit pour porter son corps d'armée à droite de Medina, sur la route de Valladolid. À la naissance du jour, qui dans cette saison a lieu de très-bonne heure, les généraux espagnols reconnurent qu'ils s'étaient trompés, et de la Cuesta, qui s'était mis en mouvement le dernier, s'arrêta dans sa marche, en ayant soin d'appuyer à gauche vers la route de Palencia, par où s'avançaient les Français. Se croyant plus en péril, il demanda du secours à Blake, qui se hâta de lui envoyer l'une de ses divisions. Les généraux espagnols se trouvèrent donc rangés sur deux lignes, dont la première, placée en avant et plus à droite, était commandée par Blake; la seconde, fort en arrière de la première, et plus à gauche, était commandée par de la Cuesta. Ils demeurèrent immobiles dans cette situation, attendant les Français sur le sommet du plateau, et beaucoup trop peu habitués aux manœuvres pour rectifier si près de l'ennemi la position qu'ils avaient prise.

LE MARÉCHAL BESSIÈRES.

> Promptes dispositions du maréchal Bessières.

Le maréchal Bessières, auquel il restait, après une marche rapide, environ 9 ou 10 mille hommes d'infanterie et 1,200 chevaux, en présence de 26 ou 28 mille hommes, n'en conçut pas le moindre trouble, car il avait la plus haute opinion de ses soldats. Avec deux vieux régiments, le 4e léger et le 15e de ligne, et quelques escadrons de la garde, il se sentait capable d'enfoncer tout ce qu'il avait devant lui. Le brave Bessières, officier de cavalerie formé à l'école de Murat, né comme lui en Gascogne, avait beaucoup de sa jactance, de sa promptitude et de sa bravoure. Il s'avançait avec ses troupes au bas du plateau de Medina de Rio-Seco, lorsqu'il aperçut au loin les deux lignes espagnoles, l'une derrière l'autre, la seconde par sa gauche débordant beaucoup la première. Il résolut de profiter de la distance laissée entre elles, en se portant d'abord sur le flanc de la première, et, après l'avoir enfoncée, de fondre en masse sur la seconde. Il s'avança sur-le-champ, le général Merle, à sa gauche, devant attaquer la ligne de Blake; le général Mouton, à sa droite, devant flanquer Merle, et puis se jeter sur la ligne de la Cuesta. La cavalerie suivait sous le brave et brillant Lasalle.

> Bataille de Rio-Seco.

Nos jeunes troupes, partageant la confiance de leurs généraux, gravirent le plateau avec une rare assurance. Elles abordèrent résolûment la ligne de Blake par sa gauche, sous un violent feu d'artillerie, car l'artillerie était ce qu'il y avait de meilleur dans l'armée espagnole. Arrivées à portée de fusil, elles firent un feu bien dirigé, ayant été fort exercées depuis leur entrée en Espagne. Puis elles marchèrent à la ligne ennemie, qu'elles joignirent à la baïonnette. Les Espagnols ne tinrent pas; une charge du général Lasalle avec les chasseurs acheva de les culbuter, et la gauche de la première ligne espagnole, renversée, laissa la seconde à découvert. À ce spectacle, une partie de celle-ci se porta spontanément en avant, et essaya bravement de faire tête à nos troupes, en profitant du désordre même que le succès avait mis dans leurs rangs. Elle les arrêta en effet un instant, et réussit à mettre la main sur l'une de nos batteries qui avait suivi le mouvement de notre infanterie. Elle fut appuyée dans cet effort par les gardes du corps et les carabiniers royaux, qui chargèrent vaillamment. Les fantassins espagnols, se croyant vainqueurs, jetaient déjà leurs chapeaux en l'air, en criant *Viva el rey!* Mais le maréchal Bessières avait en réserve 300 chevaux, tant grenadiers que chasseurs à cheval de la garde impériale, qui s'élancèrent au galop en criant de leur côté: *Vive l'Empereur! Plus de Bourbons en Europe!* Ils culbutèrent en un instant les gardes du corps et les carabiniers royaux, les traitant comme à Austerlitz ils avaient traité les chevaliers-gardes de l'empereur Alexandre. Alors, le général Merle ayant achevé de renverser la première ligne, celle de Blake, se porta sur le centre de la seconde, celle de la Cuesta, que le général Mouton abordait déjà de son côté. Devant la double attaque des jeunes soldats du général Merle et des vieux soldats du général Mouton, elle ne tint pas long-temps. La seconde ligne espagnole, culbutée comme la première, lâcha pied tout entière, fuyant en désordre sur le plateau de Medina de Rio-Seco, et cherchant à se sauver vers cette ville. > Affreuse déroute de l'armée espagnole. < À l'instant, les douze cents chevaux de Lasalle, lancés sur une masse de vingt-cinq mille fuyards, saisie d'une indicible terreur, jetant ses armes, poussant les hurlements du désespoir, en firent un horrible carnage. Bientôt cette plaine immense ne présenta plus qu'un spectacle lamentable, car elle était jonchée de quatre à cinq mille malheureux abattus par le sabre de nos cavaliers. Les vastes champs de bataille du Nord, que nous avions couverts de tant de cadavres, n'étaient pas plus affreux à voir. Dix-huit bouches à feu, beaucoup de drapeaux, une multitude de fusils abandonnés en fuyant, restèrent en notre pouvoir. Tandis que la cavalerie, n'ayant d'autre moyen de faire des prisonniers que de frapper les fuyards, s'acharnait à sabrer, l'infanterie avait couru sur la ville de Medina. Ses habitants, sur le faux rapport de quelques soldats qui avaient quitté le champ de bataille avant la fin de l'action, croyaient l'armée espagnole victorieuse, et étaient tous aux fenêtres. Mais bientôt ils furent cruellement détrompés en voyant passer sous leurs yeux le torrent des fuyards. Une partie des soldats espagnols, retrouvant leur courage derrière des murailles, s'arrêtèrent pour résister. Le général Mouton, avec le 4e léger et le 15e de ligne, y entra à la baïonnette, et renversa tous les obstacles qu'on lui opposa. Au milieu de ce tumulte, les soldats, se conduisant comme dans une ville prise d'assaut, se mirent à piller Medina, livrée pour quelques heures à leur discrétion. Les moines franciscains, qui des fenêtres de leur couvent avaient fait feu sur les Français, furent passés au fil de l'épée.

Cette sanglante victoire, qui nous soumettait tout le nord de l'Espagne, et devait décourager pour quelque temps les insurgés de cette région de descendre dans la plaine, ne nous avait coûté que 70 morts et 300 blessés. C'était l'heureux effet d'une attaque bien conçue, et exécutée avec une grande vigueur.

Le maréchal Bessières remit le lendemain son armée en ordre, et marcha vivement sur Léon pour achever de disperser les insurgés, qui fuyaient de toute la vitesse de leurs jambes, excellentes comme des jambes espagnoles.

> Heureuse influence de la victoire de Rio-Seco.

La nouvelle de notre victoire de Rio-Seco apporta, pour le moment du moins, un notable changement dans le langage et les dispositions des Espagnols. Ils crurent un peu moins que le nord, c'est-à-dire la route de Madrid, allait nous échapper, et tout notre établissement dans la Péninsule périr par la base.

> Joseph accélère sa marche, et se décide à entrer dans Madrid.

Joseph, continuant à marcher avec la même lenteur, était arrivé à Burgos. Il avait tâché de gagner des cœurs sur sa route, et s'était appliqué à les conquérir à force de prévenances et d'affectation d'humanité, donnant toujours tort aux soldats français et raison aux insurgés. S'apercevant néanmoins que les conquêtes qu'il faisait compensaient peu le temps qu'il perdait, recevant du général Savary l'invitation réitérée de venir se montrer à sa nouvelle capitale, rassuré surtout par la victoire de Rio-Seco, il mit fin à ces inutiles caresses envers des populations qui n'y répondaient guère, et se rendit d'un trait de Burgos à Madrid. > Accueil que Joseph reçoit du peuple de Madrid. < Il y entra le 20 au soir, milieu d'une froide curiosité, n'entendant pas un cri, si ce n'est de la part de l'armée française qui, bien que peu contente de lui, saluait en sa personne le glorieux Empereur, pour lequel elle allait en tous lieux combattre et mourir.

Joseph, quoique entré à Madrid après une victoire de l'armée française, qui devait rétablir la balance de l'opinion en sa faveur, y trouva comme ailleurs une répugnance vraiment désespérante à s'approcher de sa personne. Les ministres qui avaient accepté de le servir étaient consternés et lui déclaraient que, s'ils avaient prévu à quel point le pays était contraire à la nouvelle royauté, ils n'auraient pas embrassé son parti. Les membres de la junte de Bayonne qui l'avaient accompagné s'étaient peu à peu dispersés. Les magistrats composant le conseil de Castille, qu'on avait tant accusés de s'être prêtés à tout ce que voulait Murat, refusaient le serment. Les membres seuls du clergé, fidèles au principe de *rendre à César ce qui est à César*, étaient venus saluer en lui la royauté de fait, et surtout le frère de l'auteur du Concordat. Joseph s'exprima devant eux de la manière la plus significative en faveur de la religion; ses paroles et surtout son attitude les touchèrent, et leur langage, après leur entrevue avec lui, avait produit un bon effet dans Madrid. Le corps diplomatique, cédant non au nouveau roi d'Espagne, mais à l'empereur des Français, avait mis de l'empressement à lui rendre hommage. Quelques grands d'Espagne, commensaux ordinaires et inévitables de la cour, n'avaient pu se dispenser de se présenter, et de tout cela, généraux français, ministres étrangers, haut clergé, courtisans venant par habitude, Joseph avait pu composer une cour d'assez bonne apparence, que de promptes victoires auraient aisément changée en une cour respectée et obéie, sinon aimée.

> Événements au midi de l'Espagne.

Mais si l'on avait remporté une victoire signalée au nord, on était fort en doute d'en obtenir une pareille au midi. On avait passé tout un mois sans avoir des nouvelles du général Dupont, et pour savoir ce qu'il était devenu, il avait fallu que sa seconde division, celle du général Vedel, qu'on lui avait envoyée pour le débloquer, eût franchi de vive force les défilés de la Sierra-Morena. On avait appris alors la prise de Cordoue, l'évacuation postérieure de cette ville, et l'établissement de l'armée à Andujar. Depuis, l'insurrection s'était refermée sur lui et le général Vedel, comme la mer sur un vaisseau qui la sillonne, et on était de nouveau privé de toute information à son sujet. Quant au maréchal Moncey, on avait tout aussi long-temps ignoré son sort, et on venait enfin de l'apprendre. Voici ce qui lui était arrivé pendant les événements si divers de la Castille, de l'Aragon, de la Catalogne et de l'Andalousie.

On l'a vu attendant à Cuenca que le général Chabran pût s'avancer jusqu'à Castellon de la Plana, tandis qu'au contraire le général Chabran avait été obligé de rebrousser chemin pour n'être pas coupé définitivement de Barcelone. Il avait même fallu à celui-ci beaucoup de vigueur pour traverser les bourgades de Vendrell, d'Arbos et de Villefranche, insurgées, et rejoindre son général en chef, qui s'était porté à sa rencontre jusqu'à Bruch. Tous deux étaient rentrés à Barcelone, où ils se voyaient contraints chaque jour de livrer des combats acharnés aux insurgés, qui venaient les attaquer aux portes même de la ville.

> Marche du maréchal Moncey de Cuenca sur Requena.

Le maréchal Moncey, qui ignorait ces circonstances, avait attendu du 11 au 17 juin à Cuenca, et alors, imaginant que le temps écoulé avait suffi au général Chabran pour s'approcher de Valence, il s'était mis en mouvement par la route presque impraticable de Requena, ajoutant à ses trop longs retards à Cuenca une lenteur de marche, bonne sans doute pour sa troupe, qui ne laissait ainsi aucun homme en arrière, mais très-fâcheuse pour l'ensemble général des opérations. Il avait passé par Tortola, Buenache, Minglanilla, où il était arrivé le 20. Le 21, il s'était trouvé au bord du Cabriel, ayant devant lui plusieurs bataillons ennemis, dont un de troupes suisses, embusqués au pont de Pajazo, dans une position des plus difficiles à forcer. > Occupation de vive force du pont du Cabriel. Le Cabriel en cet endroit roule au milieu d'affreux rochers. On parvient par un étroit défilé au pont qui le traverse, et après avoir passé ce pont, il reste à franchir encore un autre défilé tout aussi difficile. Les insurgés de Valence, auxquels on avait donné le temps de s'établir dans cette position, avaient obstrué le pont, placé du canon en avant, et répandu sur les rochers voisins des milliers de tirailleurs. Le maréchal Moncey amena sur ce point, par un chemin des plus rudes, quelques pièces de canon traînées à bras, fit enlever les obstacles accumulés sur le pont, puis détacha à droite et à gauche des colonnes qui, passant le Cabriel à gué, tournèrent les postes embusqués dans les rochers, tuèrent beaucoup de monde à l'ennemi, et se rendirent ainsi maîtresses de la position.

> Passage du défilé de las Cabreras.

Le 22, le maréchal Moncey employa la journée à se reposer, et à rendre la route plus praticable pour son artillerie et ses bagages. Le 23, il parvint à Utiel, et le 24 il arriva en face d'un long et étroit défilé qui conduit, à travers les montagnes de Valence, dans la fameuse plaine si renommée par sa beauté, que l'on appelle la Huerta de Valence. Ce défilé, connu sous le nom de défilé de *las Cabreras*, et formé par le lit d'un ruisseau, qu'il fallait passer à gué jusqu'à six fois, était réputé inexpugnable. Le maréchal Moncey, par sa lenteur, avait permis aux insurgés de s'y poster et d'y multiplier leurs moyens de résistance. Vaincre de front les obstacles qui nous étaient opposés était presque impossible, et devait coûter des pertes énormes. Le maréchal Moncey chargea le général Harispe, le héros des Basques, de prendre avec lui les hommes les plus alertes, les meilleurs tireurs, et, après leur avoir fait déposer leurs sacs, de les conduire sur les hauteurs environnantes de droite et de gauche pour en débusquer les Espagnols, et faire tomber les défenses du défilé en les tournant. Le général Harispe, après des efforts inouïs et mille combats de détail, conquit, un rocher après l'autre, les abords de la position, et réussit enfin à descendre sur les derrières des Espagnols qui défendaient le défilé. À sa vue, l'ennemi prit la fuite, livrant à l'armée un passage qu'on n'aurait pu forcer s'il avait fallu l'attaquer de front. Le maréchal Moncey, victorieux, s'arrêta de nouveau à la Venta de Buñol pour permettre à ses bagages de le rejoindre, et à son artillerie de se réparer. Les chemins qu'il avait traversés l'avaient en effet mise en fort mauvais état. Les moyens de réparation manquaient comme les moyens de subsistance dans le pays sauvage qu'on venait de parcourir.

> Arrivée du maréchal Moncey au milieu de la plaine de Valence.

Mais l'artillerie espagnole, tombée tout entière au pouvoir des Français, fournit des pièces de rechange, et le 26 la colonne se mit en mouvement sur Chiva. Le lendemain 27 elle déboucha dans la belle plaine de Valence, coupée de mille canaux par lesquels se répand en tous sens l'eau du Guadalaviar, couverte de chanvres d'une hauteur extraordinaire, parsemée d'orangers, de palmiers et de toute la végétation des tropiques. Cette vue était faite pour réjouir nos soldats, fatigués des tristes lieux qu'ils avaient parcourus. Mais si, grâce à la lenteur de leur marche, ils arrivaient en assez bon état, ralliés tous au drapeau, suffisamment nourris et très-capables de combattre, ils trouvaient aussi, par suite de cette même lenteur, l'ennemi bien préparé, et en mesure de défendre sa capitale. Il fallait traverser à deux lieues de Valence, au village de Quarte, le grand canal qui détourne les eaux du Guadalaviar, rétablir le pont de ce canal qui était coupé, enlever le village de Quarte, plus une multitude de petits postes embusqués à droite et à gauche dans les habitations de la plaine, ou cachés par la hauteur des chanvres. Ces obstacles arrêtèrent peu nos troupes, qui franchirent le canal, rétablirent le pont, enlevèrent le village, et, courant à travers les champs et les petits canaux, tuèrent, en perdant elles-mêmes quelques hommes, les nombreux tirailleurs qui, de tous côtés, faisaient pleuvoir sur elles une grêle de balles.

> Apparition de l'armée sous les murs de Valence.

Le soir, on bivouaqua sous les murs de Valence. Le maréchal Moncey résolut de brusquer la ville en attaquant les deux portes de Quarte et de Saint-Joseph, qui s'offraient les premières à lui en venant de Requena. Un gros mur entourait Valence. Des eaux en baignaient le pied. Des chevaux de frise, des obstacles de tout genre couvraient les portes, et des milliers d'insurgés postés sur le toit des maisons étaient prêts à faire un feu de mousqueterie des plus meurtriers.

Vains efforts pour enfoncer les portes de la ville.

Le 28, dès la pointe du jour, le maréchal Moncey, après avoir obligé les tirailleurs ennemis à se replier, lança deux colonnes d'attaque sur les portes de Quarte et de Saint-Joseph. Les premiers obstacles furent promptement franchis; mais, en arrivant près des portes, il fallut, avant d'y employer le canon, arracher les chevaux de frise qui les couvraient. Nos braves jeunes gens s'élancèrent plusieurs fois sous le feu pour aller avec des haches exécuter ces opérations périlleuses. Mais, après plusieurs tentatives dirigées par le général du génie Cazals, et suivies de pertes considérables, on reconnut l'impossibilité absolue de forcer les portes, objet de nos attaques. Quand même on y eût réussi, on aurait trouvé au delà les têtes de rues barricadées comme à Saragosse, et c'eût été autant d'assauts à renouveler. Après avoir acquis cette conviction, le maréchal Moncey replia ses troupes, restant maître toutefois des faubourgs qu'il avait enlevés.

Cette sanglante tentative, qui lui avait coûté près de 300 hommes tués ou blessés, lui donna fort à réfléchir. Il avait amené avec lui 8 mille et quelques cents hommes. Il en avait déjà laissé en route un millier, malades ou hors de combat. Il venait d'apprendre par des prisonniers que le général Chabran s'était replié sur Barcelone. Il avait devant lui une ville de soixante mille âmes, portée à cent mille au moins par l'agglomération dans ses murs de tous les cultivateurs de la plaine, et résolue à se défendre jusqu'à la mort, par la crainte où elle était que les Français ne vengeassent sur elle l'odieux assassinat de leurs compatriotes.

Retraite du maréchal Moncey par la route de Murcie.

Pour vaincre une pareille résistance, le maréchal n'avait pas de grosse artillerie. Il renonça donc très-sagement à recommencer une attaque qui n'avait aucune chance de succès, et qui n'aurait fait qu'augmenter les difficultés de sa retraite, en augmentant le nombre des blessés à emporter avec lui. Il eut le bon esprit, une fois cette résolution arrêtée, de l'exécuter sans retard. On lui avait appris que le capitaine général Cerbellon, lequel était, non pas dans Valence, mais en rase campagne à la tête des insurgés de la province, se trouvait, avec 7 ou 8 mille hommes, sur les bords du Xucar, petit fleuve qui, après avoir contourné les montagnes de Valence, vient tomber dans la mer à quelques lieues de cette ville, près d'Alcira. L'intention présumée du capitaine général était de traverser la Huerta, et d'aller se placer dans les défilés de *las Cabreras*, afin d'en fermer le passage aux Français, C'eût été là une grave difficulté, car le maréchal Moncey ayant déjà perdu les meilleurs soldats de son corps d'armée, et emmenant avec lui une grande quantité de blessés, aurait bien pu échouer dans une opération qui lui avait une première fois réussi. D'ailleurs la grande route, qui, pour éviter les montagnes de Valence, passe le Xucar à Alcira, et traverse la province de Murcie à Almansa, quoique un peu plus longue, était beaucoup meilleure. Le maréchal Moncey résolut donc de marcher droit au Xucar, d'y combattre M. de Cerbellon, de forcer le défilé d'Almansa, et de revenir par Albacete.

Arrivé le 1er juillet sur les bords du Xucar, il y trouva les insurgés de Valence et de Carthagène postés derrière le fleuve, dont ils avaient coupé le pont. L'armée franchit le Xucar à gué sur trois points, rétablit ensuite le pont, et fit passer ses immenses bagages. Elle se reposa le 2. Le 3, averti que d'autres insurgés voulaient défendre le passage des montagnes de Murcie appelé défilé d'Almansa, le maréchal Moncey se hâta de le traverser, n'y rencontra aucune difficulté sérieuse, repoussa partout les insurgés, et leur enleva même leur artillerie. Reprenant sa marche lente et méthodique, il arriva le 5 à Chinchilla, le 6 à Albacete. Là, il apprit avec une véritable joie que la division Frère, qui d'abord avait dû être placée à Madridejos en échelon sur la route d'Andalousie, et qui depuis avait été, par ordre de l'Empereur, placée à San-Clemente, se trouvait tout près de lui, et le 10 juillet il opéra sa jonction avec elle.

Il ramenait sa division en bon état, quoique fatiguée, et n'avait laissé en route ni un blessé ni un canon. Mais il faut répéter que, si sa lenteur lui avait permis de ramener sa division entière, elle lui avait fait manquer la conquête de Valence, qu'il aurait certainement prise, comme le général Dupont avait pris Cordoue, s'il eût marché assez vivement pour surprendre les insurgés avant qu'ils eussent eu le temps de faire leurs préparatifs de défense. Toutefois, sa manière lente et ferme de marcher au milieu des provinces insurgées, en battant partout l'ennemi, et sans semer les routes de bagages, de blessés, de malades, avait un mérite que Napoléon mit une certaine complaisance à reconnaître et à proclamer.

> Punition de la ville de Cuenca.

Tandis que le maréchal Moncey exécutait cette marche difficile, la province de Cuenca, d'abord si tranquille, s'était insurgée, et avait enlevé l'hôpital que le maréchal Moncey y avait établi pour y déposer ses malades. Le général Savary avait été obligé d'envoyer pour la punir le général Caulaincourt avec une colonne de troupes. Celui-ci avait infligé à la ville de Cuenca deux heures de pillage, dont les soldats avaient malheureusement usé avec grand profit matériel pour eux, et grand dommage moral pour l'armée.

Les événements de Valence avaient précédé de quelques jours la bataille de Rio-Seco, mais ils ne furent connus à Madrid qu'à peu près en même temps que cette bataille. Bien que les Espagnols triomphassent beaucoup de la résistance opiniâtre que nous avions rencontrée devant Saragosse et Valence, et que cette résistance révélât la nécessité d'attaques sérieuses pour venir à bout des grandes villes insurgées, cependant nous tenions la campagne partout d'une manière victorieuse. La situation militaire des Français exclusivement dépendante des événements qui vont se passer au midi de l'Espagne. Les insurgés ne pouvaient se montrer nulle part sans être dispersés à l'instant même. Le général Duhesme, rallié au général Chabran, était sorti avec lui de Barcelone, avait emporté le fort de Mongat, pris et saccagé la petite ville de Mataro, et, quoiqu'il eût échoué dans l'escalade de Girone, était rentré dans Barcelone, répandant la terreur sur son passage, et exerçant une énergique répression. Le général Verdier, toujours arrêté devant Saragosse, était néanmoins maître de l'Aragon, et avait envoyé sous le général Lefebvre une colonne qui avait châtié la ville de Calatayud. Enfin, à Rio-Seco, comme on vient de le voir, nous avions anéanti la seule armée considérable qui se fût encore présentée à nous. Notre ascendant était donc assuré dans le nord. La difficulté consistait dans le midi. Là, le général Dupont, campé sur le Guadalquivir, et adossé à la Sierra-Morena, avait affaire à une armée qui semblait nombreuse, composée non-seulement d'insurgés, mais de troupes de ligne. Les Espagnols ne se bornaient pas à tenir la campagne devant lui; ils l'avaient réduit à la défensive dans la position d'Andujar, et, si un malheur arrivait sur ce point, les insurgés de l'Andalousie et de Grenade, ralliant ceux de Carthagène et de Valence d'une part, ceux de l'Estrémadure de l'autre, pouvaient traverser la Manche, et se présenter sous Madrid en force considérable, ce qui eût donné à la guerre une face toute nouvelle. Toutefois on était loin de craindre un tel malheur, malgré ce que débitaient les Espagnols à ce sujet. Le général Dupont, en effet, avait reçu la division Vedel, ce qui portait à 16 ou 17 mille hommes son corps d'armée. On comptait sur son habileté éprouvée; on n'imaginait pas que le général qui devant Albeck s'était trouvé avec six mille hommes en présence de soixante mille Autrichiens, et qui s'était tiré de cette position en faisant quatre mille prisonniers, pût succomber devant des insurgés indisciplinés, dont le maréchal Bessières venait de faire une si affreuse boucherie avec si peu de soldats. Inquiétudes sur le général Dupont, et nouveaux renforts envoyés en Andalousie. On prenait donc confiance sans être entièrement rassuré. D'accord avec Napoléon, qui ne pouvait diriger les événements militaires que de loin, et avec l'incertitude de direction naissant du temps et des distances, le général Savary avait envoyé le général Gobert à Madridejos, pour y remplacer la division Frère, troisième du général Dupont, employée, comme on l'a vu, à secourir le maréchal Moncey vers San-Clemente. Le général

Gobert avait ordre de se porter au milieu de la Manche, et, si les circonstances le rendaient nécessaire, de s'avancer jusqu'à la Sierra-Morena, pour y rejoindre le général Dupont. Il allait donc faire auprès de ce général office de troisième division, en place de la division Frère occupée ailleurs. L'un de ses quatre régiments ayant déjà été expédié en convoi jusqu'à Andujar, il n'amenait avec lui que trois régiments d'infanterie, mais fort beaux quoique jeunes, et un superbe régiment provisoire de cuirassiers, commandé par un excellent officier, le major Christophe. Cette jonction opérée, aucun doute ne semblait possible sur les événements de l'Andalousie. Là ne s'étaient pas bornées les précautions du général Savary. Il avait ramené sous Madrid la division Musnier revenue de Valence, la division Frère envoyée au secours de celle-ci, la colonne Caulaincourt chargée de punir Cuenca. Il avait toujours eu la division Morlot du corps de Moncey, la garde impériale, et il venait de recevoir la brigade Rey, qui avait servi d'escorte au roi Joseph. C'était encore un total de 25 mille hommes qui, s'il n'y avait eu beaucoup de blessés et de malades, aurait été de plus de 30 mille. Avec cela, on avait de quoi déjouer toutes les espérances des Espagnols. Ceux-ci n'en persistaient pas moins à dire que Saragosse ne se rendrait pas plus que Valence; que le général Dupont serait contraint de repasser la Sierra-Morena; qu'on verrait bientôt à sa suite les insurgés de l'Estrémadure, de l'Andalousie, de Grenade, de Carthagène, de Valence; que ceux du nord reparaîtraient sur la route de Burgos, et que devant cette masse de forces la nouvelle royauté serait bien obligée de retourner de Madrid à Bayonne. Les Français, au contraire, s'attendaient à voir bientôt Saragosse emportée d'assaut, l'armée du général Verdier devenue libre remarcher sur Valence avec le corps du maréchal Moncey, le général Dupont victorieux s'avancer en Andalousie, et soumettre en entier le midi de l'Espagne. L'une ou l'autre de ces alternatives devait se réaliser, suivant ce qui allait se passer en Andalousie. Aussi tous les regards des Espagnols et des Français étaient-ils en ce moment (15 au 20 juillet) exclusivement dirigés sur elle.

ATTAQUE D'UN CONVOI DANS LES DÉFILÉS DE LA SIERRA-MORENA.

> Position du général Dupont à Andujar.

Le général Dupont, comme nous avons déjà eu occasion de le dire, était venu en quittant Cordoue s'établir à Andujar, sur le Guadalquivir; position mal choisie, car on eût été bien mieux à Baylen même, à l'entrée des défilés que l'on aurait fermés par sa seule présence, et où l'on se serait trouvé dans une position saine, élevée, dominante, de laquelle on pouvait précipiter dans le Guadalquivir tous ceux qui auraient essayé de le franchir (voir la carte n° 44). Ce général, comme nous l'avons encore dit, avait placé la brigade Pannetier un peu à gauche et en avant du pont d'Andujar, la brigade Chabert un peu en arrière et à droite, les marins de la garde dans Andujar même, les deux régiments suisses en arrière de la ville, la cavalerie au loin dans la plaine. On l'avait laissé là, sans songer à l'inquiéter, pendant toute la fin de juin et toute la première moitié de juillet, parce que les insurgés de l'Andalousie et de Grenade avaient besoin de ce temps pour s'organiser, se concerter, et opérer leur jonction entre Cordoue et Jaen. La seule hostilité qu'il eut essuyée c'était l'occupation de la Sierra-Morena par une nuée de bandits, qui tuaient les courriers et interceptaient les convois. Les gens d'Echavarri étaient si bien aux aguets, qu'il ne pouvait passer un seul homme à cheval, entre Puerto del Rey et la Caroline, sans être détroussé, les femmes et les enfants eux-mêmes montant toujours la garde, et signalant tout individu aussitôt qu'il paraissait.

Pendant cette fâcheuse inaction de près d'un mois, en partie motivée par le retard des renforts demandés, le général Dupont avait fait autour de lui plusieurs détachements pour châtier les insurgés et se procurer des vivres. Il avait envoyé à Jaen le capitaine des marins de la garde Baste, officier aussi intelligent qu'intrépide, avec mission de punir cette ville, qui avait contribué aux massacres de nos blessés et de nos malades, et d'en tirer les ressources dont elle abondait. <u>Expédition du capitaine Baste sur Jaen.</u> Le capitaine Baste, avec un bataillon, deux canons, et une centaine de chevaux, était entré audacieusement dans Jaen, avait mis en fuite les habitants, et ramené un immense convoi de vivres, de vins, de médicaments de toute sorte.

Le général Dupont, ne se rendant malheureusement pas compte des inconvénients attachés à la position d'Andujar, mais les sentant confusément, était toujours en souci pour Baylen et le bac de Menjibar, qui donne passage sur le Guadalquivir devant Baylen. Aussi n'avait-il pas manqué d'y mettre un détachement et d'y faire sans cesse des reconnaissances. Ses inquiétudes s'étendaient plus loin, car il était obligé de pousser ses reconnaissances à gauche de Baylen, jusqu'à Baeza et Ubeda, d'où partait une route de traverse qui par Linarès allait tomber derrière Baylen, aux environs de la Caroline, tout près de l'entrée des défilés. C'est le cas de répéter qu'il n'aurait pas eu ce souci en se plaçant à Baylen même, qu'il eût gardé par sa seule présence, et d'où quelques patrouilles de cavalerie envoyées sur Baeza et Ubeda auraient suffi pour le garantir de toute surprise. <u>Difficulté de vivre à Andujar.</u>
Toutefois son souci le plus ordinaire était celui de vivre, quoiqu'il fût dans la riche Andalousie. Les moutons, qui abondent dans les Castilles et l'Estrémadure, n'étaient pas fort répandus dans la Sierra-Morena, où l'on ne trouvait guère que des chèvres, viande peu saine et peu nourrissante. Le blé était rare, la récolte de l'année précédente ayant été ou dévorée ou détruite par les insurgés. Celle de l'année était sur pied. Les soldats étaient obligés de moissonner eux-mêmes pour avoir du pain, et ils n'avaient en général que demi-ration. On leur donnait, en place, de l'orge qu'ils faisaient bouillir avec leur viande. Ils avaient un seul moulin pour moudre leur blé au bord du Guadalquivir, et souvent il leur fallait défendre ce moulin contre les attaques de l'ennemi. Ils étaient sur ce sol brûlant privés de légumes frais. Le vin, quoique excellent à quelque distance, au Val-de-Peñas, ne pouvait venir que par la Sierra-Morena, puisque le Val-de-Peñas est dans la Manche. On le faisait arriver à force d'argent, et il n'y en avait que pour les malades. Le vinaigre, si utile dans les pays chauds, manquait. L'eau du Guadalquivir était presque toujours tiède. Pour de jeunes soldats peu habitués aux climats extrêmes, ce long séjour à Andujar devenait pénible et dangereux. Indépendamment des blessés, on avait un grand nombre de malades atteints

de la dyssenterie. La privation de toutes nouvelles ajoutait à la souffrance une profonde tristesse. Toutefois le soldat, quoiqu'il fût peu aguerri, avait le sentiment de sa supériorité, une grande confiance dans son général, et désirait trouver l'occasion de se mesurer avec l'ennemi.

> Arrivée à la Caroline de la division Vedel.

L'arrivée de la division Vedel vint bientôt accroître cette confiance. Partie dans les derniers jours de juin, elle était parvenue le 26 à Despeña-Perros, à l'entrée des défilés, les avait forcés en tuant quelques hommes à Augustin d'Echavarri, et avait ensuite débouché sur la Caroline, jolie colonie allemande fondée à la fin du dernier siècle par Charles III. Le vallon étroit par lequel on traverse la Sierra-Morena s'élargit un peu à la Caroline, un peu davantage à Guarroman, et davantage encore à Baylen, où il s'ouvre tout à fait en débouchant sur le Guadalquivir. C'est entre la Caroline et Baylen, à Guarroman, qu'aboutit cette route de traverse dont nous avons parlé, et qui de Baeza ou d'Ubeda conduit par Linarès à l'entrée des défilés.

La division Vedel, après avoir séjourné à la Caroline et s'être mise en communication avec le général Dupont, était venue prendre position à Baylen même, ayant un bataillon en arrière pour garder l'entrée des défilés, et deux en avant pour garder le bac de Menjibar sur le Guadalquivir. À peine le général Vedel avait-il rejoint, que le général Dupont, lui assignant sa position, lui avait recommandé une surveillance extrême sur ses derrières et sur sa gauche, pour que l'ennemi ne pût s'emparer des défilés et les fermer sur l'armée française. Depuis l'arrivée du général Vedel, l'inconvénient de laisser Baylen inoccupé était moindre, mais on avait encore le désavantage de rester dans une position défensive, à six lieues les uns des autres, derrière un fleuve partout guéable. Un ennemi audacieux pouvait, en effet, le passer la nuit, et venir se placer entre nos deux divisions. Or, malgré la jonction du général Vedel, le nombre des troupes françaises, en présence des insurgés de l'Andalousie, n'était pas assez considérable pour qu'on pût se diviser sans danger. Le corps de Dupont s'était fort affaibli par les maladies. La division Barbou ne pouvait guère présenter plus de 5,700 hommes à l'ennemi, 6,400 en comptant le génie et l'artillerie. Les marins étaient tout au plus 400, les dragons et chasseurs 1,800; ce qui formait un total de 8,600 Français. Les Suisses, tantôt envoyant des déserteurs aux insurgés, tantôt en recevant qui venaient à eux, étaient réduits à 1,800, et dans une sorte de flottement inquiétant, qui ne permettait pas de compter sur eux dans tous les cas. La division Vedel amenait 5,400 hommes de toutes armes, et 12 pièces d'artillerie. Avec les 8,600 hommes du général Dupont et les 5,400 du général Vedel on avait 14 mille combattants, 16,000 en ajoutant les Suisses. Ce n'était pas trop, même en les tenant réunis, devant les quarante ou cinquante mille insurgés qu'on annonçait. ︱Arrivée de la division Gobert au corps du général Dupont.︱ Bientôt la division Gobert étant arrivée, et apportant un renfort d'environ 4,700 hommes, fantassins et cavaliers compris, le corps du général Dupont s'élevait insensiblement à la force désirée (qui n'était pas, toutefois, de plus de 18,000 Français et 2,000 Suisses) à l'instant même où les insurgés se décidaient à prendre l'offensive. Avec la division Gobert parvenaient au général Dupont les nouvelles de l'échec essuyé devant Saragosse et Valence, de la retraite du maréchal Moncey sur Madrid, de l'isolement dans lequel cette retraite plaçait l'armée d'Andalousie, et en même temps la recommandation de tenir bien sur le Guadalquivir, mais de ne pas pénétrer plus avant en Andalousie. Il eût été imprudent, en effet, dans l'état des choses, de s'engager davantage au midi de l'Espagne.

︱Opération à tenter contre les insurgés par suite de la position qu'ils avaient prise.︱

Dans ce moment, il se présentait, sans sortir de la défensive, de bonnes occasions de porter de redoutables coups à l'insurrection. Les insurgés de Grenade, sous le général Reding, partie Suisses, partie Espagnols, s'étaient rendus à Jaen, au nombre d'environ 12 ou 15 mille. Tandis que les insurgés de Grenade s'avançaient ainsi jusqu'à Jaen, ceux de l'Andalousie sous le général Castaños, au nombre de 20 et quelques mille, ayant remonté le Guadalquivir, arrivaient devant Bujalance (voir la carte nº 44), et à quelques bandes de tirailleurs, à quelques patrouilles de cavalerie, on pouvait juger qu'ils n'étaient pas loin. Bien que l'espionnage militaire fût impossible en Espagne, pas un paysan ne voulant trahir la cause de son pays (noble sentiment qui rachetait la férocité de ce peuple, et qui l'expliquait), il était facile, aux signes qu'on recueillait à chaque instant de cette double marche, de s'en faire une juste idée, et dès lors de s'y opposer. Le général Dupont pouvait très-bien, en laissant la division Gobert à Baylen et Menjibar, s'avancer avec les divisions Barbou et Vedel au delà du Guadalquivir, se placer entre les deux armées ennemies avec 14 ou 15 mille hommes, les battre l'une après l'autre, ou toutes deux ensemble, et revenir à sa position après les avoir fort maltraitées. Quelle que fût leur force, il n'y avait aucune témérité à s'exposer à les rencontrer dans la proportion d'un contre deux. Cette opération, qui l'obligeait à un mouvement en avant de trois ou quatre lieues, n'était certainement pas une infraction à l'ordre de ne pas s'enfoncer dans le midi de l'Espagne. Si cependant cette résolution lui paraissait trop hardie, il pouvait, en gardant une défensive rigoureuse, et en attendant l'ennemi, se réunir à Vedel et à Gobert à Baylen même, et il était bien sûr, avec 20 mille hommes dans cette position, d'écraser tout ce qui se présenterait. Quitter Andujar pour Baylen n'était pas plus une infraction à l'ordre de ne pas repasser la Sierra-Morena, que se porter quatre lieues en avant, pour opposer une défensive active à l'ennemi, n'était une infraction à l'ordre de ne point s'enfoncer en Andalousie.

> Fâcheuse résolution du général Dupont, attendant l'ennemi sans rien faire pour le prévenir.

Immobile en présence des Espagnols, ne concevant rien, n'ordonnant rien, le général Dupont, qui avait enfin trois divisions sous la main, ne fit d'autre disposition que celle de rester de sa personne à Andujar, de laisser Vedel à Baylen, Gobert à la Caroline, en leur recommandant à chacun de se bien garder, d'exercer autour d'eux une continuelle surveillance, pour que les défilés ne fussent pas tournés par Baeza, Ubeda et Linarès.

> Les insurgés de l'Andalousie se présentent devant Andujar le 14 juillet.

Le 14 juillet au soir l'ennemi se montra sur les hauteurs qui bordent le Guadalquivir, vis-à-vis Andujar. Les troupes de Grenade, sous le général Reding, étaient restées à Jaen, s'apprêtant à faire leur jonction avec celles d'Andalousie. Celles-ci, qu'on apercevait devant Andujar, et que commandait le général Castaños, venaient de la basse Andalousie, par Séville et Cordoue. Elles avaient, comme celles de Grenade, la jonction pour but, mais elles voulaient auparavant tâter la position d'Andujar, pour savoir s'il serait possible de l'emporter. Elles étaient fortes d'une vingtaine de mille hommes, partie troupes régulières accrues de nouveaux enrôlés, partie volontaires récemment enrégimentés dans des cadres de nouvelle création. Elles avaient plus de tenue et de solidité que toutes celles que nous avions rencontrées jusqu'ici, car elles se composaient principalement des troupes du camp de Saint-Roque, et de la division qui, sous le général Solano, avait dû envahir le midi du Portugal.

> Canonnade dans la journée du 15 contre la position d'Andujar.

Dès le 15 juillet au matin, elles forcèrent, en se présentant en masse, nos avant-postes à se retirer, et à leur abandonner les hauteurs qui dominent les rives du Guadalquivir. Chacun prit alors sa position de combat, la garde de Paris dans les ouvrages en avant du pont, la troisième légion de réserve sur le bord du fleuve, les marins de la garde dans Andujar, la brigade Chabert à droite de la ville, les Suisses en arrière, la cavalerie avec le 6ᵉ provisoire au loin dans la plaine, pour observer les guérillas indisciplinées marchant autour de l'armée espagnole comme les Cosaques autour de l'armée russe.

La vue de l'ennemi réjouit les soldats français en les tirant de leur ennui, et, quoique beaucoup d'entre eux fassent malades, ils avaient un extrême désir d'en venir aux mains. Mais les Espagnols n'étaient pas capables de passer le fleuve sous les yeux de l'armée française. Ils se bornèrent à une insignifiante canonnade qui ne nous fit pas grand mal, et à laquelle on ne répondit que froidement pour ne pas user nos munitions; mais nos boulets, bien dirigés, tombant au milieu de masses épaisses, y enlevaient beaucoup d'hommes à la fois. Sur la droite du fleuve que nous occupions, les guérillas se montrèrent. Les unes avaient franchi au loin le Guadalquivir; les autres descendaient sur nos derrières des gorges de la Sierra-Morena. Le général Fresia lança sur elles ses escadrons, tandis que le 6ᵉ tâchait de les joindre à la baïonnette. On leur tua quelques hommes, et bientôt on obligea ces nuées d'oiseaux de proie à s'envoler dans les montagnes.

La journée ne dénotait qu'un tâtonnement de l'ennemi essayant ses forces contre notre position, et cherchant le point par lequel il pourrait l'aborder avec moins de difficulté. Toutefois il y avait lieu de prévoir un effort plus sérieux pour la journée du lendemain. | Mouvement précipité du général Vedel sur Andujar. | Le général Dupont dépêcha donc un de ses officiers au général Vedel pour savoir ce qui se passait, soit à Baylen, soit au bac de Menjibar, et lui demander, dans le cas où il n'aurait pas d'ennemi devant lui, d'envoyer à son secours ou un bataillon, ou même une brigade; soin qui eût été superflu, comme nous l'avons remarqué déjà bien des fois, si on avait tous été réunis à Baylen! La fin de cette journée s'écoula à Andujar dans le calme le plus profond.

Du côté de Baylen, les insurgés de Grenade, établis en avant de Jaen, s'étaient montrés le long du Guadalquivir, tâtonnant partout, et partout cherchant le côté faible de nos positions. Devant Baylen ils avaient passé le bac de Menjibar et repoussé les avant-postes du général Vedel. Mais celui-ci, accourant avec le gros de sa division, et déployant d'une manière très-ostensible ses bataillons, avait tellement intimidé les Espagnols, qu'ils avaient complétement disparu. Plus à notre gauche, vers ces points toujours inquiétants de Baeza et d'Ubeda, les insurgés avaient franchi le Guadalquivir, et détaché de ces bandes de coureurs, qui étaient peu à craindre, mais qui de loin pouvaient donner lieu à d'étranges erreurs. Le général Gobert, posté à la Caroline, ayant eu avis de leur présence, avait envoyé précipitamment des cuirassiers à Linarès pour les observer et les contenir.

> Le général Vedel se rend intempestivement de Baylen à Andujar.

Dans cet état de choses, le général Vedel, ne voyant plus l'ennemi devant lui, allait remonter de Menjibar à Baylen, lorsqu'arriva l'aide-de-camp du général Dupont, dépêché auprès de lui pour demander le renfort d'un bataillon ou d'une brigade, suivant ce qui aurait eu lieu. Apprenant par cet aide de camp que le gros des ennemis avait paru devant Andujar, supposant que le danger était uniquement là, et cédant à un zèle irréfléchi, il se décida à se porter avec sa division tout entière sur Andujar, en faisant dire au général Gobert de venir occuper Baylen, qui allait demeurer vacant par le départ de la deuxième division. Il se mit sur-le-champ en route à la fin de la journée du 15, et marcha toute la nuit du 15 au 16. Bien qu'un sentiment honorable inspirât le général Vedel, sa conduite n'en était pas moins imprudente; car il ne savait pas ce qui pouvait arriver à Baylen après son départ, et ce qu'allait devenir en son absence ce point si important pour la sûreté de l'armée.

Il parut en vue d'Andujar avec toutes ses troupes, dans la matinée du 16. Le général Dupont, loin de le réprimander pour sa précipitation, céda lui-même au plaisir de se sentir renforcé en présence d'un ennemi qui se montrait plus nombreux que la veille, et plus disposé à une attaque sérieuse; il approuva et remercia même le général Vedel. Les soldats, qui n'avaient pas vu de Français depuis deux mois, poussèrent des cris de joie en apercevant leurs camarades, et ils crurent qu'on allait enfin punir les Espagnols de leur jactance. C'était le cas effectivement de réparer les fautes déjà commises, en se jetant sur l'ennemi, avec 14 mille Français, 2 mille Suisses, et en le repoussant loin de soi pour long-temps. Rien n'eût été plus facile avec l'ardeur qui animait nos jeunes soldats. Mais le général Dupont laissa les Espagnols canonner Andujar toute la journée, se bornant à jouir de leur hésitation, de leur inexpérience, sans faire contre eux autre chose que de leur envoyer de temps en temps quelques volées de canon. Les Espagnols, voulant forcer la position d'Andujar, mais ne l'osant pas, descendirent, remontèrent plusieurs fois dans la journée, des hauteurs qu'ils occupaient jusqu'au bord du fleuve, du bord du fleuve jusque sur les hauteurs, et n'essayèrent jamais de le franchir en présence de nos baïonnettes. Un moment ils tirent mine de traverser le Guadalquivir, sur la gauche d'Andujar, vers le point de Villanueva; mais de ce point on apercevait sur la rive opposée la division Vedel en marche, et cette vue glaça leur courage. La journée s'acheva donc aussi paisiblement que la veille, avec très-peu de morts et de blessés de notre côté, mais un assez grand nombre du côté des Espagnols, infiniment plus maltraités par notre canonnade, quoiqu'elle fût plus rare et plus lente que la leur.

> Le général Reding profite de l'évacuation de Baylen pour s'y présenter.

Les choses ne s'étaient pas aussi bien passées du côté de Baylen et au bac de Menjibar. Le 16 au matin, pendant que le général Vedel marchait sans nécessité sur Andujar, le général Reding, qui, à la tête de l'armée de Grenade, avait fait aussi, le 15, quelques essais devant Baylen, les renouvelait avec un peu plus de hardiesse que la veille. Il fut naturellement très-encouragé à se montrer plus hardi par la disparition complète de la division Vedel. Après avoir traversé le bac de Menjibar, il ne trouva au pied des hauteurs de Baylen que le général Liger-Belair avec un bataillon et quelques compagnies d'élite. Il déboucha alors en force, et parut avec plusieurs mille hommes devant le général Liger-Belair, qui, en ayant à peine quelques centaines, n'eut d'autre parti à prendre que de se retirer en bon ordre. Dans ce moment arrivait le général Gobert, averti par le général Vedel de l'évacuation de Baylen, et amenant pour y pourvoir trois bataillons avec quelques cuirassiers. Déjà réduite par plusieurs détachements laissés en arrière, car elle avait dû en laisser à la Caroline, à Guarroman, à Baylen, la division Gobert s'était amincie en s'allongeant dans les gorges de la Sierra-Morena, et n'arrivait à l'ennemi qu'avec une tête de colonne. Néanmoins ce général, plein d'intelligence et de feu, avec ses trois bataillons et ses cuirassiers, arrêta tout court les Espagnols. Le major Christophe, commandant les cuirassiers, fit une charge vigoureuse, et ramena l'infanterie espagnole, peu accoutumée au rude choc de ces grands cavaliers.

> Le général Gobert, accouru pour arrêter la colonne de Reding, est tué entre Menjibar et Baylen.

Mais tandis qu'il dirigeait lui-même ces mouvements, le général Gobert reçut au milieu du front une balle partie d'un buisson où s'était caché l'un de ces tirailleurs espagnols qu'on trouvait embusqués partout. Il tomba sans connaissance, n'ayant plus que quelques heures à vivre, et amèrement regretté de toute l'armée.

Le général Dufour, désigné par son rang pour le remplacer, accourut sur le terrain, vit les troupes françaises ébranlées par le coup qui venait de frapper leur général, et crut ne pouvoir mieux faire que de les replier sur Baylen. Les Espagnols qui cherchaient le point faible de nos positions, sans avoir le projet arrêté d'attaquer à fond, n'allèrent pas au delà, mais ils éprouvèrent le sentiment qu'en appuyant de ce côté le fer entrerait.

> Le général Dufour, appelé à remplacer le général Gobert, croit que les Espagnols veulent tourner Baylen par Linarès, et court à la Caroline pour les en empêcher.

Le général Dufour revint à Baylen, où il avait une forte partie de la division Gobert. Ayant vu les Espagnols ne pas le suivre, et rester fixés au bord du Guadalquivir, il fut porté à croire que leur attaque sérieuse se dirigeait ailleurs. En effet, tandis que le danger avait si peu d'apparence du côté de Menjibar, il venait de prendre des proportions inquiétantes du côté de Baeza et d'Ubeda. Les reconnaissances envoyées dans cette direction, soit qu'elles fussent exécutées par des officiers peu intelligents, soit que les bandes irrégulières qui avaient franchi le Guadalquivir au-dessus de Menjibar fussent très-apparentes, dénonçaient toutes la présence d'une armée véritable sur la route de traverse qui de Baeza et d'Ubeda aboutissait par Linarès à la Caroline, en passant derrière Baylen. À ces indications se joignaient les instructions réitérées du général Dupont, qui, ayant commis la faute de ne pas se placer à Baylen, l'aggravait, loin de la réparer, par les inquiétudes continuelles qu'il ressentait, et qu'il communiquait à ses lieutenants. La veille et le jour même il avait écrit au général Gobert qu'il fallait avoir sans cesse l'œil sur cette traverse qui de Baeza et d'Ubeda donnait sur Linarès; qu'au premier signe d'un mouvement de l'ennemi de ce côté, on devait rétrograder en masse de Baylen à la Caroline, car là était le salut de l'armée, et il fallait garder ce point à tout prix: étrange précaution, et qui perdit l'armée qu'elle avait pour but de sauver!

Le général Dufour, à qui se transmettaient de droit les instructions du général en chef après la mort du général Gobert, recevant les renseignements les plus alarmants sur la traverse de Baeza à Linarès, n'y tint pas, et le soir même partit de Baylen pour se porter à la Caroline, croyant qu'il allait y préserver l'armée du malheur d'être tournée. Ce fatal lieu de Baylen, où nous devions rencontrer le premier écueil de notre grandeur, se trouva donc encore une fois évacué, et exposé à l'invasion de l'ennemi!

> Départ du général Dufour le 16 au soir.

Le général Dufour avait, il est vrai, pour excuse les instructions qu'il avait reçues, les nouvelles qui lui étaient parvenues, la confiance où il était du le soir même du 16, pour courir à la Caroline, laissant à peine un détachement sur les hauteurs d'où l'on domine Menjibar et le Guadalquivir.

Les nouvelles de la mort du général Gobert et du reploiement de sa division parvinrent à Andujar dans la soirée même du 16, car il n'y avait que six à sept lieues de France à franchir, et il ne fallait que deux à trois heures à un officier à cheval pour les parcourir. Ces nouvelles arrivèrent au moment même où la journée finissait, et avec elle la stérile canonnade dont nous avons rapporté les effets insignifiants. Le général Dupont, en apprenant la mort de

> Gobert, se hâte de renvoyer la division Vedel à Baylen.

Le général Dupont, qui avait partagé la faute du général Vedel en l'approuvant, commença à regretter que celui-ci eût quitté Baylen pour venir à Andujar. Sur-le-champ, quoiqu'il ignorât encore le départ du général Dufour pour la Caroline, frappé de ce qu'avait de grave une attaque qui avait amené la mort du général Gobert et la retraite de sa division, il enjoignit au général Vedel de repartir immédiatement pour Baylen, d'occuper ce point en force, de battre les insurgés à Baylen, à la Caroline, à Linarès, partout enfin où leur présence se serait révélée, et puis, cela fait, de revenir en toute hâte pour l'aider à détruire ceux qu'on voyait devant soi à Andujar. Il ne lui vint pas un instant à l'esprit de suivre Vedel lui-même, ou tout de suite, ou à une journée de distance, pour être plus assuré encore d'empêcher tous les résultats qu'il redoutait. Fatal et incroyable aveuglement qui n'est pas sans exemple à la guerre, mais qui, par bonheur pour le salut des peuples et des armées, n'amène pas souvent d'aussi affreux désastres! N'accusons point la Providence: après Bayonne nous ne méritions pas d'être heureux!

La chaleur depuis quelques jours était étouffante. Les nuits n'étaient guère plus fraîches que les journées, et de plus il y avait toujours grande pénurie de vivres à Andujar. On put à peine, en s'imposant des privations, donner aux soldats de Vedel de quoi se rassasier. Ils repartirent le 16 à minuit d'Andujar, encore très-fatigués de la marche qu'ils avaient faite dans la journée pour y venir, et laissant leurs camarades de la division Barbou fort attristés de cette séparation. La marche dura toute la nuit, et ils n'atteignirent Baylen que le matin du 17 à huit heures, le soleil étant très-haut sur l'horizon, et la chaleur redevenue brûlante.

> Le général Vedel trouvant le général Dufour parti pour la Caroline, se décide à le suivre, et Baylen est ainsi évacué pour la troisième fois.

Arrivé à Baylen, le général Vedel fut extrêmement étonné d'apprendre que le général Dufour était parti pour la Caroline, en ne laissant qu'un faible détachement en avant de Baylen. Son étonnement cessa bientôt quand il sut ce qui avait entraîné le général Dufour vers la Caroline, c'est-à-dire le bruit partout répandu d'un corps d'armée espagnol passé par Baeza et Linarès pour occuper les défilés. À cette nouvelle, sans plus réfléchir que la veille, lorsqu'il avait couru de Menjibar à Andujar, il ne douta pas un instant de ce qu'on lui rapportait. Il crut pleinement que les Espagnols, qui avaient si peu insisté contre Andujar, qui n'avaient pas donné suite au succès obtenu à Menjibar sur le général Gobert, poursuivaient l'exécution d'un projet habilement calculé, celui de tromper les Français par une fausse attaque, et de les tourner par Baeza et Linarès. Toutefois, quoique dominé par une pensée qu'il ne cherchait point à approfondir, il fit faire une reconnaissance en avant de Baylen, pour savoir si de ces positions d'où l'on apercevait toute la vallée du Guadalquivir, on découvrirait quelque chose. Le détachement envoyé ne découvrit rien, ni au pied des hauteurs, ni sur le Guadalquivir même. Alors plus le moindre doute: l'ennemi, suivant le général Vedel, était tout entier passé par Baeza et Linarès pour se porter à la Caroline, et fermer derrière l'armée française les défilés de la Sierra-Morena. Il n'hésita plus, et, sans la chaleur du milieu du jour qui n'était pas de moins de 40 degrés Réaumur, et sous laquelle les hommes, les chevaux tombaient frappés d'apoplexie, il serait parti sur l'heure. Mais à la chute de ce même jour 17, il quitta Baylen, emmenant même le poste qui gardait les hauteurs au-dessus du Guadalquivir, tant il craignait de ne pas arriver assez en force à la Caroline! Les généraux en chef, dans leurs jours heureux, trouvent des lieutenants qui corrigent leurs fautes: le général Dupont en trouva cette fois qui aggravèrent cruellement les siennes!

> Véritable projet des armées espagnoles pendant qu'on leur supposait celui de tourner l'armée française par les défilés.

De tous ces prétendus mouvements de l'armée espagnole vers la Caroline, par Baeza et Linarès, aucun n'était vrai. Des bandes de guérillas plus ou moins nombreuses avaient inondé les bords du Guadalquivir, gagné la Sierra-Morena, et fait illusion à des officiers peu intelligents ou peu attentifs. Mais les deux armées principales s'étaient portées, celle de Grenade devant Baylen, celle d'Andalousie devant Andujar. Leur intention véritable avait été de sonder partout la position des Français, pour savoir de quel côté on pourrait attaquer avec plus de probabilité de succès. L'impatience des insurgés les portait à demander une attaque immédiate, n'importe sur quel point, et la prudence du général en chef Castaños en était à lutter avec des déclamateurs d'état-major pour s'épargner un échec comme celui de la Cuesta et de Blake. Ses tâtonnements étaient une manière d'occuper les impatients, et de chercher le point où l'imprudence de l'offensive serait moins grande. L'attitude imposante des Français devant Andujar dans les journées du 15 et du 16, leur résistance moins invincible entre Menjibar et Baylen, puisque l'un de leurs généraux y avait été tué et le terrain abandonné, indiquaient que c'était sur Baylen qu'il fallait se porter, si on voulait risquer un effort qui eût quelque chance de réussite. Ce raisonnement du général Castaños faisait honneur à sa perspicacité militaire, et il allait être aussi favorisé de la fortune pour un moment de clairvoyance, que le général Dupont allait en être maltraité pour un moment d'erreur.

> Conseil de guerre tenu auprès du

général Castaños, et résolution prise d'attaquer Baylen. Un conseil de guerre fut convoqué auprès du général en chef. Là les impatients voulaient que, sans plus tarder, on attaquât de front la position d'Andujar. Le sage et avisé Castaños pensait que c'était beaucoup trop tenter la fortune, et ne voulait pas s'exposer à un revers assez facile à prévoir. Les événements de la veille promettaient bien plus de succès, selon lui, à une attaque du côté de Baylen, et ce projet lui convenait d'autant mieux qu'il faisait peser sur le général Reding et les insurgés de Grenade la responsabilité de l'entreprise. Pour seconder cette tentative, il fut convenu qu'on adjoindrait au général Reding la division Coupigny, l'une des mieux organisées de l'armée d'Andalousie, et que le général Castaños demeurerait avec les deux divisions Jones et la Peña devant Andujar, afin de tromper les Français sur le véritable point d'attaque. Le général Reding, ayant déjà 12 mille hommes environ, et se trouvant renforcé de 6 à 7 mille, devait en réunir 18 mille au moins. Il en restait à peu près 15 mille au général en chef pour occuper l'attention des Français à Andujar.

Ce projet arrêté, on procéda sur-le-champ à son exécution, et, tandis que la division Coupigny se mettait en marche pour remonter le Guadalquivir jusqu'à Menjibar, et se joindre au général Reding afin de concourir à l'attaque de Baylen, le lendemain 18, les troupes du général Castaños se déployaient avec ostentation sur les hauteurs qui faisaient face à Andujar. (Voir la carte n° 44.)

Cependant, durant cette même journée du 17, on pouvait, avec quelque attention, discerner du camp français un mouvement des Espagnols sur leur droite, conséquence du plan qu'ils venaient d'adopter. Le général Fresia, commandant la cavalerie française, avait envoyé par le pont d'Andujar un régiment de dragons courir au delà du Guadalquivir, fort près des Espagnols; qui, à cette vue, se mirent en bataille et accueillirent nos cavaliers à coups de fusil. Sur un indice recueilli par la cavalerie, le général Dupont prend la résolution de décamper, et malheureusement en ajourne l'exécution de vingt-quatre heures. Mais le colonel de ce régiment de dragons discerna très-clairement le mouvement des Espagnols de leur gauche à leur droite vers Menjibar, c'est-à-dire vers Baylen, et il en fit tout de suite son rapport au général en chef Dupont. Celui-ci, frappé d'abord de cette circonstance, prit un instant la salutaire résolution, qui eût changé sa destinée et peut-être celle de l'Empire, de décamper dans la journée, pour marcher sur Baylen. Sans connaître le secret de l'ennemi, il était évident, par la direction que suivaient les Espagnols, et même par les faux bruits d'une tentative sur la Caroline, que le danger s'accumulait vers la gauche des Français, vers Baylen, vers la Caroline, et que se concentrer sur ces points était la plus sûre de toutes les manœuvres. De plus, la nouvelle que le général Dupont reçut le soir du départ du général Vedel pour la Caroline à la suite du général Dufour, et de la complète évacuation de Baylen, aurait dû le décider à se mettre en route immédiatement. Il était temps encore dans la soirée du 17 de se porter à Baylen, puisque les Espagnols n'y devaient entrer que le 18.

Mais le général Dupont, toujours offusqué de la masse d'ennemis qu'il avait devant lui à Andujar, ayant de la peine à croire que le danger se fût déplacé, ayant surtout une quantité immense de malades à emporter, et n'en voulant laisser aucun, car tout homme laissé en arrière était un malheureux livré à l'assassinat, remit au lendemain l'exécution de sa première pensée, afin de donner à l'administration de l'armée les vingt-quatre heures dont elle avait besoin pour l'évacuation des hôpitaux et des bagages; retard funeste et a jamais regrettable!

La résolution de décamper fut donc remise au lendemain 18. Ce jour-là, en effet, le général Dupont reçut des nouvelles des généraux Dufour et Vedel: il apprit qu'ils cherchaient toujours l'ennemi dans le fond des gorges, qu'ils s'étaient avancés jusqu'à Guarroman sans le trouver, qu'ils allaient marcher sur la Caroline et Sainte-Hélène, partout enfin où l'on disait qu'il était; qu'ils voulaient l'attaquer avec impétuosité, le détruire, et ensuite prendre leur position à Baylen, soit pour y rester, soit pour rejoindre le général en chef à Andujar. Mais, en attendant, Baylen était découvert, exposé à tomber devant le plus faible détachement, et tout annonçait que les Espagnols y marchaient en force. Une patrouille ayant poussé dans la journée jusqu'au bord du Rumblar, torrent qu'il faut franchir pour se rendre d'Andujar à Baylen, avait rencontré des troupes ennemies. On devait donc se hâter, et quitter Andujar sans perdre un moment pour être à Baylen avant les Espagnols.

Le général Dupont, n'ayant encore aucune inquiétude sérieuse, et croyant que les troupes aperçues au bord du Rumblar n'étaient qu'un détachement envoyé en reconnaissance, donna ses ordres pour la journée même du 18. ╔Retraite d'Andujar ordonnée pour la nuit du 18 au 19.╗ Il ne voulut point ordonné se mettre en route avant la nuit, afin de dérober son mouvement au général Castaños, et d'avoir sur lui sept ou huit heures d'avance. Il aurait pu faire sauter le pont d'Andujar, ce qui aurait retardé la poursuite des Espagnols; mais, craignant d'avertir l'ennemi par une pareille explosion, il se contenta d'obstruer ce pont de telle manière qu'il fallut un certain temps pour le débarrasser, et à la nuit tombante, entre huit et neuf heures du soir, il commença à décamper. Malheureusement il avait, comme nous l'avons dit, une immense quantité de bagages, le nombre des malades ayant singulièrement augmenté par suite de la chaleur et de la mauvaise nourriture. La moitié du corps d'armée était atteinte de la dyssenterie. On n'avait admis aux hôpitaux que les plus affaiblis, et on avait retenu dans les rangs une quantité d'hommes qui pouvaient à peine porter leurs armes. Marche de l'armée d'Andujar à Baylen. On plaça sur des voitures les plus malades entre les malades, et cinq à six cents hommes qu'on n'avait pas le moyen de transporter suivirent les bagages à pied, maigres, pâles, faisant pitié à voir. La chaleur n'avait jamais été plus étouffante; elle passait 40 degrés. Les plus vieux Espagnols ne se rappelaient pas en avoir éprouvé de pareille. Le soir donc on partit accablé par la chaleur de la journée, hommes et chevaux respirant à peine, et se mouvant dans une atmosphère de feu, quoique le soleil eût disparu de l'horizon. L'armée n'avait pas eu sa ration entière. Le soldat se mettait en route ayant faim, ayant soif, et fort attristé par une retraite qui ne dénotait pas que les affaires fussent en bonne situation.

Il fallait bien veiller à ses derrières, car le général Castaños, mieux servi que le général Dupont, pouvait recevoir d'Andujar même l'avis de la retraite des Français, et se mettre à leur poursuite. Aussi le général Dupont ne plaça-t-il en tête de ses bagages qu'une brigade d'infanterie, la brigade Chabert, celle qui était en arrière et à droite du pont; cette brigade se trouvait la moins rapprochée de l'ennemi, et son départ devait être moins remarqué. Elle s'écoula silencieusement, de droite à gauche, par derrière Andujar, et forma la tête de la colonne. Elle se composait de trois bataillons de la quatrième légion de réserve et d'un bataillon suisse-français (régiment Freuler), régiment sûr, parce qu'il était depuis long-temps au service de France. Une batterie de six pièces de 4 et un escadron accompagnaient cette brigade, forte d'environ 2,800 hommes. Puis venaient les bagages, couvrant deux à trois lieues de terrain. Les Suisses-Espagnols (régiments de Preux et Reding) marchaient après les bagages, réduits par la désertion à environ 1,600. Ils étaient suivis de la brigade Pannetier, composée de deux bataillons de la troisième légion de réserve, et de deux bataillons de la garde de Paris, formant 2,800 hommes environ. Enfin la cavalerie, consistant en deux régiments de dragons, deux de chasseurs et un escadron de cuirassiers, réduite de 2,400 cavaliers à 1,800, fermait la marche avec les marins de la garde et le reste de l'artillerie. Ce corps d'armée, qui était de plus de 10 mille Français et 2,400 Suisses en partant de Tolède, de 8,600 Français et 2 mille Suisses en quittant Cordoue, ne comptait guère, en sortant d'Andujar, que 7,800 Français et 1,600 Suisses, en tout 9,400 hommes. Outre leur petit nombre, ils étaient coupés par les bagages en deux masses, dont l'une, celle qui marchait en tête, était de beaucoup la plus faible, et celle qui formait l'arrière-garde de beaucoup la plus forte par le nombre et la qualité des troupes. Le général, comme on vient de le voir, l'avait réglé ainsi, parce que, craignant d'être poursuivi, il voyait le danger en arrière et non en avant.

On chemina toute la nuit au milieu de cette chaleur qu'aucun souffle d'air ne vint diminuer, et à travers un nuage de poussière soulevé par les colonnes en marche. Les chevaux, épuisés, ruisselant de sueur, n'avalaient que de la poussière au lieu d'air quand ils respiraient. Jamais plus triste nuit ne précéda un jour plus affreux.

> Arrivée vers trois heures du matin, le 19, sur les bords du Rumblar.

Vers trois heures, on atteignit les bords du Rumblar. Ce torrent, quand il contient des eaux, les roule entre des rochers escarpés, et dans un ravin profond. Un petit pont jeté sur son lit conduit d'un bord à l'autre. Les soldats en arrivant voulurent s'y désaltérer, mais il était complétement desséché. Il fallut continuer. Le pont franchi, la route s'élève à travers des hauteurs couvertes d'oliviers. C'est là que se tenaient ordinairement les avant-postes de la division française chargée de garder Baylen, qui n'est qu'à trois quarts de lieue du Rumblar. (Voir la carte n° 44.) > Au lieu des Français, ce sont les Espagnols que l'on rencontre en avant de Baylen. < Au lieu des avant-postes du général Vedel, on aperçut, à la clarté du jour qui commençait à luire, des postes espagnols, et on reçut une décharge de mousqueterie. Sur-le-champ l'avant-garde du général Chabert se mit en défense, et riposta au feu de l'ennemi. La route, encaissée entre des hauteurs, était barrée par plusieurs bataillons espagnols rangés en colonne serrée. Si ces bataillons avaient défendu les bords du Rumblar, nous n'aurions certainement pas pu le franchir. Ils formaient l'avant-garde des généraux Reding et Coupigny, lesquels, conformément au plan adopté par l'état-major espagnol, avaient passé le bac de Menjibar dans la journée du 18, avaient marché immédiatement sur Baylen, l'avaient trouvé abandonné, et s'y étaient établis. Ils avaient dans la soirée placé plusieurs bataillons en colonne serrée sur la route d'Andujar, et c'étaient ceux que nous rencontrions le 19 au matin sur nos pas, nous barrant le chemin de Baylen.

L'avant-garde française se mit aussitôt en défense sur la gauche de la route et dans les oliviers. Elle se composait d'un bataillon de la brigade Chabert, de quatre compagnies de voltigeurs et grenadiers, d'un escadron de chasseurs et de deux pièces de 4. Elle commença un feu de tirailleurs fort vif, tandis qu'un aide de camp allait au galop chercher les trois autres bataillons du général Chabert, le reste de son artillerie, et la brigade des chasseurs. En attendant ce renfort, l'avant-garde fit de son mieux, tirailla pendant une heure ou deux, tua beaucoup de monde aux Espagnols, en perdit beaucoup aussi, et réussit à se soutenir. Enfin, vers cinq heures du matin, le soleil étant déjà fort élevé sur l'horizon, le reste de la brigade Chabert arriva. Les soldats de cette brigade, quoique essoufflés, n'ayant pu ni reprendre haleine ni se désaltérer, chargèrent à fond les bataillons espagnols, soit en tête, soit en flanc, et les obligèrent à abandonner cette route encaissée pour se replier sur leur corps de bataille. On parvint ainsi à l'entrée d'une petite plaine ondulée, bordée à droite et à gauche par des hauteurs couvertes d'oliviers, terminée au fond par le bourg de Baylen.

> L'armée, après avoir débusqué les avant-postes espagnols, débouche dans la plaine de Baylen.

L'armée espagnole de Reding et Coupigny, forte de 18 mille hommes, ayant sur son front une artillerie redoutable par le nombre et le calibre de ses bouches à feu, se présentait en bataille sur trois lignes. Elle allait se mettre en marche pour Andujar afin de nous prendre par derrière, tandis que le général Castaños nous attaquerait de front, lorsque notre avant-garde l'avait arrêtée dans ce mouvement.

> Premier engagement entre l'armée espagnole et la brigade Chabert.

À peine avions-nous refoulé les bataillons espagnols qui obstruaient la route, et débouché dans cette plaine, que l'artillerie des Espagnols vomit sur nos troupes un horrible feu de boulets et de mitraille. Sur-le-champ le général Chabert fit placer ses six pièces de 4 en batterie. Mais elles n'avaient pas plutôt tiré quelques coups qu'elles furent démontées et mises hors de service. Que pouvaient en effet six pièces de 4 contre plus de vingt-quatre pièces de 12 bien servies?

> Arrivée tardive du reste de l'armée française.

Vers huit heures du matin, quand ce combat durait déjà depuis quatre heures, survinrent le reste de l'artillerie, la cavalerie et la brigade suisse composée des régiments de Preux et Reding. La brigade Pannetier, qui fermait la marche avec les marins de la garde, eut ordre, à son arrivée, de s'établir en arrière-garde au petit pont du Rumblar, de manière à en interdire le passage aux troupes du général Castaños si, par hasard, celui-ci était à la poursuite de l'armée. C'était un nouveau malheur, après tant d'autres, de ne pas jeter en masse tout ce qu'on avait de forces pour faire une trouée sur Baylen, et rejoindre ainsi les divisions Vedel et Dufour.

Quoi qu'il en soit, le combat, à l'arrivée des renforts, devint plus vif et plus général. On déboucha dans la petite plaine de Baylen avec la brigade Chabert, la brigade suisse, et la cavalerie, en s'efforçant de gagner du terrain. Notre artillerie avait cherché en vain avec du 4 et du 8 à faire taire la formidable batterie de 12 qui couvrait le milieu de la ligne espagnole. À chaque instant elle voyait ses pièces démontées sans causer grand mal à celles de l'ennemi. Seulement elle lançait des boulets au milieu de la masse profonde des Espagnols, et y emportait des files entières. La brigade suisse des régiments de Preux et Reding, placée au centre, se comportait avec fermeté, bien qu'il lui en coûtât de se battre contre les Espagnols, qu'elle avait toujours servis, et contre ses propres compatriotes, dont il y avait plusieurs bataillons dans l'armée ennemie.

> Efforts des Espagnols sur nos ailes, énergiquement repoussés par la cavalerie.

À ce moment, les Espagnols voulant profiter de leur grand nombre pour nous envelopper, essaient de gravir une petite hauteur qui s'élève à notre droite. Le général Dupont y envoie aussitôt les dragons du général Pryvé, le bataillon suisse-français Freuler, et un bataillon de la quatrième légion de réserve. Ces deux bataillons d'infanterie s'avancent résolûment, tandis que, sur leur droite, le général Pryvé conduit ses escadrons au trot. Le chemin, couvert de broussailles et d'oliviers, ne permettant guère à la cavalerie de marcher en bon ordre, le général Pryvé lui prescrit de se disperser en tirailleurs, et d'arriver comme elle pourra, pendant que les deux bataillons soutiennent déployés le feu des Espagnols. Nos cavaliers, parvenus sur la hauteur, se forment, puis, se précipitant au galop sur les bataillons espagnols, les rompent, et les obligent à se rejeter sur leur ligne de bataille, après leur avoir pris trois drapeaux.

La tentative qui vient d'être repoussée à notre droite, se répète de la part des Espagnols à notre gauche, sur quelques hauteurs qui la dominent. Le général Dupont, qui s'est enfin décidé à amener en ligne le reste de ses troupes, excepté un bataillon de la garde de Paris laissé en observation au pont du Rumblar, oppose la brigade Pannetier à ce nouveau mouvement des Espagnols, et ordonne aux dragons, portés de la droite à la gauche, de renouveler la manœuvre qui leur a déjà réussi.

Tandis que les trois bataillons de la brigade Pannetier tiennent tête aux Espagnols, qui menacent notre gauche en se fusillant avec eux, le général Pryvé, recommençant ce qu'il a déjà fait, conduit ses cavaliers en tirailleurs à travers les ronces et les oliviers, les forme quand ils sont arrivés sur le plateau, puis les lance sur les Espagnols, qui, rompus par le choc, se replient de nouveau sur leur corps de bataille. Pendant ce temps, la brigade suisse continue à se maintenir au milieu de la plaine avec la même fermeté, tandis que le brave général Dupré, amené en ligne avec ses chasseurs à cheval, exécute des charges brillantes sur le centre des Espagnols. > État de la bataille vers le milieu du jour. Mais chaque fois qu'on les charge à droite, à gauche, au centre, à coups de baïonnette ou de sabre, ils se replient sur deux lignes immobiles, qu'on aperçoit au fond du champ de bataille comme un impénétrable mur d'airain. Découragement de nos jeunes soldats à l'aspect des masses de l'ennemi qu'on n'a aucun espoir d'enfoncer. Ces deux lignes, outre leur nombre trois ou quatre fois supérieur au nôtre, sont appuyées en arrière au bourg de Baylen, protégées sur leurs ailes par des hauteurs boisées, couvertes enfin sur leur front par une artillerie formidable. À ce spectacle, nos soldats commencent à sentir leur courage défaillir. Il est dix heures du matin, la chaleur est accablante; hommes et chevaux sont haletants, et sur ce champ de bataille, dévoré par le soleil, il n'y a nulle part ni une goutte d'eau ni un peu d'ombre pour se rafraîchir pendant les courts intervalles d'une horrible lutte.

Mais que fait en ce moment le général Vedel, hier et avant-hier si prompt à se déplacer, qui est venu quand on n'avait aucun besoin de lui, et qui ne vient pas alors que sa présence serait si nécessaire? On l'attend toutefois, car il ne peut tarder d'accourir au bruit du canon qui, dans ces gorges profondes, doit retentir jusqu'à la Caroline. Attaque générale et désespérée sur tout le front de la ligne espagnole. Le général Dupont le fait annoncer dans les rangs afin de ranimer ses soldats, puis il se décide à tenter un mouvement général pour enlever d'assaut la position. Il parcourt le front de ses troupes, fait apporter devant elles les drapeaux pris par la cavalerie, et à cet aspect leur jeune courage réveillé éclate en cris de *Vive l'Empereur*! Quelques officiers, inspirés par le danger, conseillent alors de se former en colonne serrée sur la gauche, et de charger sur un seul point, celui même qui peut donner passage vers la route de Baylen à la Caroline, c'est-à-dire vers la division Vedel, et de se sauver en se résignant à un sacrifice douloureux, mais nécessaire, celui des bagages remplis de nos malades. Le général Dupont, toujours aveuglé dans ces fatales journées, ne sent pas le mérite de ce conseil. Il persiste à charger de front toute la ligne des Espagnols, comme s'il voulait enlever d'un coup leur armée entière. Sur un signal donné, ses soldats se précipitent en masse sur l'ennemi. Mais un horrible feu tant de mitraille que de mousqueterie les accueille, et leur ligne flotte et chancelle. Les officiers la redressent, la ramènent en avant, tandis que le brave général Dupré s'élance avec ses chasseurs à cheval à travers les intervalles de notre infanterie, et donne l'exemple en chargeant à fond la ligne espagnole. Insuccès de cette

tentative générale. Il y fait des brèches, il y entre, il prend même des canons, qu'il ne peut ramener; mais, quand il veut aller au delà, toujours il est arrêté devant un fond épais, impénétrable, que l'on désespère d'enfoncer.

Mort du général Dupré. L'infortuné général, après des efforts héroïques, est renversé de cheval, frappé d'un biscaïen au bas-ventre.

Il est midi. Ce combat si disproportionné a déjà duré huit ou neuf heures. Presque tous les officiers supérieurs sont tués ou blessés. Des capitaines commandent les bataillons, des sergents-majors les compagnies. Toute l'artillerie est démontée. Le général Dupont, désespéré, atteint de deux coups de feu, rachète ses fautes par sa bravoure. Il demande encore une dernière preuve de dévouement à ses soldats. Il les reporte en ligne. Ils marchent, soutenus par l'exemple des marins de la garde impériale, qui ne cessent pas d'être dignes d'eux-mêmes. Mais, après un nouvel effort sur la première ligne, ils aperçoivent la seconde toujours immobile, et ils reviennent de nouveau à l'entrée de cette triste et fatale plaine qu'ils n'ont pu franchir. **Désertion des deux régiments suisses de Preux et Reding.** Dans cet horrible moment, un événement inattendu, quoique facile à prévoir, achève leur démoralisation. Les régiments suisses de Preux et Reding, qui se sont d'abord conduits honorablement, éprouvent cependant un vif chagrin de tirer sur des Suisses et sur des Espagnols, les uns compatriotes, les autres anciens compagnons d'armes. Bien qu'à côté d'eux les Suisses-Français de Freuler se battent avec une rare fidélité, ils ne résistent ni au chagrin ni à la mauvaise fortune, et, malgré les efforts de leurs officiers, ils désertent presque tous. En quelques instants, 1,600 hommes quittent ce champ de bataille, où nous sommes déjà si peu nombreux. Il ne reste pas en effet 3 mille hommes debout sur ce terrain, de 9 mille qu'on y voyait le matin. Dix-huit cents, abattus par le feu, sont morts ou blessés; seize cents ont passé à l'ennemi. Deux ou trois mille autres, exténués de fatigue, abattus par la chaleur et la dyssenterie, se sont laissés tomber à terre en y jetant leurs armes. Le désespoir est dans toutes les âmes. Le général Dupont parcourt les rangs déserts de son armée, et ne trouve sur tous les visages que la douleur dont il est lui-même dévoré. Il s'attache toutefois à une dernière espérance, et il prête l'oreille pour entendre le canon du général Vedel. Mais il écoute en vain! **Arrivée subite sur les derrières de l'armée des troupes du général Castaños.** Sur cette plaine brûlante et ensanglantée, aucun bruit ne retentit, que celui de quelques coups de fusil isolés; car, de l'un comme de l'autre côté, on a cessé de combattre. Tout à coup cependant des détonations d'artillerie interrompent le morne silence qui commence à régner. Nouveau sujet de désespoir! on entend ces détonations non pas à gauche, mais en arrière, c'est-à-dire au pont du Rumblar! En effet, le général Castaños, averti à deux ou trois heures du matin de l'évacuation d'Andujar par les Français, a sur-le-champ envoyé à leur poursuite tout ce qu'il lui restait de troupes, sous les ordres du général de la Peña, et celui-ci, d'après un signal convenu, annonce son approche au général Reding par quelques décharges d'artillerie. **Le général Dupont, réduit au désespoir se décide à traiter avec l'ennemi.** Dès lors tout est perdu: les trois mille hommes restés dans les rangs, les trois ou quatre mille dispersés dans la campagne, les blessés, les malades, tout va être massacré entre les deux armées du général Reding et du général de la Peña, qui doivent s'élever à trente mille hommes environ. À cette idée, la douleur du général Dupont est au comble, et il n'aperçoit plus d'autre ressource que celle de traiter avec l'ennemi.

Envoi de M. de Villoutreys, écuyer de l'Empereur, auprès des généraux Reding et de la Peña.

Il avait parmi ses officiers un écuyer de l'Empereur, M. de Villoutreys, qui, ayant voulu servir activement, avait été attaché à son corps d'armée; il le charge d'aller auprès du général Reding, proposer une suspension d'armes. M. de Villoutreys traverse cette triste plaine, théâtre de nos premiers malheurs. Il joint le général Reding, et lui demande au nom du général français une trêve de quelques heures, en se fondant sur la fatigue des deux armées. Le général Reding, fort heureux d'en avoir fini avec les Français, car il craint toujours un changement de fortune avec de tels adversaires, adhère à la trêve, à condition qu'elle sera ratifiée par le général en chef Castaños. Pour le moment, il promet de suspendre le feu.

M. de Villoutreys retourne auprès du général Dupont, qui lui donne la nouvelle mission de se porter au-devant du général de la Peña pour l'arrêter au pont du Rumblar. M. de Villoutreys court à ce pont du Rumblar, et y trouve les troupes du général de la Peña tiraillant déjà avec quelques soldats de la garde de Paris. Le général de la Peña, moins accommodant que M. de Reding, et tout plein des passions espagnoles, déclare qu'il veut bien accéder à la trêve, mais provisoirement, et jusqu'à l'adhésion du général en chef. Il annonce, en outre, que les Français n'obtiendront quartier qu'en se rendant à discrétion. Le feu est interrompu de ce côté comme de l'autre. **Trêve de** quelques heures accordée par les généraux espagnols. Les Français se reposent, enfin, au milieu de cette fatale plaine, sur laquelle gisent pêle-mêle tant de morts et de mourants, sur laquelle règnent une chaleur dévorante, un affreux silence, et où il n'y a d'eau nulle part, excepté dans quelques cavités fangeuses du Rumblar, qu'on se dispute avec violence. Tout est immobile; mais la joie est chez les uns, le désespoir chez les autres!

M. de Villoutreys, revenu auprès de son général en chef, est chargé d'aller sur la route d'Andujar à la rencontre du général Castaños, pour lui faire ratifier la trêve consentie par ses lieutenants. L'infortuné général Dupont, jusque-là si brillant, si heureux, rentre dans sa tente, accablé de peines morales qui le rendent presque insensible aux peines physiques de deux blessures douloureuses. Ainsi va la fortune, à la guerre, comme dans la politique, comme partout en ce monde, monde agité, théâtre changeant, où le bonheur et le malheur s'enchaînent, se succèdent, s'effacent, ne laissant, après une longue suite de sensations contraires, que néant et misère! Trois ans auparavant, sur les bords du Danube, ce même général Dupont, arrivant à perte d'haleine au secours du maréchal Mortier, le sauvait à Diernstein. Mais autres temps, autres lieux, autre esprit! C'était en décembre et au nord; c'étaient de vieux soldats, pleins de santé et de vigueur, excités par un climat rigoureux, au lieu d'être abattus par un climat énervant, habitués à toutes les vicissitudes de la guerre, exaltés par l'honneur, n'hésitant jamais entre mourir ou se rendre! Ceux-là, si leur position devenait mauvaise un moment, on avait le temps d'accourir à leur aide et de les sauver! Et puis la fortune souriait encore, et réparait tout: personne n'arrivait tard, personne ne se trompait! ou bien, si l'un se trompait, l'autre corrigeait sa faute. Ici, dans cette Espagne où l'on était si mal entré, on était jeune, faible, malade, accablé par le climat, nouveau à la souffrance! On commençait à n'être plus heureux, et si l'un se trompait, l'autre aggravait sa faute. Dupont était venu au secours de Mortier à Diernstein: Vedel n'allait venir au secours de Dupont que lorsqu'il ne serait plus temps!

Marche et lenteurs du général Vedel pendant la bataille de Baylen.

Que faisait donc, dirons-nous encore, que faisait le général Vedel, qui, se trouvant à quelques lieues avec deux divisions, dont une seule aurait changé le sort de cette fatale journée, ne paraissait pas? Il s'était trompé deux fois, et il se trompait une troisième. Parti le 17 au soir de Baylen, parvenu dans la nuit à Guarroman, reparti le 18 pour la Caroline, poursuivant le fantôme d'un ennemi qui était allé, disait-on, s'emparer des défilés, il avait enfin acquis la conviction, le 18, que lui et le général Dufour couraient après une chimère. Cette prétendue armée espagnole qui s'était portée tout entière aux défilés pour y enfermer l'armée française, se réduisait à quelques guérillas, que des officiers, mauvais observateurs ou prompts à s'effrayer, avaient prises pour des masses redoutables. Des reconnaissances dirigées dans tous les sens, des prisonniers interrogés, des paysans questionnés, avaient fini par ramener les généraux Dufour et Vedel à la vérité. Ils formèrent aussitôt le projet de revenir à Baylen, car ce n'était pas le zèle qui leur manquait. Le général Vedel, parti le dernier et engagé moins avant dans les gorges, devait rétrograder le premier sur Baylen. (Voir la carte n° 44.) Mais il avait, par ces allées et venues multipliées, épuisé de fatigue ses malheureux soldats. Presque sans manger, sans s'arrêter, ils avaient fait le chemin de Baylen à Andujar, d'Andujar à Baylen, de Baylen à la Caroline, et il fallait bien leur accorder le reste de la journée du 18 pour se reposer. La fraîcheur du lieu, les fruits, les légumes, les vivres qu'ils avaient à la Caroline, étaient dans le moment une raison bien puissante d'y faire une halte. De plus, les voitures d'artillerie, brisées par suite des mauvaises routes et de la sécheresse, exigeaient quelques réparations. On ignorait enfin le triste secret des événements, et on croyait arriver à temps à Baylen en y arrivant le lendemain. Il n'eût pas été trop tard, en effet, en partant le lendemain 19, à trois heures du matin; car on serait parvenu à Baylen à onze, on aurait pris M. de Reding entre deux feux, et converti la funeste journée de Baylen en une autre journée de Marengo.

Le lendemain 19, à 3 heures du matin, des officiers diligents, debout avant les autres pour s'occuper de leurs troupes, entendent le canon de Baylen, qui, d'échos en échos, vient résonner jusqu'au fond des gorges de la Sierra-Morena. Ce canon, suivant eux, ne peut être que celui du général en chef aux prises avec les Espagnols, car lui seul est resté sur les bords du Guadalquivir. Cependant comment est-il possible que lui, qu'on a laissé avec les Espagnols à Andujar, fasse entendre son canon dans une position qui doit être celle de Baylen? On l'ignore; mais il est certain qu'on entend les détonations répétées de l'artillerie, et le précepte vulgaire de marcher au canon, toujours invoqué, tant de fois méconnu, ne permet pas d'hésiter. En partant sur-le-champ avec la fraîcheur du matin, on peut, en hâtant le pas, arriver à temps pour porter à l'ennemi des coups décisifs. Le général Vedel, si prompt à prendre son parti dans les journées du 16 et du 17, se montre cette fois d'une indécision inexplicable. Il perd deux heures à rallier sa colonne, et ne part qu'à cinq heures. La chaleur est déjà grande; les troupes marchant en colonnes rapprochées, à cause du voisinage de l'ennemi, soulèvent une poussière qui les étouffe. À chaque cavité de rocher où coule un peu d'eau, elles se débandent pour se rafraîchir. Elles ne parviennent ainsi que vers onze heures à Guarroman, moitié chemin de la Caroline à Baylen. À ce moment, le combat ralenti à Baylen faisait beaucoup moins retentir les échos. Toutefois, on entendait encore les éclats du canon, tantôt plus distincts, tantôt plus vagues, suivant la direction du vent.

Le général Vedel, sans mauvaise intention, car il était, au contraire, profondément dévoué à l'honneur des armes françaises, mais par un aveuglement semblable à celui qui avait persuadé au général Dupont que le danger n'était qu'à Andujar, s'obstine à douter, et à croire que ce qu'on entend n'est qu'un combat d'avant-postes sur les bords du Guadalquivir. Il veut surtout ne pas revenir à Baylen sans avoir complétement exploré les gorges, et s'être assuré que l'ennemi n'est point dans la traverse de Linarès, qui aboutit juste à Guarroman, et il y envoie une reconnaissance de cavalerie. On gagne ainsi midi. Le canon cesse de gronder, car la bataille est finie à Baylen. Ce silence de la défaite et du désespoir ne laisse plus de doute au général Vedel, et il croit définitivement qu'on s'est trompé. Ses troupes, en cet instant, viennent de s'emparer d'un troupeau de chèvres; elles sont affamées, il leur donne deux heures pour faire la soupe. On repart à deux heures. Arrivée de général Vedel à cinq heures de l'après-midi, quand la bataille était depuis long-temps finie. On marche sans impatience, car le silence le plus profond règne partout. On débouche vers cinq heures sur Baylen, et on aperçoit les Espagnols. Sans se figurer exactement ce qui a pu arriver, on en conclut que l'ennemi s'est placé entre le général Dupont et les divisions Vedel et Dufour. Alors le général Vedel n'hésite plus, et il veut passer sur le corps de l'armée espagnole pour rejoindre son général en chef. Il se dispose donc à attaquer par la droite, car c'est par là qu'en tournant Baylen il peut se faire jour jusqu'à la route d'Andujar, et rencontrer le général Dupont, n'importe sur quel point de cette route. À l'instant où il donne ses ordres, un parlementaire espagnol vient lui annoncer qu'il y a une trêve. Le général Vedel, voulant dégager son général en chef, attaque l'armée espagnole, mais il est obligé de s'arrêter devant les ordres qui lui sont apportés. Le général Vedel refuse d'y ajouter foi, et dépêche un de ses officiers au camp du général Reding pour savoir ce qui en est, déclarant qu'il accorde une demi-heure de délai; après quoi, si on ne lui a pas répondu, il ouvrira le feu. Il attend, continuant à faire ses dispositions, et, la demi-heure écoulée, ne voyant pas reparaître l'officier qu'il a envoyé, il attaque vigoureusement. Ses troupes marchent avec ardeur, enveloppent un bataillon d'infanterie et le font prisonnier. Les cuirassiers chargent et culbutent ce qui est devant eux. Mais tout à coup un groupe d'officiers espagnols, dans lequel se trouve un aide de camp du général Dupont, vient lui prescrire de cesser le feu, et de tout remettre dans le premier état. Devant cet ordre du général en chef, le général Vedel, quoique très-animé au combat, est obligé de s'arrêter. Mais telle est la puissance de ses illusions, qu'il ne peut pas imaginer encore l'étendue des malheurs de l'armée, et il se figure que la trêve invoquée pour l'arrêter n'est qu'un commencement de négociations avec le général Castaños, dont le zèle pour l'insurrection avait toujours été jugé douteux dans l'armée française, et qu'on croyait disposé à traiter à la première occasion.

Telle est la manière dont le général Vedel avait employé son temps pendant la journée du 19; telle est la manière dont s'acheva cette fatale journée. En apprenant que la division Vedel était survenue, les Espagnols furent saisis de crainte, et transportés de rage à la nouvelle que déjà un de leurs bataillons était prisonnier. Ils voulaient se jeter sur la division Barbou et l'égorger tout entière, supposant que la trêve demandée n'avait été qu'une feinte pour laisser arriver le général Vedel, et reprendre le combat dès qu'il paraîtrait. Ils poussaient des cris furieux, que le général Dupont se hâta d'apaiser en donnant l'ordre que nous venons de rapporter. C'était le cas de prendre conseil de l'épouvante et de la rage même des Espagnols pour renouveler l'attaque, en se portant en colonne serrée sur sa gauche. Le général Pryvé, commandant les dragons, en fit la proposition au général Dupont, et lui montra même les hauteurs par lesquelles on pouvait rejoindre la division Vedel. Mais ce malheureux général, affaibli lui-même par la maladie qui depuis quelque temps avait envahi l'armée, souffrant cruellement de ses blessures, atteint par l'abattement général, était absorbé dans son chagrin, et il écouta ce que lui dit le général Pryvé sans y répondre. Il semblait dans son désespoir ne plus comprendre les paroles qu'on lui adressait[6].

On resta la nuit sur le champ de bataille, attendant les négociations du lendemain. Mais, tandis qu'on était dans l'abondance chez les Espagnols, nos soldats manquaient de tout, et ils passèrent la nuit comme ils avaient passé la journée, sans pain, sans eau, sans vin. Ceux qui avaient encore quelques restes de ration dans leur sac, ou quelques liquides dans leurs gourdes, eurent seuls de quoi se sustenter.

Commencement des négociations avec les généraux espagnols.

Le lendemain matin 20, M. de Villoutreys, qui avait été expédié au quartier général espagnol pour faire ratifier la trêve, revint, annonçant que le général Castaños était prêt à traiter sur des bases équitables, et qu'il allait, pour ce motif, se transporter à Baylen. Le général Dupont imagina d'employer en cette circonstance le célèbre général du génie Marescot, qui était de passage dans sa division, avec une mission pour Gibraltar, et qui avait connu beaucoup, en 1795, le général Castaños. Il le fit appeler et le pressa d'user de son influence sur le général espagnol, afin d'en obtenir de meilleures conditions. *Choix du général Marescot pour traiter avec le général Castaños.* Le général Marescot, peu soucieux de négocier et de signer une capitulation qui ne pouvait guère être avantageuse, refusa d'abord la mission qui lui était offerte, céda ensuite aux instances du général en chef, et consentit à se rendre au quartier général espagnol.

Première entrevue du général Marescot avec le général de la Peña.

Il fallait, pour joindre le général Castaños, prendre la route d'Andujar, et traverser la division la Peña. *Brutales exigences du général espagnol.* Le général Marescot trouva le général de la Peña au pont du Rumblar, courroucé, menaçant, se plaignant de prétendus mouvements de l'armée française pour s'échapper, disant qu'il avait des pouvoirs pour traiter, exigeant que toutes les divisions françaises se rendissent immédiatement et à discrétion, et déclarant que, si dans deux heures il n'avait une réponse, il allait attaquer et écraser la division Barbou. Pour l'arrêter, le général Marescot fut obligé de promettre qu'on répondrait dans deux heures.

Noble mouvement de désespoir du général Dupont.

Il revint en effet, sans perdre de temps, rapporter ces tristes détails au général Dupont. À cette nouvelle, celui-ci se releva, en s'écriant qu'il aimait mieux se faire tuer avec le dernier de ses soldats que de se rendre à discrétion. Il convoqua auprès de lui tous les généraux de division et de brigade pour savoir s'il pouvait compter sur leur dévouement et sur celui de leurs soldats. Mais presque tous lui répondirent que les soldats, exténués de fatigue, de faim, entièrement découragés, ne voulaient plus se battre. Le général Dupont, pour s'en assurer lui-même, sortit de sa baraque, parcourut les bivouacs avec ses lieutenants, et chercha à ranimer le courage abattu de ses jeunes gens. *Refus de se battre de la part des soldats exténués.* De vieux soldats d'Égypte ou de Saint-Domingue, habitués à braver la faim, la soif, la chaleur, n'auraient pas été sourds à sa voix. Mais qu'attendre d'enfants de vingt ans, abattus par des chaleurs excessives, n'ayant ni mangé ni bu depuis trente-six heures, se sachant placés entre deux feux, et réduits à combattre dans la proportion d'un contre cinq ou six, avec leur artillerie démontée! Ils se plaignirent à leurs généraux d'avoir été sacrifiés, et quelques-uns même dans leur désespoir jetèrent à terre leurs armes et leurs cartouches. Le général Dupont aurait eu besoin qu'on remontât son âme, loin d'être capable de remonter celle des autres! Il rentra consterné. Les officiers qui s'étaient le mieux conduits la veille déclarèrent eux-mêmes le cas désespéré, et soutinrent qu'on pouvait traiter honorablement après avoir si vaillamment combattu. Ils oubliaient que le dernier acte efface toujours les précédents, et que c'est sur le dernier qu'on est jugé. Dans une autre situation, sans le général Vedel à leur gauche, ils eussent été excusables de traiter, car il n'y avait aucune ressource que celle de se faire égorger, bien que ce soit quelquefois une ressource qui réussisse. Mais avec le général Vedel à leur gauche, et ayant la chance de le rejoindre par un dernier effort, ils étaient inexcusables de se rendre avant d'avoir tenté cet effort. L'épuisement physique, l'abattement moral pouvaient seuls expliquer une telle faiblesse. D'ailleurs ils se flattaient qu'on se contenterait de l'évacuation de l'Andalousie, et qu'on les laisserait se retirer par terre dans le nord de l'Espagne, sans exiger qu'ils livrassent leurs armes. Ils opinèrent donc pour qu'on traitât avec l'ennemi, au lieu de recommencer un combat à leurs yeux impossible.

L'infortuné général Dupont, entraîné par la démoralisation générale, céda, et donna ses pouvoirs au général Chabert, qu'on choisit parce qu'il s'était conduit la veille, à la tête de sa brigade, avec une extrême bravoure. **Les généraux Marescot et Chabert chargés définitivement de traiter avec l'état-major espagnol.** Le général Marescot n'avait voulu accepter d'autre mission que celle d'accompagner, de conseiller et d'appuyer le général Chabert. M. de Villoutreys, qui avait déjà porté des propositions aux chefs de l'armée espagnole, fut adjoint aux généraux Chabert et Marescot.

Ils partirent immédiatement pour traiter, non pas avec le général de la Peña, mais avec le général Castaños lui-même, qu'ils rencontrèrent à moitié chemin de Baylen à Andujar, à la maison de poste. Il avait auprès de lui le comte de Tilly, l'un des membres les plus influents de la junte de Séville, et le capitaine général de Grenade Escalante. Le général Castaños, homme doux, humain, sage, reçut les officiers français avec des égards qu'ils ne trouvèrent pas auprès du capitaine général Escalante, qui rachetait sa faiblesse par sa violence, et du comte de Tilly, qui se conduisait en démagogue. **Premières conditions mises en avant de part et d'autre.** D'après leurs instructions, les officiers français demandèrent d'abord que les divisions Vedel et Dufour, lesquelles n'avaient pas pris part au combat, n'étaient pas enveloppées, et pouvaient dès lors échapper au sort de la division Barbou (celle qui avait combattu sous le général Dupont), ne fussent pas comprises dans la capitulation, et que, quant à la division Barbou, elle pût se retirer sur Madrid, en déposant ou ne déposant pas les armes, suivant le résultat de la négociation. Les généraux espagnols se refusèrent obstinément à ces propositions, car ils avaient dans leurs mains le sort de la division Barbou; et s'ils consentaient à traiter, c'était pour avoir à leur disposition les divisions Vedel et Dufour, qu'ils ne tenaient pas. Ils exigeaient donc qu'elles fussent comprises dans la capitulation, accordant d'ailleurs à chacune des divisions françaises un traitement conforme à sa situation actuelle. Ainsi ils voulaient que la division Barbou restât prisonnière, tandis que les divisions Vedel et Dufour seraient ramenées en France par mer.

Les négociateurs français résistèrent fortement à ces diverses prétentions, et enfin, après de longs débats, on tomba d'accord sur les deux conditions suivantes: premièrement, que les trois divisions pourraient se retirer sur Madrid; secondement, que les divisions Vedel et Dufour feraient leur retraite sans remettre leurs armes, tandis que la division Barbou, étant enveloppée, remettrait les siennes. Ces conditions, quoique pénibles pour l'honneur des armes françaises, sauvaient les trois divisions, et on y avait souscrit. On allait procéder à leur rédaction, lorsque survint un nouvel incident qui mit le comble aux malheurs de cette armée d'Andalousie, sur laquelle la fortune semblait s'acharner sans pitié. Incident survenu pendant la négociation, qui empire la situation de l'armée française. Le général Castaños reçut un pli enlevé sur un jeune officier français, qui avait été envoyé de Madrid par le général Savary au général Dupont. Ce pli contenait des instructions expédiées le 16 ou 17 juillet, alors que l'heureuse nouvelle de la bataille de Rio-Seco n'était pas encore parvenue à Madrid. Avant la connaissance de ce succès, on y était fort inquiet, on avait beaucoup de doutes sur la prise de Saragosse, on avait ordonné une concentration générale des troupes du midi sur Madrid, et, en conséquence de cet ordre de concentration, on mandait au général Dupont que, malgré des instructions antérieures, il était temps qu'il rentrât dans la Manche. En lisant la précieuse dépêche qu'un hasard faisait tomber dans ses mains, le général Castaños comprit fort bien qu'accorder le retour sur Madrid, c'était, non pas obtenir l'évacuation volontaire de l'Andalousie et de la Manche de la part des Français, mais tout simplement se prêter à leur projet de concentration; que, même sans les événements de Baylen, ils se seraient retirés, que dès lors on ne gagnait rien à cette capitulation que le stérile honneur de prendre à la division Barbou ses canons et ses fusils, qui lui seraient bientôt rendus à Madrid; qu'il fallait donc empêcher le retour de ces vingt mille hommes dans le nord de l'Espagne, où, par leur présence, ils ne manqueraient pas de rétablir les affaires du nouveau roi.

Aussi, lorsqu'on s'occupa de rédiger les conditions de la capitulation, et qu'on voulut spécifier le retour par terre des trois divisions, l'une sans armes, les deux autres avec armes, le général Castaños, toujours modéré dans la forme, mais péremptoire cette fois dans le fond, déclara que cet article n'était pas consenti. Les généraux français se récrièrent alors contre cette espèce de manque de parole, rappelant que quelques instants auparavant la condition actuellement contestée avait été admise. M. de Castaños en convint, mais, pour prouver sa bonne foi, donna à lire au général Marescot la lettre interceptée du général Savary, et demanda si, après ce qu'il venait d'apprendre, on pouvait exiger de lui qu'il persistât dans les premières conditions accordées. Le général Marescot lut la lettre, en fit part à ses collègues consternés, et il fallut traiter sur de nouvelles bases. | Conditions définitivement imposées. | En conséquence, il fut stipulé que la division Barbou resterait prisonnière de guerre; que les divisions Vedel et Dufour seraient seulement tenues d'évacuer l'Espagne par mer; qu'elles ne déposeraient pas les armes, mais qu'afin d'éviter toutes rixes, on les leur enlèverait pour les leur rendre à l'embarquement à San-Lucar et Rota; que le transport par mer aurait lieu sous pavillon espagnol, et qu'on se chargeait de faire respecter ce pavillon par les Anglais. Puis on s'occupa de quelques détails matériels, et nos négociateurs obtinrent, ce qui était d'usage, que les officiers conserveraient leurs bagages, que les officiers supérieurs auraient un fourgon exempt de toute visite, mais que le sac des soldats serait visité afin de s'assurer qu'ils n'emportaient pas de vases sacrés. Il y eut un vif débat sur cet article déshonorant pour les soldats, et auquel jamais des généraux français n'auraient dû souscrire. | Article déshonorant relatif à la visite du sac des soldats. | M. de Castaños, toujours fort adroit, allégua le fanatisme du peuple espagnol, à qui il fallait une satisfaction; il dit que si on ne pouvait pas annoncer que le sac des soldats avait été visité, le peuple croirait qu'ils emportaient les vases sacrés de Cordoue, et ne manquerait pas de se jeter sur eux; que du reste les officiers français feraient eux-mêmes cette visite, et qu'elle n'aurait ainsi rien de blessant pour l'honneur de l'armée. On était en voie de céder, on céda, et tout fut consenti, sauf la rédaction définitive, remise au lendemain 21.

Pendant que les tristes conditions de cette capitulation se discutaient, et s'acceptaient l'une après l'autre, survinrent au lieu des conférences un aide de camp du général Vedel, et le capitaine Baste, des marins de la garde. Ces officiers venaient plaider les intérêts de la division Vedel, voici à quelle occasion. | Vains efforts pour sauver la division Vedel. | Lorsque, le 20 au matin, le général Vedel, mieux informé, avait su le malheur arrivé à la division Dupont, en partie par sa faute, il fut au désespoir, et il offrit sur-le-champ de recommencer l'attaque dans la nuit du lendemain (celle du 20 au 21), promettant de se faire jour à travers le corps du général Reding, et de dégager son général en chef, si celui-ci faisait seulement un effort de son côté. Il ajouta que si le général en chef ne voulait rien tenter, il devait au moins ne pas sacrifier la division Vedel, qui par sa situation, toute différente de celle de la division Barbou, puisqu'elle n'était pas enveloppée, avait droit à un tout autre traitement. Il chargea le capitaine Baste, et l'un de ses aides de camp, de porter ces paroles au général Dupont. Le capitaine Baste, intelligent, intrépide, aimant à se mêler des affaires du commandement, insista auprès du général Dupont pour que dans la nuit suivante on essayât une attaque désespérée, en abandonnant tous les bagages, même l'artillerie s'il le fallait, en mettant sur pied tout ce qui pouvait se tenir debout, et en s'efforçant de faire une percée, le général Dupont par sa gauche, le général Vedel par sa droite. Il est évident que le succès était possible; mais le général Dupont, toujours accablé, entendant à peine ce qu'on lui disait, allégua le découragement profond de son armée, une négociation déjà commencée, un traité presque terminé, peut-être même signé sur la route d'Andujar, et renvoya le capitaine Baste aux négociateurs eux-mêmes pour plaider la cause de la division Vedel.

C'est par suite de ce renvoi que le capitaine Baste était arrivé au lieu des conférences. Il s'adressa d'abord aux négociateurs français, qu'il trouva fatigués d'une longue contestation, et peu en état de reprendre une discussion dans laquelle ils avaient toujours été battus. Le capitaine Baste, venu d'un lieu où l'on était plein d'ardeur et d'indignation à la seule idée de se rendre, et transporté en un lieu où tout était accablement, désespoir, ne put comprendre des sentiments qu'il n'éprouvait pas, et s'en retourna indigné auprès du général Dupont.

Autorisation de s'échapper donnée à la division Vedel par le général Dupont.

Après cet incident, les trois négociateurs français suivirent les trois négociateurs espagnols à Andujar, où on allait rédiger définitivement la capitulation vouée à une si désolante immortalité, et le capitaine Baste revint à Baylen, au camp du général Dupont, pour rapporter ce qui s'était passé. Le général Dupont, à ce récit, rendu à tous ses sentiments d'honneur, chargea le capitaine Baste de donner au général Vedel le conseil de repartir sur-le-champ pour la Caroline et la Sierra-Morena, afin de s'échapper en toute hâte vers Madrid. Les deux généraux Vedel et Dufour pouvaient ramener 9 à 10 mille hommes sur Madrid, et, en gagnant les Espagnols de vitesse, il est hors de doute qu'ils avaient beaucoup de chances d'opérer heureusement leur retraite. C'était plus de la moitié de l'armée française sauvée de cette cruelle catastrophe, par une noble inspiration du général Dupont, qui savait bien à quel point il aggravait ainsi le sort de l'autre moitié.

Le capitaine Baste partit à l'instant même pour le camp du général Vedel, placé entre Baylen et la Caroline, et lui apporta, avec le triste résultat des conférences d'Andujar, l'autorisation de se retirer sur Madrid.

> Commencement de retraite du général Vedel.

Sans perdre une minute, le général Vedel donna les ordres de départ, et dans la nuit même toutes ses troupes se mirent en mouvement avec celles du général Dufour. Par suite des continuelles allées et venues des deux divisions, on avait eu cinq ou six cents écloppés au moins. On avait eu quelques blessés au combat de Menjibar, et il fallait laisser en arrière sept ou huit cents hommes destinés au massacre. Ce fut une grande douleur que de se séparer d'eux, mais telle est la guerre! Le salut de tous, constamment placé au-dessus du salut de quelques-uns, endurcit les cœurs, ou les dispose du moins à une continuelle résignation au malheur les uns des autres. On abandonna ces infortunés camarades dans les villages qui bordent la route, et on prit avec une incroyable précipitation le chemin de Madrid. Le lendemain 21, à la pointe du jour, on était à la Caroline, et malgré la chaleur du jour on poussa jusqu'à Sainte-Hélène.

> Fureur des Espagnols en apprenant la retraite de la division Vedel.

Quelques heures après le départ de la colonne, on en était informé à Baylen, soit au camp du général Reding, soit au camp du général de la Peña. Ce furent alors des cris de cannibales chez les Espagnols. On prétendit que les Français étaient infidèles à la trêve; accusation fort peu fondée, car rien n'empêchait la division Vedel, placée hors d'atteinte, de se mouvoir, et les Espagnols d'ailleurs ne s'imposaient pas à eux-mêmes cette immobilité, puisqu'ils avaient depuis trente-six heures sans cesse manœuvré autour de la division Barbou, pour l'investir plus complétement; ce qui constituait véritablement une infraction à la trêve, dont les Français ne s'étaient ni plaints ni vengés, faute des moyens de se faire respecter dans leur malheur. Mais aucune raison, aucun sentiment de justice ne restaient à ces furieux, devenus vainqueurs par hasard. Ils criaient tous qu'il fallait exterminer la division Barbou tout entière. Ils oubliaient que six mille Français poussés à bout étaient capables de sortir d'un abattement momentané par un noble désespoir, et de leur passer sur le corps. Peut-être doit-on regretter qu'ils n'aient pas écouté alors jusqu'au bout leur barbarie, et qu'ils n'aient pas fait naître ce noble désespoir, qui, en relevant les courages, aurait tout sauvé. Quoi qu'il en soit, de nombreux officiers coururent à Andujar porter la nouvelle du départ des divisions Vedel et Dufour, et annoncer l'exaspération de l'armée espagnole. Sur-le-champ les négociateurs espagnols, se faisant les organes des fureurs d'une ignoble populace militaire, déclarèrent qu'on infligerait à la division Barbou les plus terribles traitements, si les divisions Vedel et Dufour ne rentraient pas dans leur première position. La réponse était facile, car que pouvait-on de plus contre la division Barbou que de la faire prisonnière? Menacer de l'égorger était une infamie, et il fallait répondre à ceux qui osaient proférer une pareille menace comme on répond à des assassins. Sur les instances de ses officiers, le général Dupont envoie un contre-ordre à la division Vedel. Mais il n'y avait pas là le héros de Gênes, l'inébranlable Masséna. On courut auprès du malheureux Dupont, on l'accabla de nouvelles instances, on lui dit qu'il allait faire massacrer sa fidèle division Barbou, celle qui s'était bravement battue à ses côtés, et cela pour sauver deux divisions, cause véritable de la perte de l'armée; ce qui, du reste, était vrai quant à ces dernières. Alors, cédant encore une fois, il envoya un contre-ordre formel au général Vedel.

Le contre-ordre arrivé, ce fut un soulèvement unanime dans la division Vedel, qui voulut continuer la marche sur Madrid. Il fallut dépêcher après elle un nouvel officier, chargé de rendre le général Vedel responsable de toutes les conséquences, s'il persistait à se retirer. Le général Vedel assembla alors ses officiers, leur fit part de cette situation, allégua le danger dans lequel ils allaient placer leurs frères d'armes, et les amena à se rendre. La troupe, moins docile, ne voulait pas accéder à ces propositions, et, dans un pays où les hommes isolés n'auraient pas été égorgés, elle aurait déserté presque tout entière. Retour à Baylen de la division Vedel. En Espagne il fallait ne pas se séparer les uns des autres, et agir tous en commun. On se soumit donc, et on retourna de Sainte-Hélène à la Caroline, de la Caroline à Guarroman, résigné à partager le sort de la division Barbou.

Enfin, le 22, fut apportée d'Andujar à Baylen la funeste capitulation au général Dupont. Plusieurs fois il hésita avant de la signer. Désespoir du général Dupont en signant la capitulation de Baylen. Le malheureux se frappait le front, rejetait la plume; puis, pressé par ces hommes qui avaient été tous si braves au feu, et qui étaient si faibles hors du feu, il inscrivit son nom naguère si glorieux au bas de cet acte, qui devait être pour lui l'éternel supplice de sa vie. Que n'était-il mort à Albeck, à Halle, à Friedland, même à Baylen! Combien ne le regretta-t-il pas plus tard devant les juges qui le frappèrent d'une condamnation flétrissante!

Horribles souffrances de l'armée pendant les négociations.

La faim avait été le triste allié des Espagnols dans cette cruelle négociation. Tandis qu'on tenait la division Barbou bloquée, on n'avait pas voulu lui donner un morceau de pain, et depuis le 18 au soir nos pauvres soldats n'avaient pas reçu de distribution. On finit par lui accorder quelques vivres. Ils ne s'étaient soutenus qu'avec quelques restes de ration, et le 22 il s'en trouvait beaucoup parmi eux qui n'avaient rien mangé depuis trois jours. Ils étaient sous des oliviers, mourant de faim, haletants, n'ayant pas même un peu d'eau pour étancher leur soif.

Honorable conduite du général Castaños.

La capitulation signée, le général Castaños consentit à leur accorder des vivres. Il pouvait être humain, car la fortune venait de lui préparer un assez beau triomphe pour qu'il fût généreux, comme on l'est quand le cœur est satisfait. Du reste il se montra digne d'un triomphe dû au hasard plus qu'à la valeur et au génie, par une véritable humanité, une modestie parfaite, et une conduite qui dénotait une remarquable sagesse. Il dit à nos officiers avec la franchise la plus honorable: «De la Cuesta, Blake et moi n'étions pas d'avis de l'insurrection. Nous avons cédé à un mouvement national. Mais ce mouvement est si unanime qu'il acquiert des chances de succès. Que Napoléon n'insiste pas sur une conquête impossible; qu'il ne nous oblige pas à nous jeter dans les bras des Anglais qui nous sont odieux, et dont jusqu'ici nous avons repoussé le secours. Qu'il nous rende notre roi, en exigeant des conditions qui le satisfassent, et les deux nations seront à jamais réconciliées.»—

Le lendemain nos soldats défilèrent devant l'armée espagnole. Leur cœur était navré. Ils étaient trop jeunes pour pouvoir comparer leur abaissement actuel à leurs triomphes passés. L'armée française défilant devant l'armée espagnole. Mais il y avait dans le nombre des officiers qui avaient vu défiler devant eux les Autrichiens de Mélas et de Mack, les Prussiens de Hohenlohe et de Blücher, et ils étaient dévorés de honte. Les divisions Vedel et Dufour ne remirent pas leurs armes, qu'elles durent cependant déposer plus tard, mais la division Barbou subit cette humiliation, et en ce moment elle regretta de ne s'être pas fait tuer jusqu'au dernier homme.

Atroce conduite du peuple espagnol à l'égard des Français.

On achemina immédiatement les troupes françaises en deux colonnes vers San-Lucar et Rota, où elles devaient être embarquées pour la France sur des bâtiments espagnols. On leur fit éviter les deux grandes villes de Cordoue et Séville, afin de les soustraire aux fureurs populaires, et on les dirigea par les villes moins importantes de Bujalance, Ecija, Carmona, Alcala, Utrera, Lebrija. Dans toutes ces localités la conduite du peuple espagnol fut atroce. Ces malheureux Français, qui s'étaient comportés en braves gens, qui avaient fait la guerre sans cruauté, qui avaient souffert sans se venger le massacre de leurs malades et de leurs blessés, étaient poursuivis à coups de pierres, souvent à coups de couteau, par les hommes, les femmes et les enfants. À Carmona, à Ecija, les femmes leur crachaient à la figure, les enfants leur jetaient de la boue. Ils frémissaient, et quoique désarmés, ils furent plus d'une fois tentés d'exercer de terribles représailles, en se précipitant sur tout ce qu'ils rencontreraient sous leurs mains pour se créer des armes; mais leurs officiers les continrent, afin d'éviter un massacre général. On avait soin de les faire coucher hors des bourgs et des villes, et de les amasser en plein champ comme des troupeaux de bétail, pour leur épargner des traitements plus cruels encore. À Lebrija et dans les villes rapprochées du littoral, ils furent arrêtés et condamnés à séjourner, sous prétexte que les vaisseaux espagnols n'étaient pas prêts. Mais bientôt ils apprirent la cause de ce retard. La junte de Séville, gouvernée par les passions les plus bassement démagogiques, avait refusé de reconnaître la capitulation de Baylen, et déclaré que les Français seraient retenus prisonniers de guerre, sous divers prétextes, tous illusoires et mensongers jusqu'à l'impudence.

| Violation de la capitulation de Baylen.

L'une des raisons que cette junte allégua, c'est qu'on n'était pas assuré d'avoir le consentement des Anglais pour le passage par mer; raison fausse, car les Anglais, malgré leur acharnement, témoignèrent pour nos prisonniers une pitié généreuse, et bientôt laissèrent passer par mer, comme on le verra, d'autres troupes qu'ils auraient eu grand intérêt à retenir. Nos officiers s'adressèrent au capitaine général Thomas de Morla pour réclamer contre cette indigne violation du droit des gens, mais ne reçurent que les réponses les plus indécentes, consistant à dire qu'une armée qui avait violé toutes les lois divines et humaines avait perdu le droit d'invoquer la justice de la nation espagnole.

| Massacre des prisonniers français à Lebrija.

À Lebrija, le peuple furieux se porta la nuit dans une prison où était l'un de nos régiments de dragons, et en égorgea soixante-quinze, dont douze officiers. Sans le clergé il les aurait égorgés tous. Enfin les généraux qui avaient eu le tort grave de se séparer de leurs troupes, pour voyager à part avec leurs bagages, furent sévèrement punis de s'être ainsi isolés. **Pillage du bagage des officiers français au port Sainte-Marie.** À peine étaient-ils arrivés au port Sainte-Marie avec leurs fourgons dispensés de visite, que le peuple, ne pouvant se contenir à la vue de ces fourgons où étaient entassées, disait-on, toutes les richesses de Cordoue, se précipita dessus, les brisa et les pilla. Des hommes appartenant aux autorités espagnoles ne furent pas des derniers à mettre la main à ce pillage. Cependant, bien que ces fourgons renfermassent tout le pécule de nos officiers et de nos généraux, et même la caisse de l'armée, on ne trouva pas au delà de 11 ou 1,200 mille réaux, d'après les journaux espagnols eux-mêmes, c'est-à-dire environ trois cent mille francs. C'était là tout le résultat du sac de Cordoue. Les généraux français faillirent être égorgés, et n'échappèrent à la fureur de la populace qu'en se jetant dans des barques. Ils furent conduits à Cadix, et détenus prisonniers jusqu'à leur embarquement pour la France, où les attendaient d'autres rigueurs non moins impitoyables.

Jugement sur la campagne d'Andalousie et la malheureuse capitulation de Baylen.

Telle fut cette fameuse capitulation de Baylen, dont le nom, dans notre enfance, a aussi souvent retenti à nos oreilles que celui d'Austerlitz ou d'Iéna. À cette époque les persécuteurs ordinaires du malheur, jugeant sans connaissance et sans pitié ce déplorable événement, imputèrent à la lâcheté et au désir de sauver les fourgons chargés des dépouilles de Cordoue l'affreux désastre qui frappa l'armée française. C'est ainsi que juge la bassesse des courtisans, toujours déchaînée contre ceux que le pouvoir lui donne le signal d'immoler. Il y eut beaucoup de fautes, mais pas une seule infraction à l'honneur, dans cette triste campagne d'Andalousie. La première faute fut celle de Napoléon lui-même, qui, après avoir fait naître par les événements de Bayonne une fureur populaire inouïe, devant laquelle toute opération de guerre devenait extrêmement périlleuse, se contenta d'envoyer huit mille hommes à Valence, douze mille à Cordoue, en paraissant croire que c'était assez. Il s'aperçut bientôt de son erreur, mais trop tard. Après la faute de Napoléon, vint la faute militaire du général Dupont et de son lieutenant le général Vedel. Le général Dupont, abandonnant Cordoue pour être plus près des défilés de la Sierra-Morena, aurait dû par ce même motif s'en rapprocher de manière à les fermer tout à fait, et pour cela se placer à Baylen, ce qui eût rendu toute séparation de ses divisions impossible. Après avoir commis la faute de s'établir à Andujar, et non à Baylen, ce fut une faute non moins grave de ne pas suivre le général Vedel lorsqu'il le renvoya à Baylen dans la soirée du 16, et, cette faute commise, de n'avoir pas décampé le 17 au lieu de décamper le 18; d'avoir, le jour de la bataille de Baylen, engagé partiellement, successivement, et en ligne parallèle à l'ennemi, les forces dont il disposait, au lieu de faire une attaque en masse et en colonne serrée sur sa gauche[7]; puis enfin, après les efforts de bravoure les plus honorables, d'avoir trop cédé à l'abattement général. La faute du général Vedel fut de venir le 16 avec sa division tout entière à Andujar, et de laisser Baylen découvert (ce que l'approbation du général en chef n'excusait que très-imparfaitement); sa faute fut surtout de suivre le général Dufour à la Caroline, d'abandonner ainsi une seconde fois Baylen, sans aucune précaution pour le défendre, et en dernier lieu, détrompé à la Caroline, de n'être pas revenu sur-le-champ, mais d'avoir au contraire perdu toute la journée du 19 en vaines temporisations. Enfin la faute des généraux entourant le général Dupont fut de le pousser à la capitulation, et, après avoir vaillamment combattu sur le champ de bataille de Baylen, de montrer la plus coupable faiblesse dans la négociation générale, cédant à toutes les menaces des généraux espagnols comme s'ils avaient été les plus lâches des hommes, tandis qu'ils étaient au nombre des plus braves: nouvelle preuve que le courage moral et le courage physique sont deux qualités fort différentes.

Ainsi, grave erreur de Napoléon à l'égard de l'Espagne, position militaire mal choisie par le général Dupont, lenteur trop grande à en changer, bataille mal livrée, faux mouvements du général Vedel, démoralisation des généraux et des soldats, telles furent les causes du cruel revers de Baylen. Tout ce qu'on a dit de plus n'est que de la calomnie. La longue file des bagages, a-t-on répété souvent, amena tous nos malheurs. En supposant qu'un général fût capable du stupide calcul de perdre son honneur, sa carrière militaire, le bâton de maréchal qui lui était réservé, pour quelques centaines de mille francs, somme bien inférieure à ce que Napoléon donnait aux moins bien traités de ses lieutenants, huit ou dix fourgons auraient porté toutes les prétendues richesses de Cordoue en matières d'or et d'argent, et il s'agissait de plusieurs centaines de voitures, dont le nombre excessif avait pour cause évidente la situation morale du pays, dans lequel on ne pouvait laisser en arrière ni un blessé ni un malade. Enfin, comme on vient de le voir, ces fameux fourgons furent pillés, et, la caisse de l'armée comprise, on y trouva à peine trois ou quatre cent mille francs. Tout ce qu'on peut dire, en somme, c'est que le général Dupont, intelligent, capable, brillant au feu, n'eut pas l'indomptable fermeté de Masséna à Gênes et à Essling. Mais il était malade, blessé, épuisé par quarante degrés de chaleur; ses soldats étaient des enfants, exténués de fatigue et de faim; les malheurs s'étaient joints aux malheurs, les accidents aux accidents; et si l'on sonde profondément tout ce tragique événement, on verra que l'Empereur lui-même, qui mit tant d'hommes dans une si fausse position, ne fut pas ici le moins reprochable. Toutefois il faut ajouter, dans l'intérêt de la moralité militaire, que dans ces situations extrêmes la résolution de mourir est la seule digne, la seule salutaire; car certainement, à l'arrivée du général Vedel, la résolution de mourir pour percer la division Reding eût permis aux deux parties de l'armée française de se rejoindre, et de sortir triomphantes de ce mauvais pas, au lieu d'en sortir humiliées et prisonnières. En sacrifiant sur le champ de bataille le quart des hommes morts plus tard dans une affreuse captivité, on eût changé en un triomphe le revers le plus éclatant de cette époque extraordinaire[8].

Effet produit à Madrid par la capitulation de Baylen.

La nouvelle de cet étrange désastre, qu'on croyait impossible à Madrid depuis que l'armée du général Dupont avait été portée à 20 mille hommes par l'envoi successif des divisions Vedel et Gobert, s'y répandit rapidement, d'abord par les communications secrètes des Espagnols, puis par quelques officiers échappés et venus de poste en poste dans la Manche, et enfin par l'arrivée de M. de Villoutreys lui-même, qu'on chargea d'apporter à l'Empereur la convention de Baylen. Le détail d'un tel revers consterna tout ce qui était Français, ou attaché à la fortune de la France. Les Espagnols étaient ivres d'orgueil, et ils avaient droit d'être fiers, non de l'habileté ou de la bravoure déployées en cette circonstance, bien qu'ils se fussent vaillamment conduits, mais des obstacles de tout genre que nous avait créés leur patriotique insurrection, obstacles qui avaient été la principale cause des malheurs du général Dupont. Les vingt mille hommes qui étaient destinés à conquérir l'Andalousie, et en cas d'insuccès à se replier sur la Manche pour couvrir Madrid, manquant tout à coup, la situation devenait des plus difficiles.

Danger pour Madrid qui se trouve découvert par la destruction de l'armée d'Andalousie.

Il était évident que les insurgés de Valence, de Carthagène, de Murcie, donnant la main à ceux de Grenade et de Séville enorgueillis de leur triomphe imprévu, entraînant à leur suite ceux de l'Estrémadure et de la Manche qui n'avaient pas encore osé se montrer, marcheraient bientôt sur Madrid. Quoique le nombre de ceux qui étaient enrégimentés dans les troupes de ligne fût très-exagéré, et qu'il n'y eût de nombreux que les bandes de coureurs, qui, sous le titre de guérillas, couvraient les campagnes, arrêtant les convois, égorgeant les blessés et les malades, et ravageant l'Espagne bien plus que les armées françaises elles-mêmes, toutefois le général Castaños pouvait arriver avec les troupes de Valence, de Murcie, de Carthagène, de Grenade, de Séville, de Badajoz, c'est-à-dire à la tête de 60 à 70 mille hommes fort encouragés par les événements de Baylen, et on n'avait à leur opposer que les divisions Musnier, Morlot, Frère, la brigade Rey, et la garde impériale.

> Ressources qui restaient à Madrid après la perte de l'armée d'Andalousie.

Tous ces corps, sans les blessés, les malades, auraient dû donner environ 30 mille hommes en ligne, et dans l'état de santé des troupes en donnaient tout au plus 20 ou 25 mille. Néanmoins, avec un général vigoureux, Murat par exemple, au lieu de Joseph, on aurait pu battre 60 mille Espagnols avec 20 mille Français, et rejeter les vainqueurs de Baylen sur la Manche et l'Andalousie, s'ils venaient à se présenter devant Madrid. Il est vrai qu'on avait derrière soi une grande capitale, qu'il fallait garder et contenir; mais il était possible (comme l'écrivit Napoléon depuis) de ramener sur cette capitale un renfort considérable, et suffisant pour imposer à l'ennemi du dehors et du dedans. Le maréchal Bessières, après sa victoire de Rio-Seco, avait marché sur la Galice, et s'apprêtait à y pénétrer. Il fallait le rappeler à Burgos, en réduisant son rôle à couvrir la route de Madrid à Bayonne. On pouvait lui reprendre alors la brigade Lefebvre, détachée momentanément de la division Morlot avant la connaissance de la victoire de Rio-Seco, la division Mouton composée de vieux régiments, le 26e de chasseurs récemment arrivé, les 51e et 43e de ligne près d'arriver à Bayonne (et faisant partie des douze vieux régiments appelés en Espagne), ce qui aurait présenté un renfort de 10 mille hommes environ de troupes excellentes, et capables de se battre contre toutes les armées de l'Espagne. Le maréchal Bessières aurait eu encore, avec les troupes de marche, et les colonnes mobiles placées à Vittoria, Burgos, Aranda, environ 14 ou 15 mille hommes. Enfin les 14e et 44e de ligne, faisant partie aussi des anciens régiments appelés en Espagne, avaient accru le corps du général Verdier devant Saragosse, et l'avaient porté à 17 mille hommes. On pouvait, à la rigueur, soit que l'attaque nouvelle préparée contre Saragosse, et dont on annonçait tous les jours le succès comme probable et prochain, s'effectuât ou fût différée, détacher ces deux régiments et les amener à Madrid. Dans le cas de la prise de Saragosse, ils arrivaient avec leur force matérielle et un grand effet moral à l'appui. Dans le cas contraire, la prise de Saragosse n'en était que retardée; mais Madrid était mis à l'abri de toute tentative, et l'ennemi, quel qu'il fût, qui s'en approcherait, devait être rejeté au loin. L'Espagne, après tout, avec les 30 mille hommes qu'on pouvait réunir à Madrid, les 14 mille qui seraient restés au maréchal Bessières, les 17 mille du général Verdier, les 11 mille du général Duhesme en Catalogne, les 7 mille du général Reille, contenait encore 80 mille Français environ, et certainement il était possible avec une pareille force de tenir tête aux Espagnols, sans compter qu'à chaque instant on voyait apparaître à Bayonne de nouveaux renforts préparés par Napoléon. Mais il aurait fallu un prince militaire, nous le répétons, et non un prince doux, sage, instruit, et point homme de guerre, bien que, dans les moments de péril, il se souvînt qu'il était frère de Napoléon[9].

Il n'y avait donc pas lieu de désespérer, puisqu'en ramenant le maréchal Bessières de la Galice dans la Vieille-Castille, en réduisant son rôle à garder la route de Madrid, en attirant à soi une partie des forces dont il disposait, plus une portion des troupes qui assiégeaient Saragosse, et enfin celles qui venaient de traverser Bayonne, on était en mesure de tenir Madrid, et de battre les insurgés qui oseraient se montrer sous ses murs. Mais l'infortuné roi d'Espagne n'avait pas le caractère trempé comme celui de son frère.

> Épouvante du roi Joseph, et sa résolution de quitter Madrid.

La joie des Espagnols qui lui étaient hostiles, et c'était le très-grand nombre, la désolation de ceux qui s'étaient attachés à sa cause, l'ébranlement d'esprit de ses ministres, le peu de fermeté des généraux français qui l'entouraient, l'embarras de se trouver au milieu d'une ville qui lui était inconnue, tout contribua à troubler profondément son âme, et à lui faire prendre la désastreuse résolution de quitter sa nouvelle capitale, dix jours après y être entré. Il aurait dû tout braver plutôt que de se résoudre à évacuer Madrid, car le seul effet moral devait en être immense. Tant qu'il y demeurait, les événements de la guerre pouvaient être considérés comme des alternatives de revers et de succès; Rio-Seco pouvait être opposé à Baylen, bien qu'il ne le valût pas; la prise justement espérée de Saragosse pouvait être opposée bientôt à la résistance de Valence; et Madrid, toujours occupé, restait comme la preuve de la supériorité des Français dans la Péninsule. L'insurrection pouvait douter encore d'elle-même, et les Anglais, présumant moins de sa puissance, n'auraient pas fait d'aussi grands efforts pour la seconder. Mais Madrid évacué semblait de la part de la nouvelle royauté l'aveu formel qu'elle était incapable de conserver par la force le royaume qu'elle avait prétendu recevoir de la Providence. Ce que la Providence veut, elle sait le soutenir, et elle ne le laisse pas tomber. Dès ce moment, l'Espagne entière allait être debout, et, à la honte particulière de Baylen, qui frappait quelques généraux, devait succéder une confusion cruelle pour Napoléon, la confusion de sa politique, conséquence de l'évacuation totale ou presque totale de l'Espagne.

> Conduite du général Savary à Madrid, et ses conseils au roi Joseph.

Le général Savary se trouvait encore à Madrid, bien que Joseph, n'aimant ni sa personne ni sa manière de penser et d'agir, eût fait de son mieux pour se débarrasser de lui. Le général Savary représentait le système des exécutions militaires, de l'application à bien entretenir l'armée française quoi qu'il en coûtât à l'Espagne, de la soumission absolue aux volontés de Napoléon, et de l'indifférence aux volontés de Joseph quand elles n'étaient pas exactement conformes aux ordres émanés de l'état-major impérial. Joseph, voulant se populariser en Espagne, et par suite fort enclin à sacrifier l'intérêt de l'armée à celui des Espagnols, éprouvait pour le général Savary et l'ensemble de choses qu'il représentait auprès de lui, une aversion profonde. Aussi, avait-il demandé à Napoléon de lui accorder le maréchal Jourdan, dont il avait pris l'habitude de se servir à Naples, qui était droit, sage, tranquille, pas plus actif qu'il ne fallait à la mollesse de son maître, et peu disposé à se prosterner devant Napoléon, qu'il ne comprenait guère et qu'il aimait encore moins. Joseph, pressé d'avoir le maréchal Jourdan, et de n'avoir plus le général Savary, avait donné à entendre à celui-ci qu'il ferait bien de partir, et le général Savary, toujours assez indocile, excepté pour Napoléon, lui avait répondu qu'il serait charmé de le quitter dès qu'il en aurait la permission de l'Empereur, son unique maître. En attendant cette permission, il était resté à Madrid, faisant tous les jours, dans sa correspondance avec l'Empereur, un tableau peu flatté des hommes et des choses. Après le désastre de Baylen, Joseph fut trop heureux d'avoir auprès de lui le général Savary, pour partager la responsabilité des graves résolutions qu'il y avait à prendre, et il le consulta avec beaucoup plus de déférence que de coutume. Le général Savary, qui n'était pas faible, mais qui voyait combien ce malheureux monarque était incapable de se soutenir à Madrid avec vingt mille hommes, crut plus prudent de l'en laisser sortir, et il lui donna même le conseil de se retirer au plus tôt.— Et que dira l'Empereur? demanda cependant Joseph avec inquiétude.— L'Empereur grondera, repartit le général Savary; mais ses colères, vous le savez, sont bruyantes, et ne tuent pas. Lui, sans doute, tiendrait ici; mais ce qui est possible à lui ne l'est pas à d'autres. C'est assez d'un désastre comme celui de Baylen, n'en ayons pas un second. Quand on sera sur l'Èbre, bien concentré, bien établi, et en mesure de reprendre l'offensive, l'Empereur en prendra son parti, et vous enverra les secours nécessaires.—

Joseph prend le parti de quitter Madrid.

Le roi Joseph ne se fit pas répéter une seconde fois ce conseil par le général Savary, et il donna des ordres pour la retraite de Madrid. Mais il y avait à Madrid plus de trois mille malades et blessés, un immense matériel de guerre accumulé dans le Buen-Retiro, dont on avait commencé à faire une forteresse. Il fallait donc du temps et de grands efforts pour évacuer tant d'hommes et de matériel. On l'entreprit sans délai. Malheureusement la mauvaise volonté des habitants ajoutait encore à la difficulté de l'opération.

Conduite des Espagnols au moment de la retraite des Français. Le bruit de la retraite des Français s'était bientôt répandu à l'aspect de leurs préparatifs, et les Espagnols, transportés de joie, résolus de plus à rendre cette retraite désastreuse autant qu'il serait en eux, réunissaient leurs charrettes et leurs voitures de tout genre, les formaient en tas, et y mettaient le feu. Ils aimaient mieux voir ce matériel détruit qu'utile aux Français. Le transport des blessés, des malades, des administrations, présenta ainsi beaucoup plus de difficulté, et exigea plusieurs jours avant qu'on pût faire partir les troupes.

> Août 1808.

Au seul bruit d'une pareille résolution, tout ce qui avait pris parti un moment pour les Français disparut. Deux des ministres de Joseph, MM. Pinuela et Cevallos, s'en allèrent sans une seule explication. Le dernier surtout, devenu depuis un pamphlétaire attaché à diffamer la France, tint une conduite digne du reste de sa vie. Long-temps le bas adulateur du prince de la Paix, ensuite son ennemi acharné, serviteur obséquieux de Ferdinand VII pendant ses deux mois de règne, ministre de Joseph, qu'il n'aurait jamais dû songer à servir, il s'échappait honteusement à la nouvelle de Baylen, ne disant rien aux Français qu'il quittait, mais disant aux Espagnols, auxquels il revenait, que s'il avait consenti à être ministre de Joseph, c'était pour avoir la permission de rentrer en Espagne, et l'occasion de se rattacher à une cause dont il avait toujours prévu et désiré le triomphe. Le vieux d'Azanza, MM. O'Farrill, d'Urquijo, agissant en hommes graves, qui avaient su ce qu'ils voulaient en acceptant la royauté française, c'est-à-dire la régénération de l'Espagne, n'abandonnèrent point Joseph, mais le suivirent l'âme remplie de douleur. M. de Caballero, traité par ses compatriotes avec un mépris insultant, qu'il méritait beaucoup moins que M. de Cevallos, resta à la cour de Joseph comme dans un asile. Parmi les grands, le prince de Castel-Franco, qui avait tenu tête à l'orage, sentit son courage défaillir au dernier moment, et, après avoir promis de partir, ne partit point. Pas un de ceux qui suivaient Joseph ne put emmener un domestique espagnol. Les hommes de cette condition restèrent tous à Madrid. Il y avait près de deux mille individus employés dans les palais et les écuries de la couronne, à cause du grand nombre de magnifiques chevaux qu'entretenait ordinairement la royauté espagnole. De peur d'être emmenés, ils disparurent presque tous dans une nuit. Joseph eut à peine le moyen de se faire servir dans sa retraite.

> Sortie de Madrid le 2 août.

Il sortit le 2 août pour se rendre à Chamartin, sans essuyer aucun témoignage insultant, car sa personne avait obtenu une sorte de respect. On vit partir les troupes françaises avec une joie toute naturelle, mais on n'osa les offenser, car on tremblait encore à leur aspect, et, malgré une présomption bien motivée cette fois, on se disait confusément qu'on pourrait les revoir. À dater de cette retraite, Joseph n'avait plus personne pour lui en Espagne, ni le peuple qu'il n'avait jamais eu, ni les classes moyennes et élevées qui, après avoir hésité un instant par crainte de la France et par l'espoir des améliorations qu'on pouvait attendre d'elle, n'hésitaient plus maintenant que la France elle-même semblait s'avouer vaincue en se retirant de Madrid.

L'armée se retire par Buytrago, Somo-Sierra et Aranda.

L'armée rétrograda lentement par la route de Buytrago, Somo-Sierra, Aranda et Burgos. Ayant trouvé de nombreuses traces de cruauté sur sa route, elle ne put contenir son exaspération, et elle se vengea en plus d'un endroit. La faim se joignant à la colère, elle détruisit beaucoup sur son passage, et laissa partout des marques de sa présence qui portèrent au comble la haine des Espagnols. Joseph, effrayé des sentiments qu'on allait ainsi provoquer, s'employait vainement à empêcher les excès commis le long de la route.

Sentiments qui éclatent pendant cette retraite.

Mais il ne réussit qu'à blesser l'armée elle-même, dont les soldats disaient qu'il devrait s'intéresser un peu plus à eux, qui le soutenaient, qu'aux Espagnols, qui le repoussaient. Quand les choses vont mal, au malheur se joint la désunion. Les ministres de Joseph étaient peu d'accord avec les généraux français, et la nouvelle cour d'Espagne fort peu avec l'armée, qui était son unique appui. La tristesse régnait parmi les chefs, l'irritation parmi les soldats, la fureur de la vengeance chez toutes les populations traversées.

Le mouvement rétrograde poussé jusqu'à Miranda.

Le roi Joseph et ceux qui l'entouraient, se démoralisant à chaque pas, ne se crurent pas même en sûreté à Burgos. Ils furent effrayés d'avoir encore sur leurs derrières tout le pays compris entre Burgos et les provinces basques, et ils jugèrent convenable de se porter à la ligne de l'Èbre, en prenant Miranda pour quartier général. Ils avaient ramené le maréchal Bessières sur leur droite, et ils voulurent ramener le général Verdier sur leur gauche, s'inquiétant peu de rendre inutiles tous les efforts qui avaient été faits pour prendre Saragosse, et qui dans le moment allaient être couronnés de succès. Ils ne retrouvèrent quelque assurance que derrière l'Èbre, ayant, outre les vingt mille hommes de Madrid, les vingt et quelques mille du maréchal Bessières, les dix-sept du général Verdier, et toutes les réserves de Bayonne.

Opérations devant Saragosse.

Au milieu de toutes ces fautes, c'en était une de plus que d'abandonner tant de terrain, tant de travaux surtout accumulés devant Saragosse. Depuis les dernières attaques, les moyens de tout genre avaient été considérablement augmentés pour réduire cette ville opiniâtre, qui prouvait que les défenses de l'art les plus habilement combinées sont moins puissantes que le courage d'habitants résolus à se faire tuer dans leurs maisons. Deux vieux régiments, le 14e si malheureux et si héroïque à Eylau, le 44e signalé dans la même bataille et à Dantzig, venaient d'arriver, et de porter à 16 ou 17 mille hommes le corps de siége. La grosse artillerie, nécessaire pour abattre les couvents qui flanquaient le mur d'enceinte, avait été transportée de Pampelune par l'Èbre et le canal d'Aragon. L'aide de camp de l'Empereur, le colonel du génie Lacoste, avait pris habilement ses dispositions pour pratiquer en peu de temps de larges ouvertures dans le mur d'enceinte, et renverser les gros bâtiments qui lui servaient d'appui. | Assaut donné le 4 août à Saragosse, et entrée dans cette ville. | Tout étant prêt le 4 août au matin, soixante bouches à feu, mortiers, obusiers, pièces de 16, vomirent leur feu sur la ville et sur le couvent de Santa-Engracia, qui est au centre de la muraille d'enceinte, à un angle saillant qu'elle forme vers le milieu de son étendue. (Voir la carte n° 45.) À gauche et à droite de ce couvent se trouvaient deux portes par lesquelles on voulait pénétrer pour se porter rapidement par une rue assez large vers le *Cosso*, espèce de boulevard intérieur, qui traverse dans toute sa longueur la ville de Saragosse, et duquel une fois maître on pouvait se croire en possession de la ville tout entière. L'artillerie française ayant réussi vers midi à faire taire celle de l'ennemi, et de larges brèches ayant été pratiquées dans le mur d'enceinte, les colonnes d'assaut furent formées, et deux de ces colonnes, une à droite sous le général Habert, une à gauche sous le général Grandjean, s'élancèrent sur la muraille abattue aux cris de *Vive l'Empereur*! Les Espagnols, qui n'avaient pas fait consister leur résistance dans la défense d'une enceinte qui n'était ni bastionnée ni terrassée, mais dans leurs rues barricadées et leurs maisons crénelées, attendaient nos soldats au delà des deux brèches, et les accueillirent par une grêle de balles dès qu'ils les eurent franchies. La colonne de droite, plus heureuse, pénétra la première, et, détruisant les obstacles qui arrêtaient celle de gauche vers la porte des Carmes, l'aida à pénétrer à son tour. Elle se jeta ensuite malgré le feu des maisons dans une rue, celle de Santa-Engracia, qui descendait perpendiculairement vers le *Cosso*, but principal de nos attaques. Trois grandes barricades armées de canons coupaient cette rue. Nos soldats, entraînés par leur ardeur, enlevèrent d'assaut ces barricades, prirent treize pièces de canon, tuèrent les Espagnols qui les servaient, et débouchèrent sur le *Cosso*, se croyant déjà maîtres de la ville. Mais restaient sur leurs derrières les insurgés, les uns paysans et moines, les autres soldats de ligne, retranchés dans les maisons, et résolus à les faire brûler plutôt que de les abandonner. Il fallait donc revenir pour les débusquer avant de s'établir sur le *Cosso*. C'est ce qu'on fit, se battant de maison à maison, perdant du monde pour les prendre, et se vengeant, quand on les avait prises, par la mort de ceux dont on avait essuyé le feu.

La colonne de gauche avait trouvé sur son chemin un grave obstacle, c'était un vaste édifice, le couvent des Carmes, qui avait été entouré d'un fossé, et dans lequel beaucoup de troupes espagnoles s'étaient logées sous des officiers expérimentés, comme dans un camp retranché. Il avait fallu enlever ce couvent, ce qu'on avait fait avec vigueur, mais non sans de grandes pertes. Cette œuvre terminée, on s'était mis, de même que la colonne de droite, à fusiller de maison à maison, pendant que l'artillerie continuait d'envoyer des obus et des bombes qui, passant par-dessus la tête de nos soldats, allaient punir et ravager la ville. Cet horrible combat durait depuis le matin avec un acharnement incroyable, lorsque nos soldats fatigués commencèrent à se répandre dans les maisons qu'ils venaient de conquérir, et à y chercher les vivres dont ils avaient besoin, et surtout les vins, dont ils savaient toutes les villes d'Espagne abondamment pourvues. Malheureusement ils trouvèrent dans cette maraude intérieure l'écueil de leur bravoure, et bientôt une moitié de nos troupes fut ensevelie dans l'inaction et l'ivresse. Malgré tout ce que firent nos généraux, la plupart blessés, ils ne purent ramener les soldats soit au combat, soit du moins au soin de leur propre sûreté. Si les Espagnols avaient soupçonné l'état dans lequel étaient leurs assaillants, ils auraient pu les faire repentir du sanglant succès de la journée. Il fallut attendre au lendemain pour recommencer et poursuivre la difficile conquête de Saragosse, maison à maison, rue à rue. Outre beaucoup d'officiers blessés, et notamment les deux généraux en chef, Verdier et Lefebvre-Desnoette, le premier atteint d'une balle à la cuisse, le second souffrant d'une forte contusion dans les côtes, nous avions environ onze ou douze cents hommes hors de combat, dont trois cents morts et huit ou neuf cents blessés. Les deux vieux régiments, le 14ᵉ et le 44ᵉ, avaient cru retrouver dans les rues de Saragosse la fusillade d'Eylau.

Le lendemain, le général Verdier n'ayant pu, à cause de sa blessure, reprendre le commandement des attaques, le général Lefebvre-Desnoette, qui l'avait remplacé, rallia les troupes dispersées dans les maisons, barricada lui-même, pour le compte des Français, les rues conquises et aboutissant au Cosso, et résolut, pour épargner le sang, d'employer la sape et la mine, ne croyant pas devoir plus ménager une ville espagnole que ne le faisaient les Espagnols eux-mêmes.

> La conquête de Saragosse abandonnée par suite de la retraite des Français sur le haut Èbre.

C'est dans cet état que survint la nouvelle du désastre de Baylen, de l'évacuation de Madrid, et de la retraite générale sur l'Èbre. Nos généraux et nos soldats éprouvèrent un amer déplaisir de voir tant de sang inutilement répandu, et une proie sur laquelle ils s'étaient acharnés près de leur échapper.

Le corps de Saragosse devant former, à Tudela, sur l'Èbre, la gauche de la nouvelle position que l'armée française allait occuper en Espagne, on achemina d'abord les blessés, puis la portion de l'artillerie qu'on pouvait transporter, on encloua le reste, et on se mit en marche, le chagrin dans le cœur, la tristesse sur le visage, humilié au dernier point de reculer devant des soldats qu'on n'était pas parvenu à considérer beaucoup, malgré l'obstination déployée dans les rues de Saragosse par des paysans et des moines.

> Retraite du corps d'armée de l'Aragon sur Tudela.

On revint environ 16 mille hommes sur Tudela, les uns anciennement, les autres récemment aguerris, mais tous en rase campagne capables de battre trois ou quatre fois plus d'Espagnols qu'ils ne comptaient d'hommes dans leurs rangs.

> Opérations en Catalogne.

En Catalogne, on avait été obligé de s'enfermer dans les murs de Barcelone. Le général Duhesme, ayant d'abord essayé de comprimer l'insurrection au midi de cette province pour pouvoir communiquer avec Valence, mais n'ayant plus à s'inquiéter de ce qui se passait de ce côté depuis la retraite du maréchal Moncey, avait alors tenté d'agir au nord, afin de maintenir ses communications avec la France, et de donner la main à la colonne du général Reille. Il était sorti à la tête de la principale partie de ses forces par Mataro et Hostalrich sur Girone, avec le projet de s'emparer de cette dernière place, l'une des plus importantes de la Catalogne, que les Français avaient eu le tort de ne pas occuper. Arrivé à Mataro, il s'était vu dans la nécessité de prendre cette petite ville d'assaut, et de la livrer à la fureur du soldat, chaque jour plus exaspéré de la guerre barbare qu'on lui faisait. De Mataro il avait marché sur Girone, qu'il avait espéré surprendre et enlever par l'escalade. Ses grenadiers armés d'échelles avaient déjà gravi l'enceinte de la ville et allaient y pénétrer, lorsqu'ils avaient été repoussés par le peuple mêlé aux soldats et aux moines. Privé de grosse artillerie, et désespérant d'emporter cette place de vive force, le général Duhesme était rentré dans Barcelone, forcé de combattre sans cesse sur la route, et réduit à saccager des villages pour venger l'assassinat de ses soldats. Il ne lui avait pas été possible pendant cette incursion de communiquer avec le général Reille, qui s'était porté de son côté jusqu'à Figuières, sans réussir à s'avancer au delà. Tout ce qu'avait pu ce dernier, ç'avait été de ravitailler le fort de Figuières, occupé par une petite garnison française, et d'y déposer des vivres et des munitions en suffisante quantité. Mais chaque fois qu'il avait voulu pousser plus loin, il avait été assailli de toutes parts par de hardis miquelets, déjouant par leur vitesse et leur adresse à tirer le courage de nos jeunes soldats, qui ne savaient guère courir après des montagnards habitués à chasser le chamois[10]. Le général Reille avait ainsi éprouvé beaucoup de pertes sans utilité, et, informé de la rentrée du général

Duhesme à Barcelone, il s'était borné à garder la frontière, attendant, avant de rien tenter, de nouveaux moyens et de nouveaux ordres.

> Situation générale des Français en Espagne au mois d'août 1808.

Telle était notre situation au mois d'août 1808, dans cette Espagne que nous avions si rapidement envahie, et que nous avions crue si facile à conquérir. Nous en avions perdu tout le midi, après y avoir laissé l'une de nos armées prisonnière. Sous l'impression de cet échec, nous avions abandonné Madrid, interrompu le siége presque achevé de Saragosse, et rétrogradé jusqu'à l'Èbre; et le seul de nos corps qui n'eût pas évacué la province qu'il était chargé d'occuper, celui de Catalogne, était enfermé dans Barcelone, bloqué sur terre par d'innombrables miquelets, sur mer par la marine britannique, arrivant en toute hâte de Gibraltar au bruit de l'insurrection espagnole.

> Événements de Portugal.

Restait au fond de la Péninsule une armée française, sur le sort de laquelle il était permis de concevoir de bien graves inquiétudes: c'était celle du général Junot, paisiblement établie en Portugal avant la commotion terrible qui venait d'ébranler si profondément toute l'Espagne. On n'en recevait aucune nouvelle, et on ne pouvait lui en faire parvenir aucune, l'Andalousie et l'Estrémadure insurgées au midi, la Galice et le royaume de Léon insurgés au nord, interceptant toutes les communications.

> La commotion de l'Espagne communiquée au Portugal.

Dès que l'insurrection du mois de mai avait éclaté, les Espagnols, suivant leur coutume, annonçant la victoire avant de l'avoir remportée, n'avaient pas manqué, par la Galice et par l'Estrémadure, de remplir le Portugal de nouvelles sinistres pour l'armée française. Les juntes avaient écrit à tous les corps espagnols pour les engager à déserter en masse, et à venir se joindre à l'insurrection. Le général Junot, bientôt informé confusément de ce qui se passait en Espagne, sans en savoir tous les détails, avait senti la nécessité de prendre de sévères précautions contre les troupes espagnoles qu'on lui avait envoyées pour le seconder, et qui, loin de lui apporter aucun secours, devenaient, dans l'état présent des choses, la principale de ses difficultés.

> Désarmement par les Français des troupes espagnoles du Portugal.

Il avait, près de Lisbonne, la division Caraffa, de trois ou quatre mille hommes, chargée de l'aider à soumettre l'Alentejo. Il l'entoura à l'improviste par une division française, et, se fondant sur les circonstances, il la somma de déposer les armes, ce qu'elle fit en frémissant. Cependant, quelques centaines de fantassins et de cavaliers parvinrent à s'enfuir, à travers l'Alentejo, vers l'Estrémadure espagnole. Un régiment français de dragons lancé à leur poursuite en reprit quelques-uns. Les autres réussirent à gagner Badajoz.

> Le général Junot place sur des bâtiments, au milieu du Tage, les soldats espagnols désarmés.

Le général Junot avait réuni sur le Tage un certain nombre de bâtiments hors de service. Il les fit mettre à l'ancre au milieu du canal, sous le canon des forts, et il y plaça les soldats espagnols privés de leurs armes, mais suffisamment pourvus de tout ce qui leur était nécessaire.

Tandis qu'on en agissait ainsi à Lisbonne avec la division Caraffa, la division Taranco, forte de 16 bataillons, et qu'aucune troupe française ne contenait à Oporto, s'était soulevée, avait fait prisonnier le général français Quesnel avec tout son état-major, et avait pris le chemin de la Galice pour rejoindre le général Blake, en appelant les Portugais aux armes. Ce n'était pas l'envie de s'insurger qui manquait à ceux-ci, car les Portugais, quoique ennemis des Espagnols, ne sont au fond que des Espagnols qui en détestent d'autres. À la vue des Français, ils avaient bien senti qu'ils étaient de cette race de Maures chrétiens, qui habitent la Péninsule, et haïssent tout ce qui est au delà.

> Disposition à s'insurger combattue chez les Portugais par la crainte.

Ils n'auraient pas demandé mieux que de s'insurger; mais devant l'armée française ils ne l'avaient point osé, et le bon ordre maintenu par Junot parmi ses troupes avait contribué à leur rendre cette soumission moins pénible. Mais en apprenant le soulèvement de l'Espagne, en entendant dire aux Espagnols qu'ils avaient vaincu les Français, ils avaient conçu naturellement le désir de suivre un pareil exemple; et il ne leur fallait plus que la vue de leurs vieux alliés les Anglais, alliés et tyrans à la fois, pour déterminer parmi eux une insurrection générale.

L'amiral sir Charles Cotton croisait, en effet, du cap Finistère au cap Saint-Vincent; mais on n'apercevait que des vaisseaux se tenant à distance, n'abordant pas encore, et on attendait avec impatience qu'un convoi apportât enfin une armée anglaise. Lisbonne, que contenait le général Junot avec le gros de ses troupes, ne pouvait guère se permettre un soulèvement, tandis qu'Oporto, qui avait tous les sentiments portugais dans le cœur, et, en outre, le chagrin de ne plus voir les Anglais dans son port, Oporto était prêt à éclater au premier signal de l'Angleterre.

> Situation de l'armée française.

Le brave général Junot sentait tout ce que cette situation avait de grave. Au moment où le général Dupont succombait, il y avait un mois qu'il était sans nouvelles de France, car la mer soumise aux Anglais ne laissait pas passer un navire, et l'insurrection espagnole, qui enveloppait le Portugal du nord au midi, ne laissait pas passer un courrier. Le bruit de l'événement de Baylen, transmis par l'enthousiasme espagnol à la haine portugaise, se répandit en Portugal avec une promptitude incroyable, et y causa une émotion extraordinaire. Au contraire, la victoire de Rio-Seco, quoique antérieure de beaucoup au désastre de Baylen, n'était pas encore connue; car l'esprit humain propage les faits qui le flattent, et reste sans écho pour les autres. Il n'y avait pas de mal, au surplus, et ce fait heureux, qu'on devait bientôt apprendre, allait devenir, comme on va le voir, une ressource pour le moral de nos soldats. Quoique jeunes, ils s'étaient déjà aguerris par une difficile marche en Portugal. Ils s'étaient reposés, réorganisés, instruits, acclimatés, et présentaient le plus bel aspect. Entrés au nombre de 23 mille, rejoints par 3 mille autres, ils se trouvaient encore, après leur désastreuse marche de l'automne dernier, au nombre de 24 mille, très en état de soutenir l'honneur des armes françaises avant de se rendre, s'il fallait qu'eux aussi succombassent pour expier dans toute la Péninsule l'attentat de Bayonne.

Le général Junot, se voyant si loin de France, enfermé entre l'insurrection espagnole qui s'annonçait victorieuse, et la mer qui se montrait couverte de voiles anglaises, ne se faisait pas illusion sur ses dangers; mais il était intelligent et brave, et il était résolu à se conduire de manière à obtenir l'approbation de Napoléon. Il tint un conseil de guerre, et dans ce conseil, composé de généraux élevés à l'école de Napoléon, les résolutions furent conformes aux vrais principes de la guerre.

> Conseil de guerre tenu par les généraux français dans lequel on arrête la conduite à suivre.

Malheureusement, si on reconnut en théorie les vrais principes, dans l'application on ne les suivit pas avec la vigueur et la précision que le maître seul savait y apporter. Abandonner tous les points accessoires qu'on occupait, se réunir en masse à Lisbonne, pour contenir la capitale, et se mettre en mesure de jeter à la mer le premier débarquement de troupes anglaises, était naturellement le plan que tout le monde dut concevoir et adopter. Il fut donc résolu qu'on évacuerait les Algarves, l'Alentejo, le Beyra, toutes les parties enfin où l'on avait des troupes, sauf les deux places d'Almeida au nord, d'Elvas au midi, sauf aussi la position de Setubal et de Peniche sur le littoral, et qu'on se concentrerait entre Lisbonne et Abrantès. La résolution était bonne, mais pas assez complète, car il y avait encore dans ces points de quoi absorber 4 à 5 mille hommes sur 20 ou 22 mille de valides, et, en tenant compte de ce qu'il faudrait à Lisbonne même, on pourrait bien n'avoir pas plus de 10 ou 12 mille soldats à opposer à un débarquement, tandis qu'on aurait dû s'en réserver 15 ou 18 mille pour une action décisive.

> Mauvais sentiments de l'amiral russe Siniavin, refusant au général Junot toute espèce de concours.

On avait auprès de soi un allié qui aurait pu rendre de grands services, c'était l'amiral russe Siniavin avec sa flotte montée par des matelots, marins médiocres, mais soldats excellents. S'il avait embrassé franchement la cause commune, il lui aurait été facile de garder Lisbonne à lui seul, et de rendre disponibles trois ou quatre mille Français de plus. Mais il persistait, comme il l'avait déjà fait, à se conduire en Russe passionné pour l'Angleterre, plein de haine pour la France, et tout disposé à ouvrir les bras à l'ennemi. Il répondait froidement ou négativement à toutes les demandes de concours qu'on lui adressait, quoiqu'il fût, par sa position au milieu du Tage, encore plus obligé d'en défendre l'entrée que Junot lui-même. C'était pour celui-ci une grave difficulté, surtout ayant à contenir une population hostile de trois cent mille âmes, dans laquelle vingt mille montagnards de la Galice, exerçant comme les Savoyards ou les Auvergnats à Paris le métier d'hommes de peine, montraient des dispositions fort peu amicales. Toutefois, comme à Lisbonne se trouvait le principal établissement de l'armée française, Junot espérait, avec les dépôts, les malades, les gardiens du matériel, imposer à la mauvaise volonté de la capitale. Il ordonna au général Loison de quitter Almeida avec sa division, au général Kellermann de quitter Elvas avec la sienne, sauf à laisser une garnison dans ces deux places. Son projet était, une fois ces deux divisions rentrées, de tenir une masse toujours prête à agir sur le littoral contre l'armée anglaise, dont on annonçait le prochain débarquement.

> Évacuation d'Almeida par le général Loison, d'Elvas par le général Kellermann.

Déjà l'insurrection, quoique n'ayant pas encore éclaté, couvait sourdement en Portugal, et il était presque impossible de faire arriver un courrier. On envoya cependant tant de messagers au général Kellermann, et surtout au général Loison, plus difficile à rejoindre que le général Kellermann, à cause de l'éloignement de la province qu'il occupait, que l'un et l'autre furent avertis à temps. Le général Loison, au moment de partir, était déjà entouré d'insurgés qu'avait gagnés la contagion de l'insurrection espagnole. Les prêtres, non moins ardents en Portugal qu'en Espagne, s'étaient mis à la tête des paysans, et gardaient tous les passages, faisant le genre de guerre qui se pratiquait alors dans toute la Péninsule, c'est-à-dire barricadant l'entrée des villages, dérobant les vivres, et massacrant les malades, les blessés ou les traînards. Mais le général Loison était aussi vigoureux qu'aucun officier de son temps. Il laissa dans les forts d'Almeida quatorze ou quinze cents hommes les moins capables de soutenir les fatigues d'une longue route, les pourvut de vivres et de munitions, et s'achemina avec trois mille, pour traverser tout le nord du Portugal par Almeida, la Guarda, Abrantès et Lisbonne. Il eut plusieurs fois à passer sur le corps des révoltés et à les punir sévèrement; mais il sut partout se faire respecter, s'ouvrir les chemins, se procurer des subsistances, et il arriva enfin à Abrantès, n'ayant perdu que deux cents hommes pendant le trajet le plus pénible et le plus périlleux.

Le général Kellermann se tira d'Elvas tout aussi heureusement. Déjà, au bruit de l'insurrection de l'Andalousie et de l'Estrémadure, les Algarves et l'Alentejo avaient commencé à s'agiter. Le général Kellermann envoya des détachements dans divers sens, à Béja notamment, où il fit une exécution sévère, parvint à contenir les révoltés, puis laissa à Elvas, comme le général Loison à Almeida, tout ce qui était le moins capable de marcher par les chaleurs étouffantes de juillet, et il rentra sans obstacle à Lisbonne par la gauche du Tage. Il n'y avait plus dès lors de troupes françaises qu'à Almeida, Elvas, Setubal, Peniche, Lisbonne et les environs.

> Annonce de la prochaine arrivée d'une armée anglaise.

De toutes parts en effet on annonçait comme certaine l'arrivée d'une armée britannique, venant suivant les uns de Gibraltar et de Sicile, venant suivant les autres de l'Irlande et de la Baltique. L'amiral sir Charles Cotton avait plusieurs fois touché au rivage, parlementé tantôt à l'embouchure du Tage, tantôt à celle du Douro, et partout promis un débarquement prochain. La connaissance survenue en même temps du désastre du général Dupont fut pour les esprits un dernier stimulant, et en un clin d'œil le Portugal, qui ne s'était encore révolté que partiellement, se souleva tout entier, depuis le Minho jusqu'aux Algarves.

> Insurrection d'Oporto et de plusieurs provinces.

C'est à Oporto que l'incendie éclata d'abord. On y chargeait du pain pour un détachement de troupes françaises. Le peuple à cette vue s'insurgea, s'empara des voitures, les pilla, et en un instant toute la ville fut debout. L'évêque se mit à la tête de l'insurrection, et le drapeau portugais fut relevé partout aux cris de *Vive le prince régent!* L'incendie se propagea dans les provinces, faillit se communiquer à Lisbonne même, traversa le Tage, se répandit dans l'Alentejo, et vint se réunir au feu qui s'était une seconde fois allumé vers Elvas, par le contact avec l'Estrémadure. À Oporto, on était entré en communication ouverte avec les Anglais; à Elvas, on entra en communication tout aussi ouverte avec les Espagnols. Un corps de ceux-ci, composé de troupes régulières, s'avança même de Badajoz jusqu'à Evora, pour servir d'appui à l'insurrection portugaise.

Junot, qui était vif et entreprenant, céda malheureusement au désir de réprimer l'insurrection partout où elle se montrait. Il fit partir le général Loison avec sa division pour disperser les insurgés de l'Alentejo, qui se trouvaient aux environs d'Evora. Il dirigea le général Margaron avec de la cavalerie sur un rassemblement qui venait de Coimbre vers Lisbonne. Il eût bien mieux valu dans cette saison brûlante tenir ses troupes fraîches et reposées autour de Lisbonne, que d'en diminuer le nombre par le feu et la fatigue, pour réprimer des séditions aussi promptes à renaître quand on avait disparu, qu'à se soumettre quand on marchait sur elles.

> Répression du mouvement insurrectionnel de Coimbre et d'Evora.

Le général Margaron n'eut qu'à paraître avec sa cavalerie pour disperser et sabrer les quelques centaines d'insurgés rassemblés du côté de Coimbre. Quant au général Loison, il lui fallut traverser tout l'Alentejo pour joindre l'insurrection de cette province réunie auprès d'Evora, et appuyée par un corps de troupes espagnoles. Après une marche difficile et fatigante, il arriva devant Evora, et y trouva en bataille les Espagnols et les Portugais. Il les aborda par le flanc, les culbuta, leur prit leur artillerie, et en tua un bon nombre. Les portes d'Evora ayant été fermées, il escalada les murailles, entra dans la ville, et la saccagea. En quelques jours les Espagnols furent renvoyés chez eux, et les Portugais ramenés à une obéissance momentanée. Les soldats étaient chargés de butin, mais épuisés de fatigue, et avaient à rebrousser chemin vers Lisbonne par une chaleur accablante.

> Expédition anglaise dirigée vers le Portugal.

Cependant les Anglais, tant de fois annoncés, paraissaient enfin. Dès l'insurrection des Asturies, et l'envoi de deux émissaires à Londres pour y faire connaître le soulèvement des Espagnes, le gouvernement anglais avait été averti de l'occasion imprévue qui s'offrait à lui de multiplier nos embarras, et de soulever contre nous les résistances les plus opiniâtres. Le ministère Canning-Castlereagh avait naturellement résolu de porter tous ses efforts vers la Péninsule, et d'y susciter dans de plus vastes proportions, et d'une manière bien autrement durable, les obstacles qu'il nous avait un moment suscités dans les Calabres. L'ordre fut envoyé à toutes les forces britanniques de terre et de mer, répandues dans la Méditerranée, le golfe de Gascogne, la

Manche, la Baltique, de concourir vers cet unique but. Concentration de toutes les forces britanniques vers la Péninsule dès le commencement de l'insurrection espagnole. Des chargements d'armes, des envois d'argent, furent dirigés vers les côtes d'Espagne et de Portugal. Toutes les troupes dont l'expédition de Boulogne avait motivé l'organisation, et dont une partie venait de se signaler à Copenhague, furent destinées à opérer sur ce nouveau champ de bataille. Il était impossible en effet d'en offrir à l'Angleterre un mieux choisi, et plus commode pour elle. Avec un bon vent, on pouvait en quatre jours se transporter des côtes d'Angleterre au cap Finistère, aux baies de la Corogne et de Vigo, aux bouches du Douro ou du Tage. L'immense marine anglaise, croisant sans cesse autour de cette ceinture de côtes, pouvait toujours y approvisionner une armée de vivres et de munitions, tandis que les adversaires de cette armée sur un sol à demi sauvage, dépourvu de routes, devaient avoir la plus grande peine à se nourrir. Avantages que la péninsule présentait aux Anglais pour la guerre de terre. Les lourds et solides bataillons britanniques, débarqués dans les golfes nombreux de la Péninsule, mettant pied à terre dans des postes bien retranchés, s'avançant hardiment si l'on remportait un succès, rétrogradant promptement si l'on essuyait un revers, pour gagner cette mer qui était leur appui, leur refuge, leur dépôt de vivres et de munitions, tour à tour soutenant en cas d'offensive les agiles Espagnols contre le choc impétueux de l'armée française, ou bien les laissant en cas de retraite s'en tirer comme ils pourraient, par la dispersion ou une soumission momentanée, recommençant enfin cette manœuvre sans se lasser, jusqu'à ce que la puissance française succombât d'épuisement, les bataillons britanniques allaient faire, disons-nous, la seule guerre qui leur convînt, et qui pût leur réussir sur le continent.

Forces britanniques réunies sur les côtes de Portugal.

Première apparition sur le théâtre des guerres européennes de sir Arthur Wellesley.

Tous les ordres pour une grande expédition furent donnés avec une extrême promptitude. Cinq mille hommes sous le général Spencer, venus d'Égypte en Sicile, avaient été transportés à Gibraltar, de Gibraltar à Cadix, où les Espagnols, se faisant un scrupule de les recevoir, avaient ajourné l'acceptation de leurs services. Ces cinq mille Anglais, refusés à Cadix, avaient été débarqués aux bouches de la Guadiana, sur le territoire du Portugal, attendant le moment favorable pour agir. Dix mille hommes se trouvaient à Cork en Irlande. **Première apparition sur le théâtre des guerres européennes de sir Arthur Wellesley.** Ils furent immédiatement embarqués sur une flottille escortée de plusieurs vaisseaux de ligne; on leur donna pour chef un officier qui s'était déjà fait connaître dans l'Inde, et qui venait de rendre de grands services au général Cathcart devant Copenhague: c'était sir Arthur Wellesley, célèbre depuis par sa bonne fortune autant que par ses grandes qualités militaires, sous le titre de duc de Wellington. Il avait pour instructions de faire voile vers la Corogne, d'offrir aux Espagnols des Asturies et de la Galice le concours des forces anglaises, et partout enfin de s'employer contre les Français autant qu'il le pourrait. Le général Spencer avait ordre de venir se placer sous son commandement dès qu'il en serait requis. Sir Arthur Wellesley allait donc se voir à la tête de 15 mille hommes. Mais ces troupes n'étaient qu'une partie de celles qu'on destinait à la Péninsule. Cinq mille hommes sous les généraux Anstruther et Ackland se trouvaient à Ramsgate et Harwich. Des bâtiments de transport étaient déjà dirigés sur ces points d'embarquement pour les conduire auprès de sir Arthur Wellesley. Grâce à la proximité des lieux et aux vastes moyens de la marine anglaise, c'était une opération de dix à douze jours que de rassembler toutes ces forces en un même endroit. Enfin sir John Moore, revenant de la Baltique avec 11 mille hommes de troupes, devait être acheminé prochainement vers le point que les généraux anglais auraient désigné sur les côtes de la Péninsule pour y opérer une concentration générale.

Commandement provisoire attribué à sir Arthur Wellesley.

Cette force de 30 mille hommes environ une fois réunie, on n'avait pas cru pouvoir la mettre tout entière sous les ordres de sir Arthur Wellesley, trop jeune encore d'âge et de renommée pour commander à une armée qui, aux yeux des Anglais, pouvait passer pour très-considérable; et on en avait attribué le commandement supérieur à sir Hew Dalrymple, gouverneur actuel de Gibraltar, lequel devait avoir au-dessous de lui sir Henri Burrard pour chef d'état-major. En attendant la réunion de toutes ces troupes, et l'arrivée de sir Hew Dalrymple, sir Arthur Wellesley devait diriger les premières opérations à la tête des 10 mille hommes partis de Cork, et des 5 mille débarqués sur le rivage des Algarves. L'amiral sir Charles Cotton, commandant les forces navales de l'Angleterre dans ces mers, avait ordre de seconder tous les mouvements des armées.

Embarquées le 12 juillet, les troupes anglaises de Cork étaient le 20 devant la Corogne, et montraient aux Espagnols, enchantés de se voir si bien soutenus, une immense flottille. La vue de cette force considérable, qui en présageait beaucoup d'autres, les avait consolés un peu de la défaite des généraux Blake et de la Cuesta à Rio-Seco, et leur avait fait concevoir de nouvelles et grandes espérances de la lutte engagée contre Napoléon. Toutefois ils n'avaient pas plus voulu que les Andalous recevoir les troupes anglaises sur leur sol, si près surtout de l'arsenal du Ferrol. Ils avaient donc accepté des armes en quantité, de l'argent pour une somme de 500 mille livres sterling (12 millions et demi de francs), mais ils avaient engagé les Anglais à tourner leurs efforts vers le Portugal, qu'il n'importait pas moins d'enlever aux Français que l'Espagne elle-même.

D'après le désir des Espagnols les forces anglaises sont dirigées sur Oporto plutôt que sur la Corogne.

Sir Arthur Wellesley s'était aussitôt transporté à Oporto, où il avait été reçu avec une joie extrême, car les commerçants portugais, ne vivant que de leurs relations commerciales avec les Anglais, sentaient à leur aspect leurs intérêts aussi satisfaits que leurs passions. Dès cet instant, l'action de l'armée britannique avait été décidément dirigée vers le Portugal. Cette résolution, qui convenait aux Espagnols, toujours ombrageux vis-à-vis de l'étranger, convenait aussi aux Anglais, lesquels devaient désirer avant tout la délivrance du Portugal; et elle servait à un même degré la cause commune, le but de la nouvelle coalition étant de chasser les Français de la Péninsule tout entière. Restait à savoir quelle partie du Portugal on choisirait pour y aborder en présence de l'armée française, sans courir la chance d'être brusquement jeté à la mer.

Sir Arthur Wellesley laissa son convoi croiser des bouches du Douro à celles du Tage, et se rendit de sa personne auprès de sir Charles Cotton, devant le Tage même, pour concerter avec lui son plan de débarquement. Mettre pied à terre à l'entrée du Tage avait l'avantage de débarquer bien près du but, puisque Lisbonne est à deux lieues, et on pouvait de plus donner à la nombreuse population de cette capitale une impulsion telle, que les Français ne tiendraient pas devant la commotion qui en résulterait, car ils étaient 15 mille au plus, en comptant les malades, au milieu de 300 mille habitants tous ennemis.

Raisons qui font adopter l'embouchure du Mondego comme point de débarquement.

Si cette population, en effet, se soulevait dans un

moment où une armée anglaise s'avancerait pour la soutenir, peut-être en finirait-on dans une seule journée. Mais les Français occupaient tous les forts; ils avaient pris l'habitude de dominer le peuple de Lisbonne; la côte, à droite et à gauche de l'embouchure du Tage, est abrupte, exposée au ressac de la mer, et un changement de temps pouvait livrer aux Français une partie de l'armée anglaise, avant que l'autre partie eût achevé son débarquement. C'était d'ailleurs mettre pied à terre bien près d'un redoutable et puissant adversaire, qu'on n'était pas encore habitué à braver et à combattre.

Par toutes ces considérations, sir Arthur Wellesley, d'accord avec sir Charles Cotton, résolut de débarquer entre Oporto et Lisbonne, à l'embouchure du Mondego, près d'une baie assez commode que domine le fort de Figuera, lequel n'était pas occupé par les Français. Le choix de ce point, placé à une certaine distance de Lisbonne, donnait à sir Arthur Wellesley le temps de prendre terre avant que les Français pussent venir à sa rencontre, d'attendre le corps du général Spencer qu'il avait mandé auprès de lui, et, une fois descendu sur le sol du Portugal avec 15 mille hommes, de s'avancer vers Lisbonne en suivant la côte, pour profiter des occasions que lui offrirait la fortune. | Plan de campagne de sir Arthur Wellesley. | Les Français, qu'il savait forts tout au plus de 20 à 22 mille hommes, ayant plusieurs places à garder, surtout la capitale, ne pourraient jamais marcher contre lui avec plus de 10 à 12 mille; et en longeant toujours la mer, soit pour se nourrir, soit pour se rembarquer au besoin, il avait chance de s'approcher de Lisbonne, et d'y tenter quelque coup heureux, sans courir trop de danger. Sachant sir Hew Dalrymple appelé prochainement à le remplacer, il était impatient d'avoir exécuté quelque chose de brillant, avant de passer sous un commandement supérieur. Ces résolutions étaient parfaitement sages, et dénotaient chez le général anglais les qualités que sa carrière révéla bientôt, le bon sens et la fermeté, les premières de toutes après le génie.

| Débarquement des troupes anglaises, le 1er août, aux bouches du Mondego. |

Il commença à débarquer le 1er août à l'embouchure du Mondego. Cette mer, si souvent agitée par les vents d'ouest, interrompit plusieurs fois le débarquement des hommes et du matériel. Néanmoins, en cinq ou six jours, les troupes anglaises parties de Cork furent déposées à terre au nombre de 9 à 10 mille hommes, avec l'immense attirail qui suit toujours les armées anglaises. Dans ce moment, le corps du général Spencer arrivait au même mouillage. | Jonction des troupes du général Spencer avec celles de sir

Arthur Wellesley. Avant d'avoir reçu les ordres de sir Arthur Wellesley, le général Spencer, sur la nouvelle du désastre du général Dupont, s'était embarqué pour porter ailleurs ses efforts, sentant bien qu'il n'y avait plus aucun service à rendre dans l'Andalousie, délivrée pour l'instant de la présence des troupes françaises. Averti de l'arrivée du convoi de Cork, il était venu le rallier devant l'embouchure du Mondego, et le 8 août il eut achevé son débarquement, et opéré sa jonction avec le corps de sir Arthur Wellesley. Celui-ci se trouvait ainsi à la tête d'une armée d'environ 14 ou 15 mille hommes, presque entièrement composée d'infanterie et d'artillerie. On y comptait tout au plus 400 cavaliers, ce qui est la condition ordinaire de toute expédition par mer, la cavalerie étant d'un transport difficile, même impossible à certaine distance. Mais c'était de la très-belle infanterie, ayant toutes les qualités de l'armée anglaise. **Caractère de l'armée anglaise.** Cette armée, comme on le sait, est formée d'hommes de toute sorte, engagés volontairement dans ses rangs, servant toute leur vie ou à peu près, assujettis à une discipline redoutable qui les bâtonne jusqu'à la mort pour les moindres fautes, qui du bon ou du mauvais sujet fait un sujet uniforme et obéissant, marchant au danger avec une soumission invariable à la suite d'officiers pleins d'honneur et de courage. Le soldat anglais, bien nourri, bien dressé, tirant avec une remarquable justesse, cheminant lentement, parce qu'il est peu formé à la marche et qu'il manque d'ardeur propre, est solide, presque invincible dans certaines positions, où la nature des lieux seconde son caractère résistant, mais devient faible si on le force à marcher, à attaquer, à vaincre de ces difficultés qu'on ne surmonte qu'avec de la vivacité, de l'audace et de l'enthousiasme. En un mot, il est ferme, il n'est pas entreprenant. De même que le soldat français, par son ardeur, son énergie, sa promptitude, sa disposition à tout braver, était l'instrument prédestiné du génie de Napoléon, le soldat solide et lent de l'Angleterre était fait pour l'esprit peu étendu, mais sage et résolu de sir Arthur Wellesley. Un tel soldat, il fallait, si on le pouvait, l'éloigner de la mer, le réduire à marcher, à entreprendre, à montrer ses défauts enfin, au lieu d'aller se heurter contre ses qualités en courant l'attaquer dans de fortes positions. Mais le brave et bouillant Junot n'était pas homme à se conduire avec tant de prudence et de calcul, et l'on devait craindre qu'il ne vînt briser son impétuosité contre la froide opiniâtreté des soldats de l'Angleterre.

Mouvement des Anglais vers Lisbonne, commencé le 8 août, en suivant le littoral.

Sir Arthur Wellesley se mit en route le 8 août en longeant la mer, de manière à avoir toujours à portée ses approvisionnements et ses moyens de retraite. Il eut dès son début d'assez grands démêlés avec l'armée portugaise. Les insurgés du Portugal avaient formé, en réunissant toutes leurs forces dans le nord de leur territoire, une armée de cinq ou six mille hommes, sous le général Freyre. Difficultés entre les Anglais et les Portugais. Sir Arthur Wellesley aurait désiré les avoir avec lui, pour couvrir ses flancs. Mais ceux-ci, soit qu'ils eussent peur, comme les en accusa le général anglais auprès de son gouvernement[11], de rencontrer les Français de trop près, soit qu'ils n'eussent pas grande confiance dans des auxiliaires toujours prompts à se retirer sur leurs vaisseaux au premier revers, et à laisser leurs alliés exposés seuls aux coups de l'ennemi, montrèrent des exigences auxquelles le général anglais ne voulut point satisfaire: c'était d'être nourris par l'armée britannique, avec les ressources tirées de ses vaisseaux. Cette prétention ayant été repoussée, les Portugais prirent le parti d'agir pour leur propre compte, et suivirent les routes de l'intérieur, en abandonnant à leurs alliés la route du littoral. Seulement ils leur donnèrent 1,400 hommes d'infanterie légère, et environ 300 chevaux pour leur servir d'éclaireurs.

En apprenant le débarquement des Anglais, Junot prend la résolution de marcher droit à eux.

À peine Junot avait-il appris à Lisbonne, d'abord par la joie mal dissimulée des habitants, bientôt par des renseignements positifs, le débarquement d'une armée britannique, qu'il forma la résolution de courir à elle, afin de la jeter à la mer. Se concentrer sur-le-champ, retirer jusqu'au dernier soldat de tous les postes d'importance secondaire, se réduire à la garde de Lisbonne seule, n'y laisser même que ce qui ne pouvait pas marcher, pour se porter au-devant des Anglais avec 15 ou 18 mille hommes, en choisissant pour les combattre un moment où ils n'auraient pas leurs avantages naturels, ceux de la défensive, était la seule résolution sage qui pût être prise. Malheureusement Junot se concentra incomplètement, et il fut saisi d'une extrême impatience d'aborder les Anglais, n'importe où, n'importe comment, pour les jeter à la mer le plus tôt possible.

Entre Almeida, Elvas, Setubal, Peniche et divers postes, Junot avait déjà sacrifié quatre ou cinq mille hommes. Les courses qu'il venait de faire exécuter par les généraux Loison, Margaron et autres, avaient mis hors de combat ou fatigué beaucoup de soldats précieux à conserver, et c'est tout au plus s'il avait une dizaine de mille hommes à opposer à un ennemi qui en comptait déjà quatorze ou quinze mille, et qui pouvait bientôt être fort de vingt ou trente. Junot rappela le général Loison de l'Alentejo, et il fit sortir le général Laborde avec sa division, pour aller à la rencontre des Anglais, les observer, les harceler, jusqu'à ce que toutes les troupes disponibles pussent être réunies contre eux. Il se prépara à sortir lui-même avec la réserve lorsqu'ils seraient plus près de Lisbonne, et qu'alors les rencontrer, les combattre, les vaincre, ne l'exposerait pas à passer hors de Lisbonne plus de trois ou quatre jours. Il pensait avec raison que sa présence et celle de la réserve ne pouvaient pas manquer long-temps à Lisbonne sans de graves inconvénients.

> Mouvement du général Laborde vers Leiria pour observer et harceler les Anglais en attendant l'arrivée de l'armée elle-même.

En conséquence le général Laborde, avec les troupes du général Margaron, dut par Leiria se porter le premier à la rencontre des Anglais, tandis que le général Loison, revenant de l'Alentejo à marches forcées, le rejoindrait par Abrantès, et que Junot lui-même irait compléter cette concentration de forces, en amenant avec lui tout ce qu'il pourrait distraire de la garde de Lisbonne.

Le général Laborde, en marche sur la route de Leiria, fut dès le 14 ou le 15 en vue des Anglais. Il attendait, avant de les aborder de près, la jonction du général Loison, qui faisait de son mieux pour arriver, mais dont les troupes étaient exténuées de fatigue et accablées par la chaleur. Le 16 août il rencontra les avant-postes ennemis, et le 17 il eut à les combattre d'une manière qui prouva quels avantages on aurait pu se ménager en laissant aux Anglais l'initiative des attaques.

Le général Laborde, vieil officier plein d'énergie et d'expérience, côtoyait les Anglais sur cette route du littoral, qui venait aboutir vers Torres-Vedras aux montagnes dont Lisbonne est entourée, et le 16 au soir il les avait joints aux environs d'Obidos. > Beau combat de Roliça. Il se retirait tranquillement devant eux, attendant qu'il s'offrît une position favorable pour leur faire sentir la valeur de ses soldats, sans toutefois engager un combat décisif, qu'il ne devait pas et ne voulait pas risquer avant la concentration générale des troupes françaises. Cette position qu'il cherchait, il la trouva aux environs de Roliça, au milieu d'une plaine sablonneuse, traversée par plusieurs ruisseaux, fermée par des hauteurs sur lesquelles la grande route s'élevait en serpentant, pour redescendre ensuite au village de Zambugeiro. Le 17 au matin, l'armée anglaise suivait la division du général Laborde, forte de moins de trois mille hommes, à travers cette plaine de Roliça. Les Anglais marchaient lentement et avec ensemble, à la suite des Français alertes, résolus, nullement intimidés par leur infériorité numérique, quoiqu'ils ne fussent qu'un contre cinq, trois mille environ contre quatorze ou quinze mille. Le général Laborde ne crut pas devoir s'attacher à défendre Roliça au milieu de la plaine, car même en défendant ce point avec succès, il ne pouvait manquer d'y être bientôt enveloppé, et réduit pour n'être pas pris à en sortir avec précipitation et désordre. Il aima mieux se retirer spontanément au fond de la plaine, sur les hauteurs que la route gravissait pour descendre à Zambugeiro. Il se plaça en effet au sommet des collines le long desquelles la route s'élevait, et y attendit les Anglais avec résolution. Ceux-ci continuèrent à s'avancer. La brigade du général Nightingale marchait la première sur une seule ligne, appuyée par les brigades Hill et Fane en colonnes serrées, tandis qu'à sa gauche la brigade Crawfurd faisait un détour pour déborder les Français, et qu'à sa droite le détachement portugais en faisait un aussi pour les prévenir à Zambugeiro.

Le général Laborde, laissant les Anglais s'engager péniblement dans des ravins remplis de myrtes, de cistes, et de ces forts arbrisseaux qui naissent dans les contrées méridionales, choisit pour les attaquer le moment où ils étaient le plus empêchés par les obstacles du terrain. Il les fit fusiller d'abord par des tirailleurs adroits, puis charger vivement à la baïonnette par ses bataillons, et culbuter au pied des hauteurs. Plusieurs fois il renouvela cette manœuvre, et il blessa ainsi ou tua douze ou quinze cents hommes à l'ennemi. Il soutint ce combat quatre heures de suite, toujours manœuvrant avec un art, une précision rares, et détruisant deux ou trois fois plus de monde qu'il n'en perdait. Il ne se retira que lorsqu'il se sentit exposé à être débordé par les colonnes qui de droite et de gauche marchaient sur Zambugeiro. Plusieurs détachements essayèrent en vain de l'arrêter: il leur passa sur le corps, et arriva à Zambugeiro, ayant lui-même cinq ou six cents hommes hors de combat, mais n'abandonnant que ses morts, emmenant tous ses blessés, et laissant dans le cœur de l'ennemi une redoutable impression de ce que pouvaient les troupes françaises bien conduites, car que ne fallait-il pas craindre de leur réunion générale, lorsque moins de trois mille hommes avaient opposé une si vigoureuse résistance!

Le général Laborde se porta à Torres-Vedras, où il devait se joindre au général Loison venant d'Abrantès, au général Junot venant de Lisbonne.

Sir Arthur Wellesley avait appris par sa propre expérience, dans ce combat, ce qu'il savait d'ailleurs, qu'il avait affaire à un ennemi fort difficile à vaincre, et il était décidé à ne s'avancer qu'avec une extrême circonspection. On venait d'apercevoir en mer un nombreux convoi chargé de nouvelles troupes. C'étaient les brigades Anstruther et Ackland, embarquées récemment, et suivies d'assez près par le corps d'armée de John Moore. Ces deux brigades lui apportaient un renfort de cinq mille hommes au moins, et n'amenaient point le général en chef sir Hew Dalrymple, ce qui avait le double avantage de le rendre plus fort sans le rendre dépendant. **Débarquement à Vimeiro des deux nouvelles brigades Anstruther et Ackland.** Il résolut donc de s'approcher de la mer par Lourinha, afin de recueillir les deux brigades Anstruther et Ackland, et pour cela il vint prendre position sur les hauteurs de Vimeiro, qui couvrent un mouillage favorable au débarquement. Le 19 au soir il fut rejoint par la brigade Anstruther, et le 20 par la brigade Ackland. En défalquant les morts et les blessés de Roliça, ce renfort portait son armée à 18 mille hommes présents sous les armes.

Junot, réuni aux généraux Loison et Laborde, marche aux Anglais.

Le général Junot, à la nouvelle de l'approche des Anglais, s'était hâté de quitter Lisbonne avec tout ce qu'il avait de disponible, et s'était dirigé sur Torres-Vedras, où venait d'arriver le général Loison. Pour avoir voulu conserver trop de postes, bien qu'il en eût évacué beaucoup; pour avoir voulu courir sur les insurrections principales, bien qu'il eût négligé les insurrections secondaires, le général Junot ne pouvait réunir plus de 9 mille et quelques cents hommes présents sous les armes. Il fallait donc combattre, dans la proportion d'un contre deux, cette redoutable infanterie anglaise qu'amenait sir Arthur Wellesley. On avait sur elle une grande supériorité de cavalerie, arme peu utile dans les positions qui allaient servir de champ de bataille. Néanmoins neuf mille Français, conduits comme l'avaient été les trois mille du général Laborde, pouvaient, en défendant bien les positions qui sont en avant de Lisbonne, tenir tête à 18 mille Anglais, et les réduire à l'impossibilité de conquérir la capitale du Portugal, pourvu toutefois qu'on choisît son terrain aussi habilement qu'on l'avait fait à Roliça.

Les Anglais avaient à franchir le promontoire qui forme la droite du Tage, et sur le revers duquel Lisbonne est assise. Ce promontoire présente des défilés étroits, qu'il fallait traverser pour arriver à Lisbonne, et dans lesquels on aurait pu accabler les Anglais une fois qu'ils s'y seraient engagés, en leur laissant tous les inconvénients de l'offensive. Junot, emporté par son ardeur excessive, ne voulut pas les attendre dans ces passages où il aurait été possible de les battre, et résolut d'aller les chercher dans leur position pour les y forcer, et les jeter à la mer. Il arriva le 20 au soir devant les hauteurs de Vimeiro.

Position de l'armée anglaise à Vimeiro.

Sir Arthur Wellesley eût été dans une situation critique à Vimeiro, s'il avait été bien attaqué et avec des forces suffisantes, car il occupait des hauteurs dont le revers était taillé à pic sur la mer. Forcé dans ces positions, il pouvait être précipité dans les flots avant d'avoir eu le temps de s'embarquer. Il était donc entre une victoire et un désastre. Mais il avait dix-huit mille hommes, une nombreuse artillerie, des positions d'un accès très-difficile; il savait par divers rapports qu'il aurait à combattre contre un ennemi inférieur de moitié; il était doué enfin d'une fermeté de caractère qui égalait celle de ses soldats. Il ne fut donc nullement troublé. La chaîne de positions qu'il occupait était coupée en deux par un ravin qui servait de lit à la petite rivière de Maceira. Le village de Vimeiro se trouvait au fond de ce ravin. Mais il possédait des moyens de communication suffisants pour aller de l'un de ces groupes de hauteurs à l'autre. Il comptait quatre brigades sur le groupe situé à sa droite, deux sur le groupe situé à sa gauche. Son infanterie établie sur trois lignes, avec une formidable artillerie dans les intervalles, présentait trois étages de soldats, se dominant et se renforçant les uns les autres.

Si cette position, forte comme elle était, eût été reconnue d'avance, les Français auraient dû ou renoncer à l'enlever, ou en attaquer un seul côté avec toutes leurs forces réunies. Bataille de Vimeiro. Les Anglais, une fois débusqués en partie, auraient pu être entraînés complètement, et précipités dans l'abîme auquel ils étaient adossés. Mais on arriva le 21 au matin à la pointe du jour, sans avoir pris les précautions convenables, et sans cacher ses mouvements à l'ennemi. Le général Junot, s'apercevant que la gauche des Anglais était leur aile la moins défendue, ordonna un mouvement de sa gauche à sa droite, pour être plus en nombre de ce côté. Sir Arthur Wellesley découvrant ce mouvement des hauteurs qu'il occupait, se hâta de l'imiter, afin de rétablir l'équilibre des forces, mais bien plus rapidement que son adversaire, car il n'avait que la corde de l'arc à décrire, et il lui fallait moitié moins de temps pour porter ses troupes d'une aile à l'autre.

Les Français, tandis que leur droite manœuvrait, s'engagèrent par leur gauche contre Vimeiro. Vimeiro formait la droite des Anglais et leur côté le plus fort. La brigade Thomière, de la division Laborde, marcha résolument à l'ennemi. Le brave général Laborde conduisit cette attaque avec une extrême vigueur; mais le terrain, qu'il n'avait pas choisi comme à Roliça, présentait des obstacles presque insurmontables. Il fallait, outre la difficulté de gravir une position escarpée, braver deux lignes d'infanterie, une artillerie puissante par le nombre et le calibre, et puis voir sans en être découragé une troisième ligne, formée par la brigade Hill, qui couronnait les hauteurs en arrière. Les Français s'élancèrent avec bravoure, exposés à tomber sous la mitraille d'abord, puis sous la mousqueterie continue et bien dirigée des Anglais; mais ils ne purent même arriver jusqu'à leurs lignes. Les voyant ainsi arrêtés, le général Kellermann, qui commandait la réserve composée de deux régiments de grenadiers qu'on avait tirés de tous les corps, se porta avec l'un de ces régiments à l'attaque du plateau de Vimeiro. Il était précédé par une batterie d'artillerie, qui essaya de se mettre en position. Le feu terrible des Anglais l'eut bientôt démontée. Le colonel Foy fut gravement blessé. Le général Kellermann ne s'élança pas moins avec ses grenadiers. Il gravit le terrain, déboucha sur le plateau; mais il y fut accueilli par un tel feu de front, de flanc et de toutes les directions, que ses braves soldats, renversés les uns sur les autres sans pouvoir avancer, furent ramenés au pied du plateau. À cet aspect, quatre cents dragons, qui composaient toute la cavalerie anglaise, voulurent profiter de la situation dangereuse de nos grenadiers, pour les charger. Mais le général Margaron, qui se trouvait sur ce point avec sa brave cavalerie, fondit au galop sur les dragons anglais, et, en les sabrant, vengea sur eux le revers de notre infanterie. Le second régiment de grenadiers marcha à son tour pour aborder l'ennemi, bien que sans espérance d'emporter la position. Tandis que ces choses se passaient à gauche, la brigade Solignac, de la division Loison, rencontrait à droite les mêmes obstacles. Partout trois lignes d'infanterie, une artillerie formidable, un terrain escarpé et impossible à gravir sous des feux plongeants, arrêtaient nos braves soldats, follement lancés contre une position où l'ennemi combattait avec tous ses avantages, et où nous n'avions aucun des nôtres.

Il était midi. Ce combat si malheureusement engagé, sans aucune chance de vaincre les difficultés qui nous étaient opposées, nous avait déjà coûté 1,800 hommes, c'est-à-dire le cinquième de notre effectif. S'y obstiner davantage c'était s'exposer à perdre inutilement toute l'armée. Le général Junot, après la bataille de Vimeiro, se retire sur Torres-Vedras. Le général Junot se résigna donc, sur l'avis de ses plus braves officiers, à se retirer; ce qu'il fit en bon ordre vers Torres-Vedras, sa cavalerie sabrant les tirailleurs ou les cavaliers anglais qui avaient la hardiesse de nous suivre.

Après cette infructueuse tentative pour jeter les Anglais à la mer, il n'y avait plus d'espérance de se maintenir en Portugal. On n'avait pas, en réunissant à Lisbonne toutes les forces disponibles, plus de dix mille hommes en état de combattre, et il fallait, avec ces dix mille hommes, contenir une population hostile de trois cent mille âmes, et arrêter une armée anglaise qui allait, en quelques jours, être portée à vingt-huit ou vingt-neuf mille combattants. Il restait, il est vrai, une ressource: c'était de faire, à travers le nord du Portugal et de l'Espagne, une retraite, semblable à celle des dix mille, au milieu de populations insurgées, en laissant plusieurs milliers de malades dans les mains des Portugais, et en jonchant les routes de morts et de mourants. Obligation où se trouve le général Junot de traiter avec les Anglais. On eût perdu ainsi plus de la moitié de l'armée. Ces deux résolutions étaient donc d'une exécution impossible. Entrer en négociation avec les Anglais, nation civilisée, qui tenait les engagements qu'elle prenait, était assurément un parti que l'honneur ne condamnait pas, surtout après le combat de Roliça et la bataille de Vimeiro.

> Le général Kellermann envoyé au quartier général de sir Arthur Wellesley.

En conséquence on choisit le général Kellermann, qui joignait à de grands talents militaires une extrême finesse d'esprit, et on l'envoya au quartier général anglais avec mission de traiter du sort des prisonniers et des blessés. En ce moment, un changement venait de s'opérer dans l'armée britannique. Sir Hew Dalrymple était arrivé avec son chef d'état-major Henri Burrard, pour prendre le commandement. Sir Arthur Wellesley, toujours heureux dans sa brillante carrière, n'était remplacé qu'après une victoire, due surtout aux fautes de l'ennemi. Il n'était pas fâché que la campagne s'arrêtât à cette victoire, et que la conquête du Portugal lui fût exclusivement attribuée.

> Circonstances qui disposent les généraux anglais à traiter.

Sir Hew Dalrymple et Henri Burrard de leur côté, ne connaissant pas l'état des choses, ignorant les difficultés qui pouvaient leur rester à vaincre, étaient charmés à leur début de trouver les Français prêts à leur livrer le Portugal, et de n'avoir pas de nouvelles chances à courir. Cependant, s'ils avaient apprécié la situation, et ce qu'elle allait devenir pour eux à l'arrivée du corps d'armée de John Moore, ils ne se seraient pas montrés si faciles. Engagés dans un long entretien avec le général Kellermann, qu'ils traitèrent avec toute la distinction qu'il méritait, ils laissèrent entrevoir leur disposition à négocier. Celui-ci saisit l'occasion avec beaucoup de tact, et convint d'abord avec eux d'une suspension d'armes, sauf à traiter plus tard d'un arrangement définitif relativement à l'évacuation du pays.

Le général Kellermann, revenu au quartier général français, fit part au commandant en chef et à ses compagnons d'armes de la disposition des Anglais, et il fut convenu qu'on traiterait de l'évacuation du Portugal, pourvu que les conditions fussent tout à fait honorables.

> Conférences ouvertes à Cintra.

Il retourna au quartier général de l'ennemi, et la réunion pour les conférences fut fixée à Cintra. Elles durèrent plusieurs jours, et ne présentèrent pas moins de courtoisie dans les formes que de vivacité dans la discussion des choses. Les Anglais ne voulaient pas accorder autant d'avantages, sous le rapport de l'honneur militaire, que les Français en exigeaient. Ils refusaient surtout de traiter l'amiral russe Siniavin aussi bien que le demandait Junot, par un scrupule d'honneur bien plus que par devoir; car cet amiral, qui aurait pu sauver la cause commune en secondant les

Français, qui, en ne le faisant pas, l'avait perdue, ne méritait guère que pour lui on rendît les négociations plus difficiles. Néanmoins, Junot exigeait que l'amiral russe fût libre de se retirer dans les mers du Nord avec sa flotte, et il menaçait de mettre tout à feu et à sang, de ne livrer Lisbonne qu'à moitié ravagée, si on ne lui accordait ce qu'il réclamait. Heureusement l'amiral Siniavin, allié aussi disgracieux que peu secourable, afficha le désir de négocier pour son propre compte, ne voulant apparemment rien devoir à l'armée française, de laquelle il sentait bien n'avoir rien mérité. Junot se hâta d'y consentir, et alors, la principale difficulté se trouvant écartée, on tomba promptement d'accord.

Convention de Cintra pour l'évacuation du Portugal.

La convention datée de Cintra fut signée le 30 août. Elle stipulait que l'armée française se retirerait du Portugal avec tous les honneurs de la guerre, et en emportant ce qui lui appartenait; qu'elle serait ramenée sur des vaisseaux anglais dans les ports de France les plus voisins, ceux de La Rochelle, Lorient ou autres; qu'elle pourrait servir immédiatement; que les blessés et les malades seraient traités avec soin, et transférés à leur tour dès que leur état leur permettrait de supporter le trajet; qu'il en serait de même pour les garnisons d'Almeida et d'Elvas restées dans l'intérieur du pays. Il fut convenu de plus que les Français n'emporteraient rien de ce qui appartenait au Portugal, dont ils avaient administré les finances avec autant d'ordre que de loyauté, et auquel ils laissaient 9 millions dans les caisses, qu'ils avaient trouvées absolument vides à leur arrivée. Il fut stipulé, enfin, qu'aucune recherche n'aurait lieu pour le passé, et que les Portugais qui avaient embrassé le parti des Français seraient respectés dans leurs personnes et leurs propriétés.

Embarquement de l'armée française et son retour en France.

Cet arrangement était aussi honorable qu'on pouvait le désirer pour l'armée française, car elle était sauvée tout entière, et remise en état de reprendre dans un mois les armes contre l'Espagne. Les Anglais étaient incapables d'imiter les Espagnols et de violer la convention de Cintra, comme ceux-ci avaient violé la capitulation de Baylen. En effet, ils réunirent à l'embouchure du Tage les nombreuses flottilles qui venaient de débarquer trente mille de leurs soldats sur les côtes du Portugal, et les préparèrent à porter les 22 mille Français restant des 26 mille qui avaient suivi le général Junot. Ils les prirent à leur bord dans les premiers jours de septembre, pour les déposer fidèlement sur les côtes de la Saintonge et de la Bretagne.

Ainsi, dès la fin d'août, toute la Péninsule, envahie si facilement en février et mars, était évacuée jusqu'à l'Èbre. Deux armées françaises avaient capitulé, l'une honorablement, l'autre d'une façon humiliante, et les autres n'occupaient plus sur l'Èbre que le débouché des Pyrénées. Triste conclusion de l'entreprise d'Espagne. Des 130 mille hommes qui avaient franchi les Pyrénées, il n'y en avait pas 60 mille sous les armes, quoiqu'il en restât quatre-vingt, sans compter, il est vrai, les 22 mille qui naviguaient sous pavillon britannique pour rentrer en France. Telle était la récompense d'une entreprise tentée avec des troupes inaguerries et trop peu nombreuses, préparée de plus par une politique fourbe et inique. Nous avions perdu en un instant notre renom de loyauté, le prestige de notre invincibilité, et l'Europe pouvait être autorisée à croire pour le moment que l'armée française était déchue de sa supériorité. Il n'en était rien pourtant, et cette héroïque armée allait prouver encore en cent combats qu'elle était toujours la même.

Insurrection des colonies espagnoles.

Pour comble de confusion, ces riches colonies espagnoles, qui occupaient tant de place dans les immenses projets de Napoléon, nous échappaient de toutes parts. Le Mexique, le vaste continent du Sud, depuis le Pérou jusqu'aux bouches de la Plata, s'insurgeaient au bruit des événements de Bayonne, ouvraient leurs ports aux Anglais, et embrassaient la cause de la dynastie prisonnière.

Désespoir de Joseph et son désir de retourner à Naples.

Ainsi, toutes les combinaisons de Napoléon échouaient à la fois devant l'indignation d'une nation trompée et exaspérée. Il ne manquait donc rien au châtiment dû à sa faute, rien assurément, car son frère lui-même, effrayé de la tâche qu'il s'était imposée, regrettant profondément le doux et paisible royaume de Naples, lui écrivit le 9 août, des bords de l'Èbre, une lettre désespérée, qui fut sans doute pour lui le plus cruel des reproches.—J'ai tout le monde contre moi, lui disait-il, tout le monde sans exception. Les hautes classes elles-mêmes, d'abord incertaines, ont fini par suivre le mouvement des classes inférieures. Il ne me reste pas un seul Espagnol qui soit attaché à ma cause. Philippe V n'avait qu'un compétiteur à vaincre; moi, j'ai une nation tout entière. Comme général, mon rôle serait supportable et même facile, car, avec un détachement de vos vieilles troupes, je vaincrais les Espagnols; mais comme roi, mon rôle est insoutenable, puisque, pour soumettre mes sujets, il me faut en égorger une partie. Je renonce donc à régner sur un peuple qui ne veut pas de moi. Cependant, je désire ne pas me retirer en vaincu. Envoyez-moi une de vos vieilles armées; je rentrerai à sa tête dans Madrid, et là je traiterai avec les Espagnols. Si vous le voulez, je leur rendrai

Ferdinand VII en votre nom, mais en leur retenant une partie de leur territoire jusqu'à l'Èbre, car la France victorieuse aura le droit de faire payer sa victoire. Elle obtiendra ainsi le prix de ses efforts, de son sang versé, et moi je vous redemanderai le trône de Naples. Le prince auquel vous le destinez n'en a pas encore pris possession. Je suis, d'ailleurs, votre frère, votre propre sang; la justice et la parenté veulent que j'aie la préférence, et j'irai alors continuer, au milieu du calme qui convient à mes goûts, le bonheur d'un peuple qui consent à être heureux par mes soins.—Telle est la substance de ce que Joseph écrivait des bords de l'Èbre à Napoléon. Aucun jugement ne pouvait être plus sévère et plus juste, que celui qui résultait de ce langage d'un roi désespéré, réduit à régner malgré lui sur un peuple en révolte. Napoléon le comprit, et prouva, par la réponse qu'on lira plus tard, à quel point il avait senti la dureté involontaire de ce jugement porté par son propre frère.

FIN DU LIVRE TRENTE ET UNIÈME.

LIVRE TRENTE-DEUXIÈME.

ERFURT.

La capitulation de Baylen parvient à la connaissance de Napoléon pendant qu'il voyage dans les provinces méridionales de l'Empire. — Explosion de ses sentiments à la nouvelle de ce malheureux événement. — Ordre de faire arrêter le général Dupont à son retour en France. — Napoléon tient la parole qu'il avait donnée de visiter la Vendée, et y est accueilli avec enthousiasme. — Son arrivée à Paris le 14 août. — Irritation et audace de l'Autriche provoquées par les événements de Bayonne. — Explication avec M. de Metternich. — Napoléon veut forcer la cour de Vienne à manifester ses véritables intentions avant de prendre un parti définitif sur la répartition de ses forces. — Obligé de retirer d'Allemagne une partie de ses vieilles troupes, Napoléon consent à évacuer le territoire de la Prusse. — Conditions de cette évacuation. — Nécessité pour Napoléon de s'attacher plus que jamais la cour de Russie. — Vœu souvent exprimé par l'empereur Alexandre d'avoir une nouvelle entrevue avec Napoléon, afin de s'entendre directement sur les affaires d'Orient. — Cette entrevue fixée à Erfurt et à la fin de septembre. — Tout est disposé pour lui donner le plus grand éclat possible. — En attendant, Napoléon fait ses préparatifs militaires dans toutes les suppositions. — État des choses en Espagne pendant que Napoléon est à Paris. — Opérations du roi Joseph. — Distribution que Napoléon fait de ses forces. — Troupes françaises et italiennes dirigées du Piémont sur la Catalogne. — Départ du 1er et du 6e corps de la Prusse pour l'Espagne. — Marche de toutes les divisions de dragons dans la même direction. — Efforts pour remplacer à la grande armée les troupes dont elle va se trouver diminuée. — Nouvelle conscription. — Dépense de ces armements. — Moyens employés pour arrêter la dépréciation des fonds publics. — Effet sur les différentes cours des manifestations diplomatiques de Napoléon. — L'Autriche intimidée se modère. — La Prusse accepte avec joie l'évacuation de son territoire, en invoquant toutefois un dernier allégement de ses charges pécuniaires. — Empressement de l'empereur Alexandre pour se rendre à Erfurt. — Opposition de sa mère à ce voyage. — Arrivée des deux empereurs à Erfurt le 27 septembre 1808. — Extrême courtoisie de leurs relations. — Affluence de souverains et de grands personnages civils et militaires venus de toutes les capitales. — Spectacle magnifique donné à l'Europe. — Idées politiques que Napoléon se propose de faire prévaloir à Erfurt. — À la chimère du partage de l'empire turc, il veut substituer le don immédiat à la Russie de la Valachie et de la Moldavie. — Effet de ce nouvel appât sur l'imagination d'Alexandre. — Celui-ci entre dans les vues de Napoléon, mais en obtenant moins, il veut obtenir plus vite. — Son ardeur à posséder les provinces du Danube surpassée encore par l'impatience de son vieux ministre, M. de Romanzoff. — Accord des deux empereurs. — Satisfaction réciproque et fêtes brillantes. — Arrivée à Erfurt de M. de Vincent, représentant de l'Autriche. — Fausse situation qu'Alexandre et Napoléon s'appliquent à lui faire. — Après s'être entendus, les deux empereurs cherchent à mettre par écrit les résolutions arrêtées verbalement. — Napoléon désirant que la paix puisse sortir de l'entrevue d'Erfurt, veut que l'on commence par des ouvertures pacifiques à l'Angleterre. — Alexandre y consent, moyennant que la prise de possession des provinces du Danube n'en soit point retardée. — Difficulté de trouver une rédaction qui satisfasse à ce double vœu. — Convention d'Erfurt signée le 12 octobre. — Napoléon, pour être agréable à Alexandre, accorde à la Prusse une nouvelle réduction de ses contributions. — Première idée d'un mariage entre Napoléon et une sœur d'Alexandre. — Dispositions que manifeste à ce sujet le jeune czar. — Contentement des deux empereurs, et leur séparation le 14 octobre, après des témoignages éclatants d'affection. — Départ d'Alexandre pour Saint-Pétersbourg et de Napoléon pour Paris. — Arrivée de celui-ci à Saint-Cloud le 18 octobre. — Ses dernières dispositions avant de se rendre à l'armée d'Espagne. — Rassuré pour quelque temps sur l'Autriche, Napoléon tire d'Allemagne un nouveau corps, qui est le 5ᵉ. — La grande armée convertie en armée du Rhin. — Composition et organisation de l'armée d'Espagne. — Départ de Berthier et de Napoléon pour Bayonne. — M. de Romanzoff laissé à Paris pour suivre la négociation ouverte avec l'Angleterre au nom de la France et de la Russie. — Manière dont on reçoit à Londres le message des deux empereurs. — Efforts de MM. de Champagny et de Romanzoff pour éluder les difficultés soulevées par le cabinet britannique. — L'Angleterre, craignant de décourager les Espagnols et les Autrichiens, rompt brusquement les négociations. — Réponse amère de l'Autriche aux communications parties d'Erfurt. — D'après les manifestations des diverses cours, on peut prévoir que Napoléon n'aura que le temps de faire en Espagne une courte campagne. — Ses combinaisons pour la rendre décisive.

> Voyage de Napoléon dans les provinces du Midi.

Napoléon avait passé à Bayonne et dans les départements qui sont situés au pied des Pyrénées les mois de juin et de juillet, pendant lesquels s'étaient les accomplis les événements que nous venons de rapporter. Il avait successivement visité Pau, Auch, Toulouse, Montauban, Bordeaux, partout fêté, partout reçu avec transport par les populations toujours éprises du prince qui passe et qui occupe un moment leur oisiveté, mais cette fois plus avides que de coutume de voir le prince extraordinaire qui excitait à si juste titre leur curiosité et leur admiration. Les Basques avaient exécuté devant lui leurs danses gracieuses et pittoresques; Toulouse avait fait éclater l'impétuosité ordinaire de ses sentiments. On ne savait rien ou presque rien, même dans ces provinces, des événements d'Espagne, car Napoléon ne permettait aucune publication contraire à ses vues. On avait bien appris, par les inévitables communications d'un versant à l'autre des Pyrénées, que l'Aragon était en insurrection, et que l'établissement du roi Joseph rencontrait d'assez graves difficultés. Mais on ne considérait pas comme sérieuses les résistances que la malheureuse Espagne, affaiblie et désorganisée par vingt ans d'un mauvais gouvernement, pouvait opposer au vainqueur du continent. On se trompait donc avec lui, de même que lui, sur ce qui devait se passer au delà des Pyrénées. On ne cessait pas de le regarder comme l'emblème du succès, de la puissance, du génie. C'est tout au plus si quelques vieux royalistes entêtés, éclairés par la haine, prédisaient sans le savoir des malheurs dont l'origine serait en Espagne. Mais les masses accouraient bruyantes et enthousiastes sur les pas du restaurateur de l'ordre, de la religion et de la grandeur de la France. Elles le croyaient encore heureux, lorsque déjà il commençait à ne plus l'être, et qu'un rayon de tristesse avait pénétré dans son téméraire et intrépide cœur.

> Les illusions de Napoléon presque toutes dissipées quand il quitte Bayonne.

Napoléon, en quittant Bayonne, n'avait presque plus d'illusions sur les affaires d'Espagne. Il connaissait l'étendue et la violence de l'insurrection; il était informé de la retraite du maréchal Moncey, de l'opiniâtre résistance de Saragosse, des difficultés que le général Dupont avait rencontrées en Andalousie. Mais il connaissait aussi la brillante victoire du maréchal Bessières à Rio-Seco, l'entrée de Joseph dans Madrid, les secours nombreux envoyés à Dupont, et les grands préparatifs d'attaque faits devant Saragosse. Il se flattait donc que le maréchal Bessières, poursuivant ses avantages, rejetterait jusqu'en Galice les insurgés du nord, que le général Dupont secouru rejetterait jusqu'à Séville, peut-être jusqu'à Cadix, les insurgés du midi; que Saragosse, un jour ou l'autre, serait prise, et qu'avec les vieux régiments qui arrivaient, on pourrait renforcer suffisamment nos divers corps d'armée, et terminer peu à peu la soumission de l'Espagne. Un succès sur le Guadalquivir, comme celui de Rio-Seco, suffisait pour substituer ces brillants résultats à ceux dont nous venons de tracer le triste tableau. Malheureusement c'était Baylen, au lieu d'un autre Rio-Seco, qu'il fallait inscrire dans la sanglante et héroïque histoire du temps! Quant au Portugal, il y avait plus d'un mois qu'on n'en savait rien, absolument rien.

> Napoléon ne connaît qu'à Bordeaux les événements de l'Andalousie.

C'est à Bordeaux, où il passa les trois premiers jours d'août, que Napoléon apprit cette catastrophe éternellement déplorable de Baylen. La douleur qu'il en ressentit, l'humiliation qu'il en éprouva pour les armes françaises, les éclats de colère auxquels il se livra ne sauraient se décrire. Le souvenir en est resté profondément gravé dans la mémoire de tous ceux qui l'approchaient, et je l'ai cent fois recueilli de leur bouche. | Impression qu'il en éprouve. | Son chagrin surpassait celui dont il avait été saisi à Boulogne en apprenant que l'amiral Villeneuve renonçait à venir dans la Manche; car à l'insuccès se joignait un déshonneur qui était le premier, qui fut le seul infligé à ses glorieux drapeaux. Charles IV, Ferdinand VII étaient vengés! Les esprits pieux, dans tous les siècles, ont cru qu'au delà de cette vie il y avait une rémunération du bien et du mal, et les sages ont regardé cette croyance comme conforme au dessein général des choses. Mais il y a une remarque que les observateurs profonds ont tous faite aussi: c'est que, pendant cette vie même, il y avait déjà dans les événements une certaine rémunération du bien et du mal. Manquer au bon sens, à la raison, à la justice, rencontre bientôt ici-bas un juste et premier châtiment. Dieu, sans doute, se réserve de compléter ailleurs le compte ouvert aux maîtres des empires, comme au plus humble gardeur de troupeaux.

Napoléon aperçut d'un coup d'œil toute la portée de l'événement de Baylen; il vit ce qui allait en résulter de démoralisation dans l'armée française, d'exaltation chez les insurgés, et considéra comme certaine, avant d'en être informé, l'évacuation de presque toute la Péninsule. Les dépêches qui se succédèrent d'heure en heure lui apprirent bientôt à quel point les suites de ce désastre, sous un prince bon, mais faible et vain, devaient s'aggraver. Murat, roi d'Espagne, eût rallié tout ce qui lui restait de troupes, et fondu sur Castaños, avant que celui-ci entrât dans Madrid. Joseph, le faible Joseph, plus encore par ignorance que par timidité, se retirait en toute hâte sur l'Èbre, levait le siége de Saragosse à moitié conquise, arrêtait Bessières dans sa marche victorieuse, et se croyait à peine rassuré derrière l'Èbre, ayant déjà un pied sur les Pyrénées.

| Conséquences européennes des événements d'Espagne. |

Les conséquences tout espagnoles de ce revers étaient les moindres. Les conséquences européennes devaient être bien plus graves. Les ennemis abattus de la France allaient reprendre courage. L'Autriche, toujours en préparatifs de guerre depuis la campagne de Pologne, fictivement résignée depuis la convention qui lui avait rendu Braunau, excitée de nouveau par les événements de Bayonne, surexcitée par ceux de Baylen, allait redevenir menaçante. Sa rupture apparente avec l'Angleterre, obtenue à force de menaces, allait se changer en une secrète et intime alliance avec elle. Et c'était en présence d'un tel état de choses qu'il fallait rappeler une partie de la grande armée des bords de la Vistule et de l'Elbe, pour la porter sur l'Èbre et le Tage! D'une situation triomphante, Napoléon, par sa faute, allait donc passer à une situation difficile au moins, et qui exigeait tout le déploiement de son génie. Il y pouvait suffire assurément, car la grande armée était entière encore, et capable d'accabler l'Autriche tout en envoyant un fort détachement en Espagne. Mais d'arbitre absolu des événements qu'il était en 1807, Napoléon se voyait réduit à lutter pour les dominer. À ces peines si graves s'en joignait une autre, toute d'amour-propre. Il s'était trompé, visiblement trompé, au point que personne n'en pouvait douter en Europe. Ses invincibles soldats avaient été battus, par qui? Par des insurgés sans consistance, et l'opinion publique, cette courtisane inconstante, qui se plaît à délaisser ceux qu'elle a le plus adulés, n'allait-elle pas grossir l'événement, en taisant ce qui l'expliquait, comme la jeunesse des soldats, l'influence du climat, un concours inouï de circonstances malheureuses, enfin un moment d'erreur chez un général d'un incontestable mérite? Cette volage opinion n'allait-elle pas rabaisser tout d'un coup et la prévoyance politique de Napoléon, et l'héroïque valeur de ses armées? L'amour-propre et la prudence souffraient donc également chez le grand homme, que la sinistre nouvelle venait d'assaillir, et il était puni, puni de toutes les manières, puni comme on l'est par l'infaillible Providence. Toutefois ce pouvait n'être qu'un salutaire avertissement, et il devait triompher de ce revers momentané, triompher assez complètement pour demeurer tout-puissant en Europe, s'il savait profiter de cette première et cruelle leçon.

| Injuste irritation de Napoléon contre le général Dupont. |

Il arriva ici ce qui arrive souvent: un malheureux, qui avait sa part dans une série de fautes, mais rien que sa part, paya pour tout le monde. Napoléon, profondément irrité contre le général Dupont, apercevant avec son coup d'œil supérieur les fautes militaires que celui-ci avait commises et qui suffisaient pour tout expliquer[12], mais se laissant aller à croire tout ce que la malveillance y ajoutait de suppositions déshonorantes, s'écria que Dupont était un traître, un lâche, un misérable, qui pour sauver quelques fourgons avait perdu son armée, et qu'il le ferait fusiller.—Ils ont sali notre uniforme, dit-il en parlant de lui et des autres généraux; il sera lavé dans leur sang.—Il ordonna donc que dès leur retour en France, le général Dupont et ses lieutenants fussent arrêtés, et livrés à la haute cour impériale. | Motifs de

| Napoléon pour se montrer encore plus irrité qu'il ne l'est véritablement. |

Du reste sa colère, sincère en grande partie, était feinte aussi à un certain degré. Il voulait expliquer autour de lui les mécomptes éprouvés en Espagne, en attribuant à un général, à ses fautes, à ses prétendues lâchetés et forfaitures, la tournure imprévue des événements. Et bientôt la bassesse des courtisans, se ployant à sa volonté, se déchaîna en jugements implacables à l'égard du général Dupont. Ce malheureux général avait été, comme on l'a vu, mal inspiré, atterré par un concours de circonstances accablantes; et tout à coup on faisait de lui un lâche, un pillard digne du dernier supplice. Au surplus, ces indignités se renfermaient encore dans l'intérieur de l'état-major impérial; car Napoléon, retenant autant qu'il pouvait l'essor de la renommée, avait défendu de rien publier à l'égard de l'Espagne, et, afin qu'on ne soupçonnât pas toute l'étendue des difficultés qu'il venait de se mettre sur les bras, il avait appliqué cette défense aussi bien à la victoire de Rio-Seco qu'à la capitulation de Baylen. Le maréchal Bessières, enveloppé dans cette catastrophe, vit le plus beau fait de sa vie militaire couvert du même voile qui couvrait le désastre du général Dupont. Mais la presse anglaise était là pour faire promptement arriver, non pas jusqu'aux masses, mais jusqu'aux classes éclairées, la connaissance des revers de nos armées en Espagne.

| Retour de générosité chez Napoléon à l'égard du général Dupont. |

Bientôt, au surplus, le déchaînement contre le général Dupont, parce qu'il avait succombé, devint tel autour de Napoléon, que, la générosité se réveillant chez lui après le calcul, il s'écria plusieurs fois: L'infortuné! quelle chute après Albeck, Halle, Friedland! Voilà la guerre! Un jour, un seul jour suffit pour ternir toute une carrière!—Et se contredisant ainsi lui-même, il se prenait à dire que Dupont n'avait été que malheureux, et son génie, découvrant les dures conditions de la vie humaine, semblait voir sa destinée écrite dans celle de l'un de ses lieutenants.

| Accueil que Napoléon reçoit à Bordeaux. |

La sage et spirituelle population de Bordeaux lui donna des fêtes magnifiques, auxquelles il assista d'un front serein, et sans laisser apercevoir aucun des sentiments qui remplissaient son âme. À ceux qui, sans oser l'interroger, approchaient néanmoins dans leurs entretiens du grand objet qui l'avait attiré dans le Midi, il disait que quelques paysans, fanatisés par des prêtres, soudoyés par l'Angleterre, essayaient de susciter des obstacles à son frère, mais que *jamais il n'avait vu plus lâche canaille depuis qu'il servait*; que le maréchal Bessières en avait sabré plusieurs milliers; qu'il suffisait de quelques escadrons français pour mettre en fuite une armée entière de ces insurgés espagnols; que la Péninsule ne tarderait pas à être soumise au sceptre du roi Joseph, et que les provinces du midi de la France, tant intéressées aux bonnes relations avec l'Espagne, recueilleraient le principal fruit de cette nouvelle entreprise. On croyait tout ce qu'il voulait quand on le voyait, et on était satisfait, sauf à penser tout autre chose le lendemain, en apprenant par les correspondances commerciales les faits si graves qui se passaient au delà des Pyrénées.

> Quoique pressé de retourner à Paris, Napoléon tient la parole donnée à la Vendée de la visiter.

Napoléon aurait voulu se rendre d'un trait de Bordeaux à Paris, pour s'y livrer à ses trois occupations urgentes du moment, l'explication avec l'Autriche, le resserrement de l'union avec la Russie, la translation d'une partie de la grande armée de la Vistule sur l'Èbre. Mais il avait promis de traverser la Vendée, et il aurait paru, ou se défier de cette province, ou avoir des affaires tellement sérieuses sur les bras, qu'il était obligé de manquer à tous les rendez-vous donnés. Or, il en avait accepté un avec les Vendéens, auquel il ne pouvait, ni ne voulait manquer sans une absolue nécessité.

> Napoléon visite successivement Rochefort, La Rochelle, Niort, Napoléon-Vendée, Nantes et Saumur.

Il se décida donc à passer par Rochefort, La Rochelle, Niort, Napoléon-Vendée, Nantes, Saumur, Tours, Orléans, dictant ses ordres en route, recevant à chaque station des centaines de dépêches, et en expédiant autant qu'il en recevait.

Arrivé à Rochefort le 5 août, il fut accueilli avec enthousiasme par une population toute maritime, qui avait vu ses arsenaux et ses chantiers redoubler d'activité sous son règne. Il alla visiter l'île d'Aix et les travaux du fort Boyard, tenant à examiner par lui-même ces lieux, au sujet desquels il donnait sans cesse des ordres de la plus grande importance. La curiosité, l'admiration, la reconnaissance, attiraient sur ses pas les populations des villes et des campagnes. De Rochefort allant à La Rochelle, à Niort, à Napoléon-Vendée, il trouva partout la foule plus nombreuse et plus démonstrative. L'homme prodigieux qui avait arraché ces provinces à la guerre civile, qui leur avait rendu le calme, la sécurité, la prospérité, l'exercice de leur culte, était pour elles plus qu'un homme: il était une sorte de demi-dieu. Napoléon, tout à l'heure puni en Espagne du mal qu'il avait fait, était récompensé maintenant du bien qu'il avait accompli en France! S'il avait souffert de ses œuvres mauvaises, il jouissait des bonnes, et son chagrin fut presque dissipé à l'aspect de la Vendée reconnaissante et enthousiaste. Elle n'eût pas mieux reçu Louis XVI s'il avait pu sortir de la tombe où l'avait fait descendre le crime de quatre-vingt-treize. À Nantes, à Saumur, l'accueil fut le même, et Napoléon, ne contenant plus le plaisir qu'il éprouvait, en remplit sa correspondance, qui, à Bordeaux, avait été pleine de chagrin, de colère, d'ordres précipités.

> Arrivée de Napoléon à Paris le 14 août.

Il fut rendu à Paris le 14 août au soir, veille de la grande fête du 15, jour où il se préparait à paraître dans tout l'éclat de la puissance, et avec une sérénité de visage qui pût déconcerter les conjectures de la malveillance. C'était surtout au corps diplomatique, pressé de le revoir et de l'observer, qu'il voulait montrer une attitude imposante, et tenir un langage qui retentît dans l'Europe entière.

> Nouvelles de l'état de l'Europe que Napoléon trouve à Paris.

> Colère et crainte de la cour de Vienne.

Il venait de recevoir de Russie des nouvelles qui le rassuraient parfaitement, et qui lui dépeignaient cette puissance comme toujours soumise à ses desseins, moyennant les satisfactions qu'elle attendait en Orient. Mais les nouvelles d'Autriche étaient d'une nature bien différente. De ce côté, tout devenait menaçant. On se souvient que, toujours ennemie au fond, malgré les promesses de l'empereur François au bivouac d'Urschitz, l'Autriche, désolée de n'avoir pas profité de la bataille d'Eylau, pour se jeter sur l'Oder pendant que Napoléon était embarrassé sur la Vistule, un moment remise par la convention qui lui rendait Braunau, avait affecté de partager après Copenhague l'indignation des puissances continentales contre l'Angleterre. Elle avait, en effet, renvoyé M. Adair, ministre britannique, mais probablement en lui donnant à entendre que cette rupture de relations ne signifiait rien, et qu'il n'y fallait attacher aucune importance. Il est certain que les escadres anglaises, dans l'Adriatique, avaient continué à laisser circuler le pavillon autrichien, et que le commerce des denrées coloniales n'avait pas été interrompu un instant à Trieste. Mais lorsqu'elle fut instruite du piége tendu à Bayonne à la famille royale d'Espagne, instruite surtout des revers qui s'en étaient suivis, l'Autriche n'avait pu se contenir plus long-temps, et elle avait presque jeté le masque. Une terreur en partie feinte, en partie sincère, s'était saisie de cette cour et de son entourage.—Voilà donc ce qui attend toutes les vieilles royautés du continent! s'était-on écrié dans les salons de Vienne. C'est un horrible guet-apens; c'est un danger évident, qui doit parler à quiconque a un peu de prévoyance, car tout souverain qui aura négligé de se défendre sera traité comme Charles IV et Ferdinand VII!—L'archiduc Charles lui-même, ordinairement plus réservé que les autres, et moins malveillant pour la France, s'était écrié à son tour: Eh bien! nous mourrons s'il le faut les armes à la main; mais on ne disposera pas de la couronne d'Autriche aussi facilement qu'on a disposé de la couronne d'Espagne.—

> Influence des événements de Rome sur la cour d'Autriche.

Les nouvelles arrivées de Rome avaient également contribué à exalter les esprits à Vienne, et à y déchaîner les langues. Le général Miollis ayant, ainsi que nous l'avons dit ailleurs, reçu et exécuté l'ordre d'occuper Rome militairement, et n'ayant laissé au pape que l'autorité spirituelle, celui-ci s'était retiré dans le palais de Saint-Jean-de-Latran, en avait fait barricader les portes et les fenêtres, comme s'il avait dû supporter un siége, s'y était enfermé avec ses domestiques, ne voulait communiquer qu'avec les ministres étrangers, se disait opprimé, esclave dans ses États, victime d'une usurpation abominable, et protestait chaque jour contre la violence sous laquelle il succombait. À ces événements était venue se joindre la réunion au royaume d'Italie des provinces d'Ancône, de Macerata, de Fermo, sous les titres de départements *du Métaure, du Musone, du Tronto*.

Ces faits avaient exaspéré le public de Vienne presque autant que les événements d'Espagne, et, soit à la cour, soit à la ville, on s'y livrait aux propos les plus amers, en présence même de l'ambassadeur de France, le général Andréossy. Parmi ceux qui tenaient ces propos, les uns croyaient en effet ce qu'ils disaient, et se figuraient sérieusement que Napoléon voulait renouveler sur le continent toutes les familles régnantes. Les autres n'en croyant rien, et comprenant que son système, calqué sur celui de Louis XIV, pourrait bien s'étendre à l'Italie et à l'Espagne, mais non jusqu'à l'Autriche, répétaient cependant le langage général pour entraîner la masse toujours crédule. Tous néanmoins étaient d'accord pour dire qu'il fallait, sans attaquer, se préparer à se défendre; et même, depuis les revers très-exagérés de nos armées, ils se laissaient emporter fort au delà de l'idée d'une simple défensive. Les préparatifs militaires étaient conformes à ces dispositions morales.

> Préparatifs militaires de l'Autriche.

L'armée autrichienne n'avait pas cessé d'être tenue au grand complet, exercée, perfectionnée dans son organisation, par les soins assidus de l'archiduc Charles. Ne se contentant pas de cet effort, ruineux pour les finances autrichiennes, on venait tout à coup d'augmenter extraordinairement les forces de la monarchie par des mesures nouvelles, dont quelques-unes étaient imitées de la France elle-même. Indépendamment de l'armée active, on avait imaginé un système de réserve, consistant à réunir, à exercer un certain nombre de recrues dans chaque localité, et à les tenir prêtes à rejoindre les drapeaux. **Espèce de levée en masse sous forme de réserve.** Le nombre avoué était de 60 mille, et le nombre réel de près de 100 mille. Ce renfort devait porter à plus de 400 mille hommes l'armée active. Puis, sous le nom de milices, ressemblant fort à nos gardes nationales, on avait mis sur pied presque toute la population. On l'avait enrégimentée, habillée, armée, et on l'exerçait tous les jours. Cette population autrichienne, ordinairement étrangère à son gouvernement, avait été en quelque sorte flattée qu'on eût recours à elle, et, soit le plaisir d'être comptée pour quelque chose, soit la crainte d'un danger extérieur, elle s'était enrôlée avec un empressement singulier. **Énormité des forces autrichiennes à cette époque.** Les nobles, les bourgeois, le peuple, s'étaient offerts. Les dons volontaires des États et des individus avaient fourni des moyens suffisants pour équiper cette masse d'hommes; et on n'estimait pas à moins de 300 mille individus le nombre de ceux qui étaient disposés à faire un service sédentaire et même actif pour le soutien de la monarchie. Quatre cent mille hommes de troupes actives, trois cent mille de troupes sédentaires, composaient, pour une population de 15 ou 16 millions de sujets que comptait alors la maison d'Autriche, une force énorme, telle que jamais cette maison n'en avait déployé. Il était probable en effet que, grâce à cet armement, elle pourrait mettre en ligne trois cent mille combattants véritablement présents au feu, ce qui ne lui était jamais arrivé, ce qui était immense, ce que n'avait fait encore aucune des puissances ennemies de la France. On venait d'acheter 14 mille chevaux d'artillerie, de commander un million de fusils d'infanterie. Tandis que sur l'Inn on démantelait Braunau, vingt mille ouvriers en Hongrie étaient occupés aux fortifications de Comorn, travaux qui prouvaient qu'on voulait faire une guerre longue et opiniâtre, et, battu à la frontière, se retirer dans l'intérieur de la monarchie, pour s'y défendre avec acharnement. Déjà même on formait des rassemblements de troupes, qui avaient quelque apparence de corps d'armée, vers la Bohême et la Gallicie, sans doute pour y tenir tête aux forces françaises sur la Vistule et l'Oder.

L'émotion de la cour s'était peu à peu communiquée à toutes les classes de la population, et tandis qu'aux eaux de Tœplitz, de Carlsbad, et de toute l'Allemagne, on affectait vis-à-vis des Français une attitude arrogante qu'on n'avait pas l'habitude de prendre avec eux, dans les rues de Vienne le peuple menaçait les gens du général Andréossy, à Trieste le peuple avait insulté le consul de France, et en Istrie, sur les routes militaires qui nous avaient été concédées, on assassinait nos courriers. L'Allemagne, humiliée par nos triomphes, foulée par nos armées, commençait à frémir de colère et d'espérance. Les événements d'Espagne, en l'indignant et en l'encourageant tout à la fois, avaient été pour elle l'occasion de faire éclater ses secrets sentiments.

Quoique Napoléon, appuyé sur la Russie, n'eût rien à craindre du continent, cependant c'était une détermination si grave que de transporter une partie de la grande armée de la Vistule sur l'Èbre; ce déplacement de ses forces, du Nord au Midi, pouvait tellement enhardir ses ennemis, qu'il voulait auparavant forcer l'Autriche à s'expliquer, et savoir au juste ce qu'il en devait penser. Si elle voulait la guerre, il aimait mieux la lui faire immédiatement, sauf à ajourner la répression de l'insurrection espagnole, la lui faire avec toutes ses forces, de manière; à se passer même du concours des Russes, en finir pour jamais avec elle, et se, rabattre ensuite du Danube sur les Pyrénées pour soumettre les Espagnols et jeter les Anglais à la mer. Mais ce n'était là qu'une extrémité. Il préférait n'avoir pas cette nouvelle guerre à soutenir, car la guerre n'était plus son goût dominant. La gloire militaire après Rivoli, les Pyramides, Marengo, Austerlitz, Iéna, Friedland, ne pouvait plus être pour lui la source de bien vives jouissances. Désormais la guerre ne devait être pour lui qu'un moyen de soutenir sa politique, politique exorbitante malheureusement, et qui exigerait encore de nombreux et sanglants triomphes. Ainsi, sans vouloir provoquer l'Autriche, il tenait à la faire expliquer de la façon la plus claire.

> Longue explication de Napoléon avec l'ambassadeur d'Autriche.

Recevant les représentants des puissances ainsi que les grands corps de l'État dans la journée du 15 août, il saisit cette occasion pour avoir avec M. de Metternich, non point une explication passionnée, provocatrice, comme celle qu'il avait eue jadis avec lord Whitworth, et qui avait amené la guerre contre l'Angleterre, mais une explication douce, calme, et pourtant péremptoire. Il se montra gracieux, serein avec les ministres de toutes les cours, prévenant avec M. de Tolstoy, quoiqu'il eût à se plaindre de ses incartades militaires, amical, ouvert, mais pressant avec M. de Metternich. Sans attirer l'oreille des assistants par les éclats de sa voix, il parla, cependant, de manière à être entendu de certains d'entre eux, notamment de M. de Tolstoy.—Vous voulez ou nous faire la guerre, ou nous faire peur, dit-il à M. de Metternich[13].— M. de Metternich ayant affirme que son cabinet ne voulait faire ni l'un ni l'autre, Napoléon repartit sur-le-champ, d'un ton doux, mais positif: Alors pourquoi vos armements, qui vous agitent, qui agitent l'Europe, qui compromettent la paix, et ruinent vos finances?—Sur l'assurance que ces armements n'étaient que défensifs, Napoléon s'attacha, en connaisseur profond, à prouver à M. de Metternich qu'ils étaient d'une tout autre nature.—Si vos armements, lui dit-il, étaient, comme vous le prétendez, purement défensifs, ils seraient moins précipités. Quand on veut créer une organisation nouvelle, on prend son temps, on ne brusque rien, parce qu'on fait mieux ce qu'on fait lentement. Mais on ne forme pas des magasins, on n'ordonne pas des rassemblements de troupes, on n'achète pas des chevaux, surtout des chevaux d'artillerie. Votre armée est de près de 400 mille hommes. Vos milices seront d'un nombre presque égal. Si je vous imitais, je devrais ajouter 400 mille hommes à mon effectif, et ce serait un armement insensé. Je n'ai pas besoin d'en appeler autant. Moins de deux cent mille conscrits suffiront pour maintenir ma grande armée sur un pied formidable, et pour envoyer cent mille hommes de vieilles troupes en Espagne. Je ne suivrai donc pas votre exemple, car bientôt il faudrait armer les femmes et les enfants, et nous reviendrions à un état de barbarie. Mais en attendant vos finances souffrent, votre change, déjà si bas, va baisser encore, et votre commerce s'interrompt. Et pourquoi tout cela? Vous ai-je demandé quelque chose? Ai-je élevé des prétentions sur une seule de vos provinces? Le traité de Presbourg a tout réglé entre les deux empires; la parole de votre maître, dans l'entrevue que nous avons eue ensemble, doit avoir tout terminé entre les deux souverains. Il restait quelques arrangements à prendre au sujet de Braunau, qui était demeuré dans nos mains, au sujet de l'Isonzo dont le thalweg n'était pas suffisamment déterminé, la convention de Fontainebleau y a pourvu (convention du 10 octobre 1807). Je ne vous demande rien, je ne veux rien de vous, que des rapports sûrs et tranquilles. Y a-t-il une difficulté, une seule entre nous? faites-la connaître pour que nous la vidions sur-le-champ.—M. de Metternich ayant de nouveau affirmé que son gouvernement ne songeait à aucune attaque contre la France, et alléguant comme preuve qu'il n'avait ordonné aucun mouvement de troupes, Napoléon lui répliqua aussitôt, avec la même douceur mais avec la même fermeté, qu'il était dans l'erreur, que des rassemblements de troupes avaient eu lieu en Gallicie et en Bohême, vis-à-vis de la Silésie, en face des quartiers de l'armée française; que ces rassemblements étaient incontestables; que la conséquence immédiate serait de leur opposer d'autres rassemblements non moins considérables; qu'au lieu d'achever la démolition des places de la Silésie, il allait au contraire en réparer quelques-unes, les armer et les approvisionner, convoquer les contingents de la Confédération du Rhin, et tout remettre sur le pied de guerre.—On ne me surprendra pas, vous le savez bien, dit-il à M. de Metternich; je serai toujours en mesure. Vous comptez peut-être sur l'empereur de Russie, et vous vous trompez. Je suis certain de son adhésion, de la désapprobation formelle qu'il a manifestée au sujet de vos armements, et des résolutions qu'il prendra en cette circonstance. Si j'en doutais, je ferais la guerre tout de suite à vous comme à lui, car je ne voudrais pas laisser les affaires du continent dans le doute. Si je me borne à de simples précautions, c'est que je suis tout à fait confiant à l'égard du continent, parce que je le suis complètement à l'égard de l'empereur de Russie. Ne croyez donc pas l'occasion bonne pour attaquer la France; ce serait de votre part une erreur grave. Vous ne voulez pas la guerre, je le crois de vous, monsieur de

Metternich, de votre empereur, des hommes éclairés de votre pays. Mais la noblesse allemande, mécontente des changements survenus, remplit l'Allemagne de ses haines. Vous vous laissez émouvoir; vous communiquez votre émotion aux masses, en les poussant à s'armer; vous arrivez, d'armements en armements, à une situation extraordinaire, qu'on ne peut soutenir long-temps, et peu à peu vous serez conduits peut-être à ce point où l'on souhaite une crise, afin de sortir d'une situation insupportable, et cette crise ce sera la guerre. La nature morale comme la nature physique, quand elles en sont venues à cet état orageux qui précède la tempête, ont besoin d'éclater, pour épurer l'air et ramener la sérénité. Voilà ce que je crains votre conduite présente. Je vous le répète, ajouta Napoléon, je ne veux rien de vous, je ne vous demande rien que la paix, des relations paisibles et sûres; mais si vous faites des préparatifs, j'en ferai de tels que la supériorité de mes armes ne soit pas plus douteuse que dans les campagnes précédentes, et, pour conserver la paix, nous aurons amené la guerre.—

En terminant cet entretien, Napoléon combla M. de Metternich de témoignages flatteurs, et se comporta en tout comme un homme qui voulait la paix, sans craindre la guerre, mais qui était résolu à ne pas demeurer dans l'obscurité. M. de Metternich et les assistants qui l'entendirent ne purent conserver aucune incertitude sur ses véritables intentions, et il se montra aussi ferme que calme et habile.

Le lendemain, 16, fut un jour d'ordres multipliés. M. de Champagny dut transmettre à Vienne l'entretien que Napoléon venait d'avoir avec M. de Metternich, et tirer de tous ces pourparlers des conclusions précises. On dit à Paris à M. de Metternich, on chargea M. le général Andréossy de répéter à Vienne, qu'il fallait absolument interrompre les armements commencés, les interrompre d'une manière tout à fait rassurante, sinon se battre à l'instant même. Puis, pour sonder plus sûrement l'Autriche, Napoléon lui fit demander la reconnaissance immédiate du roi Joseph. Pour sonder plus sûrement les dispositions de l'Autriche, Napoléon lui fait demander la reconnaissance de Joseph. C'était sans aucun doute le moyen le plus infaillible de savoir ce qu'elle pensait, ou du moins ce qu'elle voulait dans le moment; car si on parvenait à lui arracher, contrairement à tous ses sentiments, à son langage le plus hautement, le plus récemment tenu, la reconnaissance de la royauté de Joseph, c'est qu'elle n'était capable de rien tenter, de rien oser, et, pour quelque temps au moins, on devait être tranquille à son égard.

M. de Metternich, qui, à Paris, déployait beaucoup de zèle pour maintenir la paix, qui, dans tous ses entretiens, soit avec les ministres de l'Empereur, soit avec l'Empereur lui-même, prodiguait les assurances pacifiques, se hâta de répondre qu'on aurait pleine satisfaction relativement aux armements de l'Autriche. Mais quant à la reconnaissance du roi Joseph, prenant un ton moins affirmatif, une attitude moins aisée, il déclara que, pour lui, il ne prévoyait pas de résistance de la part de son cabinet, qu'il ne pouvait toutefois se prononcer sans en avoir référé à Vienne. Il était évident qu'en ce point on touchait à la plus grande des difficultés actuelles, et que, pour obtenir de l'Autriche un tel désaveu de ses sentiments, de ses discours les plus récents, pour lui infliger une telle humiliation, il ne faudrait pas un moindre effort que s'il s'agissait de lui arracher de nouvelles provinces. Ce n'en était pas moins un moyen de l'embarrasser, et de la ramener à plus de circonspection, si elle n'était pas prête à combattre.

Certain d'avoir tôt ou tard une nouvelle guerre avec l'Autriche, Napoléon veut savoir seulement s'il aura le temps de faire en Espagne une campagne courte mais décisive.

Au fond, Napoléon commençait à croire qu'il lui faudrait avec elle une nouvelle et dernière lutte pour la réduire définitivement; mais il voulait savoir si, auparavant, il aurait au moins six mois pour faire une rapide campagne en Espagne, et y porter cent mille hommes de ses vieilles troupes, sans danger pour sa prépondérance au delà du Rhin. Toutes ses démonstrations, toutes ses demandes d'explication n'avaient pas un autre but.

Napoléon fait demander un premier contingent de troupes aux princes de la Confédération du Rhin.

Afin de leur donner un caractère encore plus sérieux, il réclama de tous les princes de la Confédération du Rhin un premier contingent, faible à la vérité, mais suffisant pour provoquer beaucoup de propos inquiétants en Allemagne, et faire réfléchir l'Autriche. Si la guerre avec elle finissait par éclater, ces faibles contingents seraient portés à leur effectif légal, sinon ils iraient tels quels en Espagne concourir à la nouvelle guerre que Napoléon s'était attirée, car il voulait que les princes du Rhin fussent engagés avec lui dans toutes ses querelles, et partageassent tout entier le fardeau qui pesait sur la France; politique bonne en un sens, mauvaise en un autre, car, s'il les compromettait ainsi à sa suite, en revanche il les exposait à éprouver la haine générale que devaient susciter tôt ou tard ces conscriptions répétées, tant à la droite qu'à la gauche du Rhin, tant au nord qu'au midi des Alpes et des Pyrénées.

> Résolution d'évacuer la Prusse dictée par les circonstances.

Le soin que Napoléon avait mis à faire expliquer l'Autriche n'était pas le seul qui lui fût imposé par les circonstances. Quelle que fût la quantité de troupes qui serait détachée de la grande armée pour la guerre d'Espagne, il fallait opérer un nouveau mouvement rétrograde en Pologne et en Allemagne, afin de se rapprocher du Rhin. Déjà, lorsqu'il avait pris définitivement le parti de s'engager en Espagne, Napoléon avait changé une première fois l'emplacement de ses troupes, et il les avait transportées de l'espace compris entre la Pregel et la Vistule dans l'espace compris entre la Vistule et l'Oder. Le maréchal Soult, laissant les grenadiers Oudinot à Dantzig, la grosse cavalerie dans le delta de la Vistule, s'était replié avec le 4e corps dans la Poméranie, le Brandebourg et le Hanovre. Le maréchal Bernadotte avait continué à occuper les villes anséatiques avec les divisions Boudet et Molitor, les Espagnols et les Hollandais. Le maréchal Davout, avec le 3e corps, les Saxons, les Polonais, le reste de la cavalerie, s'était replié dans le duché de Posen, ayant sa base sur l'Oder. Le général Victor, élevé au grade de maréchal, avait établi ses quartiers à Berlin avec le 1er corps. Le maréchal Mortier, avec les 5e et 6e corps, était cantonné en Silésie.

L'intention de Napoléon, en prolongeant cette occupation de la Prusse, était de la forcer à régler définitivement la question des contributions de guerre, puis de voir dans une position forte se dérouler les conséquences de son alliance avec la Russie, de sa lutte sourde avec l'Autriche, et, enfin, de tenir son armée toujours en haleine, vivant sur le pays ennemi, du moins en partie, car il acquittait une portion de ses dépenses sur le trésor extraordinaire.

> Raisons d'évacuer la Prusse et de se retirer sur l'Elbe.

Il était indispensable pourtant de mettre un terme à cette occupation prolongée. En effet, depuis la guerre d'Espagne, il devenait impossible de garder une si vaste étendue de pays, et il fallait abandonner un certain nombre de provinces. Il le fallait, non pas pour plaire à la Russie, avec laquelle tout dépendait d'une concession en Orient; non pas pour plaire à la Prusse, qui, accablée du fardeau pesant sur elle, demandait à traiter à toutes conditions, sauf à ne pas exécuter ces conditions plus tard si elle ne le pouvait point, ou si la fortune l'en dispensait; non pas davantage pour plaire à l'Autriche, avec laquelle on n'en était plus aux ménagements; mais il le fallait pour resserrer ses forces, et en reporter une partie vers les Pyrénées. C'était le cas néanmoins de tirer de ce mouvement rétrograde, qui était devenu nécessaire, une solution avantageuse avec la Prusse. C'était le cas aussi d'en tirer quelque chose d'agréable pour la Russie; car, après l'arrangement des affaires d'Orient, ce que l'empereur Alexandre désirait le plus, pour être délivré, disait-il, *des importunités de gens malheureux qui lui reprochaient leur malheur*, c'était l'évacuation de la Prusse, et le règlement définitif des contributions de guerre qu'on exigeait encore de cette puissance.

Depuis plusieurs mois résidait à Paris le prince Guillaume, frère du roi de Prusse, envoyé auprès de Napoléon pour tâcher d'obtenir la réduction des charges qu'on faisait peser sur son pays. Ce prince, par son attitude digne et calme, par sa prudence, avait su se concilier l'estime de tout le monde, et en particulier celle de Napoléon. Toutefois, il avait inutilement allégué jusqu'ici l'impuissance où se trouvait la Prusse d'acquitter les sommes auxquelles on voulait l'imposer, et tout aussi vainement offert la soumission la plus complète, la plus absolue de la maison de Brandebourg, soumission garantie par un traité d'alliance offensive et défensive. Napoléon ne s'était laissé toucher ni par ces allégations, ni par ces offres, parce qu'il croyait que tout ce qu'il rendrait de ressources à la Prusse, elle l'emploierait à refaire ses forces pour les tourner contre lui. Avant Iéna, il aurait pu compter sur elle; depuis, il sentait bien qu'elle devait être implacable, et que l'épuiser, si on ne parvenait à la détruire, était la seule politique prévoyante. Napoléon prête enfin l'oreille aux sollicitations du prince Guillaume, venu à Paris pour demander l'évacuation de la Prusse. Conditions de l'évacuation. Obligé cependant de ramener ses troupes en arrière, il consentit à entendre, enfin, les propositions du prince Guillaume, et après des pourparlers assez longs, il convint d'évacuer la Prusse en entier, sauf trois places fortes sur l'Oder, Glogau, Stettin et Custrin, qu'il garderait jusqu'à l'acquittement des contributions stipulées, et il accorda cette évacuation à la condition du payement d'une somme de 140 millions, tant pour les contributions ordinaires que pour les contributions extraordinaires non acquittées. Cette somme devait être payée moitié en argent ou lettres de change acceptables, moitié en titres sur les domaines territoriaux de la Prusse, de manière que le tout fût soldé dans un délai prochain, les lettres de change dans onze ou douze mois, à raison de six millions par mois, les titres fonciers dans un an et demi au plus. L'évacuation devait commencer immédiatement, et les troupes françaises se retirer dans la Poméranie suédoise, les villes anséatiques, le Hanovre, la Westphalie, les provinces saxonnes et franconiennes enlevées à la Prusse, et restées à la disposition de la France. Mais avec Stettin, Custrin et Glogau sur l'Oder, Magdebourg sur l'Elbe et ses troupes en Hanovre, en Saxe, en Franconie, Napoléon était toujours présent en Allemagne, et en mesure de la dominer. Stipulations secrètes du traité d'évacuation. Pour plus de sûreté, il fit insérer un article secret dans la convention d'évacuation, article jusqu'ici demeuré inconnu, par lequel la Prusse s'obligeait, pendant dix ans, à renfermer son effectif militaire dans les limites suivantes: dix régiments d'infanterie contenant 22 mille hommes, huit régiments de cavalerie forts de 8 mille, un corps d'artillerie et de génie s'élevant à 6 mille, enfin, la garde royale montant à 6 mille, total 42 mille hommes. Le roi de Prusse s'interdisait, en outre, la formation de toute milice locale qui aurait pu servir à déguiser un armement quelconque. Enfin, il s'engageait à faire cause commune avec l'empire français contre l'Autriche, et à lui fournir contre elle, en cas de guerre, une division de 16 mille hommes de toutes armes. Pour l'année 1809 seulement, si la guerre éclatait, la Prusse, n'ayant pas encore reconstitué son armée, devait borner son contingent à 12 mille. Napoléon, qui voulait contenir la Prusse, non l'humilier, consentit à laisser inconnue cette partie si fâcheuse du traité. Le digne et sage prince, qui défendait à Paris les intérêts de sa patrie, ne put obtenir mieux; car Napoléon, bien qu'il se fût porté à lui-même le coup qui devait un jour détruire sa puissance, était assez redoutable encore pour faire trembler l'Europe, et dicter la loi à tous ses ennemis.

Cette convention signée, il écrivit au roi et à la reine de Prusse pour se féliciter de la fin apportée à tous les différends qui avaient divisé les deux cours, promettant désormais les plus amicales relations si des passions hostiles ne venaient pas de nouveau égarer la cour de Berlin. Quelque dur que fût ce traité pour la Prusse, il valait mieux que l'état présent, car elle était enfin délivrée des troupes françaises; et si elle se trouvait limitée dans ses armements, il est douteux qu'elle eût pu en payer plus que le traité ne lui en accordait.

Cet arrangement, outre l'avantage pour Napoléon de régler ses comptes avec la Prusse, et de lui permettre de retirer ses troupes, avait celui d'être agréable à la Russie, que les plaintes des Prussiens importunaient singulièrement, et qui tenait fort à en être débarrassée. Or, être agréable à la Russie était devenu dans le moment l'une des convenances de la politique de Napoléon, et il lui tardait autant de s'entendre avec elle que de s'expliquer avec l'Autriche, et de terminer ses contestations avec la Prusse.

 Relations avec Alexandre depuis les affaires d'Espagne, et situation de la cour de Saint-Pétersbourg.

L'état des choses n'avait pas changé à Saint-Pétersbourg: Alexandre, toujours dominé par la passion du moment, ne se contentait plus depuis que Napoléon avait consenti à mettre en discussion le partage de l'empire turc.

Constantinople surtout lui tenait plus à cœur que les plus belles provinces de cet empire, parce que Constantinople c'était la gloire, l'éclat, non moins que l'utilité. Mais donner cette clef des détroits était justement ce qui répugnait à Napoléon, plus qu'aucune concession au monde. Jamais, comme on l'a vu antérieurement, il n'y avait formellement adhéré, et quand il avait permis à son ambassadeur, M. de Caulaincourt, de laisser exprimer devant lui de tels désirs, c'était en énonçant la volonté d'avoir les Dardanelles, si on cédait le Bosphore aux Russes, ce qui ne pouvait convenir à la cour de Saint-Pétersbourg. Toutefois, Alexandre ne désespérait pas de vaincre Napoléon.

Redoublement d'ardeur chez l'empereur Alexandre pour la possession de Constantinople. Il répétait sans cesse qu'il ne désirait aucun territoire au sud des Balkans, aucune partie de la Roumélie, rien que la banlieue de Constantinople, laissant Andrinople à qui on voudrait; et cette langue de terre, en quelque sorte destinée à loger le portier des détroits, il l'avait appelée, dans le jargon familier qu'il s'était fait avec l'ambassadeur de France, *la langue de chat*.—Eh bien, disait-il souvent à M. de Caulaincourt, avez-vous des nouvelles de votre maître? Vous a-t-il parlé de *la langue de chat*? Est-il disposé à comprendre, à admettre les besoins de mon empire, comme je comprends et admets les besoins du sien?—M. de Caulaincourt ne répondait à ces questions que d'une manière évasive, alléguant toujours les préoccupations de Napoléon, son éloignement, son prochain retour, retour après lequel il pourrait reporter son esprit des affaires d'Occident à celles d'Orient. Alexandre répliquait aussitôt, en disant que, pour terminer ces différends il fallait encore une entrevue, qu'elle était indispensable si on voulait faire refleurir la politique de Tilsit, et qu'on ne pouvait pas l'avoir trop tôt. **Vœu souvent exprimé par l'empereur Alexandre pour une nouvelle entrevue avec Napoléon.** Lui-même cependant n'était pas plus libre que Napoléon, car les affaires de Finlande avaient presque aussi mal tourné que les affaires d'Espagne. Ses troupes, après avoir refoulé les armées suédoises jusqu'à Uléaborg, et les avoir réunies en les refoulant, s'étaient divisées devant elles, et avaient été refoulées à leur tour, battues même, grâce à l'incapacité du général Buxhoevden, favori de la cour, et garanti par cette faveur seule contre les cris de l'armée. En même temps une flotte anglaise, bloquant la flotte russe dans le golfe de Finlande, répandait la terreur sur le littoral. Ce n'était donc pas immédiatement que l'empereur Alexandre aurait pu s'éloigner. Mais en septembre la navigation étant fermée, la présence des Anglais écartée pour plusieurs mois, Alexandre redevenait libre, et il demandait que l'entrevue où il espérait tout arranger avec Napoléon fût fixée au plus tard à cette époque.

M. de Caulaincourt à toutes ces instances répondait de la manière la plus propre à lui faire prendre patience, et promettait que l'entrevue aurait certainement lieu au moment qu'il désignait.

> Adhésion complète de la Russie à tout ce qui s'était fait en Espagne.

Du reste, pour disposer Napoléon à entrer dans ses vues, Alexandre n'avait rien négligé. Introduction des armées françaises en Espagne, occupation de Madrid, translation forcée des princes espagnols à Bayonne, spoliation de leurs droits, proclamation de la royauté de Joseph, il avait trouvé tout cela naturel, légitime, complétant nécessairement la politique de Napoléon.— Votre Empereur, avait-il dit à M. de Caulaincourt, ne peut pas souffrir des Bourbons si près de lui. C'est de sa part une politique conséquente, que j'admets entièrement. Je ne suis point jaloux, répétait-il sans cesse, de ses agrandissements, surtout quand ils sont aussi motivés que les derniers. Qu'il ne soit point jaloux de ceux qui sont également nécessaires à mon empire, et tout aussi faciles à justifier.—

> Convenance du langage de l'empereur Alexandre à l'égard des revers de l'armée française en Espagne.

La société de Saint-Pétersbourg, enhardie par les échecs, plus désagréables que dangereux, essuyés en Finlande, indignée plus ou moins sincèrement des événements de Bayonne, trouvant un prétexte plausible à ses plaintes dans l'interdiction de la navigation, tenait de nouveau un langage inconvenant sur la politique d'alliance avec la France; et il est vrai que cette politique ne se distinguait alors ni par la moralité ni par le succès; car enlever la Finlande à un parent dont on avait long-temps excité l'extravagance naturelle, et de la faiblesse duquel on avait de la peine à triompher, ne valait guère mieux que ce qui se passait en Espagne, et y ressemblait même beaucoup.—Il faut faire, avait dit en propres termes l'empereur Alexandre à M. de Caulaincourt, *bonne mine à mauvais jeu*, et traverser sans fléchir ce moment difficile.—Ce prince, plein de tact, avait autant que possible évité d'entretenir M. de Caulaincourt de nos échecs en Espagne, n'avait touché à ce sujet que quand il n'avait pu se taire sans une affectation gênante pour celui même qu'il voulait ménager; et puis, lorsque les cris de joie du parti anglais à Saint-Pétersbourg avaient proclamé le désastre du général Dupont, et exagéré notre insuccès jusqu'à dire détruite l'armée qui était entière sur l'Èbre, et prisonnier le roi Joseph qui tenait sa cour à Vittoria, il en avait parlé à M. de Caulaincourt, comme n'étant ni publiquement ni secrètement satisfait des revers d'une armée long-temps ennemie de la sienne, comme étant fâché au contraire d'un pareil accident, et ne voyant dans ce qui avait eu lieu rien que de simple, d'indifférent, de facile à expliquer.—Votre maître a envoyé là de jeunes soldats, en a envoyé trop peu; il n'y était pas d'ailleurs: on a commis des fautes; il aura bientôt réparé cela. Avec quelques milliers de ses vieux soldats, un de ses bons généraux, ou quelques jours de sa présence, il aura promptement ramené le roi Joseph à Madrid, et fait triompher la politique de Tilsit. Quant à moi, je serai invariable, et je vais parler à l'Autriche un langage qui la portera à faire des réflexions sérieuses sur son imprudente conduite. Je prouverai à votre maître que je suis fidèle, dans la mauvaise comme dans la bonne fortune. C'est un bien petit malheur que celui-ci, mais, tel qu'il est, il lui fournira l'occasion de me mettre à l'épreuve. Répétez-lui cependant qu'il faut nous voir, nous voir le plus tôt possible pour nous entendre, et maîtriser l'Europe.—Alexandre avait du reste tenu parole, imposé silence aux frondeurs, aux indignés, aux alarmistes, fait taire surtout la légation autrichienne, et commandé à la société de sa mère une telle réserve, qu'on y parlait de nos échecs en Espagne avec autant de discrétion que des échecs des armées russes en Finlande.

Tel était l'aspect de la cour de Saint-Pétersbourg, à la suite et sous l'influence des événements d'Espagne. Informé de la façon la plus exacte de ce qui s'y passait par les dépêches de M. de Caulaincourt, lequel lui transmettait scrupuleusement par demande et par réponse ses dialogues de tous les jours avec l'empereur Alexandre, Napoléon avait enfin pris son parti d'accepter une entrevue. C'était la principale des déterminations que lui avait inspirées sa nouvelle situation. Il avait pensé que le temps était venu de réaliser non pas tous les vœux d'Alexandre, ce qui était impossible sans compromettre la sûreté de l'Europe, mais une partie au moins de ces vœux, qu'il fallait donc le voir, le séduire de nouveau, lui concéder quelque chose de considérable, comme les provinces du Danube par exemple, et quant au reste, ou le désabuser, ou le faire attendre, le contenter en un mot; ce qui était possible, car la Valachie et la Moldavie, immédiatement et réellement données, avaient de quoi satisfaire la plus vaste ambition. Une entrevue, outre l'avantage de s'entendre directement avec le jeune empereur dans une circonstance grave, de s'assurer de ce qu'il avait au fond du cœur, de se l'attacher par quelque concession importante, une entrevue publique à la face de l'Europe, serait un grand spectacle, qui frapperait les imaginations, et deviendrait le témoignage sensible d'une alliance qu'il était nécessaire de rendre non-seulement réelle et solide, mais apparente, afin d'imposer à tous les ennemis de l'Empire.

> Napoléon se décide à une entrevue avec l'empereur Alexandre.

Napoléon, tandis qu'il pressait l'Autriche de ses questions, et qu'il accordait à la Prusse l'évacuation de son territoire, expédiait à M. de Caulaincourt un courrier pour l'autoriser à consentir à une entrevue solennelle avec l'empereur Alexandre. Celui-ci avait parlé de la fin de septembre, à cause de la clôture de la navigation qui avait lieu à cette époque: Napoléon, à qui le moment convenait, l'accepta. **Fixation du mois de septembre et de la ville d'Erfurt pour l'époque et le lieu de cette entrevue.** Alexandre avait paru désirer pour lieu du rendez-vous ou Weimar, à cause de sa sœur, ou Erfurt, à cause de la plus grande liberté dont on y jouirait: Napoléon acceptait Erfurt, l'un des territoires qui lui restaient après le dépècement de l'Allemagne, et dont il n'avait encore disposé en faveur d'aucun des souverains de la Confédération. Ayant ainsi déterminé d'une manière générale l'époque et le lieu de l'entrevue, et laissant à l'empereur Alexandre le soin de fixer définitivement les jours et les heures, il donna des ordres pour que cette entrevue eût tout l'éclat désirable.

Préparatifs pour rendre éclatante la rencontre des deux empereurs.

Il se trouvait encore sur le Rhin des détachements de la garde impériale. Napoléon dirigea un superbe bataillon de grenadiers de cette garde sur Erfurt. Il ordonna de choisir un beau régiment d'infanterie légère, un régiment de hussards, un de cuirassiers, parmi ceux qui revenaient d'Allemagne, et de les diriger également sur Erfurt, pour y faire un service d'honneur auprès des souverains qui devaient assister à l'entrevue. Il dépêcha des officiers de sa maison avec les plus riches parties du mobilier de la couronne, afin qu'on y disposât élégamment et somptueusement les plus grandes maisons de la ville, et qu'on les adaptât aux besoins des personnages qui allaient se réunir, empereurs, rois, princes, ministres, généraux. Il voulut que les lettres françaises contribuassent à la splendeur de cette réunion, et prescrivit à l'administration des théâtres d'envoyer à Erfurt les premiers acteurs français, et le premier de tous, Talma, pour y représenter *Cinna, Andromaque, Mahomet, Œdipe*. Il donna l'exclusion à la comédie, bien qu'il fît des œuvres immortelles de Molière le cas qu'elles méritent; mais, disait-il, on ne les comprend pas en Allemagne. Il faut montrer aux Allemands la beauté, la grandeur de notre scène tragique; ils sont plus capables de les saisir que de pénétrer la profondeur de Molière.—Il recommanda enfin de déployer un luxe prodigieux, voulant que la France imposât par sa civilisation autant que par ses armes.

Ces ordres expédiés, il employa le temps qui lui restait à faire ses préparatifs militaires dans une double supposition, celle où il n'aurait sur les bras que l'Espagne aidée par les Anglais, et celle où, indépendamment de l'Espagne et de l'Angleterre, il lui faudrait battre encore une fois et immédiatement l'Autriche. **Situation des affaires d'Espagne, pendant que Napoléon** s'occupe à Paris de mettre ordre aux affaires générales de l'Empire. La situation ne s'était pas améliorée en Espagne depuis la retraite de l'armée française sur l'Èbre. Joseph avait entre la Catalogne, l'Aragon, la Castille, les provinces basques, y compris quelques renforts récemment arrivés, plus de cent mille hommes, en partie de jeunes soldats déjà aguerris, en partie de vieux soldats venus successivement, régiment par régiment, de l'Elbe sur le Rhin, du Rhin sur les Pyrénées. C'était plus qu'il n'aurait fallu dans la main d'un général vigoureux, pour accabler les insurgés, s'avançant isolément de tous les points de l'Espagne, de la Galice, de Madrid, de Saragosse. Mais on ne faisait que s'agiter, se plaindre, demander de nouvelles ressources, sans savoir se servir de celles qu'on avait. Napoléon avait essayé de raffermir, par l'énergie de son langage, le cœur ébranlé de Joseph.—Soyez donc digne de votre frère, lui avait-il dit; sachez avoir l'attitude convenable à votre position.

Conseils de Napoléon à son frère. Que me font quelques insurgés, dont je viendrai à bout avec mes dragons, et qui apparemment ne vaincront pas des armées dont ni l'Autriche, ni la Russie, ni la Prusse n'ont pu venir à bout? *Je trouverai en Espagne les colonnes d'Hercule; je n'y trouverai pas les bornes de ma puissance.*—Il lui avait ensuite annoncé d'immenses secours, en y ajoutant des conseils pleins de sagesse, de prévoyance, que Joseph et ses généraux n'étaient pas capables de comprendre, et encore moins de suivre. Cour militaire et politique du roi Joseph. Joseph avait voulu avoir autour de lui toute sa petite cour de Naples, d'abord le maréchal Jourdan, fort honnête homme, comme nous avons dit, sage, lent, médiocre, tel en un mot qu'il le fallait à la médiocrité de Joseph, surtout à son goût de dominer, car les frères de l'Empereur se vengeaient de la domination qu'il exerçait sur eux par celle qu'ils cherchaient à exercer sur les autres. Après le maréchal Jourdan, Joseph avait demandé M. Rœderer pour l'aider dans l'administration politique et financière de l'Espagne; ce que Napoléon n'avait pas encore accordé, se défiant non du cœur, non de l'esprit de M. Rœderer, mais de son sens pratique en affaires. Sauf ce dernier, Joseph avait déjà réuni tous ses familiers de Naples, et dans sa cour, moitié militaire, moitié politique, on aimait à médire de Napoléon, à relever ses travers, ses exigences, son défaut de justice et de raison; et sans oser nier son génie, on se plaisait à dire qu'il jugeait de loin, dès lors mal et superficiellement, qu'en un mot il se trompait, et qu'on ne se trompait point. On n'était même pas éloigné de croire que, moyennant qu'on fût son frère, on devait avoir une partie plus ou moins grande de son génie, et qu'avec un peu de son expérience de la guerre, on ne serait pas moins que lui en état de commander.

Ranimé par l'énergique langage de Napoléon, rassuré par les secours qui arrivaient de toutes parts, Joseph avait repris quelque courage, montait souvent à cheval, suivi de son fidèle Jourdan, et avait quelque goût à jouer le roi guerrier, à donner des ordres, à prescrire des mouvements, à se montrer aux troupes, à passer des revues. Tout rassuré qu'il était, il n'avait pas osé cependant rester à Burgos, ni même à Miranda, et il avait définitivement établi son quartier général à Vittoria. | Fixation du quartier général à Vittoria. | Il avait là deux mille hommes d'une garde royale, moitié espagnole, moitié napolitaine, deux mille hommes de garde impériale, trois mille de la brigade Rey qui ne le quittait pas, en tout sept mille. | Position de l'armée sur l'Èbre. | Il avait à sa droite le maréchal Bessières avec 20 mille hommes répandus entre Cubo, Briviesca et Burgos, tenant cette dernière ville par de la cavalerie; à sa gauche, de Miranda à Logroño, le maréchal Moncey avec 18 mille; et de Logroño à Tudela, le corps du général Verdier, fort encore de 15 à 16 mille hommes après les pertes essuyées à Saragosse. En arrière, Joseph avait encore les dépôts et les régiments de marche, mélange peu consistant de soldats détachés de tous les corps, mais bons à couvrir les derrières, et ne comprenant pas moins de 15 à 16 mille hommes. Des vieux régiments, que Napoléon avait successivement tirés de la grande armée, les derniers arrivés, les 51e et 43e de ligne, avec le 26e de chasseurs, avaient servi à former la brigade Godinot, troupe excellente qui, lancée à l'improviste sur Bilbao, en avait chassé les insurgés, et leur avait tué 1,200 hommes. Enfin les colonnes mobiles de gendarmerie et de montagnards gardant les cols des Pyrénées au nombre de 3 a 4 mille hommes, la division du général Reille forte de 6 à 7 mille, celle du général Duhesme en Catalogne de 10 à 11 mille, portaient à un total de 100 mille hommes les forces qui restaient encore en Espagne.

| Instructions de Napoléon fort mal comprises par Joseph et par les généraux qui servaient sous lui. |

Napoléon s'épuisait à envoyer à l'état-major de Joseph des instructions mal comprises, nous l'avons dit, et encore plus mal exécutées. Il avait d'abord converti en régiments définitifs les régiments provisoires, sous les numéros 113 à 120. Il avait donné ordre de réunir à ces régiments devenus définitifs tous les détachements en marche, pour remettre de l'ensemble dans les corps; de concentrer la garde impériale, dont une partie était auprès du maréchal Bessières, l'autre auprès de Joseph, et d'en composer, avec les vieux régiments de la brigade Godinot, une bonne réserve nécessaire pour les cas imprévus. Quant à la distribution générale des forces, il avait prescrit les dispositions suivantes. (Voir la carte n° 43.) Considérant l'Aragon et la Navarre comme un théâtre d'opération séparé, qui avait sa ligne de retraite assurée sur Pampelune, il avait ordonné d'y former une masse distincte de 15 à 18 mille hommes, chargée de couvrir la gauche de l'armée, de garder Tudela, qui était la tête du canal d'Aragon, et d'y rassembler un immense matériel d'artillerie pour la reprise ultérieure du siége de Saragosse. Plaçant ensuite en Vieille-Castille, c'est-à-dire à Burgos, grande route de Madrid, le centre des opérations principales, il avait ordonné de former là une autre masse de quarante à cinquante mille hommes, prêts à se jeter sur tout corps insurgé qui voudrait se présenter, soit à gauche, soit à droite, et à l'accabler; car il n'y avait aucune armée espagnole quelconque qui pût tenir devant trente ou quarante mille Français réunis. Il avait, enfin, recommandé d'attendre dans cette attitude imposante l'arrivée des renforts, et sa présence qu'il espérait rendre prochaine.

Tout cela, aussi profondément conçu que clairement indiqué dans les instructions de Napoléon, n'était compris de personne à Vittoria, et autour de Joseph on passait son temps à s'effrayer des moindres mouvements de l'ennemi, et à voir partout des insurgés par centaines de mille. Ainsi, depuis la retraite du maréchal Bessières, le général Blake avait reparu avec une vingtaine de mille hommes dans la Vieille-Castille, et on lui en donnait 40 à 50 mille. Disposition, depuis le désastre de Baylen, à voir partout des masses immenses d'insurgés. Depuis la capitulation de Baylen, le général Castaños s'avançait lentement sur Madrid avec environ 15 mille hommes, et on le supposait en marche sur l'Èbre avec 50. Enfin, les Valenciens et les Aragonais pouvaient compter sur 18 à 20 mille hommes, et on leur en prêtait 40. On se croyait donc en présence de 130 à 140 mille ennemis assez habiles et assez redoutables pour faire capituler des armées françaises, comme à Baylen; et quand ces exagérations étaient réduites à leur juste valeur par des renseignements plus précis, on s'excusait sur la difficulté d'être exactement informé en Espagne.—La vérité à la guerre, leur répondait Napoléon, est toujours difficile à connaître en tout temps, en tous lieux, mais toujours possible à recueillir quand on veut s'en donner la peine. Vous avez une nombreuse cavalerie, et le brave Lasalle; lancez vos dragons à dix ou quinze lieues à la ronde; enlevez les alcades, les curés, les habitants notables, les directeurs des postes; retenez-les jusqu'à ce qu'ils parlent, sachez les interroger, et vous apprendrez la vérité. Mais vous ne la connaîtrez jamais en vous endormant dans vos lignes.—

> Singulière aventure du général Lefebvre-Desnoette, qui apprend à moins craindre les insurgés espagnols.

Ces grandes leçons étaient perdues, et les complaisants de Joseph continuaient à peupler l'espace d'ennemis imaginaires. Dans les derniers jours d'août notamment, les Aragonais, les Valenciens, les Catalans, sous le comte de Montijo, s'étant présentés aux environs de Tudela, le maréchal Moncey, qui était fort intimidé depuis sa campagne de Valence, avait cru voir fondre sur lui tous les insurgés de l'Espagne, et il s'était pressé de prendre une position défensive, en demandant à grands cris des secours. Le général Lefebvre-Desnoette, remplaçant le général Verdier, blessé à l'attaque de Saragosse, s'était aussitôt porté en avant. Il avait traversé l'Èbre à Alfaro avec ses lanciers polonais, et avait mis en fuite tout ce qui s'était offert à lui, montrant ainsi ce que c'était que cette redoutable armée d'Aragon et de Valence.

> Sept. 1808.

Cette singulière aventure, en couvrant de confusion les gens effrayés, avait contribué à ramener les esprits à une plus juste appréciation de l'ennemi qu'on avait à combattre.

> Prétention de Joseph d'imiter les grandes manœuvres de Napoléon.

Joseph, enhardi par ce qu'il venait de voir, par les lettres sévères de Paris, s'était imaginé alors d'imiter les grandes manœuvres de son frère, et, établi à Miranda comme dans un centre, il méditait de courir d'un corps ennemi à l'autre, pour les battre successivement, ainsi que l'avait souvent pratiqué Napoléon. Les Espagnols prêtaient un peu, il est vrai, à une telle combinaison, car le général Blake, avec les insurgés de Léon, des Asturies, de la Galice, prétendait à s'introduire en Biscaye, sur notre droite; un détachement du général Castaños avait le dessein d'arriver à l'Èbre sur notre front, et les Aragonais, Valenciens et autres projetaient de pénétrer en Navarre pour tourner notre gauche. Leur espérance était de déborder nos ailes, de nous envelopper, de nous couper la route de France, et d'avoir ainsi une nouvelle journée de Baylen: chimère insensée, car on n'aurait pu renouveler contre soixante mille Français, fort résolus malgré la timidité de quelques-uns de leurs chefs, ce qu'on avait pu faire, une fois, contre huit mille Français démoralisés. À ce plan ridicule, imité du hasard de Baylen, Joseph voulait opposer l'imitation, tout aussi ridicule, des grandes manières d'opérer de son frère, en se jetant en masse, et alternativement, sur chacun des corps insurgés, afin de les écraser les uns après les autres. L'intention pouvait être bonne, mais la précision, l'à-propos dans l'exécution, sont tout à la guerre, et l'imitation n'y réussit pas plus qu'ailleurs. Aussi, tandis que les insurgés de Blake faisaient des démonstrations sur Bilbao, et ceux de l'Aragon sur Tudela, Joseph y envoyait ses corps en toute hâte, y courait quelquefois lui-même à perte d'haleine, arrivait quand il n'était plus temps, ou bien s'arrêtait sans pousser à bout ses tentatives, ramenait ensuite à Vittoria ses soldats exténués, écrivait alors à l'Empereur qu'il avait suivi ses conseils, et qu'il espérait bientôt, avec un peu d'expérience, devenir digne de lui: triste spectacle souvent donné au monde par des frères médiocres voulant copier des frères supérieurs, et ne réussissant à les égaler que dans leurs défauts ou leurs vices!

| Napoléon prescrit à ses lieutenants en Espagne de ne point fatiguer les |
| troupes en vains mouvements, et de l'attendre en s'appliquant à |
| réorganiser l'armée. |

Napoléon ne pouvait s'empêcher de sourire de ces misères de la vanité fraternelle, mais bientôt l'irritation l'emportait sur la disposition à rire, quand il réfléchissait au temps, aux forces que l'on consumait ainsi en pure perte. Il songea donc à envoyer à ceux qui l'imitaient si mal l'un de ses lieutenants les plus vigoureux, le maréchal Ney, pour les remonter en énergie; puis il leur ordonna de se borner à réorganiser l'armée, à refaire leur matériel et leur artillerie, à bien garder l'Èbre, et à se tenir tranquilles, en attendant son arrivée.

| Forces que Napoléon emprunte à l'Allemagne et à l'Italie pour les envoyer |
| en Espagne. |

Il prit ensuite son parti sur les détachements qu'il devait emprunter tant à l'Italie qu'à l'Allemagne, pour soumettre complétement l'Espagne. Il pensa qu'il ne fallait pas moins de 100 à 120 mille hommes si on voulait terminer promptement l'insurrection espagnole, et jeter les Anglais à la mer. Il avait eu connaissance de la convention de Cintra, et la trouvant honorable pour l'armée qui avait bien combattu, et qui était restée libre, il avait écrit à Junot: Comme général vous auriez pu mieux faire; comme soldat vous n'avez rien fait de contraire à l'honneur.—Il donna en même temps des ordres à Rochefort pour recevoir et rééquiper les troupes de Portugal, qui, acclimatées, aguerries et réarmées, pouvaient rendre encore de grands services, et accroître d'une vingtaine de mille hommes les secours destinés à la Péninsule.

Deux divisions tirées de l'Italie pour la Catalogne.

L'Italie avait recouvré depuis quelques mois les Italiens devenus de bons soldats en servant dans le Nord. Napoléon ordonna au prince Eugène de les acheminer au nombre de dix mille, sous le général Pino, vers le Dauphiné et le Roussillon. Il forma avec deux beaux régiments français, le 1er léger, le 42e de ligne, tirés du Piémont, où les remplaçaient deux régiments de l'armée de Naples, le fond d'une division, qui fut confiée au général Souham, et complétée par plusieurs bataillons appartenant à des corps déjà mis à contribution pour la Catalogne. Cette division, l'artillerie et la cavalerie comprises, s'élevait à près de 7 mille hommes. Ce furent donc 16 ou 17 mille hommes qui se dirigèrent des Alpes vers les Pyrénées, et qui, avec le corps du général Duhesme, la colonne Reille, et une brigade de Napolitains déjà partie pour Perpignan sous la conduite du général Chabot, devaient porter à 36 mille combattants environ les troupes destinées à la Catalogne.

Le général Saint-Cyr chargé de commander en Catalogne.

Cette province, séparée du reste de l'Espagne, offrant un théâtre de guerre à part, Napoléon y donna le commandement en chef des troupes à un général incomparable pour la guerre méthodique, et opérant toujours bien quand il était seul, le général Saint-Cyr. On ne pouvait faire un meilleur choix.

Le 1er et le 6e corps envoyés d'Allemagne en Espagne.

C'étaient l'Allemagne et la Pologne qui devaient fournir les détachements les plus considérables. Napoléon résolut d'en tirer le 1er corps déjà transporté à Berlin, sous le commandement du maréchal Victor, et le 6e ayant appartenu au maréchal Ney, et actuellement campé en Silésie, sous le maréchal Mortier.

Le 5e corps placé dans une position intermédiaire pour en disposer plus tard.

Il se réserva d'en tirer plus tard le 5e qui avait successivement appartenu aux maréchaux Lannes et Masséna, et qui était, comme le 6e, campé en Silésie, sous le maréchal Mortier. Napoléon, pour le moment, le dirigea sur Bayreuth, l'une des provinces franconiennes qui lui restaient, et voulut le laisser là en disponibilité, sauf à le diriger sur l'Autriche, si celle-ci se décidait pour la guerre immédiate, ou à l'acheminer sur l'Espagne, si la cour de Vienne renonçait à ses armements. Les 1er et 6e corps, renforcés par les recrues fournies par les dépôts, ne présentaient pas moins d'une cinquantaine de mille hommes, en y comprenant l'artillerie et la cavalerie légère attachées à chaque division. Ils étaient tous, sauf un petit contingent de conscrits, de vieux soldats éprouvés, renfermés dans des cadres sans pareils. **Napoléon envoie en Espagne toutes ses divisions de dragons.**

Napoléon songea à emprunter aussi à l'Allemagne une portion de la réserve générale de cavalerie, et fit choix de l'arme des dragons, qui lui semblait excellente à employer en Espagne, parce qu'elle pouvait faire plus d'un service, et que assez solide pour être opposée à l'infanterie espagnole, elle était moins lourde cependant que la grosse cavalerie. Il résolut au contraire de laisser dans les plaines du Nord ses nombreux et vaillants cuirassiers, inutiles contre les troupes sans tenue du Midi, nécessaires contre les bandes aguerries des contrées septentrionales. Il prescrivit le départ pour l'Espagne de trois divisions de dragons, sauf à expédier encore les deux qui restaient, quand il aurait éclairci le mystère de la politique autrichienne.

Il voulait faire concourir les rois, ses alliés ou ses frères, à cette guerre qui tenait à son système de royautés confédérées, et il demanda 3 mille Hollandais au roi de Hollande, 7 mille Allemands aux princes de la Confédération du Rhin, et au roi de Saxe 7 mille Polonais qu'il s'était engagé depuis long-temps à prendre à son service. Enfin il achemina en troupes du génie et d'artillerie environ 3,500 hommes, avec un immense matériel.

Ce n'était pas là tout ce qui marchait vers les Pyrénées. Déjà, comme nous l'avons dit, Napoléon avait dirigé sur l'Espagne huit vieux régiments compris dans les cent mille hommes agissant actuellement sur l'Èbre. **Formation de la division Sébastiani avec plusieurs régiments tirés des bords de l'Elbe.** Quatre autres tirés des bords de l'Elbe et de Paris, les 28e, 32e, 58e, 75e de ligne, étaient sur les routes de France, et devaient, avec le 5e de dragons, composer une belle division de sept ou huit mille hommes, que Napoléon donna au général Sébastiani, revenu de Constantinople. À ces douze vieux régiments tirés successivement de l'Allemagne et de la France, il en avait ajouté deux autres à la nouvelle des désastres de ses armées en Espagne : c'étaient les 36e et 55e de ligne, approchant en ce moment de Bayonne, et destinés à renforcer la réserve de Joseph. **Nouveaux détachements de la garde impériale envoyés en Espagne.** La garde enfin devait fournir encore quatre mille hommes, outre trois mille qui étaient au quartier général de Joseph. Ces troupes réunies, sans le 5e corps dont la disposition demeurait incertaine, sans les troupes de Junot arrivant à peine et qu'il fallait réorganiser, formaient un total de 110 à 115 mille hommes, dignes de la grande armée dont ils sortaient. Napoléon allait prendre des moyens pour les accroître encore à l'aide d'un habile recrutement tiré des dépôts, et remplacé aux dépôts par la conscription.

> Moyens employés par Napoléon pour remplacer aux armées d'Italie et d'Allemagne les troupes qu'il en a retirées.

Il s'agissait de savoir comment on remplacerait à l'armée d'Italie, et surtout à la grande armée, les troupes qu'on leur empruntait, sans trop affaiblir ni l'une ni l'autre. Après les régiments successivement appelés de Pologne et d'Allemagne, après le départ des 1er et 6e corps et des divisions de dragons, après le licenciement des auxiliaires, la grande armée se trouvait singulièrement réduite. Il restait dans la Poméranie suédoise et la Prusse le 4e corps du maréchal Soult, présentant 34 mille hommes d'infanterie, 3 mille de cavalerie légère, 8 à 9 mille de grosse cavalerie, 4 mille de troupes d'artillerie et du génie, total 50 mille environ. Le maréchal Bernadotte, prince de Ponte-Corvo, tenait garnison dans les villes anséatiques et le littoral de la mer du Nord, avec deux divisions françaises de 12 mille hommes (les divisions Boudet et Gency, la division Molitor ayant passé au corps du maréchal Soult), 14 mille Espagnols et 7 mille Hollandais, total 33 mille hommes. Le maréchal Davout, avec le 3e corps, le plus beau, le plus fortement organisé de toute l'armée française, occupait le duché de Posen, de la Vistule à l'Oder. Il comptait 38 mille hommes d'infanterie, 9 mille de cavalerie, chasseurs, dragons et cuirassiers. Il occupait en outre Dantzig avec la division Oudinot, forte de 10 mille grenadiers et chasseurs d'élite. Il avait 3 mille hommes d'artillerie et du génie, ce qui faisait un total de 60 mille Français. Il comptait 30 mille Saxons et Polonais. Le parc général pour toute la grande armée, réuni à Magdebourg et dans les principales places de la Prusse, comptait 7 à 8 mille serviteurs de toute espèce. C'était un total de 180 mille hommes, dont 130 mille Français, 50 mille Polonais, Saxons, Espagnols, Hollandais. Si on ajoutait à cette masse le 3e corps, établi en Silésie, et qui s'élevait à 24 mille hommes environ, la grande armée pouvait être évaluée à 200 mille soldats de première qualité, bien suffisants avec l'armée d'Italie pour accabler l'Autriche, l'empereur Alexandre ne nous apportât-il qu'un concours nul ou insuffisant. Toutefois, ce n'était plus assez pour contenir le mauvais vouloir universel du continent, car si l'Autriche seule manifestait sa haine et son désir de secouer le joug de notre domination, l'Allemagne entière commençait à éprouver contre nous une aversion profonde, et mal dissimulée, aussi bien dans les pays soumis à la Confédération du Rhin que dans tous les autres.

> Napoléon, par un envoi de conscrits, remonte la grande armée sous le rapport du nombre.

Napoléon voulut sur-le-champ reporter les armées d'Allemagne et d'Italie à un effectif presque égal à celui qu'elles avaient, avant les détachements qu'il venait d'en tirer. Malheureusement il pouvait les rendre égales en quantité à ce qu'elles avaient été, mais non pas en qualité, car il ne leur envoyait que des recrues en place de vieilles troupes. Cependant le fond de ces corps était si excellent, et le nombre d'hommes aguerris tel encore, qu'une addition de conscrits ne pouvait pas les affaiblir sensiblement. Il commença, en exécution de la convention passée avec la Prusse, par rapprocher du Rhin les troupes qu'il avait en Allemagne. Le 1er et le 6e corps, destinés à l'Espagne, étaient par ses ordres en marche sur Mayence, à six étapes l'un de l'autre, de manière à ne pas se faire obstacle sur la route qu'ils avaient à parcourir. Le corps du maréchal Soult fut amené sur Berlin, pour prendre la place du 1er corps, qui venait de quitter cette capitale. Le corps du maréchal Davout dut venir prendre sur l'Oder et dans la Silésie la place laissée vacante par les 6e et 5e corps, l'un dirigé, comme on l'a vu, sur Mayence, l'autre sur Bayreuth. Le général Oudinot dut avec ses bataillons d'élite quitter Dantzig, et s'acheminer vers l'Allemagne centrale. Les Polonais et les Saxons furent chargés de le remplacer à Dantzig. Ce mouvement, qui était un commencement d'exécution de la convention avec la Prusse, rendait le recrutement plus facile en abrégeant de moitié la distance.

> Mise à exécution définitive du décret qui fixe tous les régiments à cinq bataillons.

Napoléon songea d'abord à mettre définitivement en vigueur le décret rendu l'année précédente, lequel portait chaque régiment d'infanterie à cinq bataillons. En conséquence, il résolut d'avoir quatre bataillons complets à tous les régiments de la grande armée, en laissant le cinquième, celui du dépôt, sur le Rhin. Quant à l'Espagne, il voulut que chaque régiment eût trois bataillons de guerre au corps, un quatrième à Bayonne, comme premier dépôt, un cinquième dans l'intérieur de la France, comme second dépôt. Les armées d'Italie et de Naples devaient avoir de même cinq bataillons par régiment, quatre en Italie, le cinquième en Piémont ou dans les départements du midi de la France.

> Nouveau recours à la conscription.

Pour cela il fallut de nouveau recourir à la conscription. Il restait à prendre sur les conscriptions antérieures de 1807, 1808 et 1809, cette dernière déjà décrétée en janvier de l'année courante, environ 60 mille nommes. Napoléon voulut demander en outre celle de 1810, commençant ainsi à anticiper de plus d'une année sur les conscriptions dont il faisait l'appel. Toutefois il eut la précaution de ne disposer immédiatement que d'une partie de cette population. Ces deux levées, de 60 mille hommes pour les années 1807 à 1809, et de 80 mille pour 1810, devaient former un total de 140 mille hommes, dont 40 mille affectés à l'infanterie de la grande armée, 30 mille à celle de l'armée d'Espagne, 26 à celle d'Italie, 10 aux cinq légions de réserve, 10 enfin à celle de la garde impériale, ce qui faisait 116 mille hommes pour l'infanterie. Il en restait 14 mille pour la cavalerie, 10 mille pour l'artillerie, le génie et les équipages.

On remarquera sans doute que Napoléon levait 10 mille hommes pour la garde impériale. Cette troupe d'élite, rentrée en France, se reposait à Paris, et était généralement moins employée que les autres. Napoléon résolut d'en faire une école de guerre, en lui envoyant des jeunes gens choisis, pour qu'elle les dressât en bataillons de fusiliers. Après avoir passé un an ou deux soit à Paris, soit à Versailles dans la garde impériale, ces conscrits devaient avoir pris son esprit, sa discipline, sa belle tenue. Il n'en ordonna pas moins le recrutement ordinaire de cette garde, à vingt hommes par régiment, pris au choix sur toute l'armée, afin de maintenir son excellente composition, et de laisser ouverte cette carrière d'avancement pour les vieux soldats qui n'avaient pas une autre manière de s'élever.

Pour le moment, Napoléon n'appela que 80 mille hommes, dont 60 mille sur les conscriptions déjà décrétées, et 20 mille seulement sur celle de 1810. Il voulut même que l'on commençât par les conscrits des classes arriérées, et qu'on en acheminât sur Bayonne 20 mille, levés la plupart dans les départements du midi. Il ordonna l'envoi dans cette ville des cadres des quatrièmes bataillons, pour y entreprendre sur-le-champ l'instruction de ces conscrits, déjà robustes à cause de leur âge plus avancé, et pour y préparer ainsi le recrutement futur des corps entrant en Espagne. Grâce à cette prévoyance, la grande armée devait bientôt contenir près de 200 mille Français, sans y comprendre le cinquième corps, l'armée d'Italie 100 mille, l'armée d'Espagne 250 mille, dont 100 mille déjà établis sur l'Èbre, 110 mille en marche, et 40 mille faisant leur apprentissage militaire dans les quatrièmes bataillons.

En attendant l'exécution de ces mesures, Napoléon fit partir sur-le-champ des dépôts tout ce qui était disponible, afin de ménager de la place dans les cadres, et d'envoyer un premier contingent de recrues à tous les corps. Trois régiments de marche, un dirigé sur Berlin pour le maréchal Soult (4e corps), un sur Magdebourg pour le maréchal Davout (3e corps), un sur Dresde pour le maréchal Mortier (5ᵉ corps), furent formés et expédiés. Deux autres, l'un acheminé sur Mayence, l'autre sur Orléans, furent destinés à recruter le 1ᵉʳ et le 6ᵉ corps. C'était un renfort immédiat d'une douzaine de mille hommes, parfaitement instruits, pour les divers corps qui devaient ou rester en Allemagne, ou se rendre en Espagne.

Napoléon prescrivit en même temps, pour faciliter la formation à quatre bataillons de guerre des régiments restés en Allemagne, que ceux qui avaient des compagnies de grenadiers et de chasseurs à la division Oudinot, les rappelassent sur-le-champ; et pour dédommager cette division de ce qu'elle perdait, il lui fit donner les compagnies de grenadiers et de chasseurs des régiments qui étaient stationnés en France, et qui ne lui avaient encore fourni aucune de ces compagnies. C'était un mouvement extraordinaire de troupes allant et venant dans tous les sens, de jeunes et vieux soldats, les uns se dirigeant vers le Nord, les autres vers le Midi, depuis la Vistule jusqu'à l'Èbre, tous se succédant avec aussi peu de confusion que le comportaient d'aussi vastes distances et des masses d'hommes aussi considérables.

> Fêtes ordonnées pour l'armée.

S'occupant toujours des plaisirs du soldat, et sachant que s'il ne tient pas à sa vie quand on a eu l'art de l'aguerrir, tient à en jouir pendant qu'on la lui laisse, Napoléon ordonna des fêtes brillantes pour les troupes qui traversaient la France du Rhin aux Pyrénées. Il voulut qu'à Mayence, Metz, Nancy, Reims, Orléans, Bordeaux, Périgueux, les municipalités offrissent des réjouissances toutes militaires, dont il promit secrètement de faire les frais. Il consacra à cet objet plus d'un million, pris sur le trésor de l'armée, en ayant soin de laisser aux municipalités tout le mérite de cette généreuse hospitalité. Des chansons guerrières composées par son ordre étaient chantées dans des banquets, où il n'était question que des exploits héroïques de nos armées et de la grandeur de la France, seule part qu'on laissât à la politique dans ces solennités. Là de vieux soldats partis du Niémen pour se rendre sur le Tage se rencontraient avec des enfants de dix-huit ou dix-neuf ans, quittant les bords de la Seine ou de la Loire pour ceux de l'Elbe ou de l'Oder, ayant oublié déjà le chagrin d'abandonner leur chaumière, et, au milieu de leurs adieux, se souhaitant bonne fortune dans cette aventureuse carrière de combats et de gloire. En général, ceux qui allaient au Midi étaient les plus joyeux, par la seule raison qu'ils devaient y trouver de bons vins, tant était grand l'oubli de soi-même chez ces hommes voués à une destruction presque certaine, et pour eux fort prévue.

> Grands envois de matériel de guerre vers l'Espagne.

À tous ces envois d'hommes, Napoléon ajouta d'immenses envois de matériel vers les Pyrénées. Il n'y avait rien à expédier sur le Rhin, car depuis qu'on faisait la guerre sur cette frontière, on y avait accumulé un matériel considérable, que la place de Magdebourg, devenue presque française en devenant westphalienne, avait peine à contenir, et qu'on était obligé de faire refluer vers Erfurt, vers Mayence et vers Strasbourg. Mais à Perpignan, à Toulouse, à Bayonne, presque tout était à créer, la guerre étant nouvelle au Midi, et prenant surtout des proportions aussi étendues. En conséquence, Napoléon ordonna la réunion à Bayonne d'immenses quantités de draps, toiles, cuirs, fusils, canons, tentes, marmites, grains, fourrages, bétail. Il voulut que chaque soldat, portant dans son sac trois paires de souliers, pût en trouver deux autres aux Pyrénées, accordées le plus souvent en gratification. Il commanda une fabrication extraordinaire de souliers, capotes et biscuit, persistant dans sa maxime que le soldat, avec de la chaussure, des habits et du biscuit, a l'indispensable, et qu'avec cela on peut tout faire de lui. Il prescrivit l'achat d'un grand nombre de bœufs et de mulets pour l'alimentation et les transports. Enfin il eut soin d'affecter de fortes subventions à l'entretien des routes, car elles succombaient sous les énormes charrois qui les parcouraient. Ces ordres devaient être exécutés dans la seconde moitié d'octobre, l'entrevue d'Erfurt devant en prendre la première moitié. Napoléon comptait passer l'Èbre à cette époque, marcher sur Madrid à la tête d'armées formidables, et rétablir son frère sur le trône de Philippe V.

> Dépenses des armements prescrits par Napoléon.

Il fallait, pour suffire à ces vastes dépenses, des ressources tout aussi vastes. La victoire et la bonne administration y avaient pourvu d'avance; mais il n'en est pas moins vrai qu'une notable partie des trésors amassés avec tant de prévoyance, pour la fécondation du sol, pour la dotation de grandes familles, allait être détournée et dissipée. Napoléon recueillait ainsi de ses fautes en Espagne deux conséquences également fâcheuses, la dispersion de ses vieux soldats du Nord au Midi, et la dissipation des richesses créées par son habile économie. Ce budget, qu'il avait mis tant de soin à renfermer dans un chiffre de 720 millions (sauf les frais de perception qui étaient de 120, et les dépenses départementales de 30), dépassait cette proportion, pour s'élever à 800, même au delà, sans compter tout ce que continuerait à fournir l'étranger, car la grande armée était entretenue en partie sur les contributions de la Prusse.

> L'équilibre rompu de nouveau dans le budget de l'État.

Les recettes qui, sous ce règne si paisible au dedans, allaient sans cesse croissant, venaient de fléchir dans un de leurs produits essentiels, les douanes. On avait espéré 80 millions de ce dernier produit, et il était douteux qu'on en perçût 50. C'était un premier effet des redoutables décrets de Milan, qui avaient interdit, par des moyens nouveaux et plus rigoureux, l'entrée des denrées coloniales de provenance anglaise. Les recettes diminuaient donc, tandis que les dépenses augmentaient. Il est vrai que le trésor de l'armée y devait pourvoir.

Complément de ressources trouvé dans le trésor de l'armée.

Le dernier règlement avec la Prusse promettait des ressources considérables. On avait consommé en fournitures sur les lieux environ 90 millions. On en avait dépensé 206 en argent provenant des contributions, ce qui faisait près de 300 millions tirés de l'Allemagne pour l'entretien des armées françaises. Il restait à la caisse des contributions, c'est-à-dire au trésor de l'armée, environ 160 millions, en valeurs reçues ou à recevoir prochainement, plus 140 dus par la Prusse, en tout 300 millions. Mais ces 300 millions n'étaient pas intégralement disponibles; car, indépendamment des 140 millions acquittables en lettres de change ou lettres foncières, il y avait, dans les 160 millions tenus pour comptant, 24 millions déjà versés au trésor pour solde arriérée, et 74 versés à la caisse de service sur les 84 qu'on lui devait pour l'emprunt destiné à faire cesser l'escompte des obligations des receveurs généraux. Restaient donc 62 millions immédiatement disponibles, plus une vingtaine de millions provenant de la contribution de l'Autriche, mais absorbés par quelques prêts accordés, soit à des villes, soit à l'Espagne elle-même. Ainsi les ressources présentes étaient fort limitées, puisque les 140 millions stipulés par la Prusse en lettres de change et titres fonciers ne devaient être versés que successivement, et dans un espace de dix-huit mois. Il est vrai que les recettes du trésor rentraient avec une extrême facilité, que la caisse de service regorgeait d'argent, grâce au crédit dont elle jouissait; que, d'après le règlement conclu avec la Prusse, la grande armée était soldée en entier pour toute l'année 1808, et que, si le terme des ressources pouvait se faire apercevoir, rien encore ne sentait la gêne. Napoléon n'en avait pas moins porté, par la guerre d'Espagne, un coup aussi sensible à ses finances qu'à ses armées, car les unes comme les autres allaient s'affaiblir en se divisant.

Achats de rentes ordonnés par Napoléon pour soutenir le cours des effets publics.

Il résultait de cette fatale guerre une charge nouvelle, que Napoléon avait voulu assumer sur lui par des raisons politiques fort controversables, et fort controversées avec son ministre du trésor, M. Mollien. Bien qu'il mît un grand soin à dérober au public la connaissance des événements d'Espagne, jusqu'à cacher même les victoires, afin de mieux laisser ignorer les défaites, on arrivait, toutefois, à les connaître, soit par les journaux anglais, dont il pénétrait toujours quelques-uns malgré la police la plus vigilante, soit par les lettres des officiers à leurs familles, écrites comme de coutume d'après les impressions exagérées du moment. On finissait ainsi par apprendre les faits principaux, et on savait qu'une armée française avait été malheureuse en Andalousie, qu'une flotte avait capitulé à Cadix, que Joseph, après être entré à Madrid, se trouvait aujourd'hui à Vittoria. Or, ce sont les résultats généraux qui importent bien plus que les détails, et, en définitive, il était généralement connu que l'entreprise essayée sur la couronne d'Espagne, au lieu d'être, comme on l'avait cru d'abord, une simple prise de possession, devenait une lutte acharnée contre une nation entière, secondée par toute la puissance des Anglais. La division des forces de la France étant une conséquence inévitable de cette nouvelle guerre, on sentait confusément que l'Empire n'était plus si fort, que ses ennemis naguère abattus pourraient relever la tête, et que tout ce qui semblait résolu pourrait être remis en question. Les intérêts, quoique souvent aveugles, ont cependant une perspicacité instinctive, qui à la longue les rend clairvoyants. Aussi, le mouvement mercantile des fonds publics, s'il ne révèle en général que les folles terreurs ou les folles espérances du jour, indique avec le temps l'opinion sage et fondée que les intérêts éclairés par la réflexion se font de l'état des choses. Or, malgré les efforts de Napoléon pour dissimuler la véritable situation des affaires d'Espagne, la sagacité éveillée de la finance démentait le langage officiel du gouvernement, et les fonds publics baissaient sensiblement. On les avait vus après Tilsit s'élever à un taux alors inconnu, celui de 94 pour la rente cinq pour cent, et s'y maintenir avec quelques légères variations, jusqu'au moment où, la barbare expédition de Copenhague amenant la coupable invasion de la Péninsule, l'espérance de la paix s'était évanouie. À cette époque les fonds étaient tombés de 94 à 80, et même à 70 après l'insurrection espagnole. C'était le jugement que les intérêts effrayés portaient eux-mêmes sur la politique de l'Empereur, et c'étaient des vérités fort dures, que sa puissance, si redoutée et si respectée, ne pouvait lui épargner. Comme il arrive toujours, au mouvement naturel des valeurs s'était joint le mouvement factice produit par la spéculation, et le taux des fonds publics tendait à tomber même au-dessous de ce qu'autorisaient des prévisions raisonnables; car, si Napoléon avait commis une grande faute, il lui était possible de la réparer encore, et de se sauver, pourvu qu'à celle-là il n'en ajoutât pas d'autres d'une nature plus grave.

Lutte victorieuse de Napoléon contre les spéculateurs à la baisse.

Mais il n'était pas homme à reculer devant cette nouvelle espèce d'ennemis, et il résolut de lutter contre eux.—Je veux, dit-il à M. Mollien, faire une campagne contre les *baissiers*;—car ce triste jargon de l'agiotage était aussi connu alors qu'aujourd'hui. Il suffit, en effet, d'avoir traversé une révolution pour qu'il devienne vulgaire, l'agiotage n'ayant pas de plus vaste champ que les révolutions pour s'exercer, Napoléon voulut donc, malgré M. Mollien, dont l'esprit habitué aux procédés réguliers répugnait aux expédients, ordonner des achats extraordinaires de rentes, afin de relever les fonds publics. Il eut recours pour cela au trésor de l'armée, qu'il croyait inépuisable, comme il croyait invariable dans ses faveurs la victoire qui avait rempli ce trésor. En conséquence, il prescrivit des achats considérables pour le compte du trésor de l'armée, indépendamment des achats de la caisse d'amortissement, alors rares et peu réguliers, et pensa faire en cela une chose aussi avantageuse à l'armée qu'aux créanciers de l'État eux-mêmes. Pour l'armée, il se procurait des placements donnant un intérêt de 6 ou 7 pour cent, et pour les créanciers de l'État, il maintenait la valeur de leur gage à un taux suffisant. Il n'y avait, du reste, en se reportant aux habitudes de l'époque, pas beaucoup à reprendre à cette manière d'opérer, car alors on n'avait pas encore appris à penser que les achats de l'État doivent être constants et quotidiens comme une fonction régulière, et non accidentels comme une spéculation.

> Napoléon fait exécuter aussi des achats de rentes par la Banque de France.

Napoléon, n'ayant pas sous la main les fonds de l'armée, ordonna à la caisse de service de faire les avances, et cette caisse avança jusqu'à 30 millions pour des achats de rentes. Il ne s'en tint pas là. Il y avait à la Banque, depuis l'émission de ses nouvelles actions, des capitaux oisifs, dont elle ne trouvait point l'emploi, l'escompte ne se développant pas en proportion du capital que Napoléon avait voulu lui constituer. Au taux de la rente, c'était un placement d'environ 7 pour 100, présentant par conséquent plus d'avantages que l'escompte lui-même. Napoléon exigea que la Banque achetât des rentes pour une forte somme; ce qu'elle fit avec docilité, et ce qui du reste était conforme à ses intérêts bien entendus comme à ceux de l'État, aucun placement ne pouvant être en ce moment aussi avantageux que celui qu'on lui prescrivait. Par ces achats combinés, exécutés résolûment, opiniâtrement, pendant un mois ou deux, les spéculateurs à la baisse furent vaincus, plusieurs même ruinés, et les fonds publics remontèrent à 80, taux auquel Napoléon attachait l'honneur de son gouvernement. Au-dessus était à ses yeux la prospérité exubérante, que ses victoires devaient bientôt rendre à l'empire; au-dessous était un signe de déclin qu'il ne voulait pas souffrir. Il décida qu'à chaque mouvement des fonds au-dessous de 80, le trésor recommencerait ses achats. Aussi, malgré toutes les tentatives des joueurs à la baisse, espèce de joueurs la pire de toutes, car elle spécule sur l'appauvrissement de la fortune publique, les cours se maintinrent par la puissance de ce singulier spéculateur, qui avait à sa disposition les ressources réunies du trésor et de la victoire.

> Résultat de la lutte financière de Napoléon contre les

> spéculateurs à la baisse.

Il fut joyeux de ce succès comme d'une bataille gagnée sur les Russes ou sur les Autrichiens.—Voilà les *baissiers* vaincus, dit-il à M. Mollien. Ils ne s'y essayeront plus, et en attendant nous aurons conservé aux créanciers de l'État le capital auquel ils ont le droit de prétendre, car 80 est celui sur lequel je veux qu'ils puissent compter; et de plus nous aurons opéré de bons placements pour la caisse de l'armée.—Puis il fit donner quelques recettes particulières à plusieurs des vaincus de cette guerre financière. C'était toutefois un singulier symptôme, et digne d'observation, que cette lutte ouverte que les spéculateurs livraient à la politique de Napoléon, quand l'opinion inquiète se bornait encore à de sourdes rumeurs. Que n'écoutait-il cette leçon, si peu élevée qu'en fût l'origine; car la vérité est bonne et salutaire d'où qu'elle vienne!

> Effet des déclarations de Napoléon sur la diplomatie européenne.

> Réponses de l'Autriche.

Ces soins de tout genre avaient absorbé la fin d'août et presque tout le mois de septembre. L'entrevue d'Erfurt approchait. Dans cet intervalle, les manifestations de la diplomatie impériale avaient atteint leur but. L'Autriche, intimidée depuis le retour de Napoléon à Paris, avait notablement fléchi. Les déclarations qu'il avait faites, confirmées par l'appel des contingents allemands, la mettant en face de la guerre, lui avaient inspiré des réflexions sérieuses. Il convenait d'ailleurs à cette puissance d'ajourner ses résolutions, car à se décider pour une nouvelle prise d'armes, il valait mieux qu'elle attendît que cent mille Français eussent passé de l'Allemagne dans la Péninsule, et qu'elle eût en outre apporté un nouveau degré de perfection à ses préparatifs. Elle n'hésita donc pas à donner des explications qui pussent calmer l'irritation de Napoléon, et éloigner le moment de la rupture. Elle imputa ses armements à une prétendue réorganisation de l'armée autrichienne, commencée, disait-elle, par l'archiduc Charles, et continuée par lui avec persévérance depuis plus de deux années, ce que personne n'avait le droit de trouver ni étonnant ni mauvais. Quant à l'indulgence dont l'Angleterre avait usé dans l'Adriatique à l'égard du pavillon autrichien, elle l'expliqua non par une connivence secrète, mais par un reste de ménagement de l'Angleterre envers une ancienne alliée. Enfin, relativement à la reconnaissance du roi Joseph, elle éluda les ouvertures de la diplomatie française, en remettant de jour en jour, sous prétexte de n'avoir pu encore fixer l'attention de l'empereur François sur ce grave sujet.

Napoléon ne se méprit point sur le sens et la sincérité des réponses de l'Autriche. Mais il vit clairement à son langage qu'elle n'agirait pas cette année, et qu'il aurait le temps de faire une campagne prompte et vigoureuse au delà des Pyrénées. C'était d'ailleurs à Erfurt qu'il allait s'en assurer définitivement.

Réponse de la Prusse. La Prusse avait ratifié avec empressement la convention d'évacuation, même les articles secrets qui limitaient d'une manière si étroite son état militaire, mais elle demandait comme faveur insigne des délais plus longs pour l'acquittement des 140 millions restant encore à solder. Elle espérait les obtenir de l'intervention personnelle et directe de l'empereur Alexandre à Erfurt; car tout le monde espérait ou craignait quelque chose de cette fameuse entrevue, annoncée dans l'Europe entière, et devenue l'objet de tous les entretiens. Les uns la niaient, les autres l'affirmaient, chacun suivant ses désirs. D'autres y ajoutaient des souverains tels que le roi de Prusse, ou l'empereur d'Autriche, qui n'y avaient pas été invités; car, en dehors des souverains de France et de Russie, on n'avait appelé ou accueilli dans leur désir d'y être admis, que les princes dont on attendait des hommages et un accroissement d'éclat.

Préparatifs de l'empereur Alexandre pour se rendre à Erfurt.

Au milieu de ces discours contradictoires des curieux et des oisifs, ce qu'il y avait de vrai, c'est qu'en effet l'entrevue allait avoir lieu le 27 septembre à Erfurt, à quelques lieues de Weimar. L'empereur Alexandre, après l'avoir tant souhaitée, ne pouvait la refuser quand on la lui offrait. Ses affaires la lui permettaient d'ailleurs, et la lui commandaient même, car les choses commençaient à se passer mieux en Finlande, les Anglais avaient quitté la Baltique, et les événements se précipitaient en Orient. Il avait donc accepté avec joie l'occasion offerte de revoir Napoléon, et d'obtenir enfin de lui la réalisation de tout ou partie de ses vœux les plus chers. M. de Romanzoff, plus ardent que lui, s'il était possible, à poursuivre l'accomplissement des mêmes désirs, avait approuvé tout autant que son maître cette importante entrevue, et devait l'y accompagner. **Personnages que l'empereur Alexandre amène à Erfurt.** Outre M. de Romanzoff, Alexandre avait résolu d'amener avec lui son frère, le grand-duc Constantin, à titre de militaire, puis le premier officier de son palais, M. de Tolstoy, frère de l'ambassadeur de Russie à Paris, et avec ces deux personnages quelques aides de camp. Il avait voulu, pour se faciliter les relations avec la cour impériale de France, que M. de Caulaincourt, qu'il avait contracté l'habitude de voir tous les jours et d'entretenir sans aucune gêne, vînt à Erfurt. **Alexandre veut être autorisé, en passant à Kœnigsberg, à donner quelques**

<u>consolations au roi et à la reine de Prusse.</u> Il n'avait demandé avant de se mettre en route qu'une chose, c'était qu'on lui fournît le moyen, en passant à Kœnigsberg, de dire encore quelques paroles consolantes aux souverains ruinés et profondément malheureux de la Prusse. La convention d'évacuation, tout en les satisfaisant fort, sous le rapport de la délivrance de leur territoire, les désolait quant aux exigences pécuniaires. Or, Alexandre avait cette faiblesse, tenant du reste à un bon sentiment, de vouloir toujours dire à ceux qu'il voyait ce qui leur était agréable à entendre. Il en éprouvait particulièrement le besoin vis-à-vis du roi et de la reine de Prusse, dont l'infortune était pour lui un reproche continuel. Il insista donc pour être autorisé à faire en passant à Kœnigsberg quelques nouvelles promesses d'allégement, auxquelles M. de Caulaincourt, dépourvu d'instructions sur ce sujet, n'accéda qu'avec beaucoup de timidité et de ménagement; et, cela obtenu, il disposa tout pour être rendu le 27 septembre à Erfurt, en restant un jour seulement auprès de la malheureuse cour de Prusse.

À Saint-Pétersbourg, le parti hostile à la politique de l'alliance, fort joyeux des difficultés que la France rencontrait en Espagne, faisant argument de celles que la Russie rencontrait en Finlande, et déplorant avec affectation les souffrances du commerce russe, blâmait amèrement l'entrevue d'Erfurt. <u>Opposition à Saint-Pétersbourg à l'entrevue d'Erfurt.</u> Après les indignités de Bayonne, disait ce parti, aller si loin en visiter l'auteur, s'aboucher avec lui, sans doute pour ratifier tout ce qu'il avait fait, tout ce qu'il ferait encore, était une conduite peu honorable. Le représentant de l'Autriche surtout s'était permis à cet égard des libertés de langage qu'il avait fallu réprimer. La cour de l'impératrice mère ne s'était contenue qu'à moitié, mais s'était contenue, devant l'expression formelle de la volonté d'Alexandre. Cependant au dernier moment l'impératrice mère, éclatant à la vue des dangers de son fils, auxquels elle semblait croire, avait adressé des reproches violents à M. de Romanzoff, lui disant qu'il conduisait Alexandre à sa perte, et qu'il arriverait peut-être à Erfurt de l'empereur de Russie ce qui était arrivé à Bayonne des malheureux souverains de l'Espagne. Enfin elle n'avait pu s'empêcher d'exprimer ses appréhensions à l'empereur lui-même, qui l'avait rassurée plutôt comme un fils reconnaissant que comme un maître absolu, blessé de ce qu'on jugeât si mal ses démarches et les conséquences qu'elles pouvaient avoir. Des suppositions aussi étranges prouvaient deux choses: l'aveuglement des vieilles cours, et la force que Napoléon avait rendue à leurs préjugés par sa conduite à Bayonne.

> Départ de l'empereur Alexandre, et son rapide voyage à travers la Pologne et l'Allemagne.

Alexandre ne tint aucun compte de ces craintes, partit de Saint-Pétersbourg avec son frère et quelques aides de camp (il s'était fait précéder par MM. de Romanzoff et de Caulaincourt), et courut la poste en voyageant avec autant de simplicité que de célérité. Il avait été convenu que Napoléon, étant chez lui à Erfurt, se chargerait des soins matériels de cette grande représentation, et qu'Alexandre n'aurait à y transporter que sa personne et celle de ses officiers. Il voyageait avec une simple calèche, plus vite que les courriers les plus pressés. Il s'arrêta le 18 septembre à Kœnigsberg, parut s'apitoyer beaucoup sur les malheurs de ses anciens alliés, presque réduits à vivre dans l'indigence à l'une des extrémités de leur royaume, et repartit immédiatement pour Weimar.

Partout où il y avait des troupes françaises, un accueil des plus brillants était préparé au jeune czar. Les corps d'armée étaient sous les armes dans leur plus belle tenue, criant: *Vive Alexandre! Vive Napoléon!* Alexandre les passait en revue, les félicitait de leur aspect militaire qui répondait à leur valeur, et les charmait par sa grâce infinie. Napoléon lui avait envoyé le maréchal Lannes, devenu duc de Montebello, pour le recevoir aux limites de la Confédération du Rhin, lesquelles s'étendaient jusqu'à Bromberg. Alexandre avait comblé de caresses et entièrement séduit ce vieux militaire, qui, quoique fort entêté dans ses sentiments révolutionnaires, n'en était pas moins très-sensible aux témoignages éclatants et mérités qui descendaient sur lui du haut des trônes.

> Arrivée de l'empereur Alexandre à Weimar.

Alexandre arriva le 25 septembre à Weimar, voulant résider dans cette cour de famille jusqu'au 27, jour assigné pour la réunion à Erfurt.

> Personnages dont Napoléon s'entoure pour aller à Erfurt.

Napoléon de son côté avait quitté Paris, précédé, entouré et suivi de tout ce qu'il y avait de plus grand dans son armée et dans sa cour. M. de Talleyrand était l'un des personnages qu'il avait dépêchés en avant, pour donner au langage, à l'attitude de tout le monde, la direction qu'il lui convenait d'imprimer. Quoique déjà mécontent de quelques propos de M. de Talleyrand sur les affaires d'Espagne, dont celui-ci cherchait à se séparer depuis qu'elles tournaient mal, Napoléon avait voulu l'avoir pour se servir de lui au besoin dans diverses communications délicates, auxquelles M. de Champagny n'était pas propre. Une grande quantité de généraux, de diplomates étaient du voyage. L'Allemagne s'était fait représenter par une foule de princes couronnés. <u>Affluence de princes à Erfurt.</u> <u>Spectacle que présente un moment cette petite ville ecclésiastique.</u> Dès le 26, le roi de Saxe s'était empressé de paraître à Erfurt. Cette petite ville d'Erfurt, ancienne possession d'un prince ecclésiastique, habituée, comme Weimar, et plusieurs autres capitales studieuses de l'Allemagne, à un calme inaltérable, était devenue le lieu le plus animé, le plus brillant, le plus peuplé de soldats, d'officiers, d'équipages, de serviteurs à livrée. On y rencontrait comme de simples promeneurs des rois, des princes, de très-grands seigneurs de l'ancien et du nouveau régime. Napoléon y avait expédié d'avance tout ce qu'il fallait pour cacher sous des plaisirs élégants et magnifiques le sérieux des affaires.

<u>Arrivée de Napoléon à Erfurt le 27 septembre.</u> Il y arriva le 27 septembre, à 10 heures du matin. Après avoir reçu les autorités civiles et militaires accourues de tous les environs, puis les diplomates de l'Europe, les potentats de la Confédération du Rhin, le roi de Saxe, il sortit d'Erfurt à cheval, vers le milieu du jour, entouré d'un immense état-major, pour aller à la rencontre de l'empereur Alexandre, qui venait de Weimar en voiture découverte.

<u>Première rencontre des deux empereurs sur la route de Weimar à Erfurt.</u>

Weimar est à quatre ou cinq lieues d'Erfurt. Napoléon rencontra son allié à deux lieues. En apercevant la voiture qui le transportait, il fit prendre le galop à son cheval comme pour mieux témoigner son empressement. Arrivés l'un près de l'autre, les deux empereurs mirent pied à terre, s'embrassèrent cordialement, et avec tous les signes d'un extrême plaisir à se revoir: plaisir sincère du reste; car, outre qu'ils avaient grand besoin de conférer de leurs affaires, ils se plaisaient réciproquement. Des chevaux avaient été préparés pour Alexandre et sa suite; les deux empereurs rentrèrent donc à cheval, marchant l'un à côté de l'autre, s'entretenant avec une véritable effusion, se demandant des nouvelles de leurs familles, comme si ces familles de même origine s'étaient jadis connues et aimées, charmant enfin par leur aspect les populations accourues des pays environnants, avides de les voir, et heureuses de les trouver si bien d'accord, car c'était pour elles un gage qu'elles ne reverraient plus ces formidables armées qui deux ans auparavant, à la même époque et dans les mêmes lieux, ravageaient leurs belles campagnes.

<u>Emploi de la première journée à Erfurt.</u>

Arrivé à Erfurt, Napoléon présenta à l'empereur Alexandre tous les personnages admis à cette entrevue, en commençant par les rois et princes, et le reconduisit ensuite au palais qu'il lui avait destiné. C'était chez Napoléon qu'on devait dîner tous les jours, puisque c'était lui qui offrait l'hospitalité au souverain du Nord. Le soir, s'assirent autour d'un festin splendide Napoléon, Alexandre, le grand-duc Constantin, le roi de Saxe, le duc de Weimar, le prince Guillaume de Prusse, la foule enfin des princes régnants, des personnages titrés, civils et militaires. La ville fut illuminée, et on assista à une représentation de *Cinna*, donnée par les acteurs tragiques les plus parfaits que la France ait jamais possédés. La clémence habile du fondateur d'empire désarmant les partis, les rattachant à son pouvoir, était le spectacle par lequel Napoléon voulait que commençassent les représentations de la tragédie française.

> Résolutions de Napoléon en venant à Erfurt sur les objets dont il allait entretenir l'empereur Alexandre.

Il était convenu qu'au milieu de ces fêtes on prendrait le matin, le soir, dans le cabinet ou à la promenade, le temps de s'entretenir en liberté des graves intérêts qu'il s'agissait de régler. Le parti de Napoléon, en venant à Erfurt, était pris sur les objets essentiels qui allaient être traités dans l'entrevue, et il avait son plan arrêté d'avance. Sur l'Orient d'abord, il était revenu de toute idée de partage, ayant senti, après quelques discussions auxquelles il s'était prêté par complaisance, qu'il lui était impossible de s'entendre avec la Russie à ce sujet. Renonciation à toute idée de partage relativement à l'empire turc, et don immédiat à la Russie des provinces du Danube. S'il ne donnait Constantinople, il ne donnait rien, accordât-il l'empire turc tout entier; car pour Alexandre et M. de Romanzoff, la question consistait uniquement dans la possession des deux détroits. Et s'il donnait Constantinople, il donnait cent fois trop; il donnait l'avenir de l'Europe, il donnait enfin une conquête dont l'éclat effacerait toutes les siennes. Mais il avait aperçu qu'en payant comptant, si l'on peut s'exprimer ainsi, en sacrifiant sur-le-champ une partie du territoire turc que la Russie ambitionnait avec passion, il lui causerait un plaisir assez grand pour la satisfaire et se l'attacher complètement dans l'occurrence actuelle. Or, cela suffisait aux desseins de Napoléon.

Ainsi, à un rêve magnifique, mais dangereux pour l'Europe, substituer une réalité restreinte, mais immédiate, était pour cette fois son plan de séduction à l'égard de la Russie. Tout ce que l'empereur Alexandre et M. de Romanzoff avaient dit depuis plusieurs mois prouvait que, malgré l'exaltation de leurs espérances, ils se départiraient sans trop de peine de la prétention de partager l'empire turc, vu la difficulté de se mettre d'accord, moyennant qu'on leur abandonnât tout de suite et définitivement une portion de territoire à leur convenance, cette portion de territoire étant située sur le Danube. C'était, sans doute, une concession grave à l'ambition russe, mais la moins dangereuse de toutes celles qu'on pouvait faire, fâcheuse surtout pour l'Autriche, des déplaisirs de laquelle on n'avait guère à s'inquiéter, et devenue inévitable quand on s'était créé de si grands embarras en Espagne. Dans la position où nous avaient mis les derniers événements, ce sacrifice était indispensable, et, réduit à certaines proportions, il ne dépassait pas assurément, il n'égalait même pas les avantages que la France obtenait de son côté.

En retour, Napoléon voulait exiger de la Russie une alliance intime, pour la paix comme pour la guerre, un concours absolu d'efforts contre l'Autriche et l'Angleterre. Ce concours était immanquable, du reste; car Napoléon, en concédant la Valachie et la Moldavie à la Russie, se décidait à un don qui brouillait inévitablement Alexandre avec l'Autriche et l'Angleterre. Dès lors, puisqu'on allait se brouiller avec elles pour cette cause essentielle, il fallait s'entendre à l'avance pour leur tenir tête, et l'alliance offensive et défensive s'ensuivait immédiatement.

Napoléon avait donc, en se résignant à la cession des provinces danubiennes, le moyen presque infaillible de faire aboutir la conférence d'Erfurt à la fin qu'il désirait. Son plan bien arrêté, il ne lui était pas difficile, avec son art profond d'entraîner et de dominer les hommes quand il voulait s'y appliquer, d'amener Alexandre à ses vues.

> Premières conversations sérieuses de Napoléon avec Alexandre.

Les premiers moments ayant été consacrés aux protestations d'usage, les deux souverains s'abordèrent vivement sur les grands sujets qui les occupaient. Alexandre recommença ses discours habituels touchant la convenance et la nécessité d'unir les deux empires. | Dire d'Alexandre. | Il affirma de nouveau que toute jalousie était éteinte dans son cœur, mais que la France venait de recevoir d'immenses agrandissements, et que, s'il désirait quelques compensations au profit de la Russie, c'était moins pour lui que pour sa nation, à laquelle il fallait faire tolérer les grands changements opérés en Occident. Des événements si étranges de Bayonne, de l'occupation si brusque de Rome, il proféra à peine un mot, se bornant à dire que les princes d'Espagne, que le pontife romain n'étaient que de tristes personnages, qui méritaient leur sort par leur incapacité, et s'étaient, par leur aveuglement, rendus incompatibles avec l'état actuel des choses en Europe. Toutefois, ajoutait Alexandre, il fallait avoir compris aussi bien que lui le système de Napoléon pour admettre avec autant de facilité les catastrophes dont on venait de rendre le monde témoin; et il fallait qu'à l'Orient aussi de notables changements attirassent l'attention des Russes, afin de la détourner de ceux qui s'accomplissaient en Occident. Quant aux ennemis de la France, Alexandre déclara qu'il les prenait tous pour siens; car, suivant le vœu de Napoléon, il s'était mis en guerre avec l'Angleterre; et relativement à l'Autriche, il ne lui restait presque rien à faire pour devenir son adversaire déclaré, puisqu'il était prêt, pour la contenir, à employer les manifestations les plus imposantes et les plus décisives, et, si ces manifestations ne suffisaient pas, à passer des paroles aux actes, c'est-à-dire à la guerre, sous une condition cependant, c'est qu'on laisserait à la cour de Vienne le tort de l'agression sans le prendre pour soi.

Dire de Napoléon.

Napoléon répondit à ces protestations de dévouement avec toute l'effusion possible, et par l'exposition de vues exactement pareilles. Il exprima de son côté la résolution de se prêter à tous les accroissements raisonnables de la Russie, mais il se retrancha sur l'impossibilité de s'entendre à l'égard de certains projets, et sur les embarras dans lesquels étaient actuellement engagés les deux empires, embarras qui leur conseillaient de ne pas tenter en ce moment de trop grands remaniements territoriaux, car il y en avait, certes, d'assez grands d'opérés dans le monde, sans y en ajouter de prodigieux, comme de partager l'empire turc, par exemple, et surtout de le partager tout entier. Examinant dans leur détail les projets qui avaient tant agité l'esprit d'Alexandre et de M. de Romanzoff, Napoléon discuta successivement les divers plans de partage proposés, et, pour amener plus facilement l'empereur Alexandre à ses vues, se montra, ce qu'il avait toujours été, péremptoire sur l'article de Constantinople, c'est-à-dire sur la possession des détroits, et ne laissa pas la moindre espérance d'une concession à ce sujet. Ensuite, il exposa la difficulté pour la Russie elle-même de se livrer sur-le-champ à l'exécution d'une telle entreprise. L'Autriche n'y accéderait certainement pas, quelques offres qu'on lui fît, et elle aimerait mieux une lutte désespérée qu'un partage de l'empire turc. L'Angleterre, l'Autriche, la Turquie soulevée jusque dans ses fondements, l'Espagne, une partie de l'Allemagne, s'uniraient pour combattre une dernière fois contre ce remaniement du monde entier. Était-ce bien l'heure que devaient choisir les deux empires pour une œuvre aussi gigantesque? La Russie rencontrait des obstacles dans la Finlande, qui, comme l'Espagne, avait paru au premier abord si facile à soumettre. Elle avait une armée sur le Danube, suffisante sans doute pour tenir tête aux Turcs, mais non dans le cas d'un soulèvement national de leur part; il lui restait enfin très-peu de forces vis-à-vis de l'Autriche. Il faudrait donc que Napoléon à lui seul fît face à l'Autriche, à l'Angleterre, à l'Espagne, aux portions de l'Allemagne qui essayeraient de s'agiter. Il le pouvait sans nul doute, car il se trouvait en mesure d'accabler tous ses ennemis; mais était-il sage d'entreprendre autant à la fois, et pourquoi d'ailleurs? Pour un but chimérique à force d'être vaste, et sur lequel les deux empires ne pouvaient pas parvenir à s'entendre eux-mêmes. N'y avait-il pas quelque chose de plus simple, de plus pratique, de plus certainement satisfaisant? Ne pouvait-on, par exemple, convenir de quelques acquisitions, très-indiquées d'avance, qu'il ne serait pas difficile de faire admettre par la diplomatie européenne, même sans sortir des moyens pacifiques, et qui constitueraient déjà le plus brillant, le plus inespéré des résultats pour la Russie? Si elle obtenait, par exemple, à la suite des événements du temps, la Finlande, la Moldavie, la Valachie, n'aurait-elle pas égalé sous le règne d'Alexandre les plus beaux règnes, les plus féconds en agrandissements territoriaux? Quant à la France, elle ne voulait plus rien désormais. L'Espagne à Joseph, le pouvoir temporel aux Français dans Rome, comblaient tous ses désirs. Elle ne voulait pas un seul changement territorial de plus. Pour le prouver elle allait distribuer aux princes de la Confédération du Rhin les territoires allemands qui lui restaient du démembrement de la Prusse. Ses frontières naturelles lui suffisaient, et l'Espagne même, dont elle venait de s'emparer, n'était pas une acquisition territoriale, mais un complément de son système fédératif, puisque, après tout, l'Espagne demeurait indépendante et séparée sous un prince de la maison Bonaparte, au lieu de l'être sous un prince de la maison de Bourbon. Or, tous ces avantages, pour la Russie comme pour la France, il n'était pas impossible de les obtenir par la diplomatie, et, par un dernier effort militaire, des Russes en Finlande, des Français en Espagne. N'était-il pas probable, en effet, que l'Europe, fatiguée de tant d'agitations, aimerait mieux, en présence des deux empires fortement unis, finir par la paix que par la guerre? Et la paix, après avoir assuré à la Russie la Finlande, la Valachie, la Moldavie, après avoir assuré à la France le complément de son système fédératif par la soumission de l'Espagne au roi Joseph, la paix était certainement un dénoûment bien beau et bien acceptable, et qui remplirait de joie l'univers épuisé. Mais si la paix, à ces conditions, était impossible, les deux empires pourraient, après en avoir fini, l'un avec la Finlande, l'autre avec l'Espagne, s'engager dans l'avenir inconnu, immense, qui s'ouvrait pour eux en Orient, et ils s'y engageraient plus libres de leurs mouvements, plus maîtres de leurs moyens. D'ailleurs, Alexandre, Napoléon étaient jeunes, ils avaient le temps d'attendre, et de remettre à plus tard leurs vastes projets sur l'Orient!

La situation étrange, qui plaçait ainsi en présence les deux souverains d'Orient et d'Occident pour y traiter de tels sujets, une fois admise, rien n'était plus sage qu'un pareil système. Achever ce qu'on avait commencé avant de se livrer à de nouvelles entreprises, était une prudence qu'un premier revers inspirait à Napoléon, et qu'un peu de fatigue de la guerre contribuait aussi à lui rendre agréable. Plût au ciel qu'il eût été plus sensible à ces premières leçons de la fortune!

Ce n'est pas en un seul entretien, mais dans plusieurs, que Napoléon et Alexandre purent se dire toutes ces choses. Quant à Alexandre, dès qu'on lui refusait Constantinople, il n'y avait plus rien qui fût de nature à lui plaire dans le partage de l'empire turc. Ajourner cette immense question, qui contenait le sort du vieil univers, l'ajourner à des temps où la Russie aurait moins à compter avec l'Occident, était tout ce qui restait à faire. Les réalités substituées aux chimères pour gagner l'empereur Alexandre. Mais à la place de ces projets gigantesques, et beaucoup trop chimériques, substituer une réalité, telle que le don des provinces du Danube, pourvu que ce ne fût plus une vaine promesse, mais un don certain, immédiat, avait aussi de quoi satisfaire le czar; et à tout prendre, dans ses moments de bon sens, il sentait lui-même que c'était ce qui lui convenait le mieux, car, dans ce cas, il n'y avait rien à donner à la France sur les rivages d'Orient, ni l'Albanie, ni la Morée, ni la Thessalie, ni la Macédoine, ni la Syrie, ni l'Égypte. Le vieux et débile empire des sultans demeurait comme une proie toujours préparée pour le moment où l'on pourrait la dévorer, et quant à présent on recevait un don réel, qu'en tout autre temps qu'un temps de prodiges on aurait jugé magnifique, qui ne devait entraîner aucun regret, qui n'était payé d'aucune compensation fâcheuse, puisque, après tout, que l'Espagne appartînt à la maison de Bourbon ou à la maison Bonaparte, cela importait sans doute à l'Angleterre, mais nullement à la Russie.

Alexandre pouvait donc accéder aux nouvelles vues de Napoléon, et y trouver encore d'amples satisfactions. Le merveilleux n'y était plus, il est vrai, et, avec une imagination comme celle de ce jeune souverain, le merveilleux était fort à regretter. Le résultat le plus positif, sans un peu de merveilleux, allait manquer de charme pour lui, et l'alliance française courait risque de devenir l'une de ces vives amitiés sur lesquelles il était si prompt à se refroidir. Toutefois il y avait quelque chose qui auprès du jeune empereur était capable de suppléer au prestige de tous les plans de partage: c'était la réalisation instantanée de ses désirs. Ces désirs avaient la vivacité des appétits de la jeunesse, qui veulent être satisfaits sur-le-champ. Son vieux ministre, M. de Romanzoff, arrivé à l'autre extrémité de la vie, avait toute l'ardeur juvénile des désirs de son maître. Il désirait aussi, il désirait tout de suite, sans un jour de délai dans l'accomplissement de ses vœux, comme s'il avait craint à son âge de ne pas avoir le temps de jouir de sa gloire, gloire en effet bien belle pour un ancien disciple de Catherine, que de procurer à l'empire russe les bouches du Danube. Le charme donc que Napoléon devait substituer à celui du merveilleux, c'était le charme de la promptitude. Il fallait donner, donner sur-le-champ, pour que le don eût son véritable prix.

> À la passion chimérique de partager l'empire turc, se trouve substituée chez Alexandre et M. de Romanzoff la passion de posséder sur-le-champ la Moldavie et la Valachie.

Ce nouveau système d'arrangement admis, Alexandre et M. de Romanzoff se jetèrent avec une passion inouïe sur l'idée d'acquérir la Moldavie et la Valachie, et voulurent emporter d'Erfurt, non pas une promesse vaine, mais une réalité, qu'on pût annoncer publiquement en rentrant à Saint-Pétersbourg[14].

> Octob. 1808.

Jusqu'ici Napoléon avait toléré l'occupation momentanée des provinces de Moldavie et de Valachie par les Russes, mais non sans quelques plaintes à ce sujet, non sans faire entendre que l'occupation prolongée de la Silésie par les Français en serait la conséquence forcée. Il ne devait plus être question aujourd'hui de rien de pareil. Il fallait que la France consentît par un traité formel à ce que la Russie prît définitivement les provinces du Danube, et s'engageât non-seulement à ratifier cette acquisition, mais à la faire ratifier par la Turquie, par l'Autriche, et par l'Angleterre elle-même, quand on traiterait avec celle-ci. En conséquence, la Russie allait rompre l'armistice avec les Turcs, pousser ses armées jusqu'au pied des Balkans, au delà même, jusqu'à Andrinople et Constantinople s'il était nécessaire, pour arracher à la Porte ce sacrifice. Au cas où l'Autriche voudrait intervenir, on l'accablerait en commun. Quant à l'Angleterre, on était en guerre avec elle, on n'avait vis-à-vis de cette puissance aucun parti nouveau à prendre. C'était à Napoléon, en lui infligeant quelque sanglant échec sur le sol de la Péninsule, à lui faire trouver bon tout ce qu'on entreprendrait sur le reste du continent.

Napoléon n'avait à ces idées aucune objection. Donner tout de suite était sa pensée, car il avait compris la nécessité d'exciter une nouvelle passion dans le cœur d'Alexandre. Il désirait seulement observer quelque prudence dans l'énoncé des résolutions qu'on arrêterait à Erfurt, pour ne pas nuire à la tentative de paix générale qu'il voulait faire sortir de cette entrevue. Il accepta donc le principe que la Russie entrerait immédiatement en possession de la Moldavie et de la Valachie. La manière de publier la chose ne pouvait plus être qu'une affaire de rédaction, dont le soin était laissé aux ministres des deux souverains.

> Satisfaction qui se manifeste dans les relations des deux souverains, après leur accord sur le fond des choses.

Leurs désirs étant ainsi satisfaits, Alexandre et M. de Romanzoff éprouvèrent une joie qui égalait presque le plaisir qu'ils avaient à rêver trois mois auparavant la conquête de Constantinople. Napoléon avait donc atteint son but de contenter Alexandre par un don restreint mais immédiat, presque autant que par des perspectives magnifiques mais douteuses. C'est à convenir de ces points qu'avaient été employés les huit ou dix premiers jours de l'entrevue. Aussi, quoiqu'une extrême courtoisie eût sans cesse régné dans leurs rapports, les deux souverains cependant se manifestèrent à partir de ce moment une satisfaction toute nouvelle. Alexandre surtout semblait mettre de l'affection dans la politique; il se montrait à la promenade, à table, au spectacle, familier, amical, déférent, enthousiaste pour son illustre allié. Quand il parlait de lui, c'était avec un sentiment d'admiration dont tout le monde était frappé.

> Nouvelle affluence de princes et de grands personnages à Erfurt.

Erfurt était devenu le rendez-vous de souverains le plus extraordinaire dont l'histoire fasse mention. Aux empereurs de France et de Russie, au grand-duc Constantin, au prince Guillaume de Prusse, au roi de Saxe, s'étaient joints les rois de Bavière et de Wurtemberg, le roi et la reine de Westphalie, le prince Primat, chancelier de la Confédération, le grand-duc et la grande-duchesse de Bade, les ducs de Hesse-Darmstadt, de Weimar, de Saxe-Gotha, d'Oldembourg, de Mecklembourg-Strélitz et Mecklembourg-Schwerin, et une foule d'autres qu'il serait trop long d'énumérer, avec leurs chambellans et leurs ministres. Ils dînaient chaque jour chez l'Empereur, assis chacun à son rang. Le soir on allait au spectacle, dans une salle de théâtre que Napoléon avait fait réparer et décorer pour cette solennité. La soirée s'achevait chez l'empereur de Russie. Napoléon s'étant aperçu qu'Alexandre éprouvait quelque difficulté à entendre, à cause de la faiblesse de son ouïe, avait fait disposer une estrade à la place que l'orchestre occupe dans les théâtres modernes, et là les deux empereurs étaient assis sur deux fauteuils qui les mettaient fort en évidence. À droite, à gauche, étaient rangés des sièges pour les rois. Derrière, c'est-à-dire au parterre, se trouvaient les princes, les ministres, les généraux, ce qui a donné lieu de dire si souvent qu'à Erfurt il y avait un parterre de rois. On avait représenté *Cinna*, on représenta *Andromaque, Britannicus, Mithridate, Œdipe*. À cette dernière représentation, un fait singulier frappa l'auditoire d'étonnement et de satisfaction. Alexandre, tout plein du nouveau contentement que Napoléon avait eu l'art de lui inspirer, donna à celui-ci une marque de la plus douce, de la plus aimable flatterie. À ce vers d'Œdipe: *L'amitié d'un grand homme est un bienfait des dieux*, Alexandre, de manière à être aperçu de tous les spectateurs, saisit la main de Napoléon, et la serra fortement. Cet à-propos causa dans l'assistance un mouvement de surprise et d'adhésion unanime.

> Arrivée de M. de Vincent, ministre d'Autriche, et son attitude à Erfurt.

Il était arrivé à Erfurt un personnage que tous ces témoignages, que tout cet éclat agitaient, tourmentaient, remplissaient d'une anxiété profonde: c'était M. de Vincent, représentant de la cour d'Autriche. Son maître l'avait envoyé, en apparence pour complimenter les deux grands souverains venus si près de son empire, en réalité pour observer ce qui se passait, pénétrer s'il était possible le secret de l'entrevue, et se plaindre, avec convenance du reste, de ce que l'Autriche eût été négligée, donnant assez clairement à entendre que si on eût invité l'empereur François, il se serait empressé de venir, que sa présence n'aurait pas diminué l'éclat de l'entrevue, et que son adhésion n'aurait pas nui à l'accomplissement des résolutions qui pouvaient y être prises.

CONFÉRENCES D'ERFURT.

NAPOLEON RECEVANT M^r DE VINCENT, MINISTRE D'AUTRICHE.

> Profond secret gardé à l'égard M. de Vincent.

Napoléon avait tracé d'avance la conduite à tenir à l'égard de l'envoyé autrichien. D'abord, pour que les secrets de l'entrevue fussent bien gardés, ils avaient été renfermés entre quatre personnages, les deux empereurs et leurs deux ministres, MM. de Romanzoff et de Champagny. Alexandre et M. de Romanzoff par l'intérêt de leur ambition, Napoléon par l'intérêt de sa politique tout entière, M. de Champagny par une discrétion à l'épreuve, étaient incapables de laisser échapper aucune partie du secret des négociations. On en avait fait mystère même à M. de Talleyrand, dont Napoléon se méfiait chaque jour davantage, surtout lorsqu'il s'agissait de relations avec l'Autriche. On lui avait bien confié que le but de l'entrevue était de rapprocher les deux empires de France et de Russie, de fixer même dans une convention les principes qui les uniraient; mais l'objet positif des résolutions lui avait été soigneusement caché. On ne disait donc absolument rien à M. de Vincent; et quand il se plaignait de ce que son maître avait été laissé en dehors de cette réunion impériale, on lui répondait, sans beaucoup de ménagements, que c'était la conséquence de ses armements inexplicables; que pour être associé à une politique, il fallait s'y montrer favorable, et non pas avoir l'air de préparer contre elle toutes les forces de ses États; que tout ce que l'Autriche gagnerait à une telle conduite, ce serait d'être chaque jour tenue plus éloignée des affaires sérieuses de l'Europe, et qu'il ne lui resterait, si elle voulait de grandes intimités, qu'à les aller chercher en Angleterre.

> Fausse position de M. de Vincent, rendue tous les jours plus embarrassante par un calcul de Napoléon et d'Alexandre.

La position de M. de Vincent devenait à chaque instant plus fausse, et Napoléon mettait à la rendre embarrassante, souvent même humiliante, quoique la politesse extérieure fût extrême, une malice qu'Alexandre secondait de son mieux. M. de Vincent n'avait de ressource qu'auprès de M. de Talleyrand, qui était toujours plus dévoué à la politique autrichienne, et qui s'efforçait de rassurer M. de Vincent en lui affirmant que rien ne se faisait, et qu'on affectait l'intimité, uniquement pour maintenir la paix dont tout le monde avait besoin. On se réunissait beaucoup chez une personne distinguée, sœur de la reine de Prusse, la princesse de La Tour et Taxis, qui recevait chez elle la compagnie la plus brillante, et souvent l'empereur Alexandre lui-même. On insinuait là tout ce qu'on ne voulait pas dire ouvertement dans les conférences diplomatiques, genre de communications auquel M. de Talleyrand était fort employé, comme on le verra tout à l'heure. On déployait de l'esprit, de la finesse, de la grâce; on voyait les hommes de génie de l'Allemagne, Goethe, Wieland, venus avec leurs augustes protecteurs, les princes de Weimar, se mêler aux rois, ministres et généraux. C'est là qu'on allait chercher à deviner ce qu'on ne pouvait pas savoir, à surprendre dans un mot échappé quelque grande pensée politique ou militaire. L'infortuné M. de Vincent s'y épuisait en recherches, en observations, en conjectures de tout genre, et ses tortures assez visibles plaisaient fort aux deux empereurs, qui voulaient punir l'Autriche de sa conduite aussi hostile qu'imprudente.

> Pleinement rassuré à l'égard de la Russie, Napoléon emprunte à la grande armée de nouveaux détachements pour l'Espagne.

L'accord paraissant assuré avec la Russie, moyennant la cession formelle et non différée des provinces danubiennes, et le concours de cette puissance contre l'Autriche en étant la suite nécessaire, Napoléon décida à Erfurt même plusieurs questions restées douteuses, relativement à la distribution de ses forces. Il ordonna de faire partir immédiatement de Paris et des points où elle était rassemblée, la belle division Sébastiani, qui devait être composée de quelques-uns des vieux régiments destinés à l'Espagne, et qui n'avait pas encore été mise en mouvement sur Bayonne. Il donna le même ordre à l'égard de la division Leval, entièrement formée des Allemands auxiliaires, de manière que ces deux divisions fussent rendues à Bayonne à la fin d'octobre. Il prit enfin son parti au sujet du 5e corps, et voulût que sa marche, d'abord dirigée sur Bayreuth, le fût définitivement sur le Rhin et les Pyrénées. Enfin, aux trois divisions de dragons déjà acheminées vers l'Espagne, il en ajouta deux autres, et ne laissa en Allemagne que les cuirassiers, avec une notable portion de la cavalerie légère. Ces dispositions étaient le résultat naturel de la sécurité que lui inspirait l'entente avec la Russie, et du désir d'accabler tout de suite les Espagnols et les Anglais par une masse irrésistible de forces.

> La rédaction de la nouvelle convention confiée à MM. de Champagny et de Romanzoff.

Il y avait déjà dix jours que les deux monarques se trouvaient réunis: il restait à rédiger les conditions de leur accord, et ce n'était pas chose facile avec la nouvelle passion de jouir sur-le-champ qui s'était emparée d'Alexandre et de M. de Romanzoff. Les deux souverains, pour ne pas troubler leur union chaque jour plus cordiale par des discussions de détail, convinrent de laisser à leurs ministres, MM. de Romanzoff et de Champagny, le soin de rédiger la convention qui devait contenir leurs nouvelles résolutions, et ils partirent le 6 octobre, pour passer deux jours à la cour de Weimar, où des fêtes magnifiques leur étaient depuis long-temps préparées. MM. de Romanzoff et de Champagny demeurèrent en tête-à-tête pour procéder à l'œuvre importante qui leur était confiée[15].

Napoléon, comme nous l'avons dit, voulait qu'il résultât de l'entrevue d'Erfurt un accord avec la Russie qui fût solide et surtout évident, qui imposât à ses ennemis, et, en leur ôtant tout espoir de succès, les contraignît à la paix.

> Projet de convention combiné de manière à faire sortir la paix et non la guerre de l'accord avec la Russie.

Il concédait à la Russie, pour prix de ce qu'elle lui laissait faire en Espagne et en Italie, que la Finlande, la Valachie, la Moldavie lui appartiendraient dans tous les cas, paix ou guerre; mais il entendait que, s'il était possible de procurer ces avantages à la Russie par la paix, on l'essayerait, avant de se jeter dans une nouvelle guerre générale, dans laquelle le monde entier serait compris, la Turquie et l'Autriche notamment. Napoléon était convaincu que si l'union des deux puissances, la Russie et la France, était bien complète, bien sincère et bien manifeste, l'Autriche devrait se rendre en présence de cette union, car elle serait écrasée entre les deux empires si elle essayait de remuer; que l'Autriche se rendant, l'Angleterre devrait céder à son tour, et être obligée de signer la paix maritime. Il se chargeait de plus d'y décider celle-ci par divers autres moyens. Il voulait d'abord qu'on fît à l'Angleterre des ouvertures de paix, qu'on les lui fît solennellement, au nom des deux empereurs, de manière qu'elles fussent bien connues du public anglais, et, pendant ces ouvertures, il se proposait, rassuré par l'alliance russe, de ne laisser en Allemagne qu'une très-petite partie de la grande armée, de porter le reste vers le camp de Boulogne, de marcher lui-même à la tête d'un renfort de 150 mille hommes de vieilles troupes vers la Péninsule, ce qui élèverait à 250 mille le total des forces françaises employées au delà des Pyrénées, d'accabler les insurgés, et d'infliger aux Anglais débarqués quelque grand désastre. Avec ces moyens réunis il croyait pouvoir contraindre l'Angleterre à traiter. Il est vrai qu'il fallait l'amener à accepter deux faits considérables, l'établissement de la maison Bonaparte en Espagne, et la possession des provinces du Danube par la Russie. Mais c'étaient deux faits consommés, ou près de l'être, car l'Espagne, à son avis, devait être soumise en deux mois, et les provinces du Danube étaient occupées par la Russie, de manière à interdire presque tout espoir aux Turcs et à leurs amis de les faire évacuer. D'ailleurs l'Angleterre avait déjà témoigné à la Russie une sorte de disposition à lui concéder la Moldavie et la Valachie. Napoléon ne voyait donc pas dans ce qu'on voulait des obstacles invincibles à la paix, surtout s'il réussissait dans les grands coups qu'il espérait porter aux Espagnols et aux Anglais.

Il avait en conséquence imaginé une proposition à l'Angleterre, faite au nom des deux empereurs, unis, devait dire le manifeste, *pour la guerre et pour la paix*, et offrant de négocier un rapprochement général basé sur l'*uti possidetis*. Cette base de négociation était commode, puisqu'en laissant à l'Angleterre ses conquêtes maritimes, Malte comprise, elle assurait à la France l'Espagne et Naples, à la Russie la Finlande et les provinces danubiennes. Afin d'assurer ces dernières à la Russie, on s'adresserait à la Porte pour lui déclarer que la Russie entendait garder ces provinces, déclaration qu'on appuierait de la présence des armées russes et des conseils de la France. Si on ne parvenait pas à se faire écouter, la France livrerait la Porte à la Russie, ce qui ne permettait aucun doute relativement au résultat.

Sur tous ces points on était tombé d'accord, et la rédaction ne pouvait présenter de difficulté, car il n'y a jamais de difficulté dans l'expression quand il n'y en a pas dans la pensée. Mais il était un point important sur lequel l'accord semblait difficile. Napoléon, en concédant positivement et immédiatement à la Russie la Moldavie et la Valachie, voulait que la Russie ajournât de quelques semaines ses communications à la Porte, car si cette puissance apprenait ce qu'on lui préparait, elle en serait exaspérée, elle avertirait l'Angleterre, se jetterait dans ses bras[16], et l'Angleterre, voyant surgir un nouvel allié, trouverait dans l'union de l'Espagne, de l'Autriche, de la Turquie, des chances pour une nouvelle lutte, qui la disposeraient à refuser la paix. Au contraire, en attendant quelques semaines seulement, on pourrait entraîner l'Angleterre à négocier. Une fois engagée dans la négociation, il ne lui serait plus aussi facile d'en sortir, le public anglais devant souhaiter la fin de la guerre; et quand enfin on lui révélerait la dernière condition, celle de laisser à la Russie les deux provinces que cette puissance possédait de fait, il était douteux qu'amenée aux idées de paix, elle revînt aux idées de guerre pour une question à laquelle elle ne prenait pas personnellement un grand intérêt. C'est dans cette clause additionnelle que consistait la difficulté, c'est-à-dire dans ce délai de quelques semaines auquel on voulait condamner l'impatience russe.

> Difficulté de rédaction qui arrête les deux ministres.

L'empereur Alexandre s'en était reposé à cet égard sur son vieux ministre, dont l'ardeur égalait au moins la sienne. M. de Champagny s'étant abouché avec M. de Romanzoff, le trouva disposé à consentir à tout sans aucune hésitation; mais quand on en fut à la précaution demandée, celle de différer les communications à la Porte, il devint intraitable. Un nouveau délai, après quinze mois d'attente depuis Tilsit, ne se pouvait supporter, suivant M. de Romanzoff. Il y avait quinze mois que la France faisait des promesses à la Russie sans lui rien accorder, et l'obligeait ainsi à rester envers les Turcs à l'état d'armistice. Sans les instances de la France, disait M. de Romanzoff, on aurait déjà marché sur les Balkans, et réduit la Turquie à céder les provinces qu'elle n'était plus capable ni de retenir, ni de gouverner. Tout ce qu'on avait retiré de l'union de Tilsit, c'était cette gêne imposée à l'action russe, et on en avait trop souffert pour vouloir s'y soumettre encore. On n'était même venu de si loin, de Saint-Pétersbourg à Erfurt, malgré beaucoup d'oppositions, de sinistres pronostics et de grands sacrifices de dignité, que pour faire cesser un *statu quo* désolant.

M. de Champagny avait beau répondre qu'il s'agissait d'un délai de quelques semaines seulement, qu'on allait envoyer des courriers à Londres, que la réponse ne saurait se faire attendre, que dans le cas où l'Angleterre accéderait à l'ouverture d'une négociation, on verrait bientôt si la base de l'*uti possidetis* était acceptée ou ne l'était pas; que si elle l'était, il vaudrait la peine de patienter un peu pour obtenir de la sorte sans recourir à la guerre les belles acquisitions projetées; que si, au contraire, elle n'était pas acceptée, on pourrait sur-le-champ commencer à Constantinople les pourparlers qui devaient être suivis, pacifiquement ou militairement, de l'acquisition des bords si désirés du Danube. De toutes ces raisons, le ministre russe n'en voulait admettre aucune.—Toujours des délais! répétait-il avec une sorte d'accent douloureux. On n'aura donc que des délais à nous imposer, quand on ne s'en impose aucun ni à Madrid, ni à Rome! Encore si c'était un délai fixe, déterminé, à la suite duquel toute incertitude dût cesser, soit. Mais on nous force de patienter jusqu'au moment où la négociation ne présentera plus d'espérance fondée de s'entendre. Or, il y a des négociations qui ont duré des années. Il nous faudra continuer pendant des années à rester dans l'état d'armistice avec les Turcs!—

M. de Champagny fut frappé de l'ardeur, de l'impatience de ce vieux ministre, dominé par une de ces passions violentes qui s'emparent quelquefois des vieillards, et leur ôtent toute la gravité de leur âge, sans leur donner l'attrayante vivacité de la jeunesse[17]. Il était évident aussi qu'une certaine défiance se joignait à l'ardeur du désir, et que M. de Romanzoff craignait qu'on ne voulût leurrer lui et son maître par une nouvelle remise. Les deux ministres ne pouvant s'entendre sur la rédaction de la convention proposée, attendent le retour des deux monarques. M. de Champagny, voyant qu'il attachait à cette acquisition la gloire de ses derniers jours, qu'il serait plus exigeant qu'Alexandre lui-même, crut devoir attendre le retour des deux monarques, et laisser l'empereur des Français exercer son ascendant personnel sur l'empereur de Russie, pour obtenir de lui l'admission dans le traité d'une précaution qui était jugée indispensable.

> Voyage de Napoléon et d'Alexandre à Weimar.

> Fête qu'on leur donne.

Les deux empereurs, avec toute leur suite de rois et de princes, s'étaient rendus à Weimar pour y rester pendant les journées du 6 et du 7 octobre, et revenir le 8 à leurs importantes affaires. Entre Erfurt et Weimar se trouve la forêt d'Ettersburg. Le grand-duc de Weimar y avait fait préparer une ligne de pavillons élégants pour tous ses visiteurs couronnés. Celui des empereurs et des rois, placé au centre, était magnifique. Devant ces pavillons devait passer une masse immense de gibier, cerfs, daims, lièvres, retenus dans des filets, et obligés pour s'enfuir d'essuyer le feu des hôtes conviés à cette fête. Alexandre n'avait jamais tiré un coup de fusil, tant était douce la nature de ses goûts. Il abattit cependant un cerf, et il en tomba une multitude d'autres sous les coups de cette illustre compagnie de chasseurs. Une réception somptueuse attendait à Weimar les deux empereurs. Après un repas splendide, un bal réunit la plus brillante société allemande. Goethe et Wieland s'y trouvaient. Napoléon laissa cette société pour aller dans le coin d'un salon converser longuement avec les deux célèbres écrivains de l'Allemagne. Il leur parla du christianisme, de Tacite, de cet historien, l'effroi des tyrans, dont il prononçait le nom sans peur, disait-il en souriant; soutint que Tacite avait chargé un peu le sombre tableau de son temps, et qu'il n'était pas un peintre assez simple pour être tout à fait vrai. Puis il passa à la littérature moderne, la compara à l'ancienne, se montra toujours le même, en fait d'art comme en fait de politique, partisan de la règle, de la beauté ordonnée, et, à propos du drame imité de Shakespeare, qui mêle la tragédie à la comédie, le terrible au burlesque, il dit à Goethe: Je suis étonné qu'un grand esprit comme vous *n'aime pas les genres tranchés!*—Mot profond, que bien peu de critiques de nos jours sont capables de comprendre.

Après ce long entretien, où il déploya une grâce infinie, et où il laissa voir à ces deux hommes de lettres éminents qu'il leur avait sacrifié la plus noble compagnie, Napoléon les quitta flattés comme ils devaient l'être d'une si haute marque d'attention. C'est à l'entrevue d'Erfurt qu'ils durent d'être décorés de l'ordre de la Légion d'honneur, distinction qu'ils méritaient à tous les titres, et qui, accordée à de tels personnages, ne perdait rien de son éclat.

> Fête sur le champ de bataille d'Iéna.

Le lendemain, une nouvelle fête lui fut offerte même de la bataille d'Iéna, entre Erfurt et Iéna. Il y avait un tel désir de plaire à Napoléon, que peut-être oubliait-on sa propre dignité en s'appliquant à rappeler soi-même une des plus terribles batailles gagnées par la France sur l'Allemagne. Un pavillon était dressé sur ce mont du Landgrafenberg, où Napoléon avait bivouaqué dans la nuit du 13 au 14 octobre, deux ans auparavant, car on touchait presque à l'anniversaire de la mémorable bataille d'Iéna. Un plan de cette bataille était placé dans le pavillon qui devait recevoir Napoléon. Un repas du matin y était servi, et, après mille souvenirs consacrés à cette journée par la foule des assistants qui y avaient pris part, et des propos pleins de convenance de Napoléon envers ses hôtes allemands, on se rendit à droite, dans cette plaine d'Apoldau, située entre le champ de bataille d'Iéna et celui d'Awerstaedt, plaine fameuse par l'inaction du maréchal Bernadotte. Une seconde chasse y était préparée, et occupa quelques heures de la matinée. On repartit ensuite pour Erfurt. Avant de quitter ces hauteurs d'où l'on domine la ville d'Iéna, Napoléon voulut laisser un souvenir de bienfaisance, qui pût venir s'inscrire à côté des souvenirs terribles qu'il avait déjà laissés en ces lieux. Le feu avait été mis à cette malheureuse cité par les obus. Napoléon donna une somme de trois cent mille francs pour indemniser ceux qui à cette époque avaient souffert de sa présence.

> Efforts de Napoléon pour obtenir une rédaction qui ne rende pas toute paix impossible à Londres.

Revenu à Erfurt, il fallait le lendemain qu'il s'occupât de nouveau des graves affaires qui l'avaient amené en Allemagne, et qui avaient attiré si loin le souverain de la Russie. Il en parla à l'empereur Alexandre, mais il confia surtout à M. de Champagny le soin d'insister opiniâtrement pour qu'il fût apporté quelque prudence dans les communications à faire à Constantinople, et que dès le début des négociations on ne fournît pas à l'Angleterre des alliances qui la disposassent à persévérer dans la guerre. En ce qui concernait l'acquisition des provinces danubiennes, il autorisa M. de Champagny à chercher la rédaction la plus positive, la plus rassurante, quant à la certitude même de cette acquisition, moyennant toutefois un délai dans son accomplissement, qui rendît possible le commencement des négociations à Londres.

Après de fréquents pourparlers, Napoléon gagna quelque chose sur l'impatience d'Alexandre, et s'en rapporta à M. de Champagny pour gagner quelque chose également sur celle de M. de Romanzoff. Cependant il voulait que son jeune allié fût content, car il comptait faire reposer toute sa politique actuelle, non-seulement sur la réalité, mais encore sur l'évidence de l'alliance russe, pour la paix comme pour la guerre. > Pour contenter Alexandre,

> Napoléon accorde à la Prusse un nouvel allégement sur ses contributions.

Aussi, malgré le besoin qu'il avait d'argent, ne refusa-t-il pas d'accorder une nouvelle réduction des charges imposées à la Prusse. On avait stipulé par la convention du 8 septembre l'évacuation définitive du territoire prussien, sauf trois places de sûreté, Stettin, Custrin, Glogau, et moyennant 140 millions payables en deux ans. Le roi de Prusse, en signant avec empressement cette convention, qui lui valait la délivrance de son territoire, avait dit qu'il ne renonçait pas néanmoins à implorer de la générosité de son vainqueur l'allégement d'une charge que son pays était dans l'impossibilité de supporter. Lui et la reine avaient supplié Alexandre de profiter de son entrevue avec Napoléon, pour leur faire obtenir encore un soulagement. Alexandre, dont le cœur était oublieux, mais bon, avait promis ce qu'on souhaitait, et il lui en eût coûté de ne pas réussir. Le don des bouches du Danube aurait perdu à ses yeux quelque chose de son prix, si en retournant vers le Nord il avait dû retrouver des reproches écrits au front de ses malheureux alliés. Il avait demandé à Napoléon une réduction de 40 millions sur 140, et la substitution d'un délai de plusieurs années à celui de deux ans pour l'acquittement de la somme totale. Il avait même rédigé de sa main la lettre par laquelle Napoléon devait lui annoncer cette concession, en l'attribuant à son intervention personnelle et pressante. Napoléon savait que c'était l'une des manières les plus sensibles d'obliger l'empereur Alexandre, et, après avoir opposé autant de résistance qu'il le fallait pour faire apprécier le sacrifice qu'il accordait, sacrifice réel dans l'état de ses ressources financières, il consentit à une réduction de 20 millions sur la somme, et à une prolongation d'une année pour le terme du payement. Ainsi, au lieu de 140 millions en deux ans, la Prusse ne dut payer que 120 millions en trois ans, moitié en argent, moitié en lettres foncières. La lettre rédigée par Alexandre, remaniée par Napoléon, fut écrite à peu près comme elle avait été proposée.

> Ouvertures relativement à un projet de mariage de Napoléon avec une sœur d'Alexandre.

Les deux souverains, cherchant ainsi à se plaire l'un à l'autre, et chaque jour plus satisfaits de l'accord de leurs vues, sauf quelques difficultés de détail, avaient cependant une dernière ouverture à se faire, dont Napoléon ne voulait pas prendre l'initiative. Il s'agissait d'une alliance de famille qui aurait rendu leur alliance politique, sinon plus solide, au moins plus éclatante, d'un mariage enfin qui aurait uni à Napoléon une sœur de l'empereur Alexandre. Napoléon avait songé plus d'une fois à répudier Joséphine, pour épouser une princesse qui pût lui donner un héritier, et il avait toujours été arrêté dans ce dessein par l'affection qui l'attachait à la compagne de sa jeunesse, et par l'embarras de se fixer sur un choix. Toutefois il revenait sans cesse à ce projet, et c'était le cas plus que jamais de s'en occuper, puisqu'il avait auprès de lui le souverain sur l'alliance duquel il voulait fonder sa politique, souverain qui était presque de son âge, et qui avait des sœurs à marier dont on vantait les qualités. Si Napoléon en arrivait à une pareille union, se disait-il à lui-même, on le croirait définitivement maître de la cour de Russie, on tremblerait, et on ferait la paix. Cependant, quoiqu'il vécût soir et matin à côté d'Alexandre, et qu'ils en fussent venus aux confidences les plus intimes, jamais Alexandre n'avait abordé un sujet qui l'intéressait si vivement. Napoléon, dans sa grandeur, croyant honorer tous ceux auxquels il s'allierait, était trop fier pour faire la première ouverture sans être assuré de réussir. Chaque jour lui et Alexandre s'entretenaient de leur union, que rien, disaient-ils, ne saurait troubler, car leurs intérêts étaient les mêmes, car leur puissance ne devait donner d'ombrage qu'à l'Angleterre qu'ils pressaient l'un et l'autre sur mer, ou à l'Autriche qu'ils pressaient, l'un sur l'Isonzo, l'autre sur le Danube, et ils ne pouvaient trouver d'ennemi que dans l'une des deux, ou toutes deux. Ils avaient donc toutes les raisons politiques d'être intimement unis. Ils avaient des raisons personnelles aussi, puisqu'ils s'étaient vus, appréciés, qu'ils étaient devenus chers l'un à l'autre, qu'ils se convenaient de tous points, par les vues et par les goûts, qu'ils étaient jeunes, qu'ils avaient encore un immense avenir devant eux, et que les projets même qu'ils ajournaient sur l'Orient, ils auraient le temps d'y mettre la main un jour!—Romanzoff est vieux, disait Napoléon à Alexandre, il est impatient de jouir. Mais vous êtes jeune, vous pouvez attendre!—Romanzoff est un Russe du temps passé, répondait Alexandre; il a des passions que je n'ai point. Je veux civiliser mon empire bien plus que l'agrandir. Je désire les provinces du Danube pour ma nation beaucoup plus que pour moi. Je saurai attendre les autres arrangements territoriaux nécessaires à mon empire. Mais vous, ajoutait-il à Napoléon, il faut aussi que vous jouissiez des grandes choses que vous avez accomplies; que vous cessiez enfin d'exposer votre tête précieuse aux boulets. N'avez-vous pas assez de gloire, assez de puissance? Alexandre, César en eurent-ils davantage? Jouissez, soyez heureux, et remettons à l'avenir le reste de nos projets.—À ces professions de désintéressement, Napoléon répondait par des protestations d'amour pour la paix et le repos. Intimité des deux empereurs qui s'arrête toujours à une certaine limite. Pourquoi Alexandre n'ose pas la franchir. Alexandre semblait ne plus aimer Constantinople, et Napoléon semblait avoir pris en dégoût la guerre, les batailles, les conquêtes. Les deux princes, se promenant seuls autour d'Erfurt, à quelque distance de leurs officiers, se livraient ainsi à d'intimes confidences, dans lesquelles Alexandre allait jusqu'à parler de ses affections les plus secrètes. Plus d'une fois on s'était dit qu'il était bien fâcheux que Napoléon n'eût pas de fils, et, en approchant si près du but où Napoléon aurait voulu conduire Alexandre, on n'y avait cependant point touché. Le jeune czar s'était arrêté, bien qu'il ne pût ignorer les propos tenus après Tilsit, tant à Paris qu'à Saint-Pétersbourg, sur un projet de mariage entre Napoléon et la grande-duchesse Catherine, sœur aînée d'Alexandre. Si Alexandre avait observé cette réserve, ce n'était pas que, dans son engouement actuel pour l'alliance de la France, il n'eût consenti à donner sa sœur à Napoléon, et qu'unie au vainqueur de l'Europe il la crût mésalliée. Mais il entrevoyait et redoutait une lutte avec sa mère, et il n'osait offrir ce qu'il craignait de ne pouvoir donner.

Napoléon, ne connaissant pas le secret de cette discrétion obstinée, était près de concevoir du dépit, et même de le manifester, malgré l'intérêt immense qu'il avait à paraître tout à fait d'accord avec l'empereur Alexandre. Choix de M. de Talleyrand pour faire indirectement les ouvertures que Napoléon ne veut pas faire directement. C'était pour une telle occurrence, et pour celle-là seulement, que M. de Talleyrand devenait utile à Erfurt; car, s'il était capable de livrer à M. de Vincent les secrets du cabinet, et si par ce motif Napoléon ne lui en laissait savoir qu'une partie[18], il était le seul capable aussi d'insinuer avec art ce qu'on ne voulait pas dire; et pour parler mariage avec la dignité convenable entre les deux plus grands potentats de l'univers, on ne pouvait assurément trouver un entremetteur plus habile.

L'Empereur eut donc recours à lui pour décider Alexandre à une ouverture qu'il ne voulait pas faire lui-même. M. de Talleyrand, qui appréhendait de jouer un rôle dans les démêlés de la famille impériale, par crainte d'être brouillé avec les uns ou avec les autres, n'avait aucun goût à se mêler d'un divorce plus ou moins prévu par tout le monde, et devenu un texte fréquent de conversation chez les discoureurs politiques. Napoléon, pour l'amener malgré lui à ce sujet, s'y prit d'une manière singulière.—Vous savez, lui dit-il, que Joséphine vous accuse de vous occuper de divorce, et vous a pour cette raison voué une haine implacable?—M. de Talleyrand se récria fort contre une pareille calomnie. Napoléon lui répliqua qu'il n'y avait pas à s'en défendre, qu'il faudrait bien y penser un jour; que, malgré son affection pour l'impératrice, il serait cependant obligé de faire un nouveau mariage qui pût lui donner un héritier, et le lier à l'une des grandes familles régnantes de l'Europe; que rien ne serait stable en France tant qu'on ne verrait pas l'avenir assuré; qu'il ne l'était pas en ce moment, car tout reposait sur sa tête, et que le temps était venu, avant qu'il vieillît, de prendre une épouse et d'en avoir un fils. Une telle conversation ne pouvait manquer d'aboutir immédiatement à la famille régnante de Russie, et à une alliance conjugale avec elle. M. de

Talleyrand complimenta beaucoup Napoléon de son succès personnel auprès d'Alexandre, succès qui égalait au moins celui qu'il avait obtenu à Tilsit. Le jeune empereur en effet ne se lassait pas, chez la princesse de La Tour et Taxis, dont il fréquentait beaucoup la maison, d'exprimer son admiration pour Napoléon, et non-seulement pour son génie, mais pour sa grâce, son esprit et sa bonté.—Ce n'est pas seulement le plus grand homme, disait-il sans cesse, c'est aussi le meilleur et le plus aimable. On le croit ambitieux, aimant la guerre. Il n'en est rien. Il ne fait la guerre que par une nécessité politique, que par un entraînement de situation.—Tels sont les discours qu'il tenait et que M. de Talleyrand eut soin de rapporter à Napoléon.—S'il m'aime, répliqua celui-ci après avoir écouté M. de Talleyrand, qu'il m'en fournisse la preuve en s'unissant plus étroitement à moi, et en me donnant une de ses sœurs. Pourquoi, au milieu de nos épanchements intimes de tous les jours, ne m'en a-t-il jamais dit un mot? Pourquoi affecte-t-il ainsi d'éviter ce sujet?—Il était facile de voir que Napoléon voulait que M. de Talleyrand se chargeât de la commission, et y déployât l'art dont la nature l'avait doué pour dire les choses, ou les faire dire aux autres. M. de Talleyrand s'en chargea en effet, et ne perdit pas de temps pour amener l'empereur Alexandre sur ce sujet, dans les fréquentes occasions qu'il avait de le rencontrer. M. de Talleyrand adresse à l'empereur Alexandre quelques insinuations relativement à une alliance de famille entre les deux empires. Ce prince, qui avait la coquetterie de vouloir plaire à tout le monde, surtout aux gens d'esprit, et à M. de Talleyrand plus qu'à tout autre, s'entretenait souvent et volontiers avec lui. M. de Talleyrand n'attendit pas l'à-propos, mais le fit naître; car les jours étaient comptés, et il eut avec Alexandre la conversation désirée. Après s'être fort étendu sur l'alliance, qui formait à Erfurt le fond de tous les entretiens, M. de Talleyrand en vint à parler des moyens de la rendre plus solide et plus évidente, car il fallait qu'elle fût l'un et l'autre pour devenir véritablement efficace. Le moyen semblait tout indiqué: c'était d'ajouter aux liens politiques les liens de famille; chose facile, puisque Napoléon était obligé, pour l'intérêt de son empire, de contracter un nouveau mariage, afin d'avoir un héritier direct. Réponse d'Alexandre aux insinuations de M. de Talleyrand. Or, pour contracter un nouveau mariage, à quelle grande famille pouvait-il plus convenablement s'unir qu'à celle qui régnait sur la Russie, et dont le chef était devenu son intime allié?—Alexandre accueillit cette ouverture avec toutes les marques les plus flatteuses de bonne volonté pour Napoléon. Il protesta du désir personnel qu'il aurait de s'allier plus étroitement encore à lui; car, lorsqu'il en faisait son ami personnel, il ne pouvait pas lui en coûter d'en faire un beau-frère. Mais il touchait aux limites de sa puissance. Quoi qu'on racontât à Saint-Pétersbourg de l'influence de sa mère, il était, dit-il à M. de Talleyrand, maître et seul maître, mais il l'était des affaires de l'empire, et non de celles de sa famille. L'impératrice mère, qui était une princesse sévère et digne de respect, exerçait sur ses filles une domination absolue, et n'en cédait rien à personne. Or, si elle se taisait par déférence pour son fils sur la politique actuelle, elle n'allait pas jusqu'à l'approbation. Donner à cette politique un gage tel qu'une de ses filles, envoyer cette fille sur le trône qu'avait occupé Marie-Antoinette, sur ce trône relevé, il est vrai, jusqu'à surpasser la hauteur de celui de Louis XIV, supposait de la part de sa mère une condescendance qu'il n'osait pas espérer. Alexandre ajouta que sans doute il parviendrait à bien disposer sa sœur, la grande-duchesse Catherine, mais qu'il ne saurait se flatter d'entraîner sa mère, et que la violenter par le déploiement de son autorité impériale serait toujours au-dessus de ses forces; que tel était l'unique motif pour lequel il avait gardé autant de réserve sur ce sujet; que si, du reste, il pouvait entrer dans les intentions de Napoléon qu'il fît une pareille tentative, il la ferait, mais sans répondre du succès.—M. de Talleyrand, fort satisfait d'avoir amené les choses à ce point, pensa que c'était aux deux souverains à finir l'œuvre commencée, et insinua à l'empereur Alexandre qu'en matière pareille il convenait qu'il parlât le premier. Alexandre, ayant fait connaître la véritable difficulté, ne pouvait plus avoir de répugnance à parler, puisqu'il n'était plus exposé à prendre un engagement qu'il serait dans l'impossibilité de tenir. En conséquence, il promit de s'en ouvrir avec Napoléon au premier entretien.

> Explication entre les deux souverains sur le sujet que M. de Talleyrand avait abordé par ordre de Napoléon.

À Erfurt on se voyait tous les jours, plusieurs fois par jour, et on était pressé de tout dire, car la fin de l'entrevue approchait. Alexandre, dans l'un de ses épanchements, s'expliqua avec Napoléon sur le sujet délicat dont M. de Talleyrand l'avait entretenu, lui exprima combien il désirerait ajouter un nouveau lien à ceux qui unissaient déjà les deux empires, combien il serait heureux d'avoir à Paris une personne de sa famille, et d'y venir embrasser une sœur, en venant y traiter les affaires des deux États. Mais il répéta à Napoléon ce qu'il avait dit à M. de Talleyrand sur la nature des obstacles qu'il aurait à vaincre, sur son respect, sur ses ménagements pour sa mère, qu'il n'irait jamais jusqu'à contraindre. Il promit néanmoins de s'appliquer à surmonter les répugnances maternelles, et fit entendre qu'il pourrait tout obtenir de la cour de Russie satisfaite, et qu'elle serait satisfaite si la nation l'était. Ces paroles furent écoutées avec joie, et Napoléon y répondit par les témoignages les plus affectueux. Les deux empereurs se promirent d'être un jour plus que des amis, mais des frères. Une expression toute nouvelle de contentement éclata sur leur visage, et plus que jamais ils parurent enchantés l'un de l'autre[19].

> Convention secrète d'Erfurt signée le 12 octobre.

On était au 12 octobre; il fallait résoudre enfin les dernières difficultés de rédaction. Les deux empereurs avaient donné à leurs ministres, MM. de Romanzoff et de Champagny, l'autorisation de conclure, et le 12 ils se mirent d'accord sur la convention suivante, qui dut rester profondément secrète.

Les empereurs de France et de Russie renouvelaient leur alliance d'une manière solennelle, et s'engageaient à faire en commun, soit la paix, soit la guerre.

Toute ouverture parvenue à l'un des deux devait être communiquée sur-le-champ à l'autre, et ne recevoir qu'une réponse commune et concertée.

Les deux empereurs convenaient d'adresser à l'Angleterre une proposition solennelle de paix, proposition immédiate, publique, et aussi éclatante que possible, afin de rendre le refus plus difficile au cabinet britannique;

La base des négociations devait être l'*uti possidetis*;

La France ne devait consentir qu'à une paix qui assurerait à la Russie la Finlande, la Valachie et la Moldavie;

La Russie ne devait consentir qu'à une paix qui assurerait à la France, indépendamment de tout ce qu'elle possédait, la couronne d'Espagne sur la tête du roi Joseph;

Immédiatement après la signature de la convention, la Russie pourrait commencer auprès de la Porte les démarches nécessaires pour obtenir, par la paix ou par la guerre, les deux provinces du Danube; *mais les plénipotentiaires* (et c'était la transaction convenue sur le point principal), *les plénipotentiaires et agents des deux puissances s'entendraient sur le langage à tenir, afin de ne pas compromettre l'amitié existant entre la France et la Porte;*

De plus, si, pour l'acquisition des provinces du Danube, la Russie rencontrait l'Autriche comme ennemie armée, ou bien si, pour ce qu'elle faisait de son côté en Italie ou en Espagne, la France était exposée à une rupture avec l'Autriche, la France et la Russie fourniraient leurs contingents de forces contre cette puissance, et feraient une guerre commune;

Enfin si la guerre et non la paix venait à sortir de la conférence d'Erfurt, les deux empereurs promettaient de se revoir dans l'espace d'une année.

Telle fut la rédaction à laquelle s'arrêtèrent MM. de Champagny et de Romanzoff, le 12 octobre au matin. La phrase ambiguë sur les précautions à observer pour ne pas troubler l'union existant entre la France et la Porte, était une manière d'affranchir la Russie de tout délai, et de faire pourtant qu'on n'agît pas trop brusquement à Constantinople, au point de rendre impossibles dès leur début les négociations qu'on allait entreprendre à Londres.

À peine M. de Romanzoff avait-il arraché des mains du ministre français cette proie si désirée, qu'il voulut s'en assurer la possession définitive en obtenant les signatures à l'instant même. Empressement de M. de Romanzoff à faire apposer les signatures sur la convention d'Erfurt. Cependant il fallait transcrire deux copies de ce nouveau traité secret: il n'eut pas la patience d'attendre qu'on les eût transcrites à la chancellerie de M. de Champagny, et, pour plus de célérité, on en exécuta une chez lui. Aussitôt ces copies achevées, il vint en toute hâte dans l'après-midi les faire signer à M. de Champagny, et courut ivre de joie les porter à son maître.

Fin de l'entrevue et témoignages qui la terminent.

L'entrevue d'Erfurt avait atteint son but; les deux empereurs étaient d'accord, et surtout paraissaient l'être. Alexandre croyait tenir enfin la Valachie et la Moldavie; Napoléon croyait tenir le jeune empereur, assez du moins pour qu'aucune coalition ne fût possible, assez pour n'avoir rien à craindre de l'Autriche jusqu'au printemps prochain. Il espérait même que la paix pourrait naître de cette étroite alliance publiquement proclamée entre les deux plus grandes puissances de l'univers. Aux fâcheux récits de Baylen, il avait substitué, dans les entretiens de l'Europe, le récit merveilleux de l'assemblée de rois tenue à Erfurt. Les deux monarques étaient parfaitement contents l'un de l'autre; une plus douce union semblait devoir s'ajouter un jour à l'union toute politique qui les liait désormais. Il fut décidé qu'on donnerait encore le 13 à l'intimité, le 14 à la séparation, et qu'on emploierait ces dernières journées à multiplier les témoignages, et à combler de présents les serviteurs de l'une et l'autre cour. Voyant bien que M. de Tolstoy avait trop à Paris l'attitude d'un soldat, Alexandre était convenu de le remplacer par le vieux prince Kourakin, courtisan obséquieux, incapable de brouiller son maître avec Napoléon, et actuellement ambassadeur à Vienne. M. de Romanzoff destiné à se rendre à Paris pour y suivre avec moins de perte

> de temps les négociations avec l'Angleterre.

Mais il fut convenu aussi que, pour suivre de plus près les négociations avec l'Angleterre, et ne retarder que le moins possible les démarches auprès de la Porte, M. de Romanzoff se rendrait lui-même à Paris afin de recevoir les réponses, faire les répliques, sans autre délai que le temps nécessaire pour aller de Londres à Paris. Napoléon rédigea même à Erfurt, de sa propre main, la lettre commune au roi d'Angleterre qui devait être signée des deux empereurs, et les notes à l'appui, de façon à prévenir toute longueur.

M. de Tolstoy était à Erfurt. Napoléon voulut y recevoir ses lettres de recréance, et lui donner des marques de faveur qui ôtassent à sa révocation toute apparence de disgrâce. Il lui fit cadeau des porcelaines de Sèvres et des tapisseries des Gobelins qui avaient orné son habitation à Erfurt. Il combla de présents et de décorations tout l'entourage d'Alexandre. Alexandre ne se montra pas moins magnifique, conféra le cordon de Saint-André aux principaux personnages de la cour de Napoléon, et prodigua les portraits, les tabatières et les diamants.

Le seul personnage étranger à toutes ces distinctions était le représentant de l'Autriche, M. de Vincent. Malgré des efforts inouïs pour découvrir le secret de ce qu'on avait fait à Erfurt, il n'avait pu le pénétrer. Il savait qu'on avait échangé des témoignages de tout genre, qu'on avait posé dans une convention formelle les principes de l'alliance; mais le secret véritable des acquisitions qu'on s'était concédées les uns aux autres, des négociations qu'on allait entreprendre, il l'ignorait, et il supposait même beaucoup plus qu'il n'y avait.

> Audience de congé de M. de Vincent et lettre de Napoléon à l'empereur d'Autriche.

Napoléon lui accorda son audience de congé, en lui renouvelant ses remontrances, et lui répéta que l'Autriche serait pour toujours laissée en dehors des affaires européennes, tant qu'elle paraîtrait vouloir recourir aux armes. Il le chargea pour l'empereur de la lettre suivante, qui contenait toute sa pensée:

«Erfurt, le 14 octobre 1808.

»Monsieur mon frère, je remercie Votre Majesté Impériale de la lettre qu'elle a bien voulu m'écrire, et que M. le baron de Vincent m'a remise. Je n'ai jamais douté des intentions droites de Votre Majesté; mais je n'en ai pas moins craint un moment de voir les hostilités se renouveler entre nous. Il est à Vienne une faction qui affecte la peur pour précipiter votre cabinet dans des mesures violentes, qui seraient l'origine de malheurs plus grands que ceux qui ont précédé. J'ai été le maître de démembrer la monarchie de Votre Majesté, ou du moins de la laisser moins puissante; je ne l'ai pas voulu. Ce qu'elle est, elle l'est de mon aveu. C'est la plus évidente preuve que nos comptes sont soldés, et que je ne veux rien d'elle. Je suis toujours prêt à garantir l'intégrité de sa monarchie. Je ne ferai jamais rien contre les principaux intérêts de ses États, mais Votre Majesté ne doit pas remettre en discussion ce que quinze ans de guerre ont terminé. Elle doit défendre toute proclamation ou démarche provoquant la guerre. La dernière levée en masse aurait produit la guerre, si j'avais pu craindre que cette levée et ces préparatifs fussent combinés avec la Russie. Je viens de licencier les camps de la Confédération. Cent mille hommes de mes troupes vont à Boulogne pour renouveler mes projets contre l'Angleterre. Que Votre Majesté s'abstienne de tout armement qui puisse me donner de l'inquiétude et faire une diversion en faveur de l'Angleterre. J'ai dû croire, lorsque j'ai eu le bonheur de voir Votre Majesté et que j'ai conclu le traité de Presbourg, que nos affaires étaient terminées pour toujours, et que je pouvais me livrer à la guerre maritime sans être inquiété ni distrait. Que Votre Majesté se méfie de ceux qui lui parlent des dangers de sa monarchie, troublent ainsi son bonheur, celui de sa famille et de ses peuples. Ceux-là seuls sont dangereux; ceux-là seuls appellent les dangers qu'ils feignent de craindre. Avec une conduite droite, franche et simple, Votre Majesté rendra ses peuples heureux, jouira elle-même du bonheur dont elle doit sentir le besoin après tant de troubles, et sera sûre d'avoir en moi un homme décidé à ne jamais rien faire contre ses principaux intérêts. Que ses démarches montrent de la confiance, elles en inspireront. La meilleure politique aujourd'hui, c'est la simplicité et la vérité. Qu'elle me confie ses inquiétudes lorsqu'on parviendra à lui en donner, je les dissiperai sur-le-champ. Que Votre Majesté me permette un dernier mot: qu'elle écoute son opinion, son sentiment, il est bien supérieur à celui de ses conseils.

»Je prie Votre Majesté de lire ma lettre dans un bon sens, et de n'y voir rien qui ne soit pour le bien et la tranquillité de l'Europe et de Votre Majesté.»

À cette lettre si polie et si fière, Napoléon ajouta de nouveau la demande formelle de la reconnaissance du roi Joseph, comme le moyen le plus sûr de faire éclater les vraies dispositions de l'Autriche, et de l'engager dans son système, ou de la placer dans un embarras, duquel il l'obligerait à se tirer, soit par la paix, soit par la guerre, quand il lui plairait de pousser les choses à bout.

Les souverains accourus à Erfurt, ayant pris congé des deux empereurs, étaient successivement repartis. Le 14 au matin, Alexandre et Napoléon montèrent à cheval, au milieu de la population affluant de toutes parts, en présence des troupes sous les armes, et sortirent d'Erfurt à côté l'un de l'autre, comme ils y étaient entrés. | Séparation d'Alexandre et de Napoléon, le 14 octobre. | Ils parcoururent ensemble une certaine étendue de chemin; puis ils mirent pied à terre abandonnant leurs chevaux à des piqueurs, se promenèrent quelques instants ensemble, se redirent de nouveau et brièvement ce qu'ils s'étaient dit tant de fois sur l'utilité, la fécondité, la grandeur de leur alliance, sur leur goût l'un pour l'autre, sur leur désir et leur espérance de resserrer leurs liens, puis s'embrassèrent avec une sorte d'émotion. Bien qu'il y eût de la politique, de l'ambition, de l'intérêt dans leur amitié, tout n'était pas calcul dans ce sentiment. Les hommes, même les plus obligés à la dissimulation, ne sont jamais aussi faux, aussi dépourvus de sensibilité que l'imagine la finesse du vulgaire, qui croit être profonde en ne supposant partout que du mal. Alexandre et Napoléon se quittèrent émus, et se serrèrent de bonne foi la main, l'un du haut de sa voiture, l'autre du haut de son cheval. Alexandre partit pour Weimar et Saint-Pétersbourg, Napoléon pour Erfurt et Paris. Ils ne devaient plus se revoir, et aucun de leurs projets du moment, aucun ne devait se réaliser!

Napoléon, rentré à Erfurt, donna congé aux personnages, princes et autres, qui restaient encore, puis monta lui-même en voiture quelques heures après, laissant dans le silence et la solitude cette petite ville, qu'il en avait tirée un instant, pour la remplir de tumulte, d'éclat, de mouvement, et la replonger ensuite dans sa paisible obscurité. Elle restera célèbre cependant, comme ayant été le théâtre où fut donnée cette prodigieuse représentation des grandeurs humaines.

> Retour de Napoléon à Paris, le 18 octobre.

Parti d'Erfurt le 14 octobre, Napoléon fut rendu le 18 au matin à Saint-Cloud. Par l'entrevue qu'il venait d'avoir avec l'empereur Alexandre il avait atteint son but, car l'Autriche était contenue, pour le moment du moins; il avait le temps de faire dans la Péninsule une campagne courte et décisive; aux impressions produites par les affaires d'Espagne étaient substituées d'autres impressions moins pénibles; l'événement de Baylen, très-connu de l'Europe, très-peu de la France, se trouvait effacé par l'événement d'Erfurt connu de tous; et enfin, devant les forces unies de la France et de la Russie, il était possible que l'Angleterre intimidée consentît à écouter des paroles de paix.

À peine arrivé à Saint-Cloud, Napoléon fit donner suite au projet de négociation avec la Grande-Bretagne. > Départ des courriers russes et français pour Londres. Il prescrivit au chef des forces navales à Boulogne d'embarquer de la manière la plus ostensible les deux messagers envoyés d'Erfurt, et désignés comme courriers, l'un de l'empereur de Russie, l'autre de l'empereur des Français. Le message dont ils étaient chargés pour M. Canning, et qui contenait une lettre des deux empereurs au roi d'Angleterre, pour lui offrir la paix, en termes dignes mais formels, portait sur son enveloppe extérieure qu'il était adressé par Leurs Majestés l'empereur des Français et l'empereur de Russie à Sa Majesté le roi de la Grande-Bretagne. Ces courriers avaient ordre de dire partout, principalement en Angleterre, qu'ils venaient d'Erfurt, où ils avaient laissé les deux empereurs ensemble, et qu'ils avaient rencontré sur leur route des troupes nombreuses se dirigeant vers le camp de Boulogne. Napoléon voulait ainsi faire peser sur le cabinet de Londres la responsabilité du refus de la paix, et frapper aussi l'imagination des Anglais par la possibilité d'une nouvelle expédition de Boulogne.

Il se proposait de rester à Paris le nombre de jours nécessaire à l'exécution de ses derniers ordres, et de partir ensuite pour l'Espagne, afin de diriger lui-même les opérations militaires avec l'activité et la vigueur qu'il savait y mettre, et qu'il lui importait plus que jamais d'y apporter, pour enlever à l'Angleterre la ressource de l'insurrection espagnole, et rendre plus tôt disponibles ses armées dans le cas d'une reprise d'hostilités avec l'Autriche, ce qu'il regardait toujours comme possible au printemps suivant. Éloigner néanmoins cette nouvelle crise était tout son désir. Alarmer l'Angleterre, rassurer l'Autriche, pour inspirer à l'une la pensée de la paix, pour ôter à l'autre la pensée de la guerre, fut le double motif qui dicta ses dernières dispositions.

> Conversion de la grande armée en armée du Rhin.

En conséquence, il distribua d'une manière toute nouvelle les forces qu'il avait laissées en Allemagne. Il leur retira d'abord le titre de *Grande Armée*, pour les qualifier du titre plus modeste d'*Armée du Rhin*, et il en destina le commandement au maréchal Davout, le plus capable de ses maréchaux pour tenir et discipliner une armée. Le corps du maréchal Soult fut dissous, et ce maréchal lui-même eut ordre de se rendre en Espagne. Des trois divisions qui composaient son corps, l'une, la division Saint-Hilaire, fut ajoutée au corps du maréchal Davout, qui devenait armée du Rhin; les deux autres, qui étaient les divisions Carra Saint-Cyr et Legrand, furent acheminées sur la France, avec apparence de se diriger vers le camp de Boulogne, mais très-lentement, de manière à pouvoir toujours au besoin se reporter sur le haut Danube. Les divisions Boudet et Molitor eurent ordre de marcher vers Strasbourg et Lyon, comme si elles avaient dû se rendre en Italie, mais sans perdre la possibilité de revenir en Souabe et en Bavière. Le maréchal Davout, avec ses trois anciennes divisions, Morand, Friant, Gudin, avec la nouvelle division Saint-Hilaire détachée du maréchal Soult, avec la belle division d'élite Oudinot, avec tous les cuirassiers, avec une forte portion de cavalerie légère, et une magnifique artillerie, dut occuper la gauche de l'Elbe, sa cavalerie cantonnée en Hanovre et en Westphalie, son infanterie dans les anciennes provinces franconiennes et saxonnes de la Prusse. Il allait avoir environ 60 mille hommes d'infanterie, 12 mille cuirassiers, 8 mille hussards et chasseurs, 10 mille soldats d'artillerie et du génie, c'est-à-dire 90 mille combattants, les meilleurs de toutes les armées françaises. Il restait sur les bords de la mer du Nord 6 mille Français, 6 mille Hollandais, commandés par le prince de Ponte-Corvo. Les quatre divisions rentrant en France pouvaient par un mouvement à gauche venir renforcer de 40 mille hommes environ les troupes consacrées à l'Allemagne. Moyennant l'organisation qui ajoutait un cinquième bataillon à tous les régiments, et portait le quatrième au corps, en employant la nouvelle conscription, ces forces devaient s'élever encore à près de 180 mille hommes.

Grâce à cette même organisation, tous les régiments d'Italie, ayant quatre bataillons au corps, devaient former un total de 100 mille hommes, dont 80 mille d'infanterie, 12 mille de cavalerie, le reste d'artillerie et du génie. Napoléon ordonna de profiter de la fin d'octobre pour faire partir les conscrits avant l'hiver. Il voulait qu'en Italie tout fût prêt au mois de mars. L'armée de Dalmatie, qualifiée toujours du titre de deuxième corps de la Grande Armée, depuis qu'après Austerlitz elle s'était détachée sous le général Marmont pour occuper cette province, s'appela premier corps de l'armée d'Italie, portée de cette manière à 120 mille hommes.

Ainsi, tout en rassurant l'Autriche par la distribution et la direction de ses forces, Napoléon se tint en mesure à son égard. D'autre part, et pour alarmer l'Angleterre, il fit grand étalage du mouvement des deux divisions Carra Saint-Cyr et Legrand vers le camp de Boulogne.

> Distribution de l'armée d'Espagne en huit corps.

Napoléon donna en même temps les derniers ordres pour la composition de l'armée d'Espagne. Il la forma en huit corps, dont il se proposait de prendre le commandement en chef, le prince Berthier étant comme d'habitude son major général. Le 1er corps de la Grande Armée, porté de Berlin à Bayonne vers la fin d'octobre, conserva sous le maréchal Victor le titre de 1er corps de l'armée d'Espagne. Le corps de Bessières devint le 2e et fut destiné au maréchal Soult. Le corps du maréchal Moncey fut qualifié de 3e de l'armée d'Espagne. La division Sébastiani, réunie avec les Polonais et les Allemands sous le maréchal Lefebvre, prit le titre de 4e corps. Le 5e corps de la Grande Armée, sous le maréchal Mortier, acheminé, par un ordre parti d'Erfurt, du Rhin sur les Pyrénées, dut garder son rang, en s'appelant 5e corps de l'armée d'Espagne. L'ancien 6e corps de la Grande Armée, récemment arrivé d'Allemagne, toujours composé des divisions Marchand et Bisson, et commandé par le maréchal Ney, dut s'appeler 6e corps de l'armée d'Espagne. On lui créa, sous le général Dessoles, avec quelques-uns des vieux régiments transportés dans la Péninsule, une troisième et belle division, qui devait rendre ce corps plus nombreux qu'il n'avait jamais été. Le général Gouvion Saint-Cyr, avec les troupes du général Duhesme enfermées dans Barcelone, la colonne Reille restée devant Figuières, les divisions Pino et Souham venues de Piémont en Roussillon, dut former le 7ᵉ corps de l'armée d'Espagne. Junot, avec les troupes revenues par mer du Portugal, réarmées, recrutées, pourvues de chevaux d'artillerie et de cavalerie, forma le 8ᵉ. Le maréchal Bessières fut mis à la tête de la réserve de cavalerie, composée de 14 mille dragons et 2 mille chasseurs. Le général Walther prit le commandement de la garde impériale forte de 10 mille hommes. C'était une masse de 150 mille hommes de vieilles troupes, qui, jointe aux 100 mille qui se trouvaient déjà au delà des Pyrénées, présentait le total énorme de 250 mille combattants. Voilà à quels efforts était obligé Napoléon, pour avoir au début entrepris d'envahir l'Espagne avec une armée trop peu nombreuse et trop peu aguerrie.

De ce renfort de 150 mille hommes, 100 mille au moins, partis d'Allemagne ou d'Italie à la fin d'août, étaient rendus sur les Pyrénées à la fin d'octobre: c'étaient les 1ᵉʳ, 4ᵉ, 6ᵉ et 7ᵉ corps, la garde et les dragons. Le 5ᵉ, sous le maréchal Mortier, parti plus tard que les autres, le 8ᵉ, sous le général Junot, récemment débarqué par les Anglais à La Rochelle, étaient encore en marche.

Joseph, comme on l'a vu, n'avait cessé d'imaginer et d'exécuter de faux mouvements, tantôt sur sa droite, tantôt sur sa gauche, n'obtenant d'autre résultat de cette imitation des manœuvres de l'Empereur, que de fatiguer inutilement ses troupes, et de leur ôter toute confiance dans l'autorité qui les commandait. Pour couronner cette triste campagne d'automne sur l'Èbre, il avait projeté, ou l'on avait projeté pour lui, un mouvement offensif sur Madrid, en abandonnant au hasard les communications de l'armée avec la France, et en laissant à Napoléon le soin de les rétablir à l'aide des 150 mille hommes qu'il amenait d'Allemagne et d'Italie. Napoléon prit pitié d'une si folle conception, lui écrivit à ce sujet, sur l'art dont il était le grand maître, les lettres les plus belles, les plus instructives, et lui enjoignit de se tenir tranquille à Vittoria, de ne tenter aucune opération, de laisser les insurgés de droite sous le général Blake s'avancer jusqu'à Bilbao, les insurgés de gauche sous les généraux Palafox et Castaños s'avancer jusqu'à Sanguesa, plus loin même, s'ils le voulaient, parce qu'arrivé bientôt au centre, vers Vittoria, avec une masse écrasante de forces, il pourrait se rabattre sur eux, les prendre à revers, les accabler, et finir, comme il disait, la guerre d'un seul coup. Le major général Berthier partit le premier pour Bayonne, afin d'aller y organiser l'état-major, y mettre chaque corps en place, et pour que Napoléon en arrivant n'eût plus qu'à donner les ordres du mouvement. Napoléon, après avoir ouvert le corps législatif avec peu d'appareil, confié à M. de Talleyrand la mission de recevoir les membres des deux assemblées, de les voir, de les fréquenter sans cesse, et de les diriger dans la voie tranquille et laborieuse qu'ils suivaient alors, après avoir remis à MM. de Romanzoff et de Champagny le soin de conduire la grande négociation entamée avec l'Angleterre, quitta Paris le 29 octobre pour se rendre à Bayonne. **Départ de Napoléon pour l'Espagne, le 29 octobre.** Ses proches, et tous ceux qui tenaient à sa précieuse existence, le virent avec une sorte d'appréhension s'exposer au milieu de ce pays de fanatiques, où le général Gobert était mort d'une balle tirée d'un buisson. Quant à lui, calme et serein, ne songeant pas plus à la balle tirée d'un buisson qu'aux centaines de boulets qui traversaient le champ de bataille d'Eylau, il partit plein de confiance, et caressant l'espoir d'infliger aux Anglais quelque désastre humiliant.

Ordres à la marine pour l'expédition de plusieurs croisières.

Avant son départ, il avait donné des ordres à la marine. Obligé de renoncer à ses vastes projets maritimes, conçus lorsqu'il croyait pouvoir dominer l'Espagne sans difficulté et la faire concourir à ses gigantesques expéditions, il s'était de nouveau réduit à de simples croisières. Il avait expédié beaucoup de frégates, chargées de déposer des soldats et des vivres dans les colonies, d'en rapporter du sucre et du café pour le compte du commerce, et de pratiquer la course chemin faisant. Il avait en outre ordonné deux fortes croisières, l'une sous le contre-amiral Lhermite, partant avec trois vaisseaux et plusieurs frégates de Rochefort, l'autre sous le capitaine Troude, partant aussi avec trois vaisseaux et plusieurs frégates de Lorient, toutes deux devant toucher à la Guadeloupe et à la Martinique, y débarquer des troupes, des vivres, rapporter des denrées coloniales, et opérer leur retour vers Toulon. Enfin, il prescrivit à sa flotte de Flessingue de sortir à la première occasion favorable, et de se diriger ou par la Manche, ou par un mouvement autour des îles Britanniques vers la Méditerranée. Il avait toujours l'intention de tenter avant la conclusion de la paix une grande entreprise sur la Sicile, afin de la réunir au royaume de Naples. Murat venait de s'emparer de l'île de Caprée, et Napoléon ne désespérait pas de voir, sous ce prince belliqueux aidé de la marine française, le royaume des Deux-Siciles entièrement reconstitué.

Tandis qu'il était en route vers l'Espagne, les négociations, comme nous l'avons dit, devaient continuer en son absence, conduites par MM. de Champagny et de Romanzoff, d'après les conseils de M. de Talleyrand.

Négociation entamée avec l'Angleterre. Les courriers partis de Boulogne eurent quelque peine à pénétrer en Angleterre, car l'ordre le plus précis était donné à tous les croiseurs de la marine britannique de ne laisser passer aucun bâtiment parlementaire. Cependant un officier de marine fort adroit, qui commandait le brick sur lequel ils étaient embarqués, traversa, sans être joint, la ligne des croiseurs anglais, et vint débarquer aux Dunes. On fit d'abord difficulté d'admettre ces deux courriers; puis on expédia le russe à Londres, en retenant le français aux Dunes. Un ordre de M. Canning permit bientôt à celui-ci de se rendre à Londres. | Manière de recevoir les deux courriers impériaux à Londres. | On eut beaucoup d'égards pour les deux courriers, en les plaçant néanmoins sous la garde d'un courrier anglais, qui ne les quitta pas un instant, et on les réexpédia après quarante-huit heures avec un simple accusé de réception pour MM. de Champagny et de Romanzoff, annonçant qu'on enverrait plus tard la réponse au message des deux empereurs.

Cet accueil si défiant, accompagné de tant de précautions à l'égard des deux courriers, n'indiquait guère le désir d'établir des communications avec le continent. Les esprits, en effet, n'étaient point à la paix de l'autre côté du détroit. Bien que la nation anglaise, en général, se montrât toujours portée à accepter les propositions de paix dès qu'on en faisait quelqu'une à son gouvernement, et qu'elle blâmât volontiers l'obstination du cabinet à continuer la guerre, cette fois elle manifestait un tout autre penchant. Cette différence dans ses dispositions tenait à diverses causes. | La nation anglaise, contre son usage, peu disposée à la paix. | D'abord, si après Tilsit la guerre avec tout le continent, avec la Russie notamment, l'avait effrayée comme en 1801, elle s'était bientôt rassurée, en voyant que les conséquences de cette guerre générale n'étaient pas en réalité fort graves. Elle n'en avait pas un ennemi effectif de plus sur les bras, et, dominant toujours l'Océan, elle pouvait se rire des efforts de tous ses adversaires. Elle était fière de leur impuissance, tout à fait libre de ses mouvements, car elle n'avait personne à ménager, et elle se croyait en mesure de tenter plus d'entreprises, en les dirigeant uniquement à son profit. Si le continent à la vérité semblait lui être fermé depuis une extrémité jusqu'à l'autre, il ne l'était pas tellement qu'elle n'introduisît encore, tant par le Nord que par le Midi, et surtout par Trieste, beaucoup de marchandises. Puis les derniers événements de l'Espagne lui promettaient d'immenses avantages commerciaux, en lui ouvrant les ports de la Péninsule, et en lui assurant l'exploitation exclusive des colonies espagnoles, qui toutes s'étaient mises en insurrection contre la royauté de Joseph. L'Angleterre trouvait là subitement un vaste débouché, et l'occasion ou de prendre, ou de pousser à l'indépendance les magnifiques colonies espagnoles, brillante revanche de l'insurrection des États-Unis; de manière qu'en résultat Napoléon, depuis la guerre d'Espagne, en forçant la Russie à se déclarer contre l'Angleterre, n'avait pas créé un nouvel ennemi à celle-ci, et, en lui fermant mal les ports du Nord, lui avait ouvert ceux du Midi, ainsi que tous ceux de l'Amérique du sud. De plus, l'insurrection espagnole venait de faire surgir sur le continent un allié pour l'Angleterre, le seul depuis 1802 qui eût remporté des avantages sur les troupes françaises. Il n'y a pas de peuple qui s'engoue plus facilement que le grave peuple de la Grande-Bretagne, et il était alors épris des insurgés espagnols, comme nous l'avons vu de nos jours s'éprendre des insurgés de tous les pays. Il admirait leur généreux dévouement, leur incomparable courage, et, ne considérant dans la victoire de Baylen que le résultat matériel sans en rechercher la cause, il était tout près de les déclarer les égaux des Français au moins. L'Autriche, bien qu'ayant rompu en apparence ses relations avec le gouvernement britannique, lui donnait sourdement des signes d'intelligence, armait sans relâche, et probablement allait recommencer la guerre contre la France. Les espérances d'une nouvelle lutte, peut-être heureuse, renaissaient donc de toutes parts, au jugement des Anglais, et ce n'était pas le moment de songer à une paix, dont la première condition eût été pour eux de laisser définitivement soumise à Napoléon la seconde des puissances maritimes du continent, c'est-à-dire l'Espagne.

> Grand déchaînement en Angleterre contre la convention de Cintra, et peu de disposition à ménager la France.

Enfin un accident, un pur accident, échauffait toutes les têtes à cette époque. La convention de Cintra avait semblé de la part des généraux britanniques une indigne faiblesse. Comparant cette convention à celle de Baylen, jaloux de n'avoir pas obtenu sur les Français un avantage aussi complet que celui qu'avaient obtenu les Espagnols, soutenant que le général Junot, après la journée de Vimeiro, était aussi mal placé que le général Dupont après celle de Baylen, ce qui était faux, les Anglais étaient indignés de ce qu'on eût accordé à l'armée du général Junot des conditions cent fois plus avantageuses qu'à celle du général Dupont, et ils regrettaient vivement le plaisir dont on les avait privés, plaisir pour eux sans égal, celui de voir défiler sur les bords de la Tamise une armée française prisonnière.

L'irritation contre le ministère était sur ce sujet poussée jusqu'à la démence, et on avait exigé la formation d'une haute cour pour juger les généraux anglais victorieux. Sir Arthur Wellesley lui-même était compromis avec sir Hew Dalrymple dans cette affaire, bien qu'on louât ses opérations militaires. Certes, lorsque, au lieu de blâmer comme autrefois l'acharnement contre les Français, l'opinion publique blâmait une complaisance extrême à leur égard, le moment était mal choisi pour une ouverture de paix. Le ministère Canning-Castlereagh, imitateur outré de la politique de M. Pitt, eût craint d'être accusé bien plus violemment encore s'il avait dans ces circonstances donné suite à des propositions pacifiques. Ainsi, tantôt par une cause, tantôt par une autre, toutes les occasions de rapprochement avec la Grande-Bretagne étaient successivement manquées: celle de lord Lauderdale en 1806, parce que la France voulait poursuivre et achever la conquête du continent; celle de 1807 après Tilsit, celle de 1808 après Erfurt, parce que l'Angleterre voulait poursuivre et achever la conquête des mers. Toutefois, bien que l'Angleterre fût actuellement peu disposée à traiter, le cabinet britannique n'eût pas osé refuser péremptoirement à la face de l'Europe et de sa nation d'écouter des paroles de paix. En conséquence, quelques jours après, le 28 octobre, il répondit à MM. de Champagny et de Romanzoff par un message que porta à Paris un courrier anglais.

> Réponse du ministère britannique au message des deux empereurs.

Ce message disait que l'Angleterre, quoiqu'elle eût souvent reçu des propositions pacifiques qu'elle avait de fortes raisons de ne pas croire sérieuses, ne refuserait jamais de prêter l'oreille à des propositions de ce genre, mais qu'il fallait qu'elles fussent honorables pour elle. L'Angleterre exige comme condition essentielle que les insurgés espagnols soient compris dans la négociation. Et cette fois, renonçant à argumenter sur la base des négociations, celle de l'*uti possidetis*, qui laissait peu de prise à la critique, puisque c'était celle que le gouvernement britannique avait posée à toutes les époques antérieures, le message faisait consister l'honneur et le devoir pour l'Angleterre à exiger que tous ses alliés fussent compris dans la négociation, les insurgés espagnols comme les autres, bien qu'aucun acte formel ne liât l'Angleterre à eux. Mais à défaut d'un semblable lien, un intérêt commun, un sentiment de générosité, de nombreuses relations déjà établies, ne permettaient pas de les abandonner. À cette condition M. Canning se disait prêt à nommer des plénipotentiaires, et à les envoyer où l'on voudrait.

Le cabinet britannique se doutait bien qu'en demandant l'admission des insurgés espagnols aux conférences qui seraient ouvertes pour traiter de la paix, toute négociation deviendrait impossible; car, entre les rois Joseph et Ferdinand VII, il n'y avait pas de transaction imaginable. C'était tout ou rien, Madrid ou Valençay, pour l'un comme pour l'autre.

> Embarras de MM. de Romanzoff et de Champagny relativement à la condition proposée.

Lorsque M. de Romanzoff et M. de Champagny reçurent cette réponse, qui était accompagnée d'excuses à M. de Romanzoff de ce qu'on ne répondait pas directement aux souverains eux-mêmes, mais à leurs ministres, vu que l'un des deux empereurs n'était pas reconnu par l'Angleterre, ils furent assez embarrassés. Recours à Napoléon pour la réponse à faire. Prendre sur eux de s'expliquer affirmativement ou négativement sur la condition essentielle, celle de l'admission des insurgés, leur semblait bien hardi, même en s'autorisant du conseil de M. de Talleyrand. Il fut décidé qu'on en référerait à Napoléon. En attendant on procéda envers M. Canning comme il avait procédé lui-même, et on lui adressa un simple accusé de réception, en remettant à plus tard la réponse à son message.

L'impatience de M. de Romanzoff, relativement à la possession des provinces danubiennes, calmée par le désir de réussir dans les négociations entreprises avec l'Angleterre.

Son désir est de faire durer les négociations, et il s'exprime dans ce sens en écrivant à Napoléon.

M. de Romanzoff, d'abord si pressé de conduire à leur terme les négociations avec Londres, afin de pouvoir s'approprier plus tôt les provinces du Danube; M. de Romanzoff, maintenant qu'il était à Paris, publiquement engagé dans une tentative de paix avec l'Angleterre, mettait un véritable amour-propre à la faire réussir, la convention d'Erfurt ayant bien stipulé d'ailleurs que, dans tous les cas, la Finlande, la Moldavie et la Valachie seraient assurées à la Russie. Il fut donc d'avis avec MM. de Talleyrand et de Champagny que le message anglais, en demandant la présence de tous les alliés de l'Angleterre à la négociation, y compris les insurgés espagnols, n'offrait cependant dans sa forme rien de tellement absolu qu'il fût impossible de s'entendre. Par ce motif, tous les trois écrivirent à l'Empereur, pour le supplier de faire une réponse qui permît de continuer les pourparlers, et d'arriver à une réunion de plénipotentiaires.

Nov. 1808.

Napoléon était en ce moment sur l'Èbre, tout entier à la guerre, à l'espérance d'accabler les Espagnols et les Anglais, et sous les nouvelles impressions qui le dominaient, n'attachant plus aux pourparlers avec l'Angleterre autant d'importance que d'abord. Le message de M. Canning ne lui laissait guère d'illusion, et il ne comptait que sur un grand désastre infligé à l'armée britannique, pour fléchir l'obstination du cabinet de Londres. Napoléon, tout entier aux soins de la guerre, laisse à MM. de Romanzoff, de Champagny et de Talleyrand le soin de conduire la négociation. Dès lors il était plus disposé à abandonner à d'autres la conduite de cette affaire, et il permit aux trois diplomates qui étaient à Paris de répondre comme ils l'entendraient, moyennant que les insurgés fussent formellement exclus de la négociation. Il envoya un modèle de réponse que de MM. de Champagny, de Romanzoff et de Talleyrand furent autorisés à remanier à leur gré, et qu'ils eurent soin en effet de modérer notablement.

Ce nouveau message, porté à Londres par les mêmes courriers, relevait quelques allusions blessantes du message anglais, puis admettait sans difficulté tous les alliés de l'Angleterre à la négociation, sauf les insurgés espagnols, qui n'étaient que des révoltés, ne pouvant pas représenter Ferdinand VII, puisque celui-ci était à Valençay, d'où il les désavouait et confirmait l'abdication de la couronne d'Espagne.

Brusque résolution du cabinet britannique et réponse négative qui met un terme à toute négociation.

À la réception de cette seconde note, le cabinet britannique, craignant de décourager ses nouveaux alliés, soit en Espagne, soit en Autriche, par des bruits de paix, de refroidir le fanatisme des uns, de ralentir les préparatifs militaires des autres, résolut de rompre brusquement une négociation qui ne lui semblait ni utile ni sérieuse. Ayant dans les mains des documents qui prouvaient que la France ne voulait point faire de concessions aux insurgés espagnols, lesquels jouissaient en Angleterre d'une immense popularité, il ne redoutait rien du parlement, la question étant ainsi posée. En conséquence, il fit une déclaration péremptoire, offensante pour la Russie et la France, consistant à dire qu'aucune paix n'était possible avec deux cours, dont l'une détrônait et tenait prisonniers les rois les plus légitimes, dont l'autre les laissait traiter indignement pour des motifs intéressés; que, du reste, les propositions pacifiques adressées à l'Angleterre étaient illusoires, imaginées pour décourager les peuples généreux qui avaient déjà secoué le joug oppresseur de la France, et ceux qui se préparaient à le secouer encore; que les communications devaient donc être considérées comme définitivement rompues, et la guerre continuée avec toute l'énergie commandée par les circonstances.

Évidemment, l'Angleterre, comptant cette fois sur un prochain renouvellement de la lutte, avait craint, en poursuivant cette négociation, de refroidir les Espagnols et les Autrichiens. M. de Talleyrand éprouva les regrets ordinaires et honorables qu'il ressentait toutes les fois qu'une tentative de paix venait à échouer. M. de Romanzoff fut piqué des allusions blessantes pour sa cour, fâché d'avoir manqué un succès, mais consolé par la liberté désormais acquise d'agir immédiatement en Orient. M. de Champagny, dévoué à l'Empereur, à ses idées, à sa fortune, ne vit dans ce refus que l'occasion de nouvelles guerres triomphales pour un maître qu'il croyait invincible. Le public, à peine averti, n'y prit presque pas garde; il n'attendait de résultat décisif que de la présence de Napoléon en Espagne.

> Réponse amère de l'Autriche, et raisons de croire que Napoléon n'aura que le temps de faire une courte campagne en Espagne.

> Espoir que cette campagne sera décisive.

Tandis que l'Angleterre répondait de la sorte, l'Autriche ne répondait guère mieux aux déclarations de la Russie et de la France. Elle protestait de son intention de conserver la paix, et, en effet, elle donnait moins d'éclat à ses préparatifs, sans toutefois les interrompre; mais elle accueillait avec amertume la proposition commune de reconnaître le roi Joseph, et elle déclarait que lorsqu'on lui aurait fait savoir ce qui s'était passé à Erfurt, elle s'expliquerait à l'égard de la nouvelle royauté constituée en Espagne, ajoutant que la connaissance de ce qui avait été arrêté entre les deux empereurs lui était indispensable pour éclairer et fixer ses résolutions. La forme autant que le fond même de cette déclaration décelait l'irritation profonde dont l'Autriche était remplie. Il était évident que Napoléon aurait le temps de faire une campagne dans la Péninsule, mais de n'en faire qu'une. On attendait de son génie et de ses troupes qu'elle serait décisive. Le public, habitué à la guerre, habitué surtout sous ce maître tout-puissant à dormir au bruit du canon, dont les échos lointains ne faisaient présager que des victoires, demeurait tranquille et confiant, malgré tout ce qu'avait de triste, de sinistre même, cette guerre entreprise au delà des Pyrénées contre le fanatisme d'une nation entière. L'éclatant spectacle donné à Erfurt éblouissait encore tous les yeux, et leur dérobait les périls trop réels de la situation.

FIN DU LIVRE TRENTE-DEUXIÈME.

LIVRE TRENTE-TROISIÈME.

SOMO-SIERRA.

Arrivée de Napoléon à Bayonne. — Inexécution d'une partie de ses ordres. — Comment il y supplée. — Son départ pour Vittoria. — Ardeur des Espagnols à soutenir une guerre qui a commencé par des succès. — Projet d'armer cinq cent mille hommes. — Rivalité des juntes provinciales, et création d'une junte centrale à Aranjuez. — Direction des opérations militaires. — Plan de campagne. — Distribution des forces de l'insurrection en armées de gauche, du centre et de droite. — Rencontre prématurée du corps du maréchal Lefebvre avec l'armée du général Blake en avant de Durango. — Combat de Zornoza. — Les Espagnols culbutés. — Napoléon, arrivé à Vittoria, rectifie la position de ses corps d'armée, forme le projet de se laisser déborder sur ses deux ailes, de déboucher ensuite vivement sur Burgos, pour se rabattre sur Blake et Castaños, et les prendre à revers. — Exécution de ce projet. — Marche du 2e corps, commandé par le maréchal Soult, sur Burgos. — Combat de Burgos et prise de cette ville — Les maréchaux Victor et Lefebvre, opposés au général Blake, le poursuivent à outrance. — Victor le rencontre à Espinosa et disperse son armée. — Mouvement du 3e corps, commandé par le maréchal Lannes, sur l'armée de Castaños. — Manœuvre sur les derrières de ce corps par l'envoi du maréchal Ney à travers les montagnes de Soria. — Bataille de Tudela, et déroute des armées du centre et de droite. — Napoléon, débarrassé des masses de l'insurrection espagnole, s'avance sur Madrid, sans s'occuper des Anglais, qu'il désire attirer dans l'intérieur de la Péninsule. — Marche vers le Guadarrama. — Brillant combat de Somo-Sierra. — Apparition de l'armée française sous les murs de Madrid. — Efforts pour épargner à la capitale de l'Espagne les horreurs d'une prise d'assaut. — Attaque et reddition de Madrid. — Napoléon n'y veut pas laisser rentrer son frère, et n'y entre pas lui-même. — Ses mesures politiques et militaires. — Abolition de l'inquisition, des droits féodaux et d'une partie des couvents. — Les maréchaux Lefebvre et Ney amenés sur Madrid, le maréchal Soult dirigé sur la Vieille-Castille, pour agir ultérieurement contre les Anglais. — Opérations en Aragon et en Catalogne. — Lenteur forcée du siége de Saragosse. — Campagne du général Saint-Cyr en Catalogne. — Passage de la frontière. — Siége de Roses. — Marche habile pour éviter les places de Girone et d'Hostalrich. — Rencontre avec l'armée espagnole et bataille de Cardedeu. — Entrée triomphante à Barcelone. — Sortie immédiate pour enlever le camp du Llobregat, et victoire de Molins del Rey. — Suite des événements au centre de l'Espagne. — Arrivée du maréchal Lefebvre à Tolède, du maréchal Ney à Madrid. — Nouvelles de l'armée anglaise apportées par des déserteurs. — Le général Moore, réuni, près de Benavente, à la division de

Samuel Baird, se porte à la rencontre du maréchal Soult. — Manœuvre de Napoléon pour se jeter dans le flanc des Anglais, et les envelopper. — Départ du maréchal Ney avec les divisions Marchand et Maurice-Mathieu, de Napoléon avec les divisions Lapisse et Dessoles, et avec la garde impériale. — Passage du Guadarrama. — Tempête, boues profondes, retards inévitables. — Le général Moore, averti du mouvement des Français, bat en retraite. — Napoléon s'avance jusqu'à Astorga. — Des courriers de Paris le décident à s'établir à Valladolid. — Il confie au maréchal Soult le soin de poursuivre l'armée anglaise. — Retraite du général Moore, poursuivi par le maréchal Soult. — Désordres et dévastations de cette retraite. — Rencontre à Lugo. — Hésitation du maréchal Soult. — Arrivée des Anglais à la Corogne. — Bataille de la Corogne. — Mort du général Moore et embarquement des Anglais. — Leurs pertes dans cette campagne. — Dernières instructions de Napoléon avant de quitter l'Espagne, et son départ pour Paris. — Plan pour conquérir le midi de l'Espagne, après un mois de repos accordé à l'armée. — Mouvement du maréchal Victor sur Cuenca, afin de délivrer définitivement le centre de l'Espagne de la présence des insurgés. — Bataille d'Uclès, et prise de la plus grande partie de l'armée du duc de l'Infantado, autrefois armée de Castaños. — Sous l'influence de ces événements heureux, Joseph entre enfin à Madrid, avec le consentement de Napoléon, et y est bien reçu. — L'Espagne semble disposée à se soumettre. — Saragosse présente seule un point de résistance dans le nord et le centre de l'Espagne. — Nature des difficultés qu'on rencontre devant cette ville importante. — Le maréchal Lannes envoyé pour accélérer les opérations du siége. — Vicissitudes et horreurs de ce siége mémorable. — Héroïsme des Espagnols et des Français. — Reddition de Saragosse. — Caractère et fin de cette seconde campagne des Français en Espagne. — Chances d'établissement pour la nouvelle royauté.

> Arrivée de Napoléon à Bayonne.

> État dans lequel il trouve toutes choses.

Napoléon, parti en toute hâte pour Bayonne, trouva les routes entièrement dégradées par la saison et la grande quantité des charrois militaires, les chevaux de poste épuisés par les nombreux passages, s'irrita fort contre les administrations chargées de ces différents services, et, parvenu à Mont-de-Marsan, monta à cheval pour traverser les Landes à franc étrier. Il arriva le 3 novembre à Bayonne à deux heures du matin. Il manda sur-le-champ le prince Berthier pour savoir où en étaient toutes choses, et se faire rendre compte de l'exécution de ses ordres. Rien ne s'était exécuté comme il l'avait voulu, ni surtout aussi vite, quoiqu'il fût le plus prévoyant, le plus absolu, le plus obéi des administrateurs.

> Inexécution d'une partie des ordres de Napoléon, et cause de cette inexécution.

Il avait demandé que vingt mille conscrits des classes arriérées, choisis dans le Midi, et destinés à former le fond des quatrièmes bataillons dans les régiments servant en Espagne[20], fussent réunis à Bayonne. Il y en avait cinq mille au plus d'arrivés. Il comptait sur 50 milles capotes, sur 129 mille paires de souliers, sur une masse proportionnée de vêtements, le reste devant venir au fur et à mesure des besoins. Il trouva 7 mille capotes, et 15 mille paires de souliers. Or, ce qu'il appréciait le plus, comme nous l'avons dit ailleurs, surtout dans les campagnes d'hiver, c'était la chaussure et la capote: il fut donc singulièrement mécontent. Tandis que l'approvisionnement en vêtements était aussi peu avancé, l'approvisionnement en vivres était considérable, ce qui était un vrai contre-sens, car les Castilles regorgent de vivres; les céréales et le bétail y abondent. Il est inutile de parler du vin, qui forme le plus riche produit des coteaux de la Péninsule. Les mulets, dont Napoléon avait ordonné de nombreux achats, choisis, faute d'autres, à quatre ans et demi, étaient trop jeunes pour fournir un bon service; ce qui n'était pas moins regrettable que tout le reste, car les charrois étaient justement ce dont on manquait le plus en Espagne, à cause de l'état des routes et du mode des transports, qui se font presque tous à dos de mulet. En outre Napoléon avait prescrit que les troupes venant d'Allemagne fussent concentrées entre Bayonne et Vittoria, qu'aucune opération ne fût commencée, qu'on permît même aux insurgés de nous déborder à droite et à gauche, car il entrait dans son plan de laisser les généraux espagnols, dans leur ridicule prétention de l'envelopper, s'engager fort avant sur ses ailes. Or les belles troupes tirées de la Grande Armée avaient été dispersées précipitamment sur tous les points où la timidité de l'état-major de Joseph avait cru apercevoir un péril. Enfin le maréchal Lefebvre, commandant le 4e corps, séduit par l'occasion de combattre les Espagnols à Durango, les avait défaits; avantage de nulle valeur pour Napoléon, qui avait le goût, et, dans sa position actuelle, le besoin de résultats extraordinaires.

Quelque grandes que fussent les contrariétés qu'il éprouvait, Napoléon ne pouvait s'en prendre ni à son imprévoyance, ni à l'indocilité de ses agents, mais à la nature des choses, qui commençait à être violentée dans ce qu'il entreprenait depuis quelque temps. Il avait, en effet, donné deux mois tout au plus pour faire sur les Pyrénées les préparatifs d'une immense guerre. Or, si deux mois eussent suffi peut-être sur le Rhin et sur les Alpes, où n'avaient cessé d'affluer pendant plusieurs années toutes les ressources de l'Empire, ces deux mois étaient loin de suffire sur les Pyrénées, où depuis 1795, c'est-à-dire depuis treize années, aucune partie de nos ressources militaires n'avait été dirigée, la France à dater de cette époque ayant toujours été en paix avec l'Espagne. Les agents de l'administration d'ailleurs, ne connaissant pas encore la nature et les besoins de ce nouveau théâtre de guerre, envoyaient des vivres, par exemple, où il aurait fallu des vêtements. De plus, les quantités de toutes choses venaient de changer si subitement, depuis que de 60 ou 80 mille conscrits on s'était élevé à 250 mille hommes, que toutes les prévisions étaient dépassées. D'autre part, si les troupes, au lieu d'être concentrées à Vittoria, étaient dispersées dans diverses directions, c'est qu'un état-major, où ne figuraient pas encore les lieutenants vigoureux que Napoléon avait formés à son école, se troublait à la première apparence de danger, et envoyait les corps au moment même de leur arrivée, partout où l'ennemi se montrait. Enfin le maréchal Lefebvre lui-même n'avait cédé au désir intempestif de combattre, que parce que là où Napoléon n'était pas, le commandement se relâchait, et devenait faible et incertain[21].

> Napoléon, après avoir employé une journée à remédier à l'inexécution de ses ordres, repart pour Vittoria.

Napoléon employa la journée du 3 à témoigner de vive voix, ou par écrit, son extrême mécontentement aux agents qui avaient mal compris et mal exécuté ses ordres, et, ce qui valait mieux, à réparer les inexactitudes ou les lenteurs, plus ou moins inévitables, dont il avait à se plaindre[22]. Il ordonna l'abandon de tous les marchés que les entrepreneurs n'avaient pas exécutés, la création immédiate à Bordeaux d'ateliers de confectionnement, dans lesquels on emploierait les draps du Midi à faire des habits; contremanda tous les envois de grains et de bétail pour ne porter ses ressources que sur l'habillement, fit construire à Bayonne des baraques pour y loger les quatrièmes bataillons, accéléra la marche des conscrits pour en remplir les cadres, passa en revue les troupes qui arrivaient, envoya aux administrations des postes et des ponts et chaussées une foule d'avis lumineux et impératifs, puis, le 4 au soir, franchit la frontière, alla coucher à Tolosa, et le lendemain 5 se rendit à Vittoria, où se trouvait le quartier général de son frère Joseph. Il voyagea à cheval, escorté par la cavalerie de la garde impériale, et entra de nuit à Vittoria, désirant ne recevoir aucun hommage, et se loger hors de la ville, afin de satisfaire son goût, qui était de vivre en plein air, et d'être le moins possible auprès de son frère. Ce n'était ni froideur ni éloignement à l'égard de ce dernier, mais calcul. > Motifs de Napoléon pour se montrer le moins possible auprès de Joseph. Il sentait qu'à ses côtés la position de

Joseph serait secondaire, comme il l'avait déjà remarqué pendant leur commun séjour à Bayonne, et il désirait au contraire lui laisser aux yeux des Espagnols la première place. Il voulait aussi n'être en Espagne que général d'armée, revêtu de tous les droits de la guerre, et les exerçant impitoyablement, jusqu'à ce que l'Espagne se soumît. Il consentait ainsi à se réserver le rôle de la sévérité, même de la cruauté, pour ménager à Joseph celui de la majesté et de la douceur. Dans ce but, ne pas se loger avec Joseph était le parti le plus sage.

> Arrivée de Napoléon à Vittoria.

À peine rendu à Vittoria, et arraché aux embrassements de son frère, qui lui était fort attaché, il fit appeler auprès de lui son état-major, et particulièrement les officiers français ou espagnols qui connaissaient le mieux les routes de la contrée, afin de commencer sur-le-champ les opérations décisives qu'il avait projetées.

Pour comprendre les remarquables opérations qu'il ordonna en cette circonstance, et qui ne furent pas au nombre des moins belles de sa vie militaire, il faut savoir ce qui s'était passé en Espagne pendant les mois de septembre et d'octobre, mois employés tant à Paris qu'à Erfurt en négociations, en préparatifs de guerre, en mouvements de troupes.

> Ce qui s'était passé en Espagne pendant les mois de septembre et d'octobre.

> Exaltation produite chez les Espagnols par le triomphe de Baylen.

Les Espagnols, doublement enthousiasmés du triomphe inespéré de Baylen et de la retraite du roi Joseph sur l'Èbre, étaient dans le délire de la joie et de l'orgueil. Ce n'étaient pas quelques conscrits, accablés par la chaleur, mal conduits par un général malheureux, qu'ils croyaient avoir vaincus, mais la grande armée, et Napoléon lui-même. Ils se supposaient invincibles, et ne songeaient à rien moins qu'à réunir une masse de cinq cent mille hommes, à porter ces cinq cent mille hommes au delà des Pyrénées, c'est-à-dire à envahir la France. Dans les négociations avec les Anglais, qu'ils savaient vainqueurs aussi en Portugal, mais dont ils dédaignaient fort la convention de Cintra, en la comparant à celle de Baylen, ils ne parlaient que d'entreprises dirigées contre le midi de la France. Ils acceptaient et désiraient même le secours d'une armée anglaise, mais ils le demandaient sans y attacher le salut de l'Espagne, qu'ils se chargeraient bien d'opérer indépendamment de toute assistance étrangère. Qu'on se figure la jactance espagnole, si grande en tout temps, exaltée par un triomphe inouï, et on se fera à peine une idée juste des folles exagérations que débitaient les insurgés.

> Difficulté de constituer un gouvernement.

Ce qui pressait le plus, et ce qu'il y avait de plus difficile, c'était de constituer un gouvernement; car depuis le départ de la famille royale pour Compiégne et Valençay, depuis la retraite de Joseph sur l'Èbre, il n'y avait d'autre autorité que celle des juntes insurrectionnelles formées dans chaque province, autorité extravagante, qui se divisait en douze ou quinze centres ennemis les uns des autres. À Madrid, autrefois centre unique de l'administration royale, il n'était resté que le conseil de Castille, aussi méprisé que haï pour n'avoir opposé à l'usurpation étrangère d'autre résistance qu'un peu de mauvaise grâce, et beaucoup de tergiversations.

> Efforts du conseil de Castille pour ressaisir le pouvoir.

Ce corps était alors en Espagne dans la situation où avaient été en France, à l'ouverture de la révolution, les anciens parlements, dont on s'était servi avant 1789, et dont après 1789 on ne voulait plus tenir aucun compte, parce qu'ils étaient demeurés fort en deçà des désirs du moment. Doué cependant, comme tous les vieux corps, d'une ambition patiente et tenace, il ne désespérait pas de s'emparer du pouvoir, et crut en trouver l'occasion dans le massacre d'un vieillard, don Luis Viguri, autrefois intendant de la Havane et favori du prince de la Paix, oublié depuis longtemps, mais rappelé malheureusement à l'attention du peuple par une querelle avec un ancien serviteur traître à son maître.

> Le conseil de Castille appelle à Madrid les généraux victorieux.

L'infortuné don Luis ayant été égorgé et traîné dans les rues, le besoin d'une autorité publique se fit universellement sentir, et le conseil appela à Madrid les généraux espagnols victorieux des Français, pour prêter main-forte à la loi. Il proposa en même temps aux juntes insurrectionnelles de députer chacune un représentant, afin de composer à Madrid avec le conseil lui-même un gouvernement central.

> Entrée à Madrid de don Gonzalez de Llamas avec les Valenciens, de Castaños avec les Andalous.

Les généraux espagnols s'empressèrent en effet de venir triompher à Madrid, et on vit successivement arriver don Gonzalez de Llamas avec les Valenciens et les Murciens, prétendus vainqueurs du maréchal Moncey, et Castaños avec les Andalous, vainqueurs trop réels du général Dupont. L'enthousiasme pour ces derniers fut extrême, et il était mérité, si le bonheur peut être estimé à l'égal du génie. Mais les juntes n'étaient pas d'humeur à subir la prépondérance du conseil de Castille, et à se contenter d'une simple participation au pouvoir, sous la direction suprême de ce corps. *Les juntes insurrectionnelles refusent de répondre à l'appel du conseil de Castille et de constituer un gouvernement central sous ses auspices.* Pour unique réponse, toutes (une seule exceptée, celle de Valence) lui adressèrent les plus violents reproches, et elles déclarèrent ne pas vouloir reconnaître une autorité qui n'avait été jadis qu'une autorité purement administrative et judiciaire, et qui récemment ne s'était pas conduite de manière à obtenir de la confiance de la nation un pouvoir qu'elle ne tenait pas des institutions espagnoles. Elles discutèrent entre elles par des envoyés la forme du gouvernement central qu'elles constitueraient. Elles étaient, quant à cet objet, aussi divisées de vues que de prétentions. *Rivalités entre les juntes.* D'abord toutes jalousaient leurs voisines. Celle de Séville était en brouille avec celle de Grenade, chacune s'attribuant l'honneur du triomphe de Baylen, et poussant la violence jusqu'à vouloir se faire la guerre, qu'elles auraient commencée sans le sage Castaños. De plus, cette même junte de Séville entendait devenir le centre du gouvernement, tant à cause de ses services que de sa situation géographique, qui la plaçait loin des Français, et elle voulait par voie d'adhésions successives attirer toutes les autres à elle. *Prétentions des juntes du nord de l'Espagne.* Les juntes du nord, formant deux groupes peu amis, d'une part celui de Galice, de Léon, de Castille, de l'autre celui des Asturies, tendaient cependant à se rapprocher, et, une fois unies, à fixer au nord le gouvernement de l'Espagne. *Les juntes d'Estrémadure, de Valence, de Grenade, de Saragosse, veulent un gouvernement unique, placé au centre, et font prévaloir ce vœu.* Moins ambitieuses, plus sages, et non moins méritantes, les juntes d'Estrémadure, de Valence, de Grenade, de Saragosse, n'avaient aucune de ces ambitions exclusives, et se prononçaient pour la formation d un gouvernement unique, placé au centre de l'Espagne, mais non à Madrid, afin d'éviter la domination du conseil de Castille.

Établissement de la junte centrale à Aranjuez.

Toutes ces juntes finirent par s'entendre au moyen d'envoyés, et elles convinrent de députer à un lieu indiqué, Ciudad-Real, Aranjuez ou Madrid, deux représentants par junte, afin de composer une junte centrale de gouvernement. Cet accord fut accepté, et les deux représentants nommés, après beaucoup d'agitations, se rendirent, les uns à Madrid, les autres à Aranjuez. Ceux de Séville, toujours plus jaloux, parce qu'ils étaient les plus ambitieux, ne voulurent pas dépasser Aranjuez, et finirent par attirer tous les autres à eux. Il plaisait d'ailleurs à l'orgueil de ces suppléants de la royauté absente de s'établir dans son ancienne résidence, et d'en usurper jusqu'aux dehors.

Constituée à Aranjuez sous la présidence de M. de Florida-Blanca, l'ancien ministre de Charles III, homme illustre, éclairé, habile, mais malheureusement vieux et étranger au temps présent, la junte centrale se déclara investie de toute l'autorité royale, s'attribua le titre de majesté, décerna celui d'altesse à son président, d'excellence à ses membres, avec 120 mille réaux de traitement pour chacun d'eux. S'élevant dans le commencement à vingt-quatre membres, elle fut portée bientôt à trente-cinq, et pour premier acte elle enjoignit au conseil de Castille ainsi qu'à toutes les autorités espagnoles de reconnaître son pouvoir suprême. Le conseil de Castille élève quelques objections mal accueillies contre la formation d'une junte centrale. Le conseil de Castille, qui ne trouvait pas de son goût la création d'une pareille autorité, songea d'abord à résister. Il objecta par une déclaration formelle que, d'après les lois du royaume, la junte, à titre de conseil de régence, était trop nombreuse, et à titre d'assemblée nationale ne pouvait en rien remplacer les cortès. En conséquence, il demanda la convocation des cortès elles-mêmes. Nous avons déjà eu l'occasion de faire remarquer que dans ce soulèvement de l'Espagne pour la royauté, il y avait explosion de tous les sentiments démocratiques, et qu'au nom de Ferdinand VII on ne faisait en réalité que se livrer aux passions de 1793. Aussi rien ne sonnait-il mieux aux oreilles espagnoles que le mot de cortès. Mais du conseil de Castille tout était mal pris. On vit uniquement dans ce qu'il proposait un piége pour annuler la junte et se substituer à elle, et, sans renoncer aux cortès, on ne répondit à sa déclaration que par une rumeur universelle de haine et de mépris. La junte centrale acceptée par les généraux et la nation. L'appui des généraux était alors la seule force efficace. Or, tous appartenaient à cette junte centrale, composée des juntes provinciales, auprès desquelles ils s'étaient élevés, avec lesquelles ils s'étaient entendus, et ils adhérèrent à la junte, sauf un seul, le vieux Gregorio de la Cuesta, toujours chagrin, toujours insociable, détestant les autorités insurrectionnelles et tumultueuses qui venaient de se former, et préférant de beaucoup le conseil de Castille, qu'il avait jadis présidé. Il songea même un moment à s'entendre avec Castaños, et à s'attribuer à eux deux le gouvernement militaire, en abandonnant le gouvernement civil au conseil de Castille. Les événements prouvèrent bientôt qu'une pareille combinaison aurait mieux valu; mais Castaños n'était pas assez entreprenant pour accepter les offres de son collègue, et d'ailleurs, élevé par la junte de Séville, il était du parti des juntes. Don Gregorio de la Cuesta fut donc obligé de se soumettre, et le conseil de Castille, dénué de tout appui, se trouva réduit à suivre cet exemple.

La junte centrale d'Aranjuez, en plein exercice du pouvoir dès les premiers jours de septembre, se mit à gouverner, à sa manière, la malheureuse Espagne.

> Composition des armées de l'insurrection.

Son premier, son unique soin aurait dû être de s'occuper de la levée des troupes, de leur organisation, de leur direction. Mais, dans un pays où il n'y avait jamais eu que fort peu d'administration, où une révolution subite venait de détruire le peu qu'il y en avait, le gouvernement central ne pouvait rien ou presque rien sur la partie essentielle, c'est-à-dire sur l'organisation des forces, et pouvait tout au plus quelque chose sur leur direction générale. L'enthousiasme était assurément très-bruyant en Espagne, aussi bruyant qu'on le puisse imaginer, et on va voir combien l'enthousiasme est une faible ressource effective, combien il est inférieur en résultats à une loi régulière, qui prend tous les citoyens, et les appelle bon gré mal gré à servir le pays. L'Espagne, qui aurait pu et dû donner en de telles circonstances quatre ou cinq cent mille hommes, très-courageux par nature, en donna à peine cent mille, mal équipés, encore plus mal disciplinés, incapables de tenir tête, même dans la proportion de quatre contre un, à nos troupes les plus médiocres.

> Quels furent ceux qui s'enrôlèrent sous l'influence de l'enthousiasme du moment.

Après beaucoup de bruit, d'agitation, tout ce qui s'enrôla fut la jeunesse des universités, quelques paysans poussés par les moines, et un très-petit nombre seulement des exaltés des villes.

> Armées de l'Andalousie, de Grenade et de Valence.

Dans certaines provinces, ces enrôlés allèrent grossir les rangs de la troupe de ligne; dans d'autres, ils formèrent sous le nom de *Tercios*, vieux nom emprunté aux anciennes armées espagnoles, des bataillons spéciaux servant à côté de la troupe de ligne. L'Andalousie, si fière de ses succès, eut son armée forte de quatre divisions, sous les ordres des généraux Castaños, la Peña, Coupigny, etc. Grenade eut la sienne sous le major de Reding. Valence et Murcie expédièrent sous Llamas une partie des volontaires qui avaient résisté au maréchal Moncey. **Division de l'Estrémadure.** L'Estrémadure, qui n'avait pas encore figuré dans les rangs de l'insurrection armée, forma sous le général Galuzzo et le jeune marquis de Belveder une division dans laquelle entrèrent, avec des volontaires, beaucoup de déserteurs des troupes espagnoles de Portugal. À cette division se joignirent les enrôlés de la Manche et de la Nouvelle-Castille. La Catalogne continua à lever des bandes de miquelets qui serreraient de près le général Duhesme dans Barcelone. L'Aragon, répondant à la voix de Palafox, et encouragé par la résistance de Saragosse, organisa une armée assez régulière, composée de troupes de ligne et de paysans aragonais, les plus beaux hommes, les plus hardis de l'Espagne. **Armées de la Galice, des Asturies, de Léon, de la Vieille-Castille.** Les provinces du nord, la Galice, Léon, la Vieille-Castille, les Asturies, profitant d'un noyau considérable de troupes de ligne, les unes revenues du Portugal, les autres de garnison au Ferrol, se rallièrent sous les généraux Blake et Gregorio de la Cuesta, dédommagées de leur défaite de Rio-Seco par les succès de l'insurrection dans le reste de la Péninsule. Elles reçurent aussi un renfort inattendu, c'était celui des troupes du marquis de La Romana, échappé avec son corps des rives de la Baltique, par une sorte de miracle qui mérite d'être rapporté.

Évasion miraculeuse des troupes de La Romana revenues du Danemark dans les Asturies.

On se souvient que les troupes espagnoles envoyées à Napoléon pour concourir à la garde des rivages de la Baltique, avaient été répandues dans les provinces danoises, où elles devaient tenir tête aux Anglais et aux Suédois. Ces troupes, sommées de prêter serment à Joseph, commencèrent à murmurer. Celles qui étaient dans l'île de Seeland, autour de Copenhague, s'insurgèrent, cherchèrent à tuer le général Fririon qui les commandait, ne purent atteindre que son aide de camp qu'elles égorgèrent, et déclarèrent ne point vouloir d'une royauté usurpatrice. Le roi de Danemark les fit désarmer. Mais la plus grande partie du corps espagnol était dans l'île de Fionie et dans le Jutland. Les troupes qui se trouvaient dans ces deux localités, travaillées depuis long-temps par des agents espagnols venus sur des bâtiments anglais, avaient résolu d'échapper au dominateur du continent, et pour cela de se porter à l'improviste sur un point du rivage, où les flottes anglaises s'empresseraient de les recueillir. Le marquis de La Romana, esprit ardent et singulier, tout plein de la lecture des auteurs anciens, instruit mais peu sensé, plus bouillant qu'énergique, était à la tête de ce noble complot. À un signal donné, tous les détachements espagnols coururent au port de Nyborg, où l'on s'embarque pour passer le grand Belt, y trouvèrent une centaine de petits bâtiments dont ils s'emparèrent, et se rendirent dans l'île de Langeland. Là, sous la protection des flottes anglaises, ils n'avaient rien à craindre. Les autres détachements épars dans le Jutland coururent, de leur côté, à Fréděricia, passèrent le petit Belt dans des barques enlevées par eux, traversèrent l'île de Fionie pour se rendre à Nyborg, et de Nyborg gagnèrent l'île de Langeland, rendez-vous commun de ces fugitifs. La cavalerie, abandonnant ses chevaux dans les campagnes, suivit l'infanterie à pied, et arriva avec elle au rendez-vous général. Les Anglais avertis, ayant rassemblé le nombre de bâtiments nécessaires pour une courte traversée, eurent bientôt transporté les fugitifs sur la côte de Suède pour les mettre hors d'atteinte, et, tous les moyens ayant enfin été réunis, les ramenèrent de Suède en Espagne dans les premiers jours d'octobre, après trois mois d'aventures merveilleuses. Sur les 14 mille Espagnols placés au bord de la Baltique, 9 à 10 mille étaient revenus en Espagne, 4 à 5 mille étaient restés en Danemark, désarmés et prisonniers.

Dans un moment où les Espagnols prenaient le moindre succès pour un triomphe, le moindre signe de courage ou d'intelligence pour des preuves certaines d'héroïsme et de génie, le marquis de La Romana devait leur apparaître comme un héros accompli, un grand homme digne de Plutarque. Mais s'ils étaient si prompts en fait d'admiration, ils ne l'étaient pas moins en fait de jalousie, et Castaños, par exemple, qui, bien que souvent irrésolu, était cependant le plus intelligent et le plus sage d'entre leurs généraux, et aurait dû par ce motif être chargé de la direction générale de la guerre, n'obtint point ce commandement. ⎣Conseil de généraux placé auprès de la junte centrale d'Aranjuez.⎦ Chaque junte avait son héros, qu'elle ne voulait pas soumettre au héros de la junte voisine; on se borna donc à former un conseil de guerre, placé à côté de la junte d'Aranjuez, et composé des principaux généraux, ou de leurs représentants. ⎣Plan de campagne adopté par ce conseil.⎦ Tout ce qui fut proposé de plans ridicules dans ce conseil ne saurait se dire. Mais le plan qu'on préféra, comme une imitation de Baylen, fut celui qui consistait à envelopper l'armée française retirée sur l'Èbre, et concentrée autour de Vittoria, en débordant ses deux ailes par Bilbao d'un côté, par Pampelune de l'autre. (Voir la carte n° 43.) Il est vrai que, par suite de cette configuration ordinairement bizarre des vallées, qui dans les grandes montagnes s'entrelacent les unes dans les autres, l'armée française tenant la route de Bayonne à Vittoria, laquelle passe par Tolosa et Mondragon, avait sur sa droite la vallée dont Bilbao occupe le centre, et qu'on appelle la Biscaye; sur sa gauche, la vallée dont la place forte de Pampelune occupe l'entrée, et qu'on appelle la Navarre. De Bilbao par Durango on peut tomber à Mondragon, sur les derrières de Vittoria, et couper la grande route qui formait la principale communication de l'armée française. De Pampelune on peut aussi tomber sur Tolosa, et couper la route de France, ou même déboucher sur Bayonne par Saint-Jean-Pied-de-Port. Moyennant qu'on rencontrât des troupes françaises assez lâches pour reculer devant des bandes indisciplinées, conduites par des généraux incapables, il est certain qu'on avait l'espérance fondée d'envelopper l'armée française, de prendre Joseph, sa cour, les cinquante à soixante mille hommes qui lui restaient sur l'Èbre, et de conduire prisonnier à Madrid le frère de Napoléon! La vengeance eût été éclatante assurément, et fort légitime, puisque Ferdinand VII était à Valençay. Mais le hasard ne se répète pas, et Baylen était un hasard qui ne devait pas se reproduire, car les armées espagnoles toutes réunies ne seraient pas venues à bout des soldats et des généraux retirés sur l'Èbre, encore moins des soldats que Napoléon amenait avec lui. Pour forcer les passages de Bilbao à Mondragon, de Pampelune à Tolosa, il fallait passer, d'un côté sur le corps des maréchaux Victor et Lefebvre, de l'autre, sur celui des maréchaux Ney et Lannes, des généraux Mouton, Lasalle et Lefebvre-Desnoette, marchant à la tête des vieux soldats de la grande armée, et il n'y avait pas une troupe en Europe qui en eût trouvé le secret. Ainsi, sans aucune chance de tourner les Français, on leur laissait la faculté de déboucher de Vittoria comme d'un centre, pour se jeter en masse, soit à droite, soit à gauche, sur l'une ou l'autre des armées espagnoles, qui étaient séparées par de grandes distances, qui ne pouvaient se secourir, et de leur infliger de la sorte à elles-mêmes le désastre qu'elles voulaient faire subir à l'armée française. Mais il n'était pas donné aux généraux inexpérimentés de l'Espagne de saisir ces aperçus si simples. Envelopper une armée française, la prendre, était depuis Baylen un procédé militaire entouré d'un prestige irrésistible. Le plan en question prévalut donc dans ce conseil, où c'était un prodige que quelque chose prévalût, tant les contradictions y étaient nombreuses et véhémentes. En conséquence il fut convenu qu'on s'avancerait à la fois par les montagnes de la Biscaye et de la Navarre, sur Bilbao d'un côté, sur Pampelune de l'autre, pour couper Joseph de Vittoria, et le traiter de la même manière qu'on avait traité le général Dupont. Puis on fit la distribution des forces dont on disposait, et qui dans les espérances des Espagnols avaient dû être au moins de 400 mille hommes.

Distribution des forces de l'insurrection espagnole, conformément au plan de campagne adopté.

Il fut formé quatre corps d'armée, un de gauche d'abord sous le général Blake, comprenant une masse considérable de troupes de ligne, celles de la division Taranco, de l'arrondissement maritime du Ferrol, du marquis de La Romana, et avec ces troupes de ligne les volontaires de la Galice, de Léon, de Castille, des Asturies, parmi lesquels on voyait surtout des étudiants de Salamanque et des montagnards des Asturies. **Armée de gauche sous Blake et La Romana.** On pouvait évaluer cette armée de gauche à 36 mille hommes, indépendamment de la division de La Romana, à quarante-cinq avec cette division, dont la cavalerie revenue du Nord sans chevaux était à pied, et incapable de servir. L'armée du général Blake dut s'avancer le long du revers méridional des montagnes des Asturies, de Léon à Villarcayo, essayer ensuite de passer ces montagnes à Espinosa pour pénétrer dans la vallée de la Biscaye, et descendre sur Bilbao. (Voir la carte n° 43.) **Armée du centre sous Castaños.** En communication avec cette armée de gauche, dut se former une armée du centre sous le général Castaños, qui comprendrait les troupes de Castille organisées par la Cuesta, et conduites par Pignatelli, les troupes d'Estrémadure commandées par Galuzzo et le jeune marquis de Belveder, les deux divisions d'Andalousie placées sous les ordres de la Peña, et enfin les troupes de Valence et de Murcie que Llamas avait amenées à Madrid. Ces troupes, en défalquant celles d'Estrémadure encore en arrière, pouvaient s'élever à environ 30 mille hommes. Elles durent border l'Èbre de Logroño à Calahorra. Celles d'Estrémadure durent venir occuper Burgos, avec les restes des gardes wallones et espagnoles, troupes les meilleures d'Espagne, au nombre de 12 mille hommes. **Armée de droite sous Palafox.** L'armée de droite formée en Aragon sous Palafox, composée de Valenciens, de quelques troupes de Grenade, des Aragonais, forte à peu près de 18 mille hommes, dut passer l'Èbre à Tudela, et, longeant la rivière d'Aragon, se porter par Sanguesa sur Pampelune. L'armée du centre sous Castaños devait se joindre à l'armée de droite, afin d'agir en masse sur Sanguesa quand s'exécuterait définitivement le projet d'envelopper l'armée française. Derrière ces trois armées on résolut d'en former une quatrième, destinée à jouer le rôle de réserve, et composée d'Aragonais, de Valenciens, d'Andalous, qui ne parurent jamais en ligne, et d'un effectif tout à fait inconnu. Enfin, à l'extrême droite, c'est-à-dire en Catalogne, se trouvaient en dehors du plan général, sans évaluation possible de nombre, et isolées comme cette province elle-même, des troupes de miquelets qui, avec des régiments venus des Baléares, des soldats espagnols ramenés de Lisbonne, se chargeaient de disputer cette partie de l'Espagne au général Duhesme, en le bloquant dans Barcelone. Mais, si l'on se borne à l'énumération des forces agissant sur le véritable théâtre de la guerre, celles de gauche sous Blake, celles du centre sous Castaños (y compris la division d'Estrémadure), celles enfin d'Aragon sous Palafox, on ne trouve guère que le nombre total de cent mille hommes, renfermant presque tout ce que l'Espagne comptait de soldats disciplinés et de volontaires ardents, présentant un mélange confus de troupes de ligne, assez instruites pour sentir la défectuosité de leur organisation et en être découragées, de paysans, d'étudiants dépourvus d'instruction, sans aucune idée de la guerre, prêts à s'enfuir à la première rencontre sérieuse, le tout mal équipé, mal armé, mal nourri, conduit par des généraux ou incapables, ou suspects parce qu'ils étaient sages, jaloux les uns des autres, et profondément divisés. Le grand courage de la nation espagnole ne pouvait suppléer à tant d'insuffisances, et si le climat, une armée étrangère, les circonstances générales de l'Europe, les fautes politiques de Napoléon, ne venaient pas en aide à l'ancienne dynastie, ce n'était pas des défenseurs armés pour elle qu'elle devait attendre son rétablissement.

> Concours des forces anglaises avec les forces espagnoles.

Toutefois, le principal des moyens de salut se préparait pour l'Espagne: c'était l'assistance de l'Angleterre. Celle-ci, après avoir délivré le Portugal de la présence des Français, ne voulait pas s'en tenir à ce premier effort. Assaillie d'agents espagnols envoyés par les juntes, apercevant dans le soulèvement de la Péninsule une diversion puissante qui absorberait une partie des forces françaises, ne désespérant pas de faire renaître une coalition sur le continent, et de la jeter sur les bras de Napoléon affaibli, elle était résolue à fournir aux Espagnols tous les secours possibles. > Raisons qui décident l'Angleterre à envoyer une armée en Espagne. < Elle avait expédié à Santander, à la Corogne, et dans les autres ports de la Péninsule, des armes, des munitions, des vivres de guerre, et elle préparait même un envoi d'argent. Ne négligeant pas plus ses intérêts commerciaux que ses intérêts politiques, elle avait en outre inondé la Péninsule de ses marchandises. Une dernière raison, si toutes celles que nous venons d'énumérer n'avaient pas été assez décisives, aurait suffi pour la déterminer à agir énergiquement: c'était l'éclat produit par la convention de Cintra, objet en ce moment de toutes les colères du public britannique. Aussi, bien que l'expédition du Portugal, telle quelle, fût l'une des expéditions les mieux conduites et les plus heureuses que l'Angleterre eût encore exécutées sur la terre ferme, il fallait néanmoins en réparer l'effet, comme il aurait fallu réparer celui d'un désastre. Soit cette nécessité, soit l'enthousiasme des Anglais pour la cause espagnole, le cabinet britannique était donc obligé de déployer les plus grands efforts. En conséquence il résolut d'envoyer une armée considérable en Espagne. Le midi de la Péninsule, comme plus sûr, plus éloigné des Français, plus voisin du Portugal, lui aurait fort convenu pour théâtre de ses entreprises militaires. Mais lorsque le rendez-vous général était sur l'Èbre, lorsqu'on se flattait d'accabler définitivement aux portes même de France les armées découragées, détruites, disait-on, du roi Joseph, c'eût été une nouvelle honte, pire que celle de Cintra, que de descendre timidement à Cadix, ou de s'avancer de Lisbonne par Elvas sur Séville. | La Vieille-Castille choisie pour théâtre des opérations de l'armée anglaise. | La réunion d'une armée anglaise dans la Vieille-Castille fut, par ces motifs, décidée en principe. On s'y prit pour la former de la manière suivante.

| Forces composant l'armée anglaise, et leur point de départ. |

Il était resté autour de Lisbonne à peu près 18 mille hommes de l'expédition de Portugal terminée à Vimeiro. Sir John Moore, venu du Nord avec 10 mille hommes, après une inutile tentative pour les employer en Suède, avait débarqué à Lisbonne quelques jours après la convention de Cintra, et porté à environ 28 mille les forces britanniques en Portugal. | Le commandement déféré à sir John Moore. | C'était un officier sage, clairvoyant, irrésolu dans le conseil, quoique très-brave sur le champ de bataille, plein de loyauté et d'honneur, fort digne de commander à une armée anglaise. Étranger à la gloire de la dernière expédition, mais aussi aux préventions qu'elle avait soulevées, puisqu'il était venu après que tout était fini, il fut chargé du commandement en chef, qu'assurément il méritait plus qu'aucun autre, si les Anglais n'avaient eu sir Arthur Wellesley à leur disposition. Mais celui-ci avait en quelque sorte des comptes à vider avec l'opinion publique, et son rôle en Espagne fut différé. John Moore eut donc le commandement. Vingt mille hommes, sur les vingt-huit déjà rassemblés en Portugal, durent concourir à la nouvelle expédition vers le nord de l'Espagne. Douze ou quinze mille, dont une partie en cavalerie, durent être déposés à la Corogne, sous David Baird, vieil officier de l'armée des Indes. Cette réunion allait former un total de 35 à 36 mille hommes de troupes excellentes, valant à elles seules toutes les forces que l'Espagne avait sur pied. On mit aux ordres de John Moore une immense flotte de transport, pour suivre le mouvement de ses troupes, les porter au lieu du rendez-vous s'il préférait la voie de mer, et leur fournir, quelque route qu'il adoptât, des vivres, des munitions, des chevaux d'artillerie et de cavalerie. On laissa à sa sagesse le soin de se conduire comme il voudrait, pourvu qu'il agit dans le nord de la Péninsule, et se concertât avec les généraux espagnols pour le plus grand succès de la campagne.

Sir Stuart et lord William Bentinck avaient été envoyés à Madrid pour faire entendre quelques bons conseils à la junte d'Aranjuez, et amener un peu d'ensemble dans les opérations militaires des deux nations.

Route qu'adopte sir John Moore pour se rendre dans la Vieille-Castille.

Sir John Moore, demeuré libre dans son action, pouvait transporter par mer, de Lisbonne à la Corogne, les 20 mille hommes qu'il devait tirer de l'armée de Portugal, et les joindre dans ce port aux 15 mille hommes de sir David Baird; il pouvait aussi traverser le Portugal tout entier par les chemins que les Français avaient suivis pour s'y rendre. Après de sages réflexions, il se décida à prendre ce dernier parti. D'une part, presque tous les bâtiments de la flotte étaient consacrés en ce moment à ramener en France l'armée de Junot; de l'autre, un nouvel embarquement ne pouvait manquer de nuire beaucoup à l'organisation de l'armée anglaise. La route de la Corogne à Léon était d'ailleurs épuisée par l'armée de Blake, et devait tout au plus suffire à la division de sir David Baird. En partant avant la saison des pluies, en s'avançant lentement, par petits détachements, sir John Moore espérait arriver en bon état dans la Vieille-Castille, et donner à ses troupes, par ce trajet, ce qui manque aux troupes anglaises, la patience et la force de marcher. En conséquence, il résolut d'acheminer son infanterie par les deux routes montagneuses qui débouchent sur Salamanque, celle de Coimbre à Almeida, celle d'Abrantès à Alcantara, et son artillerie avec sa cavalerie par le plat pays de Lisbonne à Elvas, d'Elvas à Badajoz, de Badajoz à Talavera, de Talavera à Valladolid. (Voir la carte n° 43.) Il se flattait ainsi d'avoir réuni, dans le courant d'octobre, son infanterie et sa cavalerie au centre de la Vieille-Castille. Le corps de sir David Baird, qui était plus considérable en cavalerie, devait débarquer à la Corogne, de la Corogne se porter par Lugo à Astorga, et venir se joindre par le Duero à l'armée principale. Ce plan arrêté, sir John Moore se mit en marche à la fin de septembre, et sir David Baird, partant des côtes d'Angleterre, fit voile vers la Corogne.

Il faut rendre cette justice aux Espagnols que, soit présomption, soit patriotisme, et probablement l'un et l'autre de ces sentiments à la fois, ils traitaient fièrement avec les Anglais, n'acceptant leurs secours que sous certaines réserves, et à la condition de ne pas leur livrer leurs grands établissements maritimes. Jamais ils n'avaient voulu admettre à Cadix les cinq mille hommes que leur offrait sir Hew Dalrymple; et quand le corps de sir David Baird parut devant la Corogne, ils lui refusèrent l'entrée de ce grand port. Il fallut écrire à Madrid pour avoir l'autorisation de le laisser débarquer, autorisation qui fut enfin accordée sur les instances de sir Stuart et de lord William Bentinck.

> Enlèvement d'une dépêche qui révèle aux Espagnols les dangers qui les menacent par l'arrivée de nombreuses troupes françaises.

Mais tandis que les Anglais avaient peine à faire recevoir à terre les troupes qu'on leur avait demandées, tandis que les généraux espagnols, en intrigue avec la junte ou contre elle, en rivalité les uns avec les autres, opposaient encore des difficultés d'exécution à un plan qui avait été adopté d'entraînement, et consumaient le temps dans une incroyable confusion, une lettre de l'état-major français, interceptée par les nombreux coureurs qui infestaient les routes, leur apprit que d'octobre à novembre il entrerait en Espagne cent mille hommes de renfort, sans compter ce qui était arrivé déjà, et qu'en s'agitant ainsi sans agir, ils laissaient échapper l'occasion de surprendre l'armée française, telle qu'ils se la figuraient, épuisée, décimée, abattue par Baylen. Cette découverte donne une impulsion à la junte, et on accélère le commencement des opérations. Dans ce gouvernement, qui ne marchait que par secousses, comme marchent tous les gouvernements tumultueux et faibles, une révélation pareille devait donner une impulsion d'un moment. On cessa de disputer, on fit partir les généraux, accordés entre eux ou non; on envoya Castaños sur l'Èbre; on pressa l'arrivée sur Madrid, et de Madrid sur Burgos, des gens de l'Estrémadure; enfin on mit en mouvement tout ce qu'on put, et comme on put.

C'était le cas de ne plus perdre de temps; cependant on en perdit encore beaucoup, et on ne fut en état d'agir sérieusement qu'à la fin d'octobre. Le général Blake, bien qu'il n'eût pas réuni toutes ses forces, avait été le premier en ligne; ayant longé le pied des montagnes des Asturies sans y pénétrer, il les avait franchies à Espinosa, et avait fait sur Bilbao plusieurs démonstrations. (Voir la carte n° 43.) Les Castillans, sous Pignatelli, tenaient les bords de l'Èbre aux environs de Logroño. Les Murciens, les Valenciens sous Llamas, les deux divisions d'Andalousie sous la Peña, s'étendaient le long du fleuve, de Tolosa à Calahorra et Alfaro. Les Aragonais, les Valenciens de Palafox, portés au delà de l'Èbre, et bordant la petite rivière d'Aragon, avaient leur quartier général à Caparroso.

D'après le plan convenu, il fallait que Castaños et Palafox se concertassent pour se réunir sur l'extrême gauche des Français, vers Pampelune; et il y avait urgence, car le général Blake, déjà fort engagé sur leur droite, pouvait être compromis si on ne se hâtait d'occuper une partie des forces ennemies. Mais entre Castaños et Palafox l'accord n'était pas facile, chacun des deux voulant attirer l'autre à lui. Castaños craignait de trop dégarnir l'Èbre; Palafox voulait qu'on le mît en mesure d'envahir la Navarre avec des forces supérieures. Enfin, faisant un mouvement en avant, ils avaient passé l'Èbre et la rivière d'Aragon, et s'étaient établis à Logroño d'un côté, à Lerin de l'autre.

> Engagements imprévus, et contraires aux ordres de Napoléon, entre les corps déjà arrivés et les insurgés espagnols.

Mais il était trop tard: les Français, avant d'être renforcés, n'auraient pas souffert plus long-temps l'audace fort irréfléchie de leurs adversaires, bien moins encore depuis que les plus belles troupes du monde venaient les rejoindre chaque jour. On se souvient que, même avant la mise en mouvement de quatre corps de la Grande Armée, Napoléon avait successivement détaché de France et d'Allemagne une suite de vieux régiments, et qu'avec les derniers arrivés on avait composé d'abord la division Godinot, puis la division Dessoles, qui devait être la troisième du corps du maréchal Ney. C'est avec celle-ci que se trouvait l'intrépide maréchal sur l'Èbre, en attendant l'arrivée de son corps d'armée.

Quoique Napoléon eût interdit toute opération avant qu'il fût présent, dans le désir qu'il avait de laisser les Espagnols gagner du terrain sur ses ailes, et s'engager au point de ne pouvoir revenir en arrière, l'état-major de Joseph, ne tenant pas au spectacle de leurs mouvements, avait voulu les repousser.

> Combats de Logroño et de Lerin.

Il avait donc ordonné aux maréchaux Ney et Moncey de reprendre la ligne de l'Èbre et de l'Aragon. En conséquence, le 25 octobre, Ney avait marché sur Logroño, et, y entrant à la baïonnette, avait chassé devant lui les Castillans de Pignatelli. Il avait même passé l'Èbre, et forcé les insurgés à se replier jusqu'à Nalda, au pied des montagnes qui séparent le pays de Logroño de celui de Soria. (Voir la carte nº 43.) Le maréchal Moncey, de son côté, avait envoyé sur Lerin les généraux Wathier et Maurice-Mathieu avec un régiment de la Vistule et le 44ᵉ de ligne. Ces généraux avaient refoulé les Espagnols, d'abord dans la ville et le château de Lerin; puis, en les isolant de tout secours, les avaient faits prisonniers au nombre d'un millier d'hommes. Partout les Espagnols avaient été culbutés avec une vigueur, une promptitude, qui prouvaient que devant l'armée française, conduite comme elle avait l'habitude de l'être, les levées insurrectionnelles de l'Espagne ne pouvaient opposer de résistance sérieuse.

Dans ce même moment arrivaient le 1ᵉʳ corps, sous le maréchal Victor, le 4ᵉ, sous le maréchal Lefebvre, et le 6ᵉ, destiné au maréchal Ney, comprenant ses deux divisions Bisson et Marchand, avec lesquelles il s'était tant signalé en tout pays.

Joseph venait à peine de passer en revue la belle division Sébastiani, du corps de Lefebvre, dans les plaines de Vittoria, qu'oubliant les instructions de son frère, il l'avait acheminée sur sa droite, par la route de Durango, dans la vallée de la Biscaye, afin de contenir le général Blake, qui lui donnait des inquiétudes du côté de Bilbao. Il ne s'en tint pas là. Croyant sur parole les paysans espagnols, qui, lorsqu'il y avait vingt mille hommes, en annonçaient quatre-vingt mille par forfanterie ou par crédulité, il n'avait pas jugé que ce fût assez du corps de Lefebvre, et, pour mieux garder ses derrières, il avait envoyé par Mondragon sur Durango l'une des divisions du maréchal Victor, celle du général Villatte. Enfin, la tête du 6ᵉ corps ayant paru à Bayonne, il s'était hâté de diriger la division Bisson par Saint-Jean-Pied-de-Port sur Pampelune, afin d'assurer sa gauche comme il venait d'assurer sa droite par la position qu'il faisait prendre au maréchal Lefebvre. Au même instant la garde, arrivée au nombre de dix mille hommes, s'échelonnait entre Bayonne et Vittoria.

Ces dispositions intempestives amenèrent un nouvel engagement imprévu sur la droite, entre le général Blake et le maréchal Lefebvre, comme il y en avait eu un sur la gauche, entre Pignatelli et les maréchaux Ney et Moncey.

| Rencontre prématurée du général Blake avec le maréchal Lefebvre. | Le

général Blake, ainsi que nous l'avons dit, après avoir passé les montagnes des Asturies à Espinosa, et occupé Bilbao, s'était porté en avant de Zornoza sur des hauteurs qui font face à Durango. N'ayant pas encore été rejoint par la division de La Romana, il était là avec environ 20 ou 22,000 hommes, moitié troupes de ligne, moitié paysans et étudiants. Il avait laissé en arrière, sur sa droite, environ 15,000 hommes dans les vallées adjacentes, entre Villaro, Orozco, Amurrio, Balmaseda (voir la carte nº 43), pour garder les débouchés qui communiquaient avec les plaines de Vittoria, et par où auraient pu paraître d'autres colonnes françaises.

Parvenu en présence du corps du maréchal Lefebvre, non loin de Durango, sur la route de Mondragon, et se trouvant ainsi près du but qu'il était chargé d'atteindre pour tourner l'armée française, il hésitait comme on hésite au moment décisif, quand on a entrepris une tâche au-dessus de ses forces.

Plus audacieux que lui parce qu'ils étaient plus ignorants, ses soldats montraient une assurance que lui-même n'avait pas, et du haut de leur position poussaient des cris, insultaient nos troupes, les menaçaient du geste.

L'impatience de nos soldats, peu habitués à souffrir l'insulte de l'ennemi, portée au comble, avait excité celle du vieux Lefebvre, qui n'était pas fâché, dans sa grossière finesse, de faire quelque bon coup de main sur l'armée espagnole avant l'arrivée de l'Empereur. Le maréchal avait avec lui la division Sébastiani, composée de quatre vieux régiments d'infanterie (les 32e, 58e, 28e, 75e de ligne) et d'un régiment de dragons, formant un effectif d'environ 6,000 hommes; la division Leval, composée de 7,000 Hessois, Badois, Hollandais, et enfin, seulement comme auxiliaire, la division Villatte, forte de quatre vieux régiments d'un effectif d'à peu près 8,000 hommes, des meilleurs de l'armée française. C'était plus qu'il n'en fallait pour battre l'armée espagnole, quoiqu'une partie des hommes, à la suite d'une longue marche, n'eût pas encore rejoint.

Combat de Zornoza.

Les Espagnols étaient en avant de Durango sur une ligne de hauteurs, dont la droite moins fortement appuyée pouvait être tournée. Le maréchal Lefebvre plaça au centre de sa ligne la division Sébastiani, et à ses deux ailes les Allemands mêlés avec la division Villatte, pour leur donner l'exemple. Il fit commencer l'attaque par sa gauche, afin de tourner la droite des Espagnols, qui était, comme nous venons de le dire, moins solidement établie. Le 31 octobre au matin, par un brouillard épais, le général Villatte avec deux de ses régiments, les 94e et 95e de ligne, et une portion des Allemands, se porta si vigoureusement sur la position, que les Espagnols surpris tinrent à peine. Bien qu'ils eussent beaucoup d'obstacles de terrain à opposer aux Français, ils se laissèrent culbuter de poste en poste, dans le fond de la vallée. Un feu allumé par le général Villatte devait servir de signal au centre et à la droite, qui ne marchèrent pas avec moins de vigueur que la gauche. Une grêle d'obus lancés à travers le brouillard avait déjà fort ébranlé les Espagnols. On les aborda ensuite vivement, et on les refoula si promptement sur le revers des hauteurs qu'ils occupaient, qu'on eut à peine le temps de les joindre. Leur manière de combattre consistait à faire feu sur nos colonnes en marche, puis à se jeter à la débandade dans le fond des vallées. En plaine, la cavalerie les aurait sabrés par milliers. Tout ce que pouvait notre infanterie dans ces montagnes escarpées, c'était de les fusiller dans leur fuite, en ajustant ses coups beaucoup mieux qu'ils ne savaient ajuster les leurs. On leur blessa ou tua ainsi 15 ou 1,800 hommes, pour 200 qu'ils mirent hors de combat de notre côté. Mais plusieurs milliers d'entre eux saisis de terreur se dispersèrent à cette première rencontre, commençant à comprendre, et à moins aimer la guerre avec les Français. Ce n'était pas le courage naturel qui leur manquait assurément; mais, privés de la discipline, les hommes ne conservent jamais dans le danger la tenue qui convient, et sans laquelle toute opération de guerre est impossible.

Le maréchal Lefebvre poursuivant sa victoire entra le lendemain dans Bilbao, où les Espagnols n'essayèrent pas de tenir, et où l'on prit quelques soldats ennemis, quelques blessés, beaucoup de matériel apporté par les Anglais. Les habitants tremblants s'étaient enfuis, les uns dans les montagnes, les autres sur des bâtiments de toute sorte qui stationnaient dans les eaux de Bilbao. Le maréchal Lefebvre, poussant ensuite jusqu'à Balmaseda, n'osa pas aller plus loin, car au delà se trouvait le col qui conduit par Espinosa dans les plaines de Castille; et ayant déjà combattu sans ordre, c'eût été trop que d'étendre encore davantage ses opérations. Il établit à Balmaseda la division Villatte, qui n'était pas à lui, mais au maréchal Victor, et se replia avec son corps sur Bilbao pour y chercher des vivres, qui n'abondaient pas dans ces montagnes, où l'on vit de maïs et de laitage.

> Déplaisir de Napoléon en voyant les opérations commencées avant son arrivée.

Telle était la situation des choses au moment de l'arrivée de Napoléon. Ses intentions avaient été entièrement méconnues, puisqu'il aurait voulu qu'on se laissât presque tourner par la droite et par la gauche, afin d'être plus sûr, en débouchant de Vittoria, de prendre à revers les deux principales armées espagnoles. (Voir la carte n° 43.) Le mouvement exécuté par les maréchaux Ney et Moncey sur l'Èbre avait eu en effet pour résultat d'éloigner un peu Castaños et Palafox, et de rendre à ceux-ci le service de les dégager. Le mouvement que s'était permis le maréchal Lefebvre, en repliant Blake de Bilbao sur Balmaseda, tirait le général espagnol d'une situation d'où il ne serait jamais sorti si on lui avait donné le temps de s'y engager complètement. De plus, les troupes françaises étaient disséminées dans différentes directions, qui n'étaient pas les mieux choisies. Les 1er et 6e corps, que Napoléon aurait voulu avoir sous sa main dans les plaines de Vittoria, étaient dispersés dans plusieurs endroits fort distants les uns des autres. Le 1er corps avait une de ses trois divisions, celle du général Villatte, en Biscaye. Le 6e avait la division Bisson à Pampelune, et une autre, la division Marchand, sur la route de Vittoria avec toute son artillerie.

> Ordres de Napoléon pour ramener les opérations à son plan primitif.

Napoléon, arrivé à Vittoria le 5 novembre, après avoir exprimé, là comme à Bayonne, son déplaisir d'être si mal obéi, donna le 6 tous les ordres nécessaires pour réparer les fautes commises en son absence. S'il n'avait pas été contrarié dans l'exécution de ses plans par des opérations intempestives, il aurait opposé au général Blake, seulement pour le contenir, le corps du maréchal Lefebvre (4e corps); il aurait opposé à Palafox et Castaños, toujours et uniquement pour les contenir, le corps du maréchal Moncey (3ᵉ corps); puis, réunissant sous sa main le corps du maréchal Soult, autrefois Bessières (2ᵉ corps), celui du maréchal Victor (1ᵉʳ corps), celui du maréchal Ney (6ᵉ corps), la garde impériale, les quatorze mille dragons, et débouchant avec quatre-vingt mille hommes sur Burgos, il eût coupé par le centre les armées espagnoles, se serait ensuite rabattu sur elles, et les eût alternativement prises à revers, enveloppées et détruites. Malheureusement, ce plan, sans être compromis, ne pouvait plus s'exécuter d'une manière aussi certaine et aussi complète, d'abord, parce que l'action commencée trop tôt avait un peu arrêté les généraux espagnols, et les avait empêchés de s'engager à fond, les uns en Biscaye, les autres en Navarre; secondement, parce que les divers corps de l'armée française, employés au moment même de leur arrivée, se trouvaient fort disséminés. Cependant, ni Blake retiré en arrière de Balmaseda, ni Castaños et Palafox ramenés sur l'Èbre ne comprenaient jusqu'ici le danger de leur position, et ils ne faisaient rien pour en sortir. Le plan de Napoléon était encore exécutable. Il fit donc ses dispositions d'après le même principe, de couper par le centre la ligne espagnole en deux portions, afin de se rabattre ensuite sur l'une et sur l'autre.

> Ordres aux maréchaux Victor et Lefebvre.

Il ordonna au maréchal Victor (1ᵉʳ corps), dont une division, celle du général Villatte, avait déjà été détournée de sa route pour renforcer le maréchal Lefebvre, d'appuyer celui-ci, s'il en avait besoin, par la route de Vittoria à Orduña, et de revenir ensuite par Orduña à Vittoria rallier le centre de l'armée française. On débitait dans le pays de telles choses sur la force des Espagnols, que Napoléon ne croyait pas trop faire en opposant deux corps (le 1ᵉʳ et le 4ᵉ) à l'armée de Blake, portée par les moindres évaluations à cinquante mille hommes, et par les plus fortes à soixante-dix. Ces deux maréchaux toutefois, d'après le plan de Napoléon, devaient plutôt contenir Blake que le repousser, jusqu'au moment où partirait du centre de l'armée le signal de se jeter sur lui.

> Ordres au maréchal Moncey.

Après avoir réglé ainsi les opérations de sa droite, Napoléon, s'occupant de sa gauche, prescrivit au maréchal Moncey de se tenir prêt à agir quand il en recevrait l'ordre, mais jusque-là de se borner à couvrir l'Èbre, de Logroño à Calahorra. Il lui rendit la division Morlot, un instant détachée de son corps; il y ajouta un renfort de dragons; et enfin l'une des deux divisions du 6ᵉ corps (maréchal Ney), la division Bisson, ayant par un faux mouvement pris la route de Pampelune, il ordonna de la laisser reposer dans cette place, puis de la diriger sur Logroño, pour y appuyer la droite du maréchal Moncey, et y rester provisoirement. Cette division changea de commandant, et s'appela division Lagrange, du nom de son nouveau chef. Elle devait rejoindre plus tard le maréchal Ney, et contribuer en attendant à tenir en échec les Espagnols sur l'Èbre.

> Ordres pour le mouvement du centre.

Sa droite et sa gauche étant ainsi assurées, mais sans être portées en avant, Napoléon résolut de déboucher par le centre, avec les corps des maréchaux Soult et Ney (2e et 6e), avec la garde impériale et la plus grande partie des dragons. Le corps du maréchal Soult, ancien corps de Bessières, s'il comptait beaucoup de jeunes soldats, renfermait aussi la division Mouton, composée de quatre vieux régiments, auxquels rien ne pouvait résister en Espagne: ils l'avaient prouvé à Rio-Seco. Le corps de Ney, quoique privé de la division Bisson, dirigée mal à propos sur Pampelune, et placée passagèrement sur l'Èbre, contenait cependant la division Marchand, qui lui avait toujours appartenu, et la division Dessoles, qui venait d'être formée d'anciens régiments appelés successivement en Espagne. Ces troupes n'avaient pas leurs pareilles au monde. Avec ces deux corps, avec la garde et la réserve de cavalerie, Napoléon avait environ cinquante mille hommes à pousser sur Burgos. C'était plus qu'il n'en fallait pour écraser le centre de l'armée espagnole.

> Nouvel incident qui suspend encore l'exécution des plans de Napoléon.

Ses dispositions, arrêtées dans les journées du 6 et du 7 novembre, furent encore suspendues par un nouvel incident. Les généraux espagnols, quoique fort déconcertés par la vigueur des attaques qu'ils avaient essuyées, les uns à Zornoza, les autres à Logroño et à Lerin, ne renonçaient pas à leur plan; mais ils disputaient plus que jamais sur l'exécution de ce plan, et se demandaient du renfort les uns aux autres. Blake surtout, le plus rudement abordé, voyant sur ses flancs les corps de Lefebvre et de Victor, avait invoqué l'appui du centre et de la droite. Mais il y avait un détour de cinquante à soixante lieues à faire pour communiquer d'un bout à l'autre de la ligne espagnole, et, après avoir tenu conseil de guerre à Tudela, Castaños et Palafox avaient répondu qu'il leur était impossible d'aller au secours de l'armée des Asturies, et s'étaient bornés à prescrire au corps de l'Estrémadure de hâter son arrivée en ligne, pour qu'il vînt couvrir la droite de Blake en prenant position à Frias. Ils avaient promis aussi d'entrer en action le plus tôt qu'ils pourraient, afin d'attirer à eux une partie des forces des Français.

> Blake renforcé se reporte en avant.

Blake, en attendant, repoussé de Bilbao et de Balmaseda vers les gorges qui forment l'entrée de la Biscaye, s'y était arrêté, et avait été rejoint par les douze ou quinze mille hommes placés à Villaro et Orozco, pendant qu'il combattait à Zornoza, et par le corps de La Romana. Avec ce qu'il avait perdu en morts et blessés, surtout en hommes dispersés, perte qui montait à six ou sept mille hommes, il lui restait environ trente-six mille hommes à mettre en ligne. Il se reporta donc en avant, dans la journée du 5 novembre, sur Balmaseda, où le maréchal Lefebvre avait laissé la division Villatte, pour se replier lui-même sur Bilbao, afin d'y vivre plus à son aise.

> Faute des maréchaux Lefebvre et Victor, et danger de la division Villatte.

Après la faute de s'être porté trop tôt en avant, le maréchal Lefebvre n'en pouvait pas commettre une plus grave que de rétrograder tout à coup sur Bilbao, laissant la division Villatte seule à Balmaseda. Il fallait des soldats aussi fermes que les nôtres, et un ennemi aussi peu redoutable que les insurgés espagnols, pour qu'il ne résultât pas quelque malheur de si fausses dispositions.

De son côté, le maréchal Victor n'avait pas fait mieux. Envoyé par Orduña à Amurrio, afin de flanquer le maréchal Lefebvre, il avait expédié vers Oquendo le général Labruyère avec une brigade, et l'avait retenu dans cette position, sans que l'idée lui vînt de s'y rendre lui-même pour le diriger. Le général Labruyère, au milieu de ces montagnes escarpées, où l'on avait peine à se reconnaître, où les brouillards de l'hiver ajoutaient à l'obscurité des lieux, privé de toute direction, ne sachant ce qu'il pouvait avoir d'ennemis en sa présence, n'avait pas voulu s'engager, et avait laissé passer devant lui les corps qui flanquaient Blake pendant le combat de Zornoza, n'osant rien faire pour arrêter leur retraite. Les jours suivants il était resté en position, voyant Balmaseda de loin, apercevant la division Villatte sans songer à la rejoindre, apercevant aussi la division Sébastiani qui de Bilbao exécutait des reconnaissances sur la route d'Orduña; de manière que nos troupes, au lieu de se réunir pour accabler Blake, seule opération qui fût raisonnable dès qu'on avait eu le tort de combattre avant les ordres du quartier général, étaient dispersées entre Bilbao, Balmaseda et Oquendo, exposées dans leur isolement à de graves échecs.

Le maréchal Victor n'avait pas borné là ses fautes. Pressé de rejoindre le quartier général afin de servir sous les yeux même de l'Empereur, et trouvant dans ses instructions qu'il pourrait reprendre la route de Vittoria dès que sa présence ne serait plus nécessaire en Biscaye, il avait rappelé le général Labruyère à lui, pour repasser les montagnes et redescendre dans la plaine de Vittoria, abandonnant la division Villatte, qui restait toute seule à Balmaseda. Ainsi commençait cette suite de fautes dues à l'égoïsme, à la rivalité de nos généraux, et qui, en perdant la cause de la France en Espagne, l'ont perdue dans l'Europe entière.

Tandis que le maréchal Victor exécutait ce mouvement rétrograde, le général Blake, renforcé, comme nous l'avons dit, par les troupes de sa gauche et par celles de La Romana, avait résolu de se porter en avant, et de disputer Balmaseda à la division Villatte, qu'il savait y être toute seule. Attaque du général Blake sur Balmaseda et belle défense de la division Villatte. Le séjour du maréchal Lefebvre à Bilbao, la retraite du maréchal Victor sur Vittoria, lui offraient toute facilité pour une tentative de cette nature. Le 5 novembre, en effet, il s'avança à la tête de trente et quelques mille hommes, couronna les hauteurs autour de Balmaseda, pour envelopper la ville avant de l'attaquer, et y faire prisonniers les Français qui la gardaient. Mais le général Villatte, à la tête d'une superbe division de quatre vieux régiments, avait vu d'autres ennemis et d'autres dangers que ceux qui le menaçaient en Biscaye. Il avait autant de sang-froid que d'intelligence. Voulant s'assurer des hauteurs de Gueñes, qui sont en arrière de Balmaseda, et qui commandent la communication avec Bilbao, il y échelonna trois de ses régiments, puis il laissa le 27e léger dans Balmaseda même, pour disputer la ville le plus longtemps possible. Ces dispositions prises, il laissa approcher les Espagnols, et les reçut avec un feu auquel ils n'étaient guère habitués. Ceux qui tentèrent d'aborder Balmaseda furent horriblement maltraités par le 27e, et couvrirent les environs de la ville de morts et de blessés. Cependant les hauteurs environnantes se couronnant d'ennemis, et le maréchal Lefebvre n'arrivant pas de Bilbao, le général Villatte crut devoir se retirer. Il ramena le 27e de Balmaseda sur les hauteurs de Gueñes, et se replia en masse avec ses quatre régiments bien entiers sur la route de Bilbao. Les Espagnols qui voulurent approcher de lui furent vigoureusement accueillis, et payèrent chèrement leur imprudente hardiesse. La division Villatte eut cependant deux cents hommes hors de combat, après en avoir abattu sept ou huit cents à l'ennemi. Si le maréchal Lefebvre avait été à sa portée, et si le maréchal Victor, au lieu de retirer la brigade Labruyère de la position qu'elle occupait, et d'où elle aurait pu fondre sur Balmaseda, avait agi avec tout son corps sur ce point, l'armée de Blake pouvait être enveloppée et prise dans cette même journée.

L'affaire de Balmaseda, qui n'avait d'autre importance que celle d'un danger inutilement couru, transmise de proche en proche au quartier général, avec l'ordinaire exagération des rapports ainsi communiqués, causa à Napoléon un redoublement d'humeur contre des généraux qui comprenaient et exécutaient si mal ses conceptions[23]. Ordres de Napoléon pour réparer le nouvel incident survenu en Biscaye. Il leur fit adresser par le major général Berthier une réprimande sévère, ordonna au maréchal Lefebvre de revenir sur Balmaseda, au maréchal Victor de rebrousser chemin vers la Biscaye, et de pousser Blake avec la plus grande vigueur, de l'accabler même si on en trouvait l'occasion. Malgré son projet de percer le centre de la ligne ennemie avant d'agir contre ses extrémités, il ne voulait pas se mettre en mouvement sans être assuré qu'une faute sur ses ailes ne viendrait pas compromettre la base de ses opérations.

> Retour du maréchal Lefebvre sur Balmaseda.

En recevant ces remontrances de l'Empereur, et en apprenant le danger du général Villatte, le maréchal Lefebvre se hâta de marcher sur Balmaseda. Il employa la journée du 6 à rallier les détachements envoyés aux environs de Bilbao pour chasser les Anglais du littoral, et le 7 au matin il se dirigea sur Balmaseda par Sodupe et Gueñes, avec les divisions Villatte, Sébastiani et Leval, les deux premières françaises, la troisième allemande, présentant à elles trois une masse d'environ 18 mille hommes, presque sans artillerie ni cavalerie, car on ne pouvait en conduire dans ces vallées étroites, où l'on trouvait à peine des transports pour les munitions de l'infanterie.

> Combat de Gueñes.

La route suivait le fond de la vallée. Le maréchal Lefebvre s'avança ayant la division Villatte à gauche de cette route, la division Leval sur la route elle-même, la division Sébastiani à droite, celle-ci un peu en avant des deux autres. La division Sébastiani força d'abord le village de Sodupe, puis, se portant au delà, rencontra sur les hauteurs de Gueñes Blake avec vingt et quelques mille hommes et trois pièces de canon. Les troupes de la division Sébastiani gravirent sur-le-champ ces hauteurs, malgré le feu très-peu inquiétant des Espagnols, qui tiraient de loin pour s'enfuir plus vite. Arrivées au sommet, elles ne purent faire de prisonniers; car les Espagnols, bien autrement agiles que nos soldats, quoique ceux-ci le fussent extrêmement, couraient à toutes jambes sur le revers de leurs montagnes. Pendant qu'on enlevait ainsi ces positions de droite, on renversait tous les obstacles sur la route elle-même, et dix mille Espagnols, débordés par ce mouvement rapide, restaient en arrière sur les hauteurs de gauche, séparés de leur corps de bataille. Le maréchal fit passer la rivière qui forme le fond de la vallée à l'un des régiments de la division Sébastiani, au 28e de ligne, lequel se trouvait ainsi sur les derrières de ce corps espagnol, en même temps que le général Villatte allait l'aborder de front. Mais nos troupes, trouvant les insurgés toujours prompts à tirer hors de portée, ne purent les joindre nulle part, et reçurent aussi peu de mal qu'elles en firent. Toutefois on tua ou blessa quelques centaines d'hommes à l'ennemi. On en dispersa et dégoûta du métier des armes un bien plus grand nombre.

Revenu avec 36 mille hommes environ sur Balmaseda, Blake n'en amenait pas autant en se retirant de nouveau vers les gorges. Mais s'il eût rencontré le corps du maréchal Victor sur ses derrières, toute l'agilité de ses soldats ne les aurait pas empêchés d'être enveloppés et pris en majeure partie. Le lendemain 8, le maréchal Victor, de son côté, s'était remis en route vers le but qu'il n'aurait pas du perdre de vue, tandis que le maréchal Lefebvre entrait dans Balmaseda. Ils étaient réunis désormais, et en mesure de tout entreprendre contre l'armée espagnole. La seule difficulté était celle de vivre. Au milieu de ces montagnes escarpées, où la culture est rare, nos soldats manquaient de tout. Les Espagnols n'étaient pas moins dénués. Dans cette disette réciproque, on pillait et ravageait le pays. Balmaseda et tous les villages avaient été dévastés, et quelquefois brûlés, pour fournir au chauffage des deux armées.

Napoléon exécute enfin son projet de couper par le milieu la ligne espagnole.

Mouvement sur Burgos.

Napoléon sut, le 9 au matin, que ses troupes, ayant repris l'offensive, n'avaient qu'à se montrer pour que l'ennemi disparût devant elles. Quoiqu'il ne crût guère à la valeur des insurgés, cependant, avant d'avoir acquis l'expérience complète de ce qu'ils étaient, il avait mis dans ses mouvements plus de précaution qu'il n'aurait fallu. Mais il n'hésita plus, dès le 9 au matin, à ordonner au maréchal Soult de percer sur Burgos, avec le 2e corps et une forte portion de cavalerie. Le brillant Lasalle commandait la cavalerie légère de ce corps, composée de chasseurs et de Polonais de la garde. On lui adjoignit la division Milhaud, consistant en quatre beaux régiments de dragons. C'était un total d'environ 17 ou 18 mille fantassins et de 4 mille chevaux. Napoléon venait d'apprendre que les troupes d'Estrémadure avaient paru à Burgos. Il prescrivit au maréchal Soult, sans attendre le maréchal Ney ni la garde, de pousser en avant, de passer sur le corps de ces troupes espagnoles, qui avaient la hardiesse de se placer si près de lui, et de leur enlever Burgos.

Combat de Burgos.

Le maréchal Soult, rendu depuis la veille à Briviesca, avait sur-le-champ donné aux trois divisions Mouton, Merle et Bonnet, l'ordre de se réunir sur la route de Briviesca à Burgos, aux environs de Monasterio. (Voir la carte n° 43.) Il avait en avant la cavalerie de Lasalle, et celle de Milhaud avec son corps de bataille. C'est au delà de Burgos que commencent les plaines de Castille, et c'était pour les parcourir au galop et y poursuivre les fuyards espagnols, que Napoléon avait amené avec lui une si grande masse de dragons.

Le 10, dès quatre heures du matin, le maréchal Soult ébranla son corps d'armée, sur la route de Monasterio à Burgos, la cavalerie légère de Lasalle et la vaillante division Mouton en tête, la division Bonnet et les dragons de Milhaud en seconde ligne, la division Merle, la plus éloignée des trois, en arrière-garde. Environ douze mille hommes du corps d'Estrémadure étaient sortis de Burgos pour se rendre sur le haut Èbre, et aller à Frias couvrir la droite du général Blake, conformément aux décisions du conseil de guerre tenu à Tudela. Six mille hommes de ce corps restaient massés à Aranda, route de Madrid. Les douze mille, portés en avant de Burgos, se composaient, comme toutes les troupes espagnoles, d'un mélange d'anciennes troupes de ligne et de volontaires, paysans, étudiants et autres. Ce corps comptait à la vérité dans ses rangs quelques bataillons des gardes wallones et espagnoles, qui étaient les meilleurs soldats de l'Espagne. Il possédait une nombreuse artillerie, bien attelée et bien servie; mais il avait pour chef, en l'absence du capitaine général Galuzzo, le marquis de Belveder, jeune homme sans expérience, qui s'était avancé contre les Français avec la plus folle présomption.

| Position de Gamonal en avant de Burgos. |

Dès la pointe du jour, la cavalerie de Lasalle, marchant en tête du corps d'armée, rencontra les avant-postes espagnols, échangea quelques coups de carabine avec eux, et se replia sur la division Mouton, car on était en présence d'obstacles que l'infanterie seule pouvait emporter. En suivant la grande route, et en s'approchant de Burgos même, on avait à gauche un petit cours d'eau qu'on appelle l'Arlanzon, lequel longe le pied des hauteurs boisées de la Chartreuse; au centre, le bois de Gamonal, que traverse la grande route, et à droite les hauteurs du parc de Villimar, dont le sommet est occupé par le château fortifié de Burgos, et le pied par la ville de Burgos elle-même. Les Espagnols avaient des tirailleurs sur les hauteurs, à droite et à gauche de cette position, leur principale infanterie dans le bois de Gamonal, barrant la grande route, leur cavalerie à la lisière de ce bois, leur artillerie en avant. À peine le maréchal Soult fut-il arrivé sur le terrain, qu'il mit en mouvement la division Mouton pour aborder l'obstacle le plus sérieux, celui du bois de Gamonal. Il rangea en arrière sa cavalerie, pour courir sur les Espagnols lorsque l'obstacle du bois serait vaincu, et un peu plus en arrière encore la division Bonnet, pour enlever les sommets couronnés par l'ennemi s'ils offraient quelque résistance. L'illustre général Mouton s'avança sans hésiter avec ses quatre vieux régiments, les 2e et 4e légers, les 15e et 36e de ligne, sur le bois de Gamonal. L'artillerie espagnole, tirant vivement, nous emporta d'abord quelques files; mais nos soldats, marchant baïonnette baissée sur le bois de Gamonal, y pénétrèrent malgré les gardes wallones et espagnoles, et le franchirent en un clin d'œil. À cet aspect, l'armée ennemie tout entière se débanda avec une promptitude inouïe. | Effroyable déroute des Espagnols. |

Drapeaux, canons, tout fut abandonné. Les troupes qui suivaient ramassèrent dans le bois plus de vingt bouches à feu. Toutes les hauteurs environnantes furent également désertées par les Espagnols, et la masse de leurs fuyards se jeta, soit dans Burgos, soit au delà de l'Arlanzon, pour se sauver plus vite. Lasalle et Milhaud passèrent alors l'Arlanzon, partie à gué, partie sur les ponts qui traversent ce cours d'eau, et s'élancèrent au galop sur les soldats dispersés de l'Estrémadure, dont ils sabrèrent un nombre considérable. | Occupation de Burgos. | L'infanterie du général Mouton entra dans Burgos à la suite des Espagnols, reçut quelques coups de fusil de plusieurs couvents qu'elle saccagea, et se rendit maîtresse tant de la ville que du château lui-même, que l'ennemi n'avait pas eu la précaution de mettre en état de défense. Cette journée, terminée par un seul choc de la division Mouton, nous valut, avec Burgos et son château, 12 drapeaux, 30 bouches à feu, environ 900 prisonniers, indépendamment de tous les fuyards qu'on tua ou prit encore dans la plaine. On évalua à plus de deux mille les tués ou les blessés atteints au delà de Burgos par le sabre de nos cavaliers. Il n'y avait, avec des soldats si agiles dans la fuite, d'autre moyen de diminuer la force de l'ennemi que de sabrer les fuyards, car il était impossible de s'y prendre différemment pour faire des prisonniers. Le maréchal Soult s'attacha à rétablir l'ordre dans Burgos, où il régna au premier moment une assez grande confusion, par le concours des vaincus et des vainqueurs, et la disparition de presque tous les habitants. En quelques jours, cependant, cette ville importante eut repris son aspect accoutumé.

| Établissement de Napoléon à Burgos. |

Napoléon, impatient de faire du point central de Burgos le pivot de ses opérations, s'était hâté, dans la journée du 10, de porter son quartier général en avant. Il avait couché le 10 à Cubo, et dès le 11 il était entré à Burgos. Pendant son séjour à Vittoria il avait eu soin d'ordonner à Miranda, à Pancorbo, à Briviesca, la construction de postes qui étaient des demi-forteresses, capables d'abriter un hôpital, un magasin, un dépôt de munitions, et dans lesquels les colonnes en marche pouvaient se reposer, se ravitailler, déposer les hommes fatigués ou malades hors de l'atteinte des guérillas. Il avait déjà reconnu, en effet, avec sa promptitude habituelle, que, dans un pays où la force régulière était si peu redoutable, et où la force irrégulière causait tant de dommages, on aurait beaucoup à craindre pour ses communications. Il ne faisait donc pas un seul pas en avant sans travailler à les assurer.

> Manière de traiter les autorités et les habitants de Burgos.

Napoléon entra la nuit et incognito dans Burgos, persistant à laisser à Joseph les honneurs royaux, et à se réserver à lui seul l'odieux des rigueurs de la guerre[24]. Il donna l'ordre de brûler l'étendard qui avait servi à la proclamation de la royauté de Ferdinand, reçut le clergé et les autorités avec une extrême sévérité, prit l'attitude d'un conquérant irrité, ayant acquis tous les droits de la guerre, voulant les exercer tous, et n'étant disposé à s'en départir qu'autant que la clémence du roi Joseph pourrait l'obtenir de lui.

> Enlèvement de toutes les laines appartenant aux grands propriétaires espagnols.

Il existait, soit dans les magasins de Burgos, soit dans les environs, des quantités considérables de laines, appartenant aux plus grands propriétaires d'Espagne, tels que les ducs de Medina-Celi, d'Ossuna, de l'Infantado, de Castel-Franco, et autres que Napoléon se proposait de frapper durement, en faisant grâce à tout ce qui était au-dessous d'eux. Il ordonna la confiscation de ces laines, qui montaient à une valeur de 12 à 15 millions de francs. Son projet était de les vendre au commerce de Bayonne à très-bas prix, afin de favoriser la draperie française, et d'en consacrer ensuite le produit soit à indemniser les Français qui avaient souffert à Valence, à Cadix et dans les diverses villes d'Espagne, soit à augmenter le trésor de l'armée.

> Don fait au Corps Législatif des drapeaux pris sur les gardes espagnoles et wallones.

Jusqu'ici il avait donné au Sénat tous les drapeaux conquis sur les armées ennemies. Il voulut que le Corps Législatif eût aussi sa part de ces trophées, et il lui fit don des douze drapeaux pris sur les gardes espagnoles et wallones, désirant le plus possible atténuer en France la défaveur qui s'attachait à la guerre d'Espagne.

> Dispositions militaires de Napoléon après son arrivée à Burgos.

Mais ce n'étaient là que des soins tout à fait accessoires pour lui. La conduite des opérations militaires était, dans ce moment, le principal et le plus urgent. Arrivé le 11 à Burgos, il lança dans la journée même le général Lasalle avec sa cavalerie légère sur Lerma et Aranda, pour pousser les Espagnols jusqu'au pied du Guadarrama, nettoyer le pays, et préparer les voies aux colonnes qui devaient prendre à revers les armées espagnoles. Tandis qu'il lançait Lasalle directement devant lui, il portait à droite les deux mille dragons de Milhaud sur Valladolid, avec mission de sabrer les fuyards, de faire des prisonniers, de déposer partout les autorités instituées au nom de Ferdinand VII, et d'en créer de nouvelles au nom de Joseph. *Mouvement ordonné au maréchal Soult sur Reinosa afin de prendre Blake à revers.* Mais ce qui pressait le plus pour lui, et ce qu'il exécuta immédiatement, en donnant un seul jour de repos aux troupes, ce fut d'acheminer de Burgos vers Reinosa le maréchal Soult, avec le 2ᵉ corps, afin de le jeter sur les derrières de Blake. Une fois, en effet, arrivé à Burgos, le moment était venu de se rabattre à droite et à gauche sur les derrières des armées espagnoles, et de commencer par celle que commandait le général Blake, puisque c'était celle qui se trouvait actuellement aux prises avec les généraux français, et contre laquelle il importait de marcher, si on voulait arriver à temps pour la prendre à revers. Napoléon ordonna au maréchal Soult de partir à marches forcées de Burgos dès le 12 au matin, et, par un mouvement en arrière à droite, de se porter par Huermèce et Canduela sur Reinosa. *Vues de Napoléon sur le corps du maréchal Soult.* Il était probable, si l'armée espagnole de Blake avait été battue, que le maréchal Soult la rencontrerait dans sa retraite, et que, si au lieu de se retirer en ordre, comme font les armées régulières, elle se dispersait en nuées de fuyards, il en recueillerait au moins quelques débris. De Reinosa, le maréchal Soult devait marcher sur Santander pour soumettre les Asturies. Napoléon trouvait à cette marche du maréchal Soult un double avantage: c'était d'abord de tourner Blake; secondement, de rendre le 2ᵉ corps, qui était l'ancien corps de Bessières, à sa destination première, celle d'occuper la Vieille-Castille et le royaume de Léon, pays qu'il connaissait, et où il avait l'habitude d'agir. Son projet était, en même temps, dès que les maréchaux Lefebvre et Victor auraient achevé leur opération en Biscaye, de les rappeler à lui par Vittoria, où les attendait leur artillerie, qu'ils n'avaient pu emmener avec eux dans les montagnes, et de les attirer, par Miranda et Burgos, sur le chemin de Madrid. Le maréchal Soult partant avec toute son artillerie, qu'il n'avait pas été obligé de laisser en arrière, parce qu'il avait suivi la grande route, avait tout ce qu'il lui fallait pour les opérations dont il était chargé.

Ordres pour accélérer l'entrée en Espagne du corps du général Junot, afin de l'adjoindre au corps du maréchal Soult contre les Anglais.

Napoléon avisa le jour même aux moyens de lui préparer un renfort considérable. On parlait vaguement des Anglais à Burgos, et plusieurs prisonniers, questionnés avec soin, avaient annoncé leur présence sur les routes qui aboutissent du Portugal en Espagne. D'autres avaient parlé d'Anglais débarqués à la Corogne, et s'acheminant par Astorga sur Léon. Les lettres interceptées à la poste contenaient les mêmes indications. Il était évident que, sans savoir l'époque à laquelle on les rencontrerait, on devait avoir affaire à eux dans les plaines de la Vieille-Castille, soit qu'établis en Portugal ils vinssent de Lisbonne sur Salamanque, soit que débarqués en Galice ils vinssent de la Corogne à Astorga. Napoléon ne les croyait pas aussi rapprochés de lui qu'ils l'étaient en effet, car le plan britannique s'exécutait ponctuellement. Les détachements de John Moore avaient déjà dépassé Badajoz et Almeida; et celui de sir David Baird, reçu enfin à la Corogne, s'avançait sur Lugo et Astorga. Mais, que les Anglais fussent plus ou moins rapprochés, la question importait peu à Napoléon, qui au contraire souhaitait de les voir s'engager dans l'intérieur de la Péninsule de telle façon qu'ils n'en pussent pas revenir; et dans cette prévision il disposait tout pour les accabler. Il avait résolu de joindre au maréchal Soult le corps du général Junot, ramené de Portugal par mer, conformément à la convention de Cintra, que les Anglais, tout en la blâmant, avaient loyalement exécutée. Déjà il avait donné des ordres pour que ce corps fût réarmé, réorganisé, et bientôt mis en état de reparaître en ligne. Il expédia de Burgos de nouveaux ordres pour que la première division, celle du général Laborde, passât la Bidassoa le 1er décembre; que la seconde, celle du général Loison, marchât immédiatement après, et que la troisième, qu'il venait de confier au général Heudelet, mais qui était moins préparée que les deux autres, suivît celles-ci dans le plus court délai possible. Napoléon ne doutait pas que ce corps déjà bien aguerri ne se montrât jaloux de venger la journée de Vimeiro, et n'en fût très-capable. Les corps du maréchal Soult et du général Junot résistant de front aux Anglais, il pourrait de Madrid, où il se proposait d'être prochainement, opérer sur leurs flancs et leurs derrières quelque manœuvre, d'autant plus décisive qu'on les laisserait avancer plus loin. Il ne s'occupa donc en ce moment des Anglais, dont l'apparition était facile à prévoir, que pour préparer les moyens de les arrêter plus tard dans leur marche.

Après le départ du maréchal Soult, Napoléon, resté seul à Burgos avec la garde impériale et une partie des dragons, hâta le mouvement des deux divisions du maréchal Ney sur cette ville, les destinant à opérer plus tard sur les derrières de Castaños, quand il en aurait fini avec le général Blake, et qu'il pourrait dégarnir son centre au profit de sa gauche. Il avait tracé l'itinéraire du maréchal Ney sur Burgos par Haro, Pancorbo et Briviesca.

Marche des maréchaux Lefebvre et Victor contre le général Blake.

Tandis qu'il envoyait le maréchal Soult dans les Asturies, sur les derrières du général Blake, les maréchaux Lefebvre et Victor continuaient de poursuivre le général espagnol à travers la Biscaye. Le maréchal Lefebvre, n'ayant trouvé aucune résistance sérieuse à Gueñes le 7, était entré le 8 à Balmaseda, et avait porté en avant, jusqu'aux environs de Barcena, la division Villatte, qu'on lui avait prêtée pour quelques jours. *Réunion momentanée de ces deux maréchaux à Balmaseda et poursuite séparée du général Blake.* De son côté le maréchal Victor, réprimandé pour avoir songé à s'éloigner de la Biscaye, était revenu par Orduña, Amurrio, Oquendo, sur Balmaseda, et, le 9, avait fait sa jonction auprès de cette ville avec le corps du maréchal Lefebvre, dédommagé de la nouvelle direction qui lui était donnée par l'avantage de recouvrer la division Villatte, et de pouvoir rencontrer et battre un ennemi déjà démoralisé. Il vit le maréchal Lefebvre dans la journée du 9, et promit de concerter sa marche avec la sienne. *Arrivée du maréchal Victor à Espinosa à la suite du général Blake.* Mais, le lendemain 10, craignant un voisinage qui pourrait le priver encore de la division Villatte, il se hâta de pousser à outrance l'armée de Blake jusqu'à l'entrée des gorges de la Biscaye, les franchit à sa suite sans perdre un instant, et vers la seconde moitié du même jour arriva de l'autre côté des monts, près d'Espinosa, petite ville qui était importante par sa position, car elle se trouvait placée au point d'intersection de toutes les routes de la plaine et de la montagne. (Voir la carte nº 43.) *Situation d'Espinosa au centre de toutes les routes.* D'Espinosa, en effet, on peut se rendre par une grande route soit à Bilbao, soit à Santander, si on veut aller de la plaine à la montagne; et si au contraire on veut descendre de la montagne dans la plaine, on peut encore se rendre par une grande route soit à Villarcayo, soit à Reinosa, et gagner ainsi ou Burgos ou Léon. C'était donc la peine pour le général Blake de s'arrêter à ce point et de le disputer opiniâtrement. C'était aussi la peine pour le maréchal Victor d'y combattre afin de s'en emparer; il comptait d'ailleurs être rejoint, s'il en avait besoin, par le maréchal Lefebvre, quoiqu'il l'eût quitté sans le voir et sans le prévenir. Le maréchal Lefebvre l'avait suivi dans la même vallée, tenant une route parallèle, mais un peu à gauche et en arrière, et fort blessé de ce que son collègue, parti à l'improviste, ne lui avait rien dit ni fait dire au sujet des opérations à exécuter en commun. Heureusement, un seul des deux corps français, lancés à la suite de Blake, suffisait pour l'accabler, tant étaient mal organisées les troupes espagnoles, et irrésistibles celles que Napoléon venait de faire entrer en Espagne.

> Bataille d'Espinosa.

> Première journée.

Le maréchal Victor, arrivé devant Espinosa de los Monteros vers le milieu de la journée du 10, y trouva le général Blake en position sur des hauteurs d'un accès difficile, et que celui-ci avait occupées avec assez d'intelligence. Il lui restait environ 30 ou 32 mille hommes sur les 36 qu'il possédait en remarchant vers Balmaseda, et 6 pièces de canon qu'il avait, non pas amenées avec lui, mais reçues de Reinosa, car il était impossible d'en traîner dans ces montagnes. Aucune des deux armées n'en avait avec elle, et on se battait sans artillerie et sans cavalerie, avec le fusil et la baïonnette. À peine pouvait-on se faire suivre par quelques mulets afin de porter du biscuit et des cartouches.

Le général Blake avait à sa gauche des hauteurs escarpées et boisées, vers son centre un terrain accessible, mais couvert de clôtures, à sa droite un plateau assez élevé, moins toutefois que les hauteurs de gauche, boisé aussi, et adossé de plus à une petite rivière, celle de la Trueba, qui, sortant des montagnes, longeait tout le derrière de cette position. La ville d'Espinosa, traversée par la Trueba, était justement placée derrière le centre de l'armée espagnole. Le but à atteindre était donc d'enlever l'une ou l'autre des ailes de l'armée espagnole, de la pousser sur son centre, et de jeter le tout dans Espinosa, où un seul pont ne suffirait pas au passage d'une armée en fuite. L'heure avancée, et les courtes journées de novembre, ne donnaient guère l'espérance d'exécuter tout cela en un jour.

Le général Villatte, qui tenait la tête du corps du maréchal Victor, débouchant par la route d'Edesa, aperçut l'armée espagnole dans cette redoutable position avec ses six bouches à feu au centre de sa ligne. Cette armée ne paraissait pas dépourvue d'assurance, quoique toujours vaincue depuis le commencement des opérations. Le général porta en avant la brigade Pacthod, composée du 27e léger et du 63e de ligne, ordonna au 27e léger de replier les Espagnols sur les hauteurs auxquelles s'appuyait leur gauche, et prescrivit au 63e de ligne de se présenter en bataille devant leur centre pour le contenir. Avec la seconde brigade, composée du 94e et du 95e de ligne, et commandée par le général Puthod, il aborda le plateau boisé auquel s'appuyait la droite des Espagnols. Il fallait s'avancer sans artillerie contre une armée qui en avait, quoiqu'elle en eût peu, et enlever toutes les positions à coups de fusil ou de baïonnette. Heureusement le terrain boisé qu'on avait devant soi ne se prêtait guère à l'emploi d'autres armes que celles dont disposaient en ce moment les Français. Les soldats de La Romana, placés sur ce plateau, se défendirent assez vaillamment, et à la faveur des bois firent un feu meurtrier sur nos troupes. Mais le général Puthod avec le 94ᵉ et le 95ᵉ franchit tous les obstacles, envahit le plateau, pénétra dans les bois, et en délogea les Espagnols, dont il culbuta quelques-uns dans la Trueba. Les autres se replièrent sans trop de désordre sur leur centre, adossé à la ville d'Espinosa. Tandis que notre brigade de gauche soutenait ce combat très-vif contre la droite de l'ennemi, le 27ᵉ léger de la brigade de droite avait tiraillé toute la journée avec les Espagnols au pied des hauteurs de leur gauche, et le 63ᵉ avait eu besoin de charger plusieurs fois à la baïonnette pour contenir leur centre. Ce combat ne laissait pas d'être difficile, et aurait pu être chanceux avec d'autres troupes, car six à sept mille hommes en combattaient plus de trente. Mais le maréchal Victor, arrivé avec les divisions Ruffin et Lapisse, s'était hâté d'appuyer à droite et à gauche la division Villatte, et allait même engager la bataille à fond, lorsque le brouillard s'élevant vers cinq heures empêcha les deux armées de se voir, et les obligea de remettre au lendemain la fin de cette lutte. Les Espagnols, selon leur coutume, croyant être victorieux, parce qu'ils n'avaient pas été entièrement vaincus, allumèrent des feux en poussant des cris de joie, et en proclamant leur victoire. Leur satisfaction devait être de courte durée.

> Seconde journée.

Le maréchal Victor, le lendemain 11, dès la pointe du jour, recommença la bataille pour la rendre cette fois décisive. Il comptait dans ses trois divisions dix-sept ou dix-huit mille hommes d'infanterie présents sous les armes, et c'était plus qu'il ne lui en fallait contre les trente et quelques mille Espagnols qui lui étaient opposés. Dès la veille il avait fait remplacer les 94ᵉ et 95ᵉ de ligne, qui s'étaient battus toute la journée, par le 9ᵉ léger et le 24ᵉ de ligne de la division Ruffin, appuyés en arrière par le 96ᵉ de ligne. Ces trois régiments du général Ruffin, remplaçant la brigade Puthod, devaient achever la victoire à notre gauche sur le plateau adossé à la Trueba. Le général en chef avait chargé la première brigade de la division Lapisse, commandée par le général Maison, l'un des officiers les plus intrépides et les plus intelligents de l'armée française, d'appuyer à notre droite le 27ᵉ, de déloger les Espagnols des hauteurs escarpées et boisées sur lesquelles était établie leur gauche, et de les en précipiter sur Espinosa, où il ne leur resterait pour fuir que le pont de cette ville. Au centre il avait fait soutenir le 63ᵉ du général Villatte par le 8ᵉ de ligne, de la division Lapisse. Il avait gardé en réserve le 54ᵉ dernier régiment de la division Lapisse, pour le porter où besoin serait.

Dès la pointe du jour, le général Maison se mettant en marche à la tête du 16ᵉ léger, qui rivalisait d'ardeur avec le 27ᵉ léger du général Villatte, gravit sous un feu plongeant les hauteurs qui étaient à notre droite, les emporta à la baïonnette, tua aux Espagnols plusieurs généraux, un grand nombre d'officiers et de soldats, et, secondé par le 45ᵉ les eut bientôt culbutés sur leur centre, c'est-à-dire sur Espinosa. Au même instant le 63ᵉ que commandait le brave Mouton-Duvernet, et le 8ᵉ poussaient les Espagnols de clôture en clôture, sur le terrain abaissé et étendu qui formait le centre de la position. Nos soldats, enlevant un mur de jardin après l'autre, acculèrent enfin les Espagnols sur Espinosa, au moment où le général Maison les avait déjà refoulés sur le même point, et leur prirent leurs six pièces de canon. La brigade de gauche, conduite par le général Labruyère, avait également achevé sa tâche, et resserré dans un enfoncement de la Trueba la droite des Espagnols, où celle-ci s'était accumulée en une masse profonde, qui présentait la forme d'un carré plein, apparemment pour mieux résister au choc de nos troupes. <u>Affreuse déroute des Espagnols, et entière dispersion de l'armée du général Blake.</u> L'ennemi, repoussé de tous les points à la fois sur Espinosa, finit par tomber dans une affreuse confusion, fuyant en désordre dans tous les sens, ici s'accumulant au pont d'Espinosa pour le passer, là se précipitant dans le lit de la Trueba pour la franchir à gué. Alors, au lieu d'une retraite, on vit une déroute inouïe de trente mille hommes épouvantés, se pressant les uns sur les autres, et se sauvant dans le délire de la terreur. En plaine et avec de la cavalerie, on les aurait presque tous pris ou sabrés. Nos soldats tirant de haut en bas sur ces masses épaisses, ou les poussant à coups de baïonnette, tuèrent ou blessèrent près de trois mille hommes, mais ne firent que quelques centaines de prisonniers, car ils ne pouvaient joindre à la course des montagnards aussi agiles. Nous avions perdu en morts ou blessés environ 1,100 hommes, proportion de perte plus qu'ordinaire en combattant contre les Espagnols, et qui était due à la nature du terrain qu'il avait fallu enlever. Mais nous avions fait mieux que de recueillir des prisonniers, nous avions désorganisé complètement l'armée de Blake. Celui-ci, désespéré, privé de presque tous ses généraux qui étaient blessés ou tués, n'avait plus d'armée autour de lui. Les Asturiens s'étaient répandus confusément sur la route de Santander. Les débris des troupes de ligne de La Romana et de Galice s'échappaient par Reinosa sur la route de Léon. Un autre détachement s'enfuyait par la route de Villarcayo, dans l'espoir de n'y pas trouver les Français. Le plus grand nombre ayant jeté ses fusils courait à travers les campagnes, avec la résolution de ne plus reprendre les armes. Il est vrai que le courage pouvait leur revenir aussi vite qu'il les abandonnait; mais on en avait fini, sinon pour toujours, au moins pour long-temps, avec cette armée de Léon et de Galice, qui avait dû par Mondragon couper la ligne d'opération de l'armée française.

Pendant ce temps le maréchal Lefebvre, ayant débouché de son côté des montagnes dans la plaine, par une autre route que celle qu'avait suivie le maréchal Victor, s'était rapproché au bruit de la fusillade pour aider son collègue, dont il ne recevait aucune communication. Il était survenu assez tôt pour couvrir sa gauche; mais, ne voyant pas que son appui fût nécessaire, il avait pris la route de Villarcayo, qui lui était indiquée comme la plus facile pour arriver à Reinosa. En chemin il joignit le détachement de Blake qui se retirait dans cette direction, le fit charger par la division Sébastiani, le dispersa, lui prit beaucoup d'armes et de blessés, outre un certain nombre de prisonniers valides, et parvint le 11 au soir à Villarcayo.

> Le corps du maréchal Victor, exténué de fatigue, s'arrête à Espinosa.

Le maréchal Victor passa à Espinosa la fin de la journée du 11 et la journée du 12, ne pouvant mener plus loin des soldats qui étaient épuisés par les marches qu'ils avaient faites dans ces montagnes, qui avaient leur chaussure usée, presque toutes leurs cartouches brûlées, et le biscuit porté sur leur dos entièrement consommé. D'ailleurs il y avait peu d'espoir d'atteindre les cinq ou six mille hommes qui restaient au général Blake, à cause de leur célérité à marcher, de leur facilité à se disperser et à se dissoudre. C'était à la cavalerie française déjà lancée dans les plaines de Castille, ou au maréchal Soult s'il n'arrivait pas trop tard, à les arrêter et à les prendre. Le général Blake, parvenu le 12 à Reinosa, où étaient établis tous les dépôts de l'armée espagnole, n'y séjourna point, et par un chemin de montagnes s'efforça de gagner la route de Léon.

> Marche du maréchal Soult de Burgos sur Reinosa, et son entrée dans les Asturies.

Le maréchal Soult, parti le 13 au matin de Burgos, et ayant marché par Huerméce sur Canduela, donna sur une bande fugitive de 2,000 hommes, qui escortait 42 voitures de fusils avec beaucoup de bagages et de blessés, laissa le soin de la détruire aux dragons, lesquels firent un assez grand carnage de cette bande, et alla coucher à mi-chemin de Reinosa. Il y entra le lendemain 14, y trouva tout le matériel de l'armée de Blake, 35 bouches à feu, 15 mille fusils, et une grande quantité de vivres de guerre provenant des Anglais. Il y fut rejoint par le maréchal Lefebvre, et, après s'être concerté avec lui, il prit la route de Santander, pour aller, conformément à ses ordres, opérer la soumission des Asturies.

> Usage que Napoléon fait de sa cavalerie pour courir à travers la Vieille-Castille.

Napoléon, tant les communications étaient difficiles, n'apprit que dans la nuit du 13 au 14 la bataille décisive livrée le 11, à Espinosa, contre l'armée de Blake. Il n'avait pas douté un instant du succès, mais il commençait à s'apercevoir, en le regrettant fort, que la victoire, toujours certaine avec les Espagnols, n'amenait point, par la difficulté de les joindre, les résultats qu'on obtenait avec d'autres. Il était persuadé que le maréchal Soult, arrivât-il à temps à Reinosa, ne ferait qu'achever une dispersion presque déjà complète, et recueillerait peu de prisonniers. Il n'y avait rien à attendre que du sabre des cavaliers. Napoléon envoya donc au général Milhaud l'ordre de se porter avec ses dragons sur toutes les routes de la Vieille-Castille, et il prescrivit aux autres divisions de la même arme de se joindre au général Milhaud, afin de poursuivre en tout sens et de sabrer impitoyablement tout ce qu'on pourrait atteindre des fugitifs de l'armée du général Blake.

> Après avoir détruit la gauche des Espagnols, Napoléon se retourne contre leur droite.

La gauche des Espagnols étant ainsi détruite, il fallait songer à se rabattre sur leur droite, et à traiter celle-ci comme on avait traité celle-là. Napoléon ordonna au maréchal Victor, après avoir laissé reposer le 1er corps à Espinosa, et s'être assuré que le maréchal Soult n'aurait désormais affaire qu'à des fuyards, de prendre la route de Burgos, pour venir, suivant sa destination première, se réunir au quartier général. Il enjoignit au maréchal Lefebvre, qui se plaignait sans cesse de n'être pas assez en nombre, vu qu'il avait laissé deux mille Allemands à Bilbao, qu'il n'avait plus la division Villatte, et qu'il n'avait pas encore les Polonais, de s'établir à Carrion avec les neuf ou dix mille hommes d'infanterie qui lui restaient, de s'y reposer, d'y rassembler son artillerie, ses traînards, et d'y former ainsi une liaison, entre le maréchal Soult qui allait parcourir les Asturies, la cavalerie de Milhaud qui devait battre la plaine de Castille, et le quartier général qui se disposait à opérer de Burgos sur Aranda. À Carrion en effet le maréchal Lefebvre était à distance à peu près égale de Reinosa, de Léon, de Valladolid, de Burgos. Quand le corps de Junot viendrait le remplacer sur les flancs du maréchal Soult, Napoléon se proposait de le rapprocher de la route de Madrid, ou par Aranda, ou par Ségovie.

> Mouvement prescrit au maréchal Ney afin de le porter sur les derrières de Castaños.

Devant être bientôt rejoint par le maréchal Victor, et conservant le maréchal Lefebvre pour le lier avec le corps du maréchal Soult, Napoléon n'hésita plus à se priver du maréchal Ney, pour manœuvrer sur les derrières de Castaños. Restant à Burgos avec la garde seule et une partie de la cavalerie, il achemina dès le 14 au matin le vaillant maréchal, à la tête des divisions Marchand et Dessoles, sur Lerma et Aranda. Son projet était, une fois le maréchal Ney rendu à Aranda, de le porter à gauche sur Osma, Soria et Agreda, ce qui le placerait sur les derrières de Castaños, dont le quartier général était à Cintrunigo, entre Calahorra et Tudela. Le maréchal Ney devait marcher sur Aranda sans perte de temps, mais sans précipitation, de manière à arriver en bon état derrière un immense rideau de cavalerie qui allait s'étendre dans la plaine jusqu'au pied du Guadarrama, grande chaîne de montagnes en avant de Madrid, et séparant la Vieille-Castille de la Nouvelle.

Ordres au maréchal Moncey sur la conduite à tenir en présence de Castaños et Palafox.

Napoléon recommanda au maréchal Moncey de n'exécuter aucun mouvement sur l'Èbre, afin de ne pas donner d'ombrage à Castaños, mais de se tenir prêt à agir au premier signal. Il avait réuni à Logroño, comme on l'a vu, celle des divisions de Ney qui était demeurée en arrière, l'ancienne division Bisson, devenue division Lagrange. Après lui avoir restitué son artillerie, il lui avait laissé la cavalerie légère de Colbert, anciennement attachée au 6e corps, et adjoint la brigade de dragons du général Dijeon. Cette division, complètement rassemblée à Logroño, où elle s'était reposée, n'avait qu'un pas à faire pour se rallier au maréchal Moncey, et, jointe à lui, devait présenter une masse de 30 mille combattants, dont une partie de vieilles troupes, masse bien suffisante pour pousser Castaños et Palafox sur Ney qui venait de Soria, les placer entre deux feux, et les accabler. Si cette belle manœuvre réussissait, le corps de Castaños devait être pris tout entier, autant du moins qu'on pouvait prendre un corps en Espagne, où les soldats parvenaient toujours à se sauver en abandonnant leurs cadres. Le maréchal Lannes mis à la tête des forces qui doivent agir contre Castaños et Palafox. Mais pour qu'elle réussît, il fallait que le maréchal Moncey, se tenant prêt à agir, n'agît pas, et que le maréchal Ney accélérât sa marche de manière à se trouver sur les derrières de Castaños avant que celui-ci s'en fût aperçu. Napoléon, tout en estimant le maréchal Moncey, ne comptait cependant pas assez sur la résolution de son caractère pour lui confier un grand commandement. Il avait auprès de lui l'illustre Lannes, commençant à se remettre d'une chute de cheval fort dangereuse, et il lui destinait le commandement de toutes les troupes réunies sur l'Èbre. C'était donc entre Lannes et Ney, entre ces deux mains de fer, que l'armée espagnole de droite allait se trouver prise, et probablement écrasée. Pour donner ses derniers ordres, Napoléon attendit que le maréchal Ney, reparti de Burgos, eût gagné Lerma et Aranda, d'où il lui était prescrit de se détourner ensuite à droite, par la route de Soria.

Conduite de la junte d'Aranjuez envers les généraux vaincus, et destitution de Blake et Castaños au profit du marquis de La Romana.

Pendant que Napoléon déployait tant d'activité, car, à peine arrivé à Vittoria et rassuré sur l'incident de la division Villatte à Balmaseda, il avait porté le maréchal Soult à Burgos; à peine maître de Burgos, il avait reporté ce même maréchal sur Blake, et à peine Blake détruit, il jetait le maréchal Ney sur Castaños; pendant que Napoléon déployait, disons-nous, tant d'activité, tant de science manœuvrière contre des armées qu'il suffisait d'aborder de front pour les vaincre, la junte centrale d'Aranjuez et la cour de généraux, de royalistes démagogues qui l'entouraient, apprenaient la ruine de l'armée de Blake et du marquis de Belveder avec une surprise, une émotion extraordinaires, comme si aucun de ces événements n'eût été à prévoir. La junte n'imitait pas tout à fait ces lâches soldats, qui en fuyant assassinent leurs officiers, qu'ils accusent de trahison (ce dont on verra bientôt de nouveaux et atroces exemples), mais elle obéissait à un sentiment à peu près semblable, en destituant sans pitié les généraux vaincus. Au milieu de la confusion habituelle de ses conseils, elle déclarait Blake, le meilleur cependant des officiers de l'armée de Galice, indigne de commander, et elle le payait de son dévouement par une destitution. Elle faisait de même envers l'heureux vainqueur de Baylen, envers Castaños, le plus sensé, le plus intelligent des généraux espagnols, sous prétexte d'irrésolution, parce qu'il résistait à toutes les folles propositions des frères Palafox. Castaños n'était certainement pas le plus hardi des généraux espagnols, mais il avait le sentiment éclairé de la situation, et pensait qu'à s'avancer sur l'Èbre comme on s'y était décidé, on ne pouvait recueillir que des désastres. Ayant aperçu combien les Français, faibles sur le Guadalquivir, étaient puissants sur l'Èbre, il aurait voulu qu'on cherchât à leur opposer, soit dans les provinces méridionales, soit dans les provinces maritimes, l'obstacle du climat, des distances, des secours britanniques, et il blâmait fort la guerre qu'on l'obligeait à faire avec deux divisions d'Andalousie, du reste assez bonnes, et un ramassis de paysans et d'étudiants indisciplinés, contre les premières armées de l'Europe. À tous les plans de la junte centrale, fondés sur la plus aveugle présomption, il avait des objections parfaitement raisonnables, et cet incommode contradicteur, pour vouloir être plus sage que ses concitoyens, avait déjà perdu sa gloire et sa faveur. On disait dans l'armée, on répétait à Aranjuez, que les rangs espagnols contenaient une foule de traîtres, et que Castaños était de tous celui qui méritait le plus d'être surveillé. Les lettres interceptées par nos corps avancés étaient remplies de ces absurdes jugements. Aussi le commandement fut-il retiré aux généraux Castaños et Blake à la fois, et donné enfin à un seul, à l'heureux favori de la démagogie espagnole, au marquis de La Romana, le fugitif du Danemark. Un commandement unique aurait été une excellente institution, s'il y avait eu un militaire espagnol capable de ce rôle, et, en tout cas, dans l'état actuel des armées insurgées, Castaños aurait été le seul à essayer. Mais on le jalousait pour Baylen, on le détestait pour son bon sens, et le bizarre marquis de La Romana, formant tous les jours des plans extravagants, plaisant par une sorte d'exaltation romanesque, recommandé par une évasion qui avait quelque chose de merveilleux, agréable à tous les jaloux parce qu'il n'avait pas encore remporté de victoire, étranger à toutes les haines parce qu'il avait vécu éloigné, le marquis de La Romana était élu commandant de l'armée de Blake et de celle de Castaños. Il était pourtant dans l'impossibilité absolue de prendre ces deux commandements, puisqu'il avait été obligé, par la plus longue, la plus pénible des marches à travers des montagnes couvertes de neiges, de se retirer à Léon, avec sept ou huit mille fuyards, qu'il espérait du reste rallier, et reporter au nombre de quinze ou vingt mille. Étant à Léon, à plus de cent lieues de Tudela, il se trouvait hors d'état de commander le centre et la droite. Castaños dut, en attendant, conserver le commandement. Thomas de Morla, le perfide et arrogant capitaine général de Cadix, dont les Français avaient eu tant à se plaindre après Baylen, avait été nommé directeur des affaires militaires auprès de la junte. Il était appelé à mettre l'accord entre les généraux espagnols, et surtout entre les généraux espagnols et les Anglais qui allaient entrer en ligne.

Derniers ordres de Napoléon aux maréchaux Ney et Lannes pour la destruction des armées espagnoles du centre et de droite.

Napoléon, ayant employé les 15, 16, 17 novembre à recueillir les nouvelles de ses divers corps, et certain d'après ces nouvelles que le maréchal Soult était entré à Santander sans aucune difficulté, que le maréchal Lefebvre était établi à Carrion, que le maréchal Victor était en marche sur Burgos, et que le maréchal Ney enfin venait d'arriver à Aranda derrière le rideau de la cavalerie française, Napoléon donna ordre à ce dernier de partir le 18 d'Aranda, de se porter à San-Estevan, et de San-Estevan à Almazan. Il lui prescrivit, une fois rendu là, d'avoir l'œil et l'oreille sur Soria et Calatayud, pour savoir si Castaños rétrogradait, et si c'était sur la route de Pampelune à Madrid qui passe par Soria, ou celle de Saragosse à Madrid qui passe par Calatayud, qu'il fallait se placer pour être le 22 ou le 23 sur les derrières de l'armée espagnole; car, le 22 ou le 23, Lannes avec trente mille hommes devait la pousser violemment, comme il avait coutume de pousser l'ennemi, dans l'une ou l'autre de ces directions. (Voir la carte n° 43.) Vu les lieux et les circonstances, les instructions étaient aussi précises que possible. Le même jour, Napoléon fit partir Lannes, qui pouvait à peine se tenir à cheval, avec ordre de se rendre à Logroño, d'y réunir l'infanterie de la division Lagrange, la cavalerie des généraux Colbert et Dijeon aux troupes du maréchal Moncey, de se jeter avec 24 mille fantassins, 2 mille artilleurs, 4 mille cavaliers, sur Castaños et Palafox, et de les refouler sur les baïonnettes du maréchal Ney.

| Marche du maréchal Ney sur Soria. |

Les deux maréchaux commencèrent immédiatement l'exécution du mouvement qui leur était prescrit. Le maréchal Ney, parti d'Aranda le 19, arriva le 19 au soir à San-Estevan, le 20 à Berlanga. S'il était toujours difficile d'éclairer sa marche en Espagne, la difficulté augmentait encore en quittant la grande route de Madrid, et en s'enfonçant dans le pays montagneux de Soria, à travers cette chaîne qui s'élève intermédiairement entre les Pyrénées et le Guadarrama. (Voir la carte n° 43.) Il fallait prendre ces montagnes à revers pour venir tomber sur l'Èbre, et saisir Castaños par derrière. En avançant dans ce pays moins fréquenté, et où naturellement dominaient avec plus de force les vieilles mœurs de l'Espagne, le maréchal Ney devait rencontrer un peuple plus hostile, moins communicatif, et être exposé plus qu'ailleurs aux faux renseignements. Les habitants fuyaient à son approche, et laissaient l'armée française vivre de ce qu'elle enlevait, sans songer à demeurer sur les lieux, pour diminuer le dommage en lui fournissant ce dont elle aurait besoin. Ceux qui restaient, fort peu nombreux, parlaient avec emphase des armées de Castaños et de Palafox, que les uns portaient à 60, les autres à 80 mille hommes. Chacun dans ses récits leur assignait un quartier général différent. On ne disait pas si Castaños se retirait sur Madrid, et si, au cas où il se retirerait sur cette capitale, il passerait par Soria, ou par Calatayud. Napoléon, dans ses instructions, avait admis comme possible l'une ou l'autre hypothèse, et le maréchal Ney était en proie à une extrême incertitude. Avec les divisions Marchand et Dessoles, il ne comptait guère que 13 à 14 mille hommes, et, tout intrépide qu'il était, ayant à Guttstadt tenu tête à 60 mille Russes avec 15 mille Français, il se demandait d'abord s'il se trouvait sur la véritable route de retraite de Castaños, et secondement s'il n'était pas à craindre que Castaños et Palafox, se repliant ensemble avant d'avoir été battus, ne s'offrissent à lui avec 60 ou 80 mille hommes, ce qui aurait rendu sa position grave. Il marchait donc à pas comptés, écoutant, regardant autour de lui, réclamant du quartier général les renseignements qu'il ne pouvait obtenir sur les lieux. Il était le 21 à Soria avec une de ses divisions, attendant le lendemain la seconde, à laquelle il avait prescrit un détour à droite, afin d'avoir des nouvelles de Calatayud. Cet intrépide maréchal hésitait pour la première fois de sa vie, surpris, embarrassé des bruits divers qu'il recueillait dans ce pays d'ignorance, d'exagération et d'aventures. Cependant le temps pressait, car c'était le 22 ou le 23 que les troupes françaises de l'Èbre devaient être aux prises avec Castaños et Palafox.

> Mouvement du maréchal Lannes sur Tudela.

De son côté, le maréchal Lannes, montant à cheval avant d'être complétement remis, était parti le 19 de Burgos, et se trouvait le 19 au soir à Logroño. Il avait donné ordre à la division Lagrange, à la cavalerie du général Colbert, à la brigade de dragons du général Dijeon, d'employer la journée du 20 à se concentrer autour de Logroño, de franchir l'Èbre le 21 au matin, et de descendre, en suivant la rive droite de ce fleuve, jusqu'en face de Lodosa, par où devait déboucher le maréchal Moncey. (Voir la carte n° 43.) Reparti le 20 pour Lodosa, il avait vu le maréchal Moncey, qui était momentanément placé sous ses ordres, et lui avait enjoint de se tenir prêt le 21 au soir à passer le pont de Lodosa, pour opérer sa jonction avec les troupes du général Lagrange.

Les instructions du maréchal Lannes s'étaient ponctuellement exécutées, et, le 21 au soir, le général Lagrange, ayant descendu la rive droite de l'Èbre, arrivait devant Lodosa, d'où débouchait le corps du maréchal Moncey. C'était une masse totale de 28 à 29,000 hommes en infanterie et cavalerie. Le maréchal Lannes avait mis sous le commandement du brave Lefebvre-Desnoette toute sa cavalerie, qui était composée des lanciers polonais, des cuirassiers et dragons provisoires, des chevaux-légers qu'avait amenés le général Colbert, et des vieux dragons qu'amenait du fond de l'Allemagne le général Dijeon. L'infanterie se composait de la division Lagrange, ancienne division Bisson, des jeunes troupes du corps du maréchal Moncey, auxquelles on avait joint plus tard les 14e et 44e de ligne, ainsi que les légions de la Vistule. Les jeunes soldats étaient devenus presque dignes des vieux, sauf qu'ils manquaient de bons officiers, comme tous les corps de récente création, dont on a formé les cadres avec des officiers pris à la retraite. Lannes les fit tous bivouaquer, pour se mettre en route dès le lendemain matin. Chaque soldat avait dans son sac du pain pour quatre jours.

Effectivement, le lendemain 22 novembre, on se mit en route en descendant la rive droite de l'Èbre vers Calahorra. Lannes marchait en tête avec Lefebvre-Desnoette suivi des lanciers polonais, qui s'étaient rendus la terreur des Espagnols. Arrivé en vue de Calahorra, on aperçut les Espagnols qui se retiraient sur Alfaro et Tudela, où il fallait s'attendre à les trouver en position le lendemain. Lannes fit hâter le pas, et le soir même alla coucher à Alfaro. Il n'était pas possible d'exécuter un plus long trajet dans la même journée. On pouvait du reste, en partant le lendemain d'Alfaro à la pointe du jour, être d'assez bonne heure à Tudela pour y livrer bataille. Les divisions Maurice-Mathieu, Musnier, Grandjean tenaient la gauche le long de l'Èbre. Les divisions Morlot et Lagrange tenaient la droite, et couchèrent à Corella. La cavalerie précédait l'infanterie pendant cette marche.

> Bataille de Tudela.

Le lendemain 23, Lannes donna l'ordre de s'acheminer dès trois heures du matin vers Tudela. Afin de ne pas perdre de temps, il partit au galop avec Lefebvre et les lanciers polonais, désirant devancer ses troupes, et reconnaître la position dans le cas où l'ennemi s'arrêterait pour combattre.

Les généraux espagnols avaient long-temps disputé sur le meilleur plan à suivre, Palafox voulant agir offensivement en Navarre, Castaños au contraire ne voulant pas franchir l'Èbre, et allant jusqu'à dire qu'il vaudrait mieux rétrograder et s'enfoncer en Espagne, pour éviter les affaires générales avec les Français. Ils avaient été surpris dans cet état de controverse par le mouvement de Lannes, et forcés d'accepter la bataille par le cri de la populace espagnole, qui les appelait des traîtres. Les choses en étaient même à ce point que les Aragonais, sous O'Neil, n'avaient pas encore repassé l'Èbre à Tudela le 23 au matin, et qu'entre l'aile droite, formée par ceux-ci, et l'extrémité de l'aile gauche, formée par les Andalous, il y avait près de trois lieues de distance. Castaños se hâta de ranger les uns et les autres en bataille sur les hauteurs qui s'élèvent en avant de Tudela, et qui vont en s'abaissant jusqu'aux environs de Cascante, au milieu de vastes plaines d'oliviers.

> Terrain en avant de Tudela, sur lequel les Espagnols avaient pris position.

Lannes, parvenu en face de cette position, aperçut à sa gauche, sur les hauteurs qui précèdent Tudela et près de l'Èbre, une forte masse d'Espagnols. C'étaient justement les Aragonais achevant leur passage, et couverts par une nombreuse artillerie. Au centre, il découvrit sur des hauteurs un peu moindres, et protégée par un bois d'oliviers, une autre masse: c'était celle des Valenciens, des Murciens et des Castillans. Plus loin, à droite, mais à une très-grande distance, vers Cascante, on distinguait dans la plaine un troisième rassemblement: c'étaient les divisions d'Andalousie sous la Peña et Grimarest, qui n'étaient pas encore arrivées en ligne. Le total pouvait s'élever à 40,000 hommes.

> Dispositions d'attaque ordonnées par Lannes.

Sur-le-champ, Lannes résolut d'enlever les hauteurs à gauche, puis, quand il serait près d'y réussir, d'enfoncer le centre de l'ennemi, de se rabattre ensuite à droite sur la portion de l'armée espagnole qu'on apercevait vers Cascante, et contre laquelle il se proposait de diriger son arrière-garde, formée par la division Lagrange, qui était restée assez loin en arrière.

Il porta aussitôt la division Maurice-Mathieu, l'une des mieux composées et des mieux commandées, sur les hauteurs de gauche qui s'appuyaient à l'Èbre, et garda en réserve les divisions Musnier, Grandjean et Morlot, pour agir contre le centre lorsqu'il en serait temps. La cavalerie était déployée dans la plaine, une partie faisant face à droite pour contenir la gauche de l'ennemi vers Cascante, et donner à la division Lagrange le temps de rejoindre.

> Attaque des hauteurs de gauche par la division Maurice-Mathieu.

Les généraux Maurice-Mathieu et Habert, précédés d'un bataillon de tirailleurs, s'avancèrent à la tête d'un régiment de la Vistule et du 14e de ligne, vieux régiment d'Eylau, pour lequel des batailles avec les Espagnols n'étaient pas chose effrayante. Lannes avait donné ordre de ne pas trop faire le coup de fusil contre un ennemi supérieur en nombre, et avantageusement placé. Aussi, dès que les tirailleurs eurent replié les Espagnols sur les hauteurs de gauche, les généraux Maurice-Mathieu et Habert se formèrent en colonnes d'attaque, et commencèrent à gravir le terrain. Les Aragonais, plus braves, plus enthousiastes que le reste de la nation, plus engagés par leurs démonstrations antérieures, étaient obligés de tenir, et tinrent en effet avec un certain acharnement. Après s'être bien servis de leur artillerie contre les Français, ils leur disputèrent chaque mamelon l'un après l'autre, et leur tuèrent un assez grand nombre d'hommes. Mais la division Maurice-Mathieu, vigoureusement soutenue, les contraignit après un combat de deux heures à rétrograder vers Tudela.

> Lannes fait enfoncer le centre des Espagnols.

Lorsque Lannes aperçut que de ce côté le combat ne présentait aucun doute, il ébranla la division Morlot qui venait d'arriver, et, la faisant appuyer par la division Grandjean, il les poussa toutes deux sur le centre des Espagnols, composé, avons-nous dit, des Valenciens, des Murciens et des Castillans. Les obstacles du terrain, qui étaient nombreux, présentèrent à la division Morlot plus d'une difficulté à vaincre. Remplie de troupes jeunes et ardentes, elle les surmonta, en perdant toutefois trois ou quatre cents hommes, et rejeta les Espagnols sur Tudela, où le général Maurice-Mathieu avait ordre de pénétrer de son côté.

> Déroute de la gauche et du centre des Espagnols.

Ce fut dès lors une déroute générale, car les Espagnols, culbutés par les divisions Maurice-Mathieu et Morlot des hauteurs qui entourent Tudela sur la ville même, et au milieu d'une vaste plaine d'oliviers qui s'étend au delà, s'enfuirent dans un affreux désordre, laissant beaucoup de morts et de blessés, un nombre de prisonniers plus considérable que de coutume, toute leur artillerie, ainsi qu'un immense parc de munitions et de voitures de bagages.

> Poursuite des fuyards par la cavalerie.

Il était trois heures de l'après-midi. Lannes ordonna au maréchal Moncey de les poursuivre sur la route de Saragosse avec les divisions Maurice-Mathieu, Morlot et Grandjean, la cavalerie légère de Colbert, et les lanciers polonais sous les ordres du général Lefebvre-Desnoette. Cette cavalerie passant par la trouée du centre, entre Tudela et Cascante, s'élança au galop sur les fuyards par toutes les routes pratiquées à travers les champs d'oliviers qui environnent Saragosse.

> Lannes avec la division Musnier et les dragons fait tête à la gauche des Espagnols, qui n'est pas encore entrée en action.

Lannes resta avec la division Musnier et les dragons pour tenir tête à la gauche des Espagnols, composée des troupes de la Peña qu'on voyait au loin du coté de Cascante.

Castaños, emporté par la déroute, n'avait pu rejoindre sa gauche. La Peña s'y trouvait seul avec une masse imposante d'infanterie, celle qui avait pris Dupont par derrière à Baylen, et qui avait tout l'orgueil de cette journée sans en avoir le mérite. La Peña l'amena en ligne de Cascante vers Tudela, dans une plaine où la cavalerie pouvait se déployer. Lannes lança sur elle les dragons de la brigade Dijeon, qui, par plusieurs charges répétées, la continrent en attendant la division Lagrange, laquelle n'était pas encore entrée en action. Celle-ci arriva enfin à une heure fort avancée. Le général Lagrange, la disposant en échelons très-rapprochés les uns des autres, se porta sur-le-champ à l'attaque de Cascante.

> Attaque vigoureuse de la division Lagrange, et déroute du seul corps espagnol qui fût resté entier.

Il conduisait lui-même le 25ᵉ léger, formant le premier échelon. Ces vieux régiments de Friedland ne regardaient pas comme une difficulté d'avoir affaire aux prétendus vainqueurs de Baylen. Le 25ᵉ marcha baïonnettes baissées sur Cascante, culbuta la division de la Peña et la rejeta sur Borja, à droite de la route de Saragosse. Le général Lagrange, chargeant à la tête de sa division, reçut une balle au bras.

> Retraite désordonnée des Espagnols, les uns sur Saragosse, les autres sur Calatayud.

La nuit mit fin à la bataille, qui à la droite comme à la gauche ne présentait plus qu'une immense déroute. Les Aragonais étaient rejetés sur Saragosse, les Andalous sur Borja, et par Borja sur la route de Calatayud. La retraite devait être divergente, quand même les sentiments des généraux ne les auraient pas disposés à se séparer les uns des autres après un échec commun. Cette journée nous valut environ quarante bouches à feu, trois mille prisonniers, presque tous blessés, parce que la cavalerie ne parvenait à les arrêter qu'en les sabrant, indépendamment de deux mille morts ou mourants restés sur le champ de bataille. La dispersion, ici comme à Espinosa, était toujours le résultat principal. Les jours suivants devaient nous procurer encore beaucoup de prisonniers faits comme les autres par le sabre de nos cavaliers.

> Lannes, retombé malade, laisse au maréchal Moncey et au général Maurice-Mathieu le soin de poursuivre l'ennemi.

Le lendemain matin Lannes ne pouvait plus supporter la fatigue du cheval, pour avoir voulu s'y exposer trop tôt. Il chargea le maréchal Moncey de continuer la poursuite des Aragonais sur Saragosse avec les divisions Maurice-Mathieu, Morlot, Grandjean et une partie de la cavalerie. Il confia la division Lagrange, dont le chef venait d'être blessé, au brave Maurice-Mathieu, lui adjoignit la division Musnier, les dragons, les lanciers polonais, et ordonna à ces troupes, placées sous le commandement supérieur du général Maurice-Mathieu, de poursuivre Castaños l'épée dans les reins sur Calatayud et Siguenza, route de Saragosse à Madrid. Il espérait, quoiqu'il n'eût rien appris de la marche du maréchal Ney, que les Andalous le trouveraient sur leur chemin, et expieraient sous ses coups la journée de Baylen.

> Motifs qui avaient retardé le maréchal Ney dans sa marche à travers la province de Soria.

Malheureusement, au milieu de l'incertitude où il était, le maréchal Ney, ne sachant par quelle route s'avancer, celle de Soria à Tudela, ou celle de Soria à Calatayud, attendant du quartier général des ordres ultérieurs qui n'arrivaient pas, avait non-seulement passé à Soria la journée du 22 pour rallier ses deux divisions, mais celles du 23 et du 24 pour avoir des nouvelles, et ne s'était décidé que le 25 à marcher sur Agreda, point où il était à une journée de

Cascante. S'il fût parti seulement le 23 au matin, il pouvait être le soir même ou le lendemain sur les derrières de Castaños. Mais les instructions du quartier général, quoique très-claires, avaient laissé trop de latitude au maréchal. Les derniers renseignements recueillis à Soria sur la force de Castaños l'avaient jeté dans une véritable confusion d'esprit. On lui avait dit[25] que Castaños avait 80 mille hommes, que Lannes même avait été battu, et, abusé par de semblables bruits, l'audacieux maréchal avait craint cette fois d'être trop téméraire. Le 25 novembre, après avoir passé à Soria le 23 et le 24, il s'était mis en marche sur les instances réitérées du quartier général, était parvenu le 25 au soir à Agreda, le 26 à Tarazona, où il avait appris enfin avec grand regret l'erreur dans laquelle il était tombé, et l'occasion manquée d'immenses résultats. Ce qui lui arrivait là était arrivé à tous nos généraux, qui se laissaient imposer par l'exagération des Espagnols, exagération contre laquelle Napoléon s'efforçait en vain de les mettre en garde, en leur répétant que les troupes de l'insurrection étaient de la *canaille* sur le ventre de laquelle il fallait passer. Il en donna lui-même peu de jours après un exemple mémorable.

> Jonction du maréchal Ney avec le maréchal Moncey devant Saragosse.

Le maréchal Ney opéra sa jonction avec le maréchal Moncey, qui était fort affaibli par le départ des divisions Lagrange et Musnier, envoyées à la poursuite de Castaños. Le maréchal Ney, voulant au moins rendre utile sa présence sur les lieux, convint avec le maréchal Moncey de l'aider à l'investissement de Saragosse, où s'étaient enfermés les frères Palafox et les fuyards aragonais. Pendant ce temps le général Maurice-Mathieu poussait avec autant de rapidité que de vigueur les débris de Castaños, qui se retiraient en désordre sur Calatayud. Lannes resta malade à Tudela, offrant cependant à Napoléon de remonter encore à cheval, même avant d'être rétabli, s'il fallait quelque part tenir tête aux Anglais, et les jeter à la mer. Plût au ciel, en effet, que Napoléon eût confié à un tel chef le soin de poursuivre ces redoutables ennemis de l'Empire!

> Napoléon, débarrassé des armées espagnoles de droite et de gauche, se décide à marcher immédiatement sur Madrid.

C'est le 26 seulement, toujours par suite de la difficulté des communications, que Napoléon reçut la nouvelle de la vigoureuse conduite de Lannes à Tudela, de la dispersion des armées espagnoles du centre et de droite, et de l'inexécution du mouvement prescrit au maréchal Ney. Tenant ce maréchal pour l'un des premiers hommes de guerre de son temps, il n'attribua son erreur qu'aux fausses idées que les généraux français se faisaient de l'Espagne et des Espagnols, et, bien que la belle manœuvre qu'il avait ordonnée par Soria n'eût point réussi, il n'en considéra pas moins les armées régulières de l'Espagne comme anéanties, et la route de Madrid comme désormais ouverte pour lui. Effectivement, les Aragonais sous Palafox étaient tout au plus capables de défendre Saragosse. Les Andalous conduits par Castaños se retiraient au nombre de 8 ou 9 mille sur Calatayud, et ne pouvaient faire autre chose que d'augmenter la garnison de Madrid, en se repliant sur cette capitale par Siguenza et Guadalaxara, si on leur en laissait le temps. Le marquis de La Romana, avec 6 ou 7 mille fuyards dénués de tout, gagnait péniblement le royaume de Léon à travers des montagnes neigeuses. Enfin, sur la route même de Madrid, il ne restait que les débris de l'armée d'Estrémadure, déjà si rudement traitée en avant de Burgos.

Un seul obstacle aurait pu arrêter Napoléon, c'était l'armée anglaise, dont il n'avait que les nouvelles les plus vagues et les plus incertaines. Mais cette armée elle-même n'était encore en état de rien entreprendre. Sir John Moore, conduisant ses deux principales colonnes d'infanterie à travers le nord du Portugal, était arrivé à Salamanque avec 13 ou 14 mille hommes d'infanterie, exténués de la longue marche qu'ils avaient faite, et fort éprouvés par des privations auxquelles les soldats anglais n'étaient guère habitués. Le général Moore n'avait avec lui ni un cheval ni un canon, sa cavalerie et son artillerie ayant suivi la route de Badajoz à Talavera, sous l'escorte d'une division d'infanterie. Enfin sir David Baird, débarqué à la Corogne avec 11 ou 12 mille hommes, s'avançait timidement vers Astorga, se trouvant encore à soixante ou soixante-dix lieues de son général en chef. Ces trois colonnes ne savaient comment elles s'y prendraient pour se rejoindre, et, dans leur isolement, n'étaient ni capables ni désireuses d'entrer en action. Elles se sentaient même fort peu encouragées par ce qu'elles voyaient autour d'elles, car, au lieu de les recevoir avec enthousiasme, les Espagnols de la Vieille-Castille, épouvantés de la défaite de Blake, et se soumettant à un simple escadron de cavalerie française, les accueillaient froidement, ne voulaient rien leur donner qu'en échange de souverains d'or ou de piastres d'argent, livrés en même temps que les fournitures elles-mêmes. Aussi le sage Moore avait-il écrit à son gouvernement pour le détromper sur l'insurrection espagnole, et lui montrer qu'on avait engagé l'armée anglaise dans une fort périlleuse aventure.

Napoléon ignorait ces circonstances, et savait seulement qu'il arrivait des Anglais par le Portugal et la Galice; mais il persistait dans son plan de les attirer dans l'intérieur de la Péninsule, afin de les envelopper au moyen de quelque grande manœuvre, tandis que le maréchal Soult et le général Junot, laissés sur ses derrières, les contiendraient de front. Pour en agir ainsi, Madrid, d'où l'on pourrait opérer par la droite sur le Portugal ou la Galice, devenait le meilleur centre d'opérations, et c'était un nouveau motif d'y marcher sans retard. Napoléon donna ses ordres en conséquence, dès que l'affaire de Tudela lui fut connue.

Ordres aux maréchaux Ney, Moncey, Soult, Lefebvre et Mortier en conséquence de la marche sur Madrid.

D'abord il prescrivit au maréchal Ney, qu'il voulait avoir sous sa main pour l'employer dans les occasions difficiles, notamment contre les Anglais, d'abandonner l'investissement de Saragosse, de marcher sur Madrid par la même route que Castaños, et de poursuivre celui-ci à outrance jusqu'à ce qu'il ne lui restât plus un seul homme. Il enjoignit au général Maurice-Mathieu, qui était à la poursuite de Castaños avec une partie des troupes du maréchal Moncey, de s'arrêter, de rendre au maréchal Moncey les troupes qui lui appartenaient, pour que ce dernier pût reprendre avec toutes ses divisions les travaux du siége de Saragosse. Il pressa de nouveau le général Saint-Cyr, chargé de la guerre de Catalogne, d'accélérer les opérations qui devaient le conduire à Barcelone, et amener le déblocus de cette grande cité. Ces dispositions prises à sa gauche, Napoléon envoya sur sa droite les instructions suivantes.

Le maréchal Lefebvre, posté à Carrion pour lier le centre de l'armée française avec le maréchal Soult, auquel avait été confié le soin de soumettre les Asturies, dut suivre le mouvement général sur Madrid, et se porter avec les dragons de Milhaud sur Valladolid et Ségovie, afin de couvrir la droite du quartier général. Le général Junot, dont la première division approchait, dut hâter sa marche pour venir remplacer le maréchal Lefebvre sur le revers méridional des montagnes des Asturies, où le maréchal Soult allait reparaître bientôt, après avoir soumis les Asturies elles-mêmes. Ces deux corps, dont l'un sous le maréchal Bessières avait autrefois conquis la Vieille-Castille, dont l'autre sous Junot avait autrefois conquis le Portugal, devaient, réunis sous le maréchal Soult, avoir affaire aux Anglais d'abord en Vieille-Castille, puis en Portugal, selon les opérations qu'on serait amené à diriger contre ceux-ci. Enfin, la tête du 5ᵉ corps, parti d'Allemagne le dernier, commençant à se montrer à Bayonne, Napoléon ordonna à son chef, le maréchal Mortier, de venir prendre à Burgos la place qui allait se trouver vacante par la translation du quartier général à Madrid.

Tout étant ainsi réglé sur ses ailes et ses derrières, Napoléon marcha droit sur Madrid. Il n'avait avec lui que le corps du maréchal Victor, la garde impériale, et une partie de la réserve de cavalerie, c'est-à-dire beaucoup moins de quarante mille hommes. C'était plus qu'il ne lui en fallait, devant l'ennemi qu'il avait à vaincre, pour s'ouvrir la capitale des Espagnes.

Ayant d'abord porté le maréchal Victor à gauche de la route de Madrid afin d'appuyer les derrières du maréchal Ney, il le ramena par Ayllon et Riaza sur cette route, au point même où elle commence à s'élever, pour franchir le Guadarrama. Déjà il avait envoyé Lasalle, avec la cavalerie légère, jusqu'au pied du Guadarrama. Il y envoya de plus les dragons de Lahoussaye et de Latour-Maubourg. Enfin, il y achemina la garde, dont les fusiliers sous le général Savary, qui avait pris l'habitude de les commander en Pologne, s'avancèrent jusqu'à Bocequillas, pour observer les restes du corps du marquis de Belveder réfugiés entre Sepulveda et Ségovie. Dès le 23, il était parti lui-même de Burgos pour Aranda.

Mesures prises par la junte d'Aranjuez pour couvrir la capitale.

Après la déroute de Burgos, la capitale se trouvait découverte; mais la junte d'Aranjuez ne se figurant pas encore, dans sa présomptueuse ignorance, que Napoléon pût y marcher prochainement, s'était contentée d'expédier aux gorges du Guadarrama ce qui restait de forces disponibles à Madrid. On avait donc réuni au sommet du Guadarrama, vers le col resserré qui donne passage de l'un à l'autre versant, les débris de l'armée de l'Estrémadure, et ce qui était demeuré à Madrid des divisions d'Andalousie. C'était une force d'environ 12 à 13 mille hommes, placée sous les ordres d'un habile et vaillant officier, appelé don Benito San-Juan. Celui-ci avait établi au delà du Guadarrama, au pied même du versant qu'il nous fallait aborder, et un peu à notre droite, dans la petite ville de Sepulveda, une avant-garde de trois mille hommes. Il avait ensuite distribué les neuf mille autres au col de Somo-Sierra, dans le fond de la gorge que nous avions à franchir. Une partie de son monde, postée à droite et à gauche de la route qui s'élevait en formant de nombreuses sinuosités, devait arrêter nos soldats par un double feu de mousqueterie.

Précautions prises par les Espagnols pour rendre inexpugnable le col de Somo-Sierra.

Les autres barraient la chaussée elle-même vers le passage le plus difficile du col, avec 16 pièces de canon en batterie. L'obstacle pouvait être considéré comme l'un des plus sérieux qu'on fût exposé à rencontrer à la guerre. Les Espagnols s'imaginaient être invincibles dans la position de Somo-Sierra, et la junte elle-même comptait assez sur la résistance qu'on y avait préparée pour ne pas quitter Aranjuez. Elle espérait d'ailleurs que Castaños, qu'elle s'obstinait à ne pas croire détruit, aurait le temps de venir par la route de Guadalaxara se placer derrière le Guadarrama, entre Somo-Sierra et Madrid, et que les Anglais, opérant un mouvement correspondant à celui de Castaños, s'empresseraient, les uns par Avila, les autres par Talavera, de couvrir la capitale des Espagnes. On vient de voir ce qu'il y avait de fondé dans de pareilles espérances.

Les ordres donnés le 26 pour la marche sur Madrid étant complétement exécutés le 29, Napoléon se rendit lui-même le 29 au pied du Guadarrama, et établit son quartier général à Bocequillas. Le général Savary avait poussé une reconnaissance sur Sepulveda, non pour disperser le corps qui s'y trouvait, mais pour connaître sa force et son intention. Après avoir fait quelques prisonniers, il s'était retiré, n'ayant pas ordre de s'avancer plus loin. Les Espagnols, surpris de conserver le terrain, avaient envoyé à Madrid la nouvelle d'un avantage considérable remporté sur la garde impériale.

Napoléon, arrivé au pied du Guadarrama, fait lui-même une reconnaissance de la position de Somo-Sierra.

Napoléon, arrivé le 29 à midi à Bocequillas, monta à cheval, s'engagea dans la gorge de Somo-Sierra, la reconnut de ses propres yeux, et arrêta toutes ses dispositions pour le lendemain matin. Il prescrivit à la division Lapisse de se porter à la droite de la chaussée, pour enlever à la pointe du jour le poste de Sepulveda, et à la division Ruffin de partir au même instant pour gravir les rampes du Guadarrama, jusqu'au col même de Somo-Sierra. Le 9e léger devait suivre de hauteur en hauteur la berge droite, le 24e de ligne la berge gauche, de manière à faire tomber les défenses établies sur les deux flancs de la route. Le 96e devait marcher en colonne sur la route même. Puis devait venir la cavalerie de la garde, et Napoléon avec son état-major. Les fusiliers de la garde étaient chargés d'appuyer ce mouvement.

LES LANCIERS POLONAIS AU COMBAT DE SOMO-SIERRA.

À cette époque de la saison, le temps devenu superbe ne donnait cependant du soleil que vers le milieu de la journée. De six heures à neuf heures du matin un épais brouillard couvrait le pays, surtout dans sa partie montagneuse; puis après cette heure un soleil étincelant procurait à l'armée de vraies journées de printemps. Napoléon, faisant attaquer Sepulveda à six heures du matin, comptait s'être rendu maître de cette position accessoire à neuf heures, moment où la colonne qui marchait vers Somo-Sierra serait parvenue au sommet du col. On devait donc, grâce au brouillard, y arriver sans être vu, et commencer le feu sur la montagne quand il aurait fini au pied.

Le lendemain 30, la colonne envoyée contre Sepulveda eut à peine le temps de s'y montrer. Les trois mille hommes préposés à sa défense s'enfuirent en désordre, et coururent vers Ségovie se joindre aux autres fuyards du marquis de Belveder.

Combat de Somo-Sierra.

La colonne qui gravissait les pentes de Somo-Sierra arriva, sans être aperçue, très-près du point que l'ennemi occupait en force. Le brouillard se dissipant tout à coup, les Espagnols ne furent pas peu surpris de se voir attaquer sur les hauteurs de droite et de gauche, par le 9e léger et le 24e de ligne. Délogés de poste en poste, ils défendirent assez mal l'une et l'autre berge. Mais le gros du rassemblement se trouvait sur la route même, derrière seize pièces d'artillerie, et faisait un feu meurtrier sur la colonne qui suivait la chaussée. Napoléon, voulant apprendre à ses soldats qu'il fallait avec les Espagnols ne pas regarder au danger, et leur passer sur le corps quand on les rencontrait, ordonna à la cavalerie de la garde d'enlever au galop tout ce qu'il y avait devant elle. Un brillant officier de cavalerie, le général Montbrun, s'avança à la tête des chevaux-légers polonais, jeune troupe d'élite, que Napoléon avait formée à Varsovie, pour qu'il y eût de toutes les nations et de tous les costumes dans sa garde. Le général Montbrun, avec ces valeureux jeunes gens, se précipita au galop sur les seize pièces de canon des Espagnols, bravant un horrible feu de mousqueterie et de mitraille. Les chevaux-légers essuyèrent une décharge qui les mit en désordre en abattant trente ou quarante cavaliers dans le rang. Mais bientôt ralliés, et passant par-dessus leurs blessés, ils retournèrent à la charge, arrivèrent jusqu'aux pièces, sabrèrent les canonniers, et prirent les seize bouches à feu. Le reste de la cavalerie s'élança à la poursuite des Espagnols au delà du col, et descendit avec eux sur le revers du Guadarrama. Le brave San-Juan, atteint de plusieurs blessures, et tout couvert de sang, voulut en vain retenir ses soldats. Ce fut, comme à Espinosa, comme à Tudela, une affreuse déroute. Les drapeaux, l'artillerie, deux cents caissons de munitions, presque tous les officiers restèrent dans nos mains. Les soldats se dispersèrent à droite et à gauche dans les montagnes, et gagnèrent surtout à droite pour se réfugier à Ségovie.

Résultat du combat de Somo-Sierra.

Le soir, toute la cavalerie était à Buytrago, avec le quartier général. Ce furent les Français qui apprirent aux Espagnols le désastre de ce qu'on appelait l'armée de Somo-Sierra. Napoléon fut enchanté d'avoir prouvé à ses généraux ce qu'étaient les insurgés espagnols, ce qu'étaient ses soldats, le cas qu'il fallait faire des uns et des autres, et d'avoir franchi un obstacle qu'on avait paru croire très-redoutable. Les Polonais avaient eu une cinquantaine d'hommes tués ou blessés sur les pièces. Napoléon les combla de récompenses, et comprit dans la distribution de ses faveurs M. Philippe de Ségur, qui avait reçu plusieurs coups de feu dans cette charge. Il le destina à porter au Corps législatif les drapeaux pris à Burgos et à Somo-Sierra.

Napoléon se hâta de répandre sa cavalerie de Buytrago jusqu'aux portes de Madrid, et de s'y porter de sa personne, pour essayer d'enlever cette grande capitale par un mélange de persuasion et de force, désirant lui épargner les horreurs d'une prise d'assaut. Heureusement elle n'était pas en mesure de se défendre; et d'ailleurs le tumulte qui y régnait aurait rendu la défense impossible, quand même elle aurait eu des murailles capables de résister au formidable ennemi qui la menaçait.

Déc. 1808.

À la nouvelle du combat de Somo-Sierra, la junte centrale quitte Aranjuez pour Badajoz.

Moyens employés pour disputer Madrid aux Français.

À la nouvelle de la prise de Somo-Sierra, la folle présomption des Espagnols s'était subitement évanouie, et la junte s'était hâtée de quitter Aranjuez pour Badajoz. En s'éloignant elle avait annoncé la résolution d'aller préparer dans le midi de la Péninsule des moyens de résistance, dont Baylen, disait-elle, révélait assez la puissance. Mais il n'en avait pas moins été résolu de disputer Madrid au conquérant de l'Occident. La partie violente et anarchique de la population le voulait ainsi, et parlait d'égorger quiconque proposerait de capituler. Thomas de Morla et le marquis de Castellar avaient été chargés de la défense, de concert avec une junte réunie à l'hôtel des postes, dans laquelle siégeaient des gens de toute sorte. ### Madrid, tombé au pouvoir de la populace, est livré aux plus affreux désordres. Il restait à Madrid trois à quatre mille hommes de troupes de ligne, de fort médiocre qualité; mais il s'était joint à cette garnison un peuple frénétique, tant de la ville que de la campagne, lequel avait exigé et obtenu des armes, inutiles dans ses mains pour le salut de la capitale, et redoutables seulement aux honnêtes gens. Quelques furieux, ayant cru remarquer dans les cartouches qu'on leur avait distribuées une poussière noirâtre qu'ils disaient être du sable et non de la poudre, s'en étaient pris au marquis de Péralès, corrégidor de Madrid, personnage long-temps favori de la multitude, parce que, dans ses goûts licencieux, il s'était publiquement attaché à rechercher les plus belles femmes du peuple. **Massacre du marquis de Péralès.** L'une d'elles, délaissée par lui, l'ayant accusé d'avoir préparé ces munitions frauduleuses, et d'être complice d'une trahison ourdie contre la sûreté de Madrid, la troupe des égorgeurs s'empara de ce malheureux, et le massacra comme elle en avait déjà massacré tant d'autres depuis la fatale révolution d'Aranjuez, et puis elle traîna son corps dans les rues. Après s'être donné cette satisfaction à eux-mêmes, les barbares dominateurs de Madrid exécutèrent à la hâte quelques préparatifs de défense, sous la direction des gens du métier. **Quelques travaux de défense aux portes de Madrid.** Madrid n'est point fortifié; il est comme Paris l'était il y a quelques années, avant les immenses travaux qui l'ont rendu invincible, entouré d'un simple mur qui n'est ni bastionné ni terrassé. On crénela ce mur, on en barricada les portes, et on y plaça du canon. On prit ce soin particulièrement pour les portes d'Alcala et d'Atocha, qui aboutissent vers la grande route par laquelle devaient se présenter les Français. En arrière des portes, on pratiqua des coupures, on éleva des barricades dans les rues correspondantes, pour que, la première résistance vaincue, il en restât une autre en arrière.

Vis-à-vis des portes d'Alcala et d'Atocha, s'élèvent sur un terrain dominant, en face de Madrid, le château et le parc du Buen-Retiro, séparés de Madrid par la fameuse promenade du Prado. On crénela le mur d'enceinte du Retiro, on y fit quelques levées de terre, on y traîna du canon, on y logea en guise de garnison une multitude fanatique, capable de le ravager, mais bien peu de le défendre. Les femmes, joignant leurs efforts à ceux des hommes, se mirent à dépaver les rues, et à monter les pavés sur le toit des maisons, pour en accabler les assaillants. On sonna les cloches jour et nuit, afin de tenir la population en haleine. Le duc de l'Infantado avait été secrètement envoyé hors de Madrid, pour aller chercher l'armée de Castaños, et l'amener sous Madrid.

L'armée française paraît le 2 décembre aux portes de Madrid.

Toute cette agitation n'était pas un moyen de résistance bien sérieux à opposer à Napoléon. Il arriva le 2 décembre au matin sous les murs de Madrid, à la tête de la cavalerie de la garde, des dragons de Lahoussaye et de Latour-Maubourg. Ce jour était l'anniversaire du couronnement, celui aussi de la bataille d'Austerlitz, et, pour Napoléon comme pour ses soldats, une sorte de superstition s'attachait à cette date mémorable. Le temps était d'une sérénité parfaite. Cette belle cavalerie, en apercevant son glorieux chef, poussa des acclamations unanimes, qui allèrent se mêler aux cris de rage que proféraient les Espagnols en nous voyant. Le maréchal Bessières, duc d'Istrie, commandait la cavalerie impériale. Napoléon fait sommer la ville.

L'empereur, après avoir considéré un instant la capitale des Espagnes, ordonna à Bessières de dépêcher un officier de son état-major pour la sommer d'ouvrir ses portes. Ce jeune officier eut la plus grande peine à pénétrer. Un boucher de l'Estrémadure, préposé à la garde de l'une des portes, prétendait qu'il ne fallait pas moins que le duc d'Istrie lui-même pour remplir une telle mission. Le général Montbrun qui était présent, ayant voulu repousser cette ridicule prétention, fut obligé de tirer son sabre pour se défendre. L'officier parlementaire, admis dans l'intérieur de la ville, se vit assailli par le peuple, et allait être massacré, lorsque la troupe de ligne, sentant son honneur intéressé à faire respecter les lois de la guerre, lui sauva la vie en l'arrachant aux mains des assassins. La junte chargea un général espagnol de porter sa réponse négative. Mais les chefs de la populace exigèrent que trente hommes du peuple escortassent ce général pour le surveiller, encore plus que pour le protéger, car cette multitude furieuse apercevait des trahisons partout. L'envoyé espagnol, ainsi entouré, parut devant l'état-major impérial, et il fut aisé de deviner, par son attitude embarrassée, sous quelle tyrannie lui et les honnêtes gens de Madrid étaient placés en ce moment. Sur l'observation réitérée que la ville de Madrid ne pourrait pas tenir contre l'armée française, qu'on ne ferait en résistant qu'exposer à être égorgée, à la suite d'un assaut, une population de femmes, d'enfants, de vieillards, le malheureux se taisait en baissant les yeux, car il n'osait, devant les témoins qui l'observaient, laisser percer les sentiments dont il était plein. On le renvoya avec sa triste escorte, en lui déclarant que le feu allait commencer.

Sur le refus de la junte de rendre Madrid, Napoléon fait préparer une première attaque.

Napoléon n'avait encore avec lui que sa cavalerie, et il attendait son infanterie vers la fin du jour. Il fit lui-même à cheval une reconnaissance autour de Madrid, et prépara un plan d'attaque qui pût se diviser en plusieurs actes successifs, de manière à sommer la place entre chacun d'eux, et à la réduire par l'intimidation plutôt que par l'emploi des redoutables moyens de la guerre.

Vers la fin du jour, les divisions Villatte et Lapisse, du corps du maréchal Victor, étant arrivées, il fit ses dispositions pour enlever le Buen-Retiro, qui domine Madrid à l'est, et les portes de los Pozos, de Fuencarral, del Duque, qui le dominent au nord. Le clair de lune était superbe. Dans la soirée, on prit position. Le général Senarmont prépara l'artillerie afin de battre les murs du Buen-Retiro, et tout fut disposé pour un premier acte de vigueur. Préalablement, le général Maison, chargé des portes de los Pozos, de Fuencarral et del Duque, enleva toutes les constructions extérieures sous un feu violent et des mieux ajustés. Mais, parvenu près des portes, il s'y arrêta, attendant le signal des attaques.

Napoléon, avant de commencer, dépêcha encore un officier, celui-ci espagnol et pris à Somo-Sierra. Cet officier était porteur d'une lettre de Berthier, à la fois menaçante et douce, pour le marquis de Castellar, commandant de Madrid. La réponse ne tarda pas à venir: elle était négative, et consistait à dire qu'il fallait, avant de se résoudre, avoir le temps de consulter les autorités et le peuple. | Attaque sur le Buen-Retiro et les portes d'Alcala et D'Atocha. | Napoléon alors, à la pointe du jour, se plaça de sa personne sur les hauteurs, ayant le Buen-Retiro à gauche, les portes de los Pozos, de Fuencarral, del Duque à droite, et ordonna lui-même l'attaque. Une batterie espagnole bien dirigée ayant couvert de boulets le point où il se trouvait, il fut obligé de s'éloigner un peu. Ce n'était pas en effet sous de tels boulets qu'un tel homme devait tomber. Dès que le brouillard matinal eut fait place au soleil étincelant qui, depuis quelque temps, ne cessait de briller, le général Villatte, chargé d'agir à la gauche, s'avança avec sa division sur le Buen-Retiro. Le général Senarmont ayant renversé à coups de canon les murs de ce beau parc, l'infanterie y entra à la baïonnette, et en eut bientôt délogé quatre mille hommes, bourgeois et gens du peuple, qui avaient eu la prétention de le défendre. La résistance fut presque nulle, et nos colonnes, traversant le Buen-Retiro sans difficulté, débouchèrent immédiatement sur le Prado. Cette superbe promenade s'étend de la porte d'Atocha à celle d'Alcala, et les prend en quelque sorte à revers. Nos troupes s'emparèrent de ces portes et de l'artillerie dont on les avait armées. Puis des compagnies d'élite s'élancèrent sur les premières barricades des rues d'Atocha, de San-Jeronimo, d'Alcala, et les enlevèrent malgré une fusillade des plus vives. Il fallut emporter d'assaut plusieurs palais situés dans ces rues, et passer par les armes les défenseurs qui les occupaient.

> Attaque par le général Maison des portes de Fuencarral, del Duque et de San-Bernardino.

À droite, le général Maison, qui avait dû rester toute la nuit sous un feu meurtrier pour conserver des maisons des faubourgs, attaqua les portes de Fuencarral, del Duque, et de San-Bernardino, afin de pénétrer jusqu'à un vaste bâtiment qui servait de quartier aux gardes du corps, et dont les murs, solides comme ceux d'une forteresse, étaient capables de résister au canon. Il réussit à s'introduire dans l'intérieur de la ville, et à entourer de toutes parts le bâtiment des gardes du corps, en essuyant un feu épouvantable. L'artillerie de campagne n'ayant pu faire brèche dans les murs, le général Maison s'avança à la tête d'un détachement de sapeurs pour enfoncer les portes à coups de hache. Mais les matériaux amassés derrière ces portes rendaient impossible de les forcer. Alors le général fit diriger de toutes les maisons voisines une violente fusillade sur ce bâtiment. Il était depuis vingt et une heures au feu, lorsqu'il fut atteint d'une balle qui lui fracassa le pied. Déjà deux cents hommes, morts ou blessés, avaient été abattus devant ce redoutable bâtiment, quand l'empereur ordonna de s'arrêter avant de livrer un assaut général. Il était maître des portes de Fuencarral, del Duque, de San-Jeronimo, attaquées par le général Maison, de celles d'Alcala, d'Atocha, attaquées par le général Villatte, et son artillerie, des hauteurs du Buen-Retiro, suffisait pour réduire bientôt cette malheureuse cité.

> Nouvelle sommation adressée à la junte de défense.

Cependant, à 11 heures du matin, il suspendit l'action, et envoya une nouvelle sommation à la junte de défense, annonçant que tout était prêt pour foudroyer la ville si elle résistait plus longtemps, mais que, prêt à donner un exemple terrible aux villes d'Espagne qui voudraient lui fermer leurs portes, il aimait mieux cependant devoir la reddition de Madrid à la raison et à l'humanité de ceux qui s'en étaient faits les dominateurs.

> Réponse plus favorable de la junte à cette dernière sommation.

La prise du Buen-Retiro et des portes de l'est et du nord avait déjà produit une vive sensation sur les défenseurs de Madrid. Pas un homme raisonnable ne doutait des conséquences d'une prise d'assaut. La populace elle-même avait éprouvé aux portes d'Atocha et d'Alcala ce qu'on gagnait à tirer du haut des maisons sur les Français, et la violence des esprits commençait à s'apaiser un peu. La junte de défense en profita pour envoyer Thomas de Morla et don Bernardo Iriarte au quartier général.

> Accueil que fait Napoléon à Thomas de Morla, envoyé auprès de lui par la junte de défense.

Napoléon les reçut à la tête de son état-major, et leur montra un visage froid et sévère. Il savait que don Thomas de Morla était ce gouverneur d'Andalousie sous le commandement duquel avait été violée la capitulation de Baylen. Il se promettait de lui adresser un langage qui retentît dans l'Europe entière. Thomas de Morla, intimidé par la présence de l'homme extraordinaire devant lequel il paraissait, et par le courroux visible, quoique contenu, qui se révélait sur ses traits, lui dit que tous les hommes sages dans Madrid étaient convaincus de la nécessité de se rendre, mais qu'il fallait faire retirer les troupes françaises, et laisser à la junte le temps de calmer le peuple et de l'amener à déposer les armes.—«Vous employez en vain le nom du peuple, lui répondit Napoléon d'une voix courroucée. Si vous ne pouvez parvenir à le calmer, c'est parce que vous-même vous l'avez excité et égaré par des mensonges. Rassemblez les curés, les chefs des couvents, les alcades, les principaux propriétaires, et que d'ici à six heures du matin la ville se rende, ou elle aura cessé d'exister. Je ne veux ni ne dois retirer mes troupes. Vous avez massacré les malheureux prisonniers français qui étaient tombés entre vos mains. Vous avez, il y a peu de jours encore, laissé traîner et mettre à mort dans les rues deux domestiques de l'ambassadeur de Russie, parce qu'ils étaient nés Français. L'inhabileté et la lâcheté d'un général avaient mis en vos mains des troupes qui avaient capitulé sur le champ de bataille de Baylen, et la capitulation a été violée. Vous, monsieur de Morla, quelle lettre avez-vous écrite à ce général? Il vous convenait bien de parler de pillage, vous qui, entré en 1795 en Roussillon, avez enlevé toutes les femmes, et les avez partagées comme un butin entre vos soldats! Quel droit aviez-vous d'ailleurs de tenir un pareil langage? La capitulation de Baylen vous l'interdisait. Voyez quelle a été la conduite des Anglais, qui sont bien loin de se piquer d'être rigides observateurs du droit des nations! Ils se sont plaints de la convention de Cintra, mais ils l'ont exécutée. Violer les traités militaires, c'est renoncer à toute civilisation, c'est se mettre sur la même ligne que les Bédouins du désert. Comment donc osez-vous demander une capitulation, vous qui avez violé celle de Baylen? Voilà comme l'injustice et la mauvaise foi tournent toujours au préjudice de ceux qui s'en sont rendus coupables. J'avais une flotte à Cadix, elle était l'alliée de l'Espagne, et vous avez dirigé contre elle les mortiers de la ville où vous commandiez. J'avais une armée espagnole dans mes rangs, j'ai mieux aimé la voir passer sur les vaisseaux anglais, et être obligé de la précipiter du haut des rochers d'Espinosa, que de la désarmer. J'ai préféré avoir neuf mille ennemis de plus à combattre, que de manquer à la bonne foi et à l'honneur. Retournez à Madrid. Je vous donne jusqu'à demain, 6 heures du matin. Revenez alors, si vous n'avez à me parler du peuple que pour m'apprendre qu'il s'est soumis. Sinon, vous et vos troupes, vous serez tous passés par les armes[26].»

Reddition de Madrid.

Ces paroles redoutables et méritées firent frémir d'épouvante Thomas de Morla. Revenu auprès de la junte, il ne put dissimuler son trouble, et ce fut don Iriarte qui fut obligé de rendre compte pour lui de la mission qu'ils avaient remplie en commun au quartier général français. L'impossibilité de la résistance était si évidente que la junte elle-même, quoique divisée, reconnut à la majorité qu'il fallait se soumettre. Elle envoya de nouveau Thomas de Morla à Napoléon, pour lui annoncer la reddition de Madrid sous quelques conditions insignifiantes. Pendant cette nuit du 3 au 4, le marquis de Castellar voulut avec ses troupes échapper à la clémence comme à la sévérité du vainqueur. Suivi de ses soldats et de tout ce qu'il y avait de plus compromis, il sortit par les portes de l'ouest et du sud, que les Français n'occupaient point.

Entrée des Français dans Madrid, le 4 décembre.

Le lendemain, bien que le peuple furieux poussât encore des cris de rage, les gens armés ayant reçu et accepté l'invitation de ne plus résister, les portes de la ville furent livrées au général Belliard. L'armée française s'empara des principaux quartiers, et vint s'établir dans les grands bâtiments de Madrid, particulièrement dans les couvents, aux frais desquels Napoléon exigea qu'elle fût nourrie.

Désarmement général des habitants.

Il ordonna qu'on procédât à un désarmement général et immédiat. Ensuite, sans daigner entrer lui-même dans Madrid, il alla se loger au milieu de sa garde à Chamartin, dans une petite maison de campagne appartenant à la famille du duc de l'Infantado.

Napoléon n'entre point de sa personne à Madrid, et n'y laisse point entrer son frère Joseph.

Il prescrivit à Joseph de passer le Guadarrama, et de venir résider, non à Madrid, mais en dehors, à la maison royale du Pardo, située à deux ou trois lieues. Son intention était de faire trembler Madrid sous une occupation militaire prolongée, avant de lui rendre le régime civil avec la nouvelle royauté. Sa conduite en cette circonstance fut aussi habile qu'énergique.

Moyens d'intimidation employés à l'égard des Espagnols.

Il voulait, sans employer la cruauté, mais seulement l'intimidation, placer la nation entre les bienfaits qu'il lui apportait et la crainte de châtiments terribles contre ceux qui s'obstineraient dans la rébellion. Il avait déjà ordonné la confiscation des biens des ducs de l'Infantado, d'Ossuna, d'Altamira, de Medina-Celi, de Santa-Cruz, de Hijar, du prince de Castel-Franco, de M. de Cevallos. Ces deux derniers étaient punis pour avoir accepté du service sous Joseph, et l'avoir ensuite abandonné. Napoléon était résolu à user d'une sévérité toute particulière envers ceux qui passeraient d'un camp dans un autre, et qui, à la résistance, en soi fort légitime, ajouteraient la trahison, qui ne l'était pas. Le prince de Castel-Franco, le duc de l'Infantado n'avaient été que faibles, M. de Cevallos avait agi comme un traître. Aussi l'ordre était-il donné de l'arrêter partout où on le trouverait. Mais celui-ci s'étant enfui, Napoléon fit saisir MM. de Castel-Franco et de Santa-Cruz, qui n'avaient pas eu le temps de se dérober. Il fit saisir également et déférer à une commission militaire le duc de Saint-Simon, qui, étant Français d'origine, avait encouru la peine de ceux qui servent contre leur patrie. Son projet n'était pas de sévir, mais d'intimider, en envoyant temporairement dans une prison d'État les hommes qu'il faisait arrêter et condamner. Il fit arrêter aussi et conduire en France les présidents et procureurs royaux du conseil de Castille. Il traita de même quelques-uns des meneurs populaires qui avaient trempé dans l'assassinat des soldats français et des personnages espagnols victimes des fureurs de la populace. En même temps il ordonna de nouveau le désarmement le plus complet et le plus général. Il exigea, comme nous l'avons dit, que les couvents reçussent une partie de l'armée, et la nourrissent à leurs frais.

> Aux sévérités envers quelques individus, Napoléon ajoute des mesures qui doivent être des bienfaits pour la nation entière.

Tandis qu'il déployait ces rigueurs apparentes, il voulut frapper la masse de la nation espagnole par l'idée des bienfaits qui devaient découler de la domination française. En conséquence il décida par une suite de décrets la suppression des lignes de douanes de province à province, la destitution de tous les membres du conseil de Castille, et le remplacement immédiat de ce conseil au moyen de l'organisation de la cour de cassation, l'abolition du tribunal de l'inquisition, la défense à tout individu de posséder plus d'une commanderie, l'abrogation des droits féodaux, et la réduction au tiers des couvents existant en Espagne.

Le désir de ménager le clergé et la noblesse l'avait d'abord porté à hésiter sur l'opportunité de ces grandes mesures, quand il était encore à Bayonne, occupé de préparer la Constitution espagnole. Mais depuis l'insurrection générale, la difficulté étant devenue aussi grave qu'on pouvait l'imaginer, il n'avait plus de ménagements à garder avec telle ou telle classe, et il ne devait plus songer qu'à conquérir par de sages institutions la partie saine et intelligente de la nation, laissant au temps et à la force le soin de lui en ramener le reste.

> Moyens employés par Napoléon pour faire désirer Joseph avant de le rendre aux Espagnols.

Ces décrets promulgués, il déclara aux diverses députations qui lui furent présentées, qu'il n'avait pas, quant à lui, à entrer dans Madrid, n'étant en Espagne qu'un général étranger, commandant une armée auxiliaire de la nouvelle dynastie; que, quant au roi Joseph, il ne le rendrait aux Espagnols que lorsqu'il les croirait dignes de le posséder par un retour sincère vers lui; qu'il ne le replacerait pas dans le palais des rois d'Espagne pour l'en voir expulsé une seconde fois; que si les habitants de Madrid étaient résolus à s'attacher à ce prince par l'appréciation plus éclairée de tout le bien que leur promettait une royauté nouvelle, il le leur rendrait, mais après que tous les chefs de famille, rassemblés dans les paroisses de Madrid, lui auraient prêté sur les saints Évangiles serment de fidélité; que sinon, il renoncerait à imposer aux Espagnols une royauté dont ils ne voulaient pas; mais que, les ayant conquis, il userait à leur égard des droits de la conquête, qu'il disposerait de leur pays comme il lui conviendrait, et probablement le démembrerait, en prenant pour lui-même ce qu'il croirait bon d'ajouter au territoire de la France.

> Napoléon commence à organiser une armée espagnole pour le compte de Joseph.

Il s'occupa en outre de former un commencement d'armée à son frère Joseph. Il lui ordonna de réunir en un régiment de plusieurs bataillons tous les Allemands, Napolitains et autres étrangers qui servaient depuis longtemps en Espagne, et qui ne demandaient pas mieux que de retrouver une solde. Ce régiment devait s'appeler Royal-Étranger, et s'élever à environ 3,200 hommes. Il ordonna de réunir les Suisses espagnols qui étaient restés fidèles, ou qui étaient portés à revenir à Joseph, en un régiment qui s'appellerait *Reding*, parce qu'il y avait un officier de ce nom qui s'était bien conduit. On pouvait espérer que ce régiment serait de 4,800 hommes. Il prescrivit de réunir sous le nom de Royal-Napoléon tous les soldats espagnols qui avaient embrassé la cause de Joseph, au nombre présumé de 4,800, et enfin, sous le nom de garde royale, les Français qui après Baylen avaient pris du service sous Castaños pour échapper à la captivité. On supposait que, joints à des conscrits tirés de Bayonne, ils présenteraient un effectif de 3,200 hommes. C'était un premier noyau de 16 mille soldats qui pourraient avoir de la valeur, si on les payait bien, et si on s'occupait de leur organisation.

Après avoir pris ces mesures, Napoléon en attendit l'effet, persistant à demeurer de sa personne à Chamartin, et à laisser Joseph dans la maison de plaisance du Pardo, où celui-ci vivait séparé, et entouré de toute l'étiquette royale, sans avoir à s'incliner devant la souveraineté supérieure de l'empereur des Français. En attendant que les Espagnols le comprissent, Napoléon continua à faire ses dispositions militaires pour l'entière conquête de la Péninsule.

Opérations militaires de Napoléon à la suite de l'occupation de Madrid.

Il avait amené à Madrid le corps du maréchal Victor, composé des divisions Lapisse, Villatte et Ruffin, la garde impériale, et la plus grande masse des dragons. Sur le bruit que le corps de Castaños se retirait par Calatayud, Siguenza et Guadalaxara vers Madrid, il avait envoyé au pont d'Alcala la division Ruffin avec une brigade de dragons. Ce corps de Castaños, en effet, poursuivi à outrance par le général Maurice-Mathieu à la tête des divisions Musnier et Lagrange et des lanciers polonais, abordé vivement à Bubierca, où il avait essuyé des pertes considérables, se repliait en désordre sur Guadalaxara, ne comptant pas plus de 9 à 10 mille hommes, au lieu de 24 qu'il comptait à Tudela. Il avait passé du commandement de Castaños, destitué par la junte, au commandement du général de la Peña. Ballotté ainsi de chefs en chefs, aigri par la défaite et la souffrance, il s'était révolté, et avait pris définitivement pour général le duc de l'Infantado, sorti secrètement, comme on l'a vu, de Madrid, afin d'amener des renforts aux défenseurs de la capitale. **Le corps de Castaños, passé sous le commandement du duc de l'Infantado, est définitivement rejeté sur Cuenca.** L'entrée des Français à Madrid, et la présence de la division Ruffin avec les dragons au pont d'Alcala, ne laissaient pas d'autre ressource à cette ancienne armée du centre que la retraite sur Cuenca. Elle ne courait risque d'y être inquiétée que lorsque les Français prendraient la résolution de marcher sur Valence, ce qui ne pouvait être immédiat.

Les restes de l'armée d'Estrémadure sont rejetés au delà de Talavera.

Napoléon voyant s'éloigner l'armée du centre aux trois quarts dispersée, avait abandonné aux dragons le soin de ramasser les traînards, et avait ramené à lui la division Ruffin, du corps de Victor, destinant ce corps à marcher sur Aranjuez et Tolède, à la poursuite de l'armée de l'Estrémadure. Il voulait, après avoir assuré sa gauche en rejetant sur Cuenca l'ancienne armée de Castaños, assurer sa droite en poussant au delà de Talavera les débris de l'armée d'Estrémadure, qui avaient combattu à Burgos et à Somo-Sierra. Il fit partir les divisions Ruffin et Villatte, précédées par la cavalerie légère de Lasalle et les dragons de Lahoussaye, et conserva dans Madrid la division Lapisse et la garde impériale. Lasalle courut sur Aranjuez et Tolède, les dragons coururent sur l'Escurial pour refouler les restes désordonnés de l'armée d'Estrémadure. Cette armée était déjà en déroute en commençant sa retraite. Ce fut bien pis encore lorsqu'elle sentit la pointe des sabres de nos cavaliers. Elle ne présentait plus que des bandes confuses qui, à l'exemple de toutes les troupes incapables de se battre, se vengèrent sur leurs chefs de leur propre lâcheté. L'infortuné don Benito San Juan, qui n'avait quitté que le dernier, et tout sanglant, le champ de bataille de Somo-Sierra, fut leur première victime. Il avait, avec les fugitifs de Somo-Sierra, rejoint à Ségovie ce qui subsistait encore du détachement de Sepulveda et des troupes battues à Burgos par le maréchal Soult. Ces divers rassemblements, après s'être un moment rapprochés de Madrid par la route de Ségovie à l'Escurial, s'enfuirent sur Tolède en apprenant la reddition de la capitale. La garnison de Madrid, sortie avec le marquis de Castellar, se réunit à eux. Leur indiscipline passait toute croyance. Ils pillaient, ravageaient, beaucoup plus que les vainqueurs, ce pays qui était le leur, et qu'ils avaient mission de défendre. Les chefs, saisis de honte et de douleur à un tel spectacle, voulurent mettre quelque ordre dans cette retraite, et épargner aux habitants les horribles traitements auxquels ils étaient exposés. Mais les misérables qu'on cherchait à contenir se mirent à accuser leurs officiers de les avoir trahis.

| Massacre par ses soldats du brave don Benito San Juan. | Le brave don Benito San Juan, le plus sévère, parce qu'il était le plus brave, devint l'objet de leur fureur. Ayant voulu à Talavera les réprimer, il fut assailli dans une modeste cellule qui lui servait de logement, traîné sur la voie publique, pendu à un arbre, où, durant plusieurs heures, ces monstres, qui ne l'avaient pas suivi au combat, le criblèrent de leurs balles. Tels étaient les hommes auxquels l'Espagne, dans son aveuglement patriotique, confiait sa défense contre une royauté qui avait à ses yeux le tort d'être étrangère.

Le général Lasalle, toujours au galop à la tête de ses escadrons, arrivé bientôt à Talavera, rejeta jusqu'au pont d'Almaraz sur le Tage ces bandes indisciplinées. Ce pont, autour duquel les Espagnols avaient élevé quelques ouvrages, ne pouvait être emporté que par de l'infanterie. Le général Lasalle s'y arrêta, en attendant que les ordres de l'Empereur prescrivissent de nouvelles opérations dans le midi de la Péninsule.

| Embarras de l'armée anglaise depuis l'entrée de Napoléon dans Madrid. |

Tandis que les armées espagnoles étaient refoulées de la sorte, celle de Palafox sur Saragosse, celle de Castaños sur Cuenca, celle d'Estrémadure sur Almaraz, celle de Blake sur Léon et les Asturies, et que nous étions ainsi en quelques jours redevenus maîtres d'une moitié de l'Espagne, les Anglais, auxquels on avait promis qu'ils ne viendraient que pour recueillir des trophées, et compléter tout au plus une victoire assurée, se trouvaient dans le plus cruel embarras, car ils n'avaient pu réussir jusqu'ici à rassembler leurs divers détachements en un seul corps d'armée. L'unique progrès qu'ils eussent fait sous ce rapport, c'était de réunir à l'infanterie, amenée par Ciudad-Rodrigo et Salamanque, l'artillerie et la cavalerie venues par Badajoz et Talavera, sous la conduite du général Hope. Celui-ci avait même un moment failli tomber au milieu des escadrons de Lasalle, s'était dérobé par une marche habile dans les montagnes, et avait enfin, par Avila, rejoint son général en chef vers Salamanque. Après cette jonction le général Moore comptait environ 19 mille hommes. Mais il lui restait une dernière jonction à opérer: c'était celle de David Baird, arrivé par la Corogne à Astorga, avec environ 11,000 hommes. Plus que jamais le général anglais songeait à se retirer, car ce n'était pas avec 30,000 hommes qu'il pouvait tenir tête aux Français, les armées espagnoles étant partout anéanties. Le désir de se soustraire au danger, et de rallier sir David Baird, lui avait inspiré la salutaire pensée d'abandonner la ligne de retraite du Portugal pour adopter celle de la Galice, ce qui lui procurait le double avantage d'augmenter sa force d'un tiers, et de se rapprocher d'un bon port d'embarquement. Il inclinait donc à marcher par Toro sur Benavente, en ordonnant à David Baird d'y marcher par Astorga. (Voir la carte n° 43.) Il se donnait de plus, en agissant ainsi, l'apparence de menacer les communications des Français, puisqu'il n'avait qu'un pas à faire pour être à Valladolid, même à Burgos, tandis qu'en réalité il était sur la route de la Corogne, c'est-à-dire de la mer, son refuge le plus sûr. Grâce à ce mouvement, il assurait sa retraite, il semblait en même temps faire quelque chose pour la cause espagnole, et se ménageait une réponse aux instances de M. Frère, qui, devenu le séide du gouvernement insurrectionnel, reprochait sans cesse à l'armée anglaise de ne point agir. Le malheureux John Moore, qui était sage et brave, qui avait l'habitude de la guerre méthodique, auquel on avait promis un accueil enthousiaste, des ressources de tout genre, des victoires faciles, et qui trouvait les Espagnols abattus, fuyant en tous sens, pouvant à peine se nourrir eux-mêmes, était dans un état de surprise, de mécontentement, de dégoût, impossible à décrire, et ne voyait de sûreté qu'à battre en retraite par la route la plus courte. Du reste, il ne dissimulait à son gouvernement aucune de ces fâcheuses vérités.

Napoléon dans le commencement ne s'était pas occupé des Anglais, quoiqu'il sût bien qu'il en venait un certain nombre de Lisbonne et de la Corogne, parce qu'il voulait d'abord anéantir les armées espagnoles, parce qu'il voulait ensuite laisser l'armée britannique s'enfoncer dans l'intérieur de la Péninsule, pour être plus assuré de l'envelopper et de la prendre. Cependant, quelque bien conçue que fût cette pensée, s'il avait pu connaître à quel point l'armée anglaise était dispersée et décontenancée, il aurait mieux fait encore de fondre sur elle, et de détruire Moore à Salamanque, Hope dans les montagnes d'Avila. Napoléon s'occupe enfin des Anglais, et amène à Madrid les forces nécessaires pour opérer contre eux. Mais on ne sait pas tout à la guerre, on ne sait que ce qu'on devine d'après certains indices, et Napoléon en avait trop peu ici pour conjecturer avec exactitude la situation des Anglais; ce qui n'avait rien d'étonnant, puisque Moore, au milieu d'un peuple ami, ignorait complétement lui-même les mouvements de l'armée française. Napoléon toutefois, ayant appris, par les courses de sa cavalerie sur Talavera, que les Anglais étaient entre Talavera, Avila, Salamanque, et que du Tage ils s'élevaient à la hauteur du Duero, sentit que le moment était venu d'agir contre eux, et il disposa tout pour réunir les forces nécessaires à leur complète destruction.

Le maréchal Lefebvre porté de Valladolid à Talavera.

Il ordonna au maréchal Lefebvre de se porter de Valladolid sur Ségovie, et de descendre de Ségovie sur l'Escurial, ce qui le plaçait presque à Madrid. Son intention était de lui faire prendre la position de l'Escurial, Tolède et Talavera, afin de ramener à Madrid le corps du maréchal Victor. Le maréchal Lefebvre venait enfin de recevoir la division polonaise, restée jusque-là en arrière, et les Hollandais laissés quelque temps sur le rivage de la Biscaye. Avec les dragons Milhaud et la cavalerie de Lasalle, il allait former la droite de l'armée sur Talavera. Il comptait alors environ 15 mille hommes.

Napoléon, en se préparant à aborder l'armée anglaise, dont il connaissait la solidité, voulait avoir sous la main l'un de ses meilleurs corps, conduit par l'un de ses lieutenants les plus énergiques. Le maréchal Ney amené à Madrid. Ce corps, c'était le 6e; ce chef, c'était le maréchal Ney. Il avait reproché au maréchal Ney la lenteur de sa marche sur Soria, et tenait à le dédommager de ce reproche en lui donnant les Anglais à battre. Il l'avait déjà rappelé de Saragosse sur Madrid, et lui avait confié la mission de pousser, chemin faisant, Castaños l'épée dans les reins. Il lui prescrivit de hâter sa marche, afin qu'il pût se reposer un instant à Madrid, avant de se reporter à droite sur le Tage ou le Duero.

Napoléon allait donc réunir à Madrid même les corps de Victor, Lefebvre, Ney, la garde impériale, une masse de cavalerie considérable; ce qui le mettrait bientôt en mesure de frapper un coup décisif. Le 5ᵉ corps envoyé devant Saragosse. L'appel du maréchal Ney avec le 6ᵉ corps tout entier, y compris la division Lagrange, qui avait été jointe passagèrement au maréchal Moncey pour la journée de Tudela, réduisait ce dernier à l'impossibilité de continuer le siège de Saragosse, car il n'avait plus assez de forces pour tenir la campagne en attaquant la ville. Napoléon donna l'ordre au maréchal Mortier de se détourner avec le 5ᵉ corps, et d'aller prendre position sur l'Èbre, afin de couvrir le siège de Saragosse, en laissant toutefois au maréchal Moncey le soin exclusif des attaques.

Les troupes du général Junot dirigées sur Burgos.

La belle division Laborde, première du général Junot, venait d'arriver à Vittoria. Napoléon lui assigna Burgos. Il ordonna à la division Heudelet, qui était la seconde de Junot, et qui suivait immédiatement la première, de s'avancer en toute hâte dans la même direction. Les dragons de Lorge, qui avaient accompagné le 5ᵉ corps, reçurent également cette destination. Les dragons Millet, un peu en arrière de ceux-ci, furent attirés sur Madrid. Napoléon prescrivit au maréchal Soult une marche conforme à ces divers mouvements. Ce maréchal avait pénétré dans les Asturies, chassé devant lui les débris des Asturiens revenus d'Espinosa, et poussé jusqu'au camp de Colombres. Il avait recueilli, à la suite de combats vifs et répétés, un certain nombre de prisonniers, et beaucoup de munitions et de marchandises accumulées par les Anglais dans les ports de la Cantabrie. Le maréchal Soult définitivement ramené vers la Vieille-Castille. Napoléon lui enjoignit de repasser les montagnes pour descendre dans le royaume de Léon, où, réuni au corps de Junot, aux dragons de Lorge et Millet, il devait tenir tête aux Anglais s'ils s'avançaient sur notre droite, ou les pousser vivement s'ils se repliaient devant les troupes parties de Madrid, ou même enfin envahir le Portugal à leur suite. Ainsi, avec trois corps d'armée, plus la garde impériale et une immense cavalerie à Madrid, avec deux corps d'armée et beaucoup de cavalerie aussi sur sa droite en arrière, il était préparé à agir contre les Anglais dans toutes les directions, et pouvait les poursuivre partout où ils se retireraient. Il n'attendait que l'arrivée des maréchaux Lefebvre et Ney pour courir de Madrid à de nouvelles opérations. Du reste le temps n'avait pas cessé d'être parfaitement beau. Le mois de décembre ressemblait à un vrai printemps, soit à Madrid, soit dans les Castilles. Nos corps exécutaient de longues marches sans éprouver aucun des inconvénients ordinaires de la saison. Napoléon, montant tous les jours à cheval autour de Madrid, où il n'entrait jamais, passait ses corps en revue, s'appliquait à les pourvoir de tout ce qu'ils avaient perdu dans les marches et les combats, s'occupait surtout d'un grand établissement militaire au Buen-Retiro, d'où il pût contenir Madrid, et où il fût certain de laisser en sûreté ses malades, ses dépôts, son matériel. Toujours soigneux d'assurer sa ligne d'opération, ce qu'il avait ordonné à Miranda, Pancorbo, Burgos, il venait de l'ordonner à Somo-Sierra, sur le plateau même où l'on avait combattu, et à Madrid, sur la hauteur du Buen-Retiro, qui fait face à cette capitale. Il avait voulu qu'on élevât des ouvrages de campagne autour de ce beau parc, qu'on y joignît un réduit fortifié vers la fabrique de porcelaine (fabrique où les rois d'Espagne faisaient imiter la porcelaine de Chine), et que dans ce réduit on ménageât une place suffisante pour renfermer les blessés de l'armée, son matériel d'artillerie et ses vivres. Il voulait de plus que cet établissement fût hérissé de canons, et que, les premiers ouvrages enlevés, il fallût une attaque régulière pour forcer le réduit.

> Événements en Aragon et en Catalogne.

Tandis que les choses se passaient autour de Madrid comme on vient de le voir, d'autres événements s'accomplissaient en Aragon et en Catalogne. En Aragon, depuis la bataille de Tudela, les allées et venues de nos divers corps d'armée avaient privé momentanément le maréchal Moncey des moyens d'agir efficacement contre la ville de Saragosse. Le lendemain de la bataille on avait dû envoyer des troupes à la poursuite du corps de Castaños, et, à défaut de celles du maréchal Ney, qui n'étaient pas encore arrivées, on y avait envoyé les divisions Musnier et Lagrange sous le général Maurice-Mathieu. Dès lors, le maréchal Moncey n'était resté qu'avec les divisions Grandjean et Morlot, qui ne comptaient pas plus de neuf ou dix mille hommes. Le maréchal Ney était survenu, il est vrai, débouchant de Soria, et offrant de concourir au siège de Saragosse avec les deux divisions Dessoles et Marchand. Mais, le jour même où il allait de concert avec le maréchal Moncey attaquer cette fameuse capitale de l'Aragon, et s'emparer du Monte-Torrero, l'ordre lui arriva du quartier général de poursuivre Castaños à outrance, et de revenir en le poursuivant sur Madrid. Si Napoléon, à la distance où il était de l'Aragon, avait pu savoir ce qui s'y passait, il aurait laissé au maréchal Ney le soin d'assiéger Saragosse, et au général Maurice-Mathieu celui de poursuivre Castaños. Ce dernier, avec les divisions Musnier et Lagrange, aurait amené à Madrid à peu près autant de monde que le maréchal Ney avec les divisions Dessoles et Marchand. On eût ainsi évité un mouvement croisé et inutile du général Maurice-Mathieu rebroussant chemin pour se reporter sur Saragosse, et du maréchal Ney s'en éloignant pour marcher sur Madrid par Calatayud. Mais les accidents, les faux mouvements se multiplient à la guerre avec les nombres et les distances, et Napoléon ajoutait tous les jours aux chances d'erreurs par l'étendue prodigieuse de ses opérations. Le maréchal Ney, comme tous ses lieutenants, trop heureux de servir près de lui, se hâta d'exécuter ses ordres, quitta le maréchal Moncey, qui resta ainsi tout à fait isolé, et profondément chagrin de ne pouvoir rien entreprendre contre Saragosse dans l'état de faiblesse auquel on le réduisait, d'autant plus que le maréchal Ney reprit en passant auprès du général Maurice-Mathieu la division Lagrange, et renvoya seulement la division Musnier. Il emmena même avec lui les fameux lanciers polonais, si habitués à l'Aragon, et ne laissa au maréchal Moncey que les régiments de cavalerie provisoire autrefois attachés à son corps. Le maréchal Moncey ne recouvrant que la division Musnier, fut obligé de différer l'attaque de Saragosse. Il est vrai que pendant ce temps la grosse artillerie, par les soins du général Lacoste, était amenée de Pampelune à Tudela, et de Tudela était transportée à Saragosse sur le canal d'Aragon. De leur côté aussi les Aragonais se remettaient de leur défaite, et se fortifiaient dans leur capitale. Tous ces délais de part et d'autre servaient ainsi à préparer un siège mémorable.

| Événements en Catalogne. |

En Catalogne s'étaient passés des événements graves, et non moins dignes d'être rapportés que ceux dont on a déjà lu le récit. Depuis la retraite de Joseph sur l'Èbre, le général Duhesme, qui dans le commencement de son établissement à Barcelone ne cessait de faire des sorties, tantôt en avant vers le Llobregat, tantôt en arrière vers Girone, le général Duhesme se trouvait bloqué dans Barcelone sans pouvoir en dépasser les portes. Les deux divisions Lechi et Chabran, singulièrement réduites par la guerre et les fatigues, comptaient à peine 8 mille fantassins, lesquels avec l'artillerie et la cavalerie montaient tout au plus à 9,500 hommes. Tous les efforts qu'on avait tentés pour approvisionner Barcelone par mer avaient été infructueux, les Anglais occupant le golfe de Roses, dont la citadelle était défendue par trois mille Espagnols de troupes régulières. Le général Duhesme se voyait donc exposé à manquer bientôt de vivres, tant pour lui que pour la nombreuse population de cette capitale. C'est par ce motif que Napoléon avait si souvent pressé le général Saint-Cyr de hâter ses opérations, et de marcher vivement au secours de Barcelone.

| Forces confiées au général Saint-Cyr pour la soumission de la Catalogne. |

Le général Saint-Cyr, pour traverser la Catalogne insurgée tout entière, et gardée par de nombreux corps de troupes, avait, outre la division Reille forte d'environ 7 mille hommes, la division française Souham qui en comptait 6 mille, la division italienne Pino 5 mille, la division napolitaine Chabot 3 mille, plus un millier d'artilleurs et 2 mille cavaliers, ce qui faisait en tout 23 à 24 mille combattants. Une fois réuni à Duhesme, s'il parvenait à le débloquer, il devait avoir de 34 à 36 mille hommes pour soumettre cette importante province, la plus difficile à conquérir de toutes celles de la Péninsule, soit à cause de son sol hérissé d'obstacles, soit à cause de ses habitants très-hardis, très-remuants, et craignant pour leur industrie un rapprochement trop étroit avec l'empire français.

Forces espagnoles employées à la défense de la Catalogne.

L'armée espagnole qui défendait cette province, et qu'il n'était possible d'évaluer que très-approximativement, s'élevait à environ 40 mille hommes. Elle se composait des troupes de ligne tirées des îles Baléares et transportées en Catalogne par la marine anglaise; de troupes de ligne tirées du Portugal et transportées également par la marine anglaise en Catalogne; d'une division de Grenade, sous le général Reding; d'une division d'Aragonais, sous le marquis de Lassan, frère de Palafox; enfin des troupes régulières de la province. Elle avait pour général en chef don Juan de Vivès, qui avait servi autrefois contre la France, pendant la guerre de la Révolution, et se vantait beaucoup d'y avoir obtenu des succès. Elle était secondée par des volontaires, appelés miquelets, formés en bataillons nommés *tercios*, et remplissant l'office de troupes légères. Agiles, braves, bons tireurs, ces volontaires, courant sur les flancs de l'armée espagnole, lui rendaient de nombreux services. À ces forces il fallait joindre les somathènes, espèce de milice composée de tous les habitants, qui, d'après d'anciennes coutumes, se levaient en masse au premier son de leurs cloches, devaient défendre les villages et les villes, occuper et disputer les principaux passages. Ces troupes de ligne, ces miquelets, ces somathènes, aidés dans leur résistance par un sol hérissé d'aspérités et dépourvu de denrées alimentaires, présentaient des difficultés plus graves qu'aucune de celles qu'on pouvait rencontrer dans les autres provinces. Il faut ajouter que la Catalogne était couverte de places fortes qui commandaient toutes les communications de terre et de mer, telles que Figuières que nous possédions, Roses, Girone, Hostalrich, Tarragone que nous ne possédions pas.

Motifs qui avaient fait choisir le général Saint-Cyr pour la guerre de Catalogne.

Son éloignement et sa configuration séparaient cette province du reste de l'Espagne, et en faisaient un théâtre de guerre distinct. C'est pourquoi Napoléon avait chargé de la conquérir un général, excellent quand il était seul, dangereux quand il avait des voisins qu'il secondait toujours mal, mesquinement jaloux jusqu'à croire que Napoléon, envieux de sa gloire, l'envoyait en Catalogne afin de le perdre; mais, ce travers à part, capitaine habile, profond dans ses combinaisons, et le premier des militaires de son temps pour la guerre méthodique, Napoléon, bien entendu, demeurant hors de comparaison avec tous les généraux du siècle.

Les moyens réunis en Catalogne se ressentaient, comme ailleurs, de la précipitation qu'on avait mise dans les préparatifs de cette guerre. Le matériel d'artillerie était insuffisant; la chaussure, le vêtement manquaient tout à fait. La division Reille était un ramassis de tous les corps et de toutes les nations, inconvénient compensé, il est vrai, par la valeur de son chef. La division Souham, quoique formée de vieux cadres, fourmillait de conscrits. La division italienne Pino se composait d'Italiens aguerris et élevés à l'école de la Grande Armée. Les moyens de transport, indispensables dans un pays où l'on ne trouvait aucune ressource sur le sol, étaient entièrement nuls. Il n'y avait là rien qui ne se vît dans les Castilles, où Napoléon commandait lui-même. Le général Saint-Cyr croyait cependant que tout cela était malicieusement fait pour lui, et que Napoléon, du faîte de sa gloire, songeait à lui mesurer les succès, et surtout à les rendre moins rapides que les siens[27].

Les instructions du général Saint-Cyr lui laissaient carte blanche quant aux opérations à exécuter en Catalogne, et n'étaient impérieuses que sous un rapport, la nécessité de débloquer Barcelone le plus tôt possible. Raisons de faire le siége de Roses avant de s'avancer en Catalogne. Comme on avait Figuières, il restait trois places à prendre dans la direction de Barcelone, Roses à gauche sur la route de mer, Girone et Hostalrich à droite sur la route de terre. Ces places, dans ce pays montueux, étaient situées de manière à être difficilement évitées, si on voulait suivre les voies praticables à l'artillerie. Cependant, s'arrêter à faire trois siéges réguliers avant de débloquer Barcelone, était chose impraticable. Le général Saint-Cyr se décida à en entreprendre un seul, celui de Roses, par deux motifs suffisamment fondés pour excuser le retard qui allait en résulter: le premier, c'est que Figuières sans Roses ne formait pas un point d'appui suffisant au delà des Pyrénées, car la garnison de Roses eût sans cesse inquiété Figuières, et rien n'aurait pu entrer dans cette dernière place ni en sortir, si on n'avait pris la place voisine; le second, c'est que le golfe de Roses était l'abri ordinaire des escadres anglaises qui bloquaient Barcelone, et que leur présence ne permettait pas de ravitailler cette ville. Le général Saint-Cyr, étant destiné à s'y établir, ne voulait pas y être un jour affamé, comme le général Duhesme craignait de l'être à cette époque.

Malgré les instances de l'état-major général, lui recommandant sans cesse la célérité dans ses opérations, le général Saint-Cyr résolut d'exécuter le siége de

Roses avant de pénétrer en Catalogne. **Passage de la frontière les Pyrénées orientales.** Il passa la frontière dans les premiers jours de novembre, au moment même où les principales masses de l'armée française commençaient, comme on l'a vu, à agir en Castille, au moment où les maréchaux Lefebvre, Victor, Soult, étaient aux prises avec Blake et le marquis de Belveder. La division Reille, placée dès l'origine à La Jonquère, se porta le 6 devant Roses. La division Pino la suivit immédiatement, escortant les convois de grosse artillerie. La division Souham, venant la troisième, alla s'établir en arrière de la Fluvia, petit cours d'eau qui arrose la plaine du Lampourdan. (Voir la carte n° 43.) Cette dernière division avait pour mission de couvrir le siège de Roses contre les troupes espagnoles qui pourraient être tentées de le troubler.

Pluies torrentielles qui retardent les opérations en Catalogne. Tandis que nos armées de Castille et d'Aragon jouissaient d'un temps superbe, celle de Catalogne eut à essuyer des pluies diluviennes, qui pendant plusieurs jours inondèrent le pays, et rendirent tout mouvement impossible. Nos soldats supportèrent patiemment ces souffrances. Ils avaient pour chef un général qui dans les rangs de l'armée du Rhin avait appris à tout endurer, et à exiger qu'autour de lui on endurât tout sans murmure.

Jusqu'au 12 novembre on fut dans l'impossibilité de se mouvoir. La pluie ayant cessé, on s'approcha de Roses, et on resserra la garnison dans ses murs. Elle était forte de près de 3 mille hommes, commandée par un bon officier, et pourvue d'ingénieurs savants, dont au reste l'Espagne n'a jamais manqué.

Configuration de la citadelle de Roses. La place de Roses est un pentagone, situé entre la mer et un terrain sablonneux, au centre d'un golfe spacieux, profond, et garanti des mauvais vents. À l'entrée de ce golfe se trouve un fort, dit le fort du Bouton, construit sur une hauteur, et protégeant de son canon la meilleure partie du mouillage. La brigade Mazuchelli envoya deux bataillons pour commencer l'attaque de ce fort. Là, comme devant la place principale, il fallut refouler dans l'intérieur des murs la garnison soutenue par le feu de l'escadre anglaise, qui était composée de six vaisseaux de ligne et de plusieurs petits bâtiments.

Ouverture de la tranchée devant Roses, dans la nuit du 18 au 19 novembre. Après diverses sorties vigoureusement repoussées, la tranchée fut ouverte devant Roses dans la nuit du 18 au 19 novembre, sur deux fronts opposés, à l'est et à l'ouest, de manière à interdire par les feux des tranchées la communication avec la mer. En peu de jours, une batterie établie près du rivage rendit le mouillage tellement dangereux pour les Anglais, qu'ils furent contraints de s'éloigner, et d'abandonner la garnison à elle-même.

La petite ville de Roses, formée de quelques maisons de pêcheurs et de commerçants, était située à l'est, en dehors même de l'enceinte fortifiée. On l'attaqua dans la nuit du 26 au 27. Les Espagnols, qui, de tant de faiblesse en rase campagne, passaient subitement à une extrême énergie derrière leurs murailles, se défendirent vigoureusement, et ne se retirèrent qu'après avoir perdu 300 hommes, et nous avoir laissé 200 prisonniers. Cette action nous coûta 45 hommes tués ou blessés. Dès cet instant, la garnison n'avait plus aucun appui extérieur.

> Prise du fort du Bouton.

Pendant ce temps, on poussait les opérations contre le fort du Bouton. On avait hissé à force de bras quelques pièces de gros calibre sur les hauteurs, et, après avoir démantelé le fort, on avait obligé la garnison à l'évacuer. Le 3 décembre, on ouvrit la troisième parallèle devant Roses. Le 4, on disposa la batterie de brèche, et il ne restait plus que l'assaut à livrer, lorsque la garnison, après seize jours de tranchée ouverte, consentit à se rendre prisonnière de guerre. > Reddition de Roses, après seize jours de tranchée ouverte. < La résistance avait été honorable et conforme à toutes les règles. Nous y prîmes 2,800 hommes, beaucoup de blessés, et un matériel considérable apporté par les Anglais. Grâce à cette importante conquête, les communications par mer avec Barcelone devenaient, sinon certaines, au moins très-praticables, et notre ligne d'opération, appuyée sur Figuières et Roses, était assurée à la fois par terre et par mer.

Pendant ce siége, le général Saint-Cyr avait reçu, soit du général Duhesme, soit du quartier général impérial, de vives instances pour qu'il se dirigeât enfin sur Barcelone. Il s'y était refusé avec son obstination ordinaire, jusqu'à ce que Roses fût en son pouvoir; mais maintenant que cette place venait de capituler, il n'avait plus aucun motif de différer. > Roses pris, le général Saint-Cyr se décide à marcher sur Barcelone. < En effet, quand le général Duhesme bloqué avait à peine de quoi vivre, quand Napoléon s'était avancé jusqu'à Madrid (il y entrait le jour où le général Saint-Cyr entrait dans Roses), il devenait urgent de porter la gauche des armées françaises à la même hauteur que leur droite, et de déborder ainsi Saragosse des deux côtés. Roses pris, le général Saint-Cyr n'hésita plus à marcher sur Barcelone.

Il avait envoyé dans le Roussillon sa cavalerie, qu'il ne pouvait nourrir dans le Lampourdan. Il la fit revenir pour la conduire avec lui à Barcelone. Son artillerie, quoique fort désirable dans les rencontres qu'il allait avoir avec l'armée espagnole, était un fardeau bien embarrassant à traîner à travers la Catalogne, surtout lorsqu'il fallait éviter la grande route, qui était fermée par les places de Girone et d'Hostalrich, dont on n'était pas maître. Le général Saint-Cyr prend la résolution audacieuse de marcher sans son artillerie. Le général Saint-Cyr prit un parti d'une extrême hardiesse, ce fut de laisser son artillerie à Figuières, en conduisant à la main les chevaux de trait destinés à la traîner. Le général Duhesme lui avait écrit de Barcelone qu'il avait un matériel immense dans l'arsenal de cette place, et que, moyennant qu'on amenât des chevaux, on trouverait de quoi former un train complet d'artillerie. En conséquence, il se décida à ne conduire avec lui que des chevaux, des mulets, des fantassins, et pas une voiture. Il donna à chaque soldat quatre jours de vivres et cinquante cartouches, plaça en outre sur des mulets quelque biscuit et quelques cartouches, et se disposa à partir équipé ainsi à la légère. Si dans la marche audacieuse qu'il allait entreprendre il rencontrait l'armée espagnole, il était résolu à se faire jour à la baïonnette; car pour lui la vraie victoire, c'était d'arriver à Barcelone, où l'attendait une armée française qui était largement pourvue du matériel nécessaire, et qui, jointe à la sienne, le mettrait au-dessus de tous les événements.

Passage de la Fluvia le 9 décembre.

Tout étant réglé de la sorte, il s'avança sur la Fluvia le 9 décembre, laissant sur ses derrières la division Reille, qui était indispensable à Roses et Figuières pour garder notre base d'opération, et se porta en avant avec 15,000 fantassins, 1,500 cavaliers, 1,000 artilleurs, c'est-à-dire avec 17 ou 18,000 hommes. Déjà une forte avant-garde, composée d'un corps aragonais sous le marquis de Lassan, et d'un détachement de l'armée de Vivès, sous le général Alvarez, avait fait contre la division Souham diverses tentatives victorieusement repoussées. Le général Saint-Cyr rejeta cette avant-garde des bords de la Fluvia sur ceux du Ter, et l'obligea à se retirer précipitamment. Deux routes se présentaient à lui, et toutes deux fort difficiles à parcourir. La route de terre, qui se présentait à droite, lui offrait Girone et Hostalrich, sous le canon desquelles il était, sinon impossible, du moins très-périlleux de passer. Le général Saint-Cyr dérobe sa route à l'ennemi, et réussit à le tromper complétement. La route de mer, qui se présentait à gauche, lui offrait le danger des flottilles anglaises canonnant tous les passages vus de la mer, et celui des miquelets joignant leur mousqueterie à l'artillerie des Anglais. Il résolut de suivre alternativement chacune de ces routes, au moyen de chemins de traverse qui communiquaient de l'une à l'autre. Pour le moment, il chercha à persuader aux Espagnols qu'il se dirigeait sur Girone, avec l'intention d'en exécuter le siége après celui de Roses. Le 11, en effet, il s'avança dans la direction de cette place; et quand il vit l'avant-garde espagnole y courir en toute hâte, il se déroba en prenant à gauche, et se dirigea vers la Bisbal, chemin qui devait le mener à Palamos, le long de la mer. Il arriva le 11 au soir à la Bisbal, en repartit le 12 pour Palamos, après avoir rencontré au col de Calonja des miquelets et des somathènes, qui tiraillèrent beaucoup sur ses ailes. Le soldat, bien conduit, encouragé par les succès qu'il avait déjà obtenus, n'ayant aucun embarras à traîner, était alerte quoique très-chargé, fort dispos, et préparé à tout entreprendre.

Toutefois, si les Espagnols avaient eu quelque habitude de la guerre, ils auraient dû choisir l'instant où le général Saint-Cyr était séparé de la division Reille sans avoir encore rejoint le corps de Duhesme, et où il se hasardait sans artillerie contre un ennemi qui en avait beaucoup, pour l'arrêter avec l'ensemble de leurs forces. Il est vrai qu'aucun plan n'est bon quand on n'a pas de troupes capables de tenir en ligne; il est vrai aussi que les officiers espagnols ignoraient les particularités de la marche du général Saint-Cyr, et qu'aucun d'eux n'avait assez de génie pour les deviner. Toutefois il est incontestable que le moment où ce général devait être le plus faible était celui où il s'éloignait des Pyrénées sans avoir encore touché à Barcelone, et qu'à le rencontrer dans une occasion, c'était cette occasion qu'il fallait choisir, en se réunissant en masse pour l'attendre à tous les passages qui mènent à Barcelone. Mais les insurgés avaient détaché environ une dizaine de mille hommes sur la Fluvia, et le reste était employé à bloquer Duhesme dans Barcelone. Le général Claros, qui commandait à Girone, s'était contenté, en voyant déboucher le général Saint-Cyr sur cette place, de dépêcher un courrier à don Juan de Vivès.

Le général Saint-Cyr, ferme dans l'accomplissement de son dessein, repartit le 12 au matin de Palamos, essuya le long de la mer le feu peu meurtrier de quelques canonnières anglaises, et se dirigea sur Vidreras, regagnant cette fois la grande route de terre, parce qu'il supposait que les Espagnols, trompés par la direction qu'il avait prise de la Bisbal sur Palamos, se jetteraient en masse vers la mer. Ce qu'il avait prévu arriva effectivement. Un corps envoyé de Barcelone, sous Milans, se porta par Mataro le long de la mer; quelques détachements sortis d'Hostalrich, des miquelets, des somathènes accoururent vers le littoral pour en défendre, avec les Anglais, les principaux passages où ils croyaient rencontrer les Français.

Le général Saint-Cyr, prenant des chemins de traverse, se dirigea de Palamos sur Vidreras, vit les troupes de Lassan et d'Alvarez, qu'il avait trompées en les induisant à se jeter sur Girone, réduites à le suivre de loin, au lieu de pouvoir lui barrer le chemin, et camper sur ses derrières à une distance qui rendait toute attaque impossible. Elles n'étaient pas de force à se mesurer avec 17 ou 18 mille Français habilement et énergiquement conduits.

> Le général Saint-Cyr par ses marches et contre-marches, réussit à éviter les places de Girone et d'Hostalrich.

Le général Saint-Cyr ayant en queue les dix mille hommes d'Alvarez et de Lassan, qu'il avait d'abord en tête, ayant de plus sur sa gauche les divers détachements qui gardaient la mer, s'avançait comme un sanglier entouré de chasseurs. Le chemin qu'il avait pris le menait droit à Hostalrich, et sous le canon de cette place. Grâce à la légèreté de son équipement, il put parcourir les hauteurs qui entourent Hostalrich sans passer par la route frayée, en fut quitte pour quelques boulets qui ne lui firent pas plus de mal que ceux des canonnières anglaises, fit une halte le 14 dans les environs, se remit le lendemain 15 en marche pour Barcelone, ayant évité les deux places fortes qui fermaient la route de terre, et sur cette route n'ayant maintenant à craindre que la grande armée de don Juan de Vivès elle-même. Dans l'après-midi du 15, en effet, il rencontra un premier détachement de cette armée, celui qui était venu de Barcelone sous les ordres de Milans, et le rencontra à l'entrée du défilé de Trenta-Passos.

> Passage du défilé de Trenta-Passos.

Il se hâta de forcer ce défilé, ne voulant pas avoir à le franchir devant l'armée espagnole qu'il s'attendait à chaque instant à trouver sur son chemin, car il n'était plus qu'à deux journées de Barcelone.

> Don Juan de Vivès quitte enfin le blocus de Barcelone pour venir avec toutes ses forces à la rencontre du général Saint-Cyr.

Don Juan de Vivès, averti par le courrier qu'on lui avait envoyé, avait enfin quitté le blocus de Barcelone pour s'opposer à la marche du général Saint-Cyr. Il avait dépêché devant lui Milans, avec 4 à 5 mille hommes; il en amenait lui-même 15 mille, desquels faisait partie la division de Grenade, sous le général Reding. Le reste de la grande armée de Catalogne était aux environs de Barcelone, sur le Llobregat.

> Bataille de Cardedeu livrée et gagnée par les Français sans artillerie.

Le général don Juan de Vivès vint prendre position à Cardedeu, sur des hauteurs boisées, que traverse la grande route de Barcelone. Il y était avec les

15 mille hommes tirés de son camp, et attendait sur sa droite Milans qui allait le rejoindre avec 5 mille. Une nuée de miquelets couvraient les environs. C'est cette force régulière, placée dans une excellente position, suivie d'une nombreuse artillerie, et secondée par de hardis tirailleurs, que le général français avait à culbuter pour s'ouvrir le chemin de Barcelone.

Son parti fut bientôt pris. À tâtonner il aurait gagné d'encourager les Espagnols, de décourager les Français, en éclairant les uns et les autres sur leur situation, car les uns avaient du canon, et les autres n'avaient que des fusils; il aurait gagné de laisser à Claros, à Alvarez, à Lassan, le temps de le joindre, et de l'attaquer par derrière, tandis que Vivès l'attaquerait de front. Il donna donc à la division Pino, qui marchait la première, l'ordre de ne pas se déployer, de ne pas tirer, car c'était perdre du temps et des munitions, tout ce dont on avait peu à perdre, de gravir tête baissée la route escarpée de Cardedeu, et de s'ouvrir un chemin à la baïonnette. Malheureusement, avant que les ordres du général en chef fussent transmis et compris, la brigade Mazuchelli, de la division Pino, s'était déployée à gauche de la route de Barcelone, sous le feu de la division Reding, la meilleure de l'armée espagnole, et elle en souffrait beaucoup. Le général Saint-Cyr porta sur-le-champ à l'extrême gauche de cette brigade la division française Souham en colonne serrée, lui ordonnant de fondre sur l'ennemi à la baïonnette sans se déployer. Droit devant lui, et sur la grande route elle-même, il prescrivit un mouvement semblable à la brigade Fontana, la seconde de Pino, et la dirigea en colonne serrée sur le centre des Espagnols. À la droite de cette même route il envoya deux bataillons menacer l'extrémité de la ligne espagnole. Sa cavalerie, prête à charger là où le terrain le permettrait, s'avançait dans les intervalles d'une colonne à l'autre.

Ces ordres, exécutés avec précision et une rare vigueur, furent suivis du résultat le plus prompt et le plus complet. La colonne Souham à l'extrême gauche de notre ligne, la brigade Fontana au centre, abordèrent avec tant de résolution la ligne espagnole, qu'elles la rompirent et la culbutèrent en un clin d'œil, dégageant ainsi sur ses deux ailes la brigade Mazuchelli, mal à propos déployée. Les dragons italiens et le 24e de dragons français, s'élançant au galop, chargèrent les Espagnols déjà repoussés, et les jetèrent dans un affreux désordre. L'ennemi s'enfuit dans tous les sens, laissant sur le champ de bataille 600 morts, 800 blessés, 1,200 prisonniers, toute son artillerie, sans en excepter un canon, et un parc de munitions, dont nous avions grand besoin. Les généraux Vivès et Reding, entraînés dans la déroute générale, se sauvèrent par miracle, l'un vers la mer, où il s'embarqua pour rejoindre son camp du Llobregat, l'autre vers la route de Barcelone, qu'il parvint à franchir grâce à la vitesse de son cheval. | Brillants résultats de la bataille de

Cardedeu. Cette bataille gagnée en moins d'une heure nous valut, avec l'acquisition de tout ce qui nous manquait, la route de Barcelone et un ascendant irrésistible sur l'ennemi. Lassan, Alvarez, Claros survinrent à la fin du jour sur nos derrières, mais trop tard pour prendre part à l'action. Le combat terminé, ils n'avaient plus rien à faire qu'à regagner Girone, ou à se porter par des détours au camp du Llobregat.

Entrée du général Saint-Cyr à Barcelone, et joie des deux armées françaises qui se rejoignent.

Il ne restait qu'une étape à parcourir pour se rendre à Barcelone. Il importait d'y arriver pour se procurer les moyens de vivre, car le biscuit de nos soldats était épuisé. Le général Saint-Cyr, plaçant sur les chevaux de l'artillerie et de la cavalerie les blessés qui pouvaient être transportés, et réduit à abandonner à la discrétion des somathènes ceux qui n'étaient pas capables de supporter le trajet, se mit en route pour Barcelone, où il arriva le 17, au milieu de l'étonnement des Espagnols, et de la joie des soldats de Duhesme, que la vue d'une armée française venant les débloquer remplissait d'une vive satisfaction. De toutes parts on s'embrassait avec transport, et on se promettait les plus heureux résultats de cette réunion.

Le général Saint-Cyr, outre l'artillerie prise à Cardedeu, en trouvait une à Barcelone fort nombreuse, fort belle, et très-facile à atteler avec les chevaux qu'il amenait. Il avait perdu fort peu de monde, et comptait au moins 17 mille hommes en état de servir. De son côté, le général Duhesme en avait encore, indépendamment des malades et des blessés, 9 mille propres à un service actif. C'était donc un effectif réel de 26 mille hommes, égaux en nombre et supérieurs de beaucoup en qualité à tout ce que les Espagnols pouvaient leur opposer. Leur concentration était le glorieux résultat d'une marche aussi hardie que savamment conduite.

Bien que Barcelone ne fût pas dépourvue de ressources alimentaires autant que l'avait prétendu le général Duhesme, lequel avait exagéré sa détresse, pour exciter le zèle de ceux qui étaient chargés de le débloquer, néanmoins il ne fallait pas s'y enfermer long-temps si on voulait vivre. **Arrivé à Barcelone, le général Saint-Cyr ne veut pas s'y renfermer, et se décide à poursuivre l'armée catalane.** Le général Saint-Cyr était en effet résolu à poursuivre ses avantages, à chercher partout l'armée espagnole, et à l'anéantir entièrement, pour assiéger ensuite, l'une après l'autre, les places fortes de la province. Il laissa reposer ses soldats pendant les journées des 18 et 19 décembre; le 20 il sortit de Barcelone, et se porta sur le Llobregat.

Il n'était pas fâché, en accordant à ses troupes le temps de se reposer et de se rallier, de laisser aussi aux Espagnols le temps de se concentrer dans le camp qu'ils avaient longuement préparé sur le Llobregat, à quelques lieues de Barcelone. Sortie de Barcelone pour détruire le camp du Llobregat. Si on a raison de chercher à diviser un ennemi redoutable, on a raison au contraire de vouloir rencontrer en masse, pour le détruire d'un seul coup, un ennemi plus habile à se dérober qu'à combattre. Le général Saint-Cyr sortit avec son corps d'armée, et l'une des deux divisions de Duhesme, la division Chabran. Il préposa l'autre, la division Lechi, à la garde de Barcelone. Il avait assez d'une vingtaine de mille hommes pour culbuter tout ce qui se présenterait sur son chemin.

Bataille et victoire de Molins-del-Rey.

Le 20 au soir il arriva devant le Llobregat, dont il borda le cours depuis Molins-del-Rey jusqu'à San-Feliu. Les Espagnols étaient là, au nombre de trente et quelques mille hommes, avec une forte artillerie, établis sur des hauteurs boisées, et couverts par le Llobregat, qui n'était guéable qu'en quelques points. Le pont de Molins-del-Rey, sur lequel passe la grande route de Barcelone à Valence, avait été fortement défendu au moyen d'ouvrages d'un accès très-difficile. Avec de bonnes troupes, l'ennemi aurait dû compter sur une pareille position, et s'y croire en sûreté.

Le général Saint-Cyr s'y prit pour l'emporter avec cet art qui faisait de lui l'un des premiers tacticiens de son siècle. Le 21 décembre au matin, il posta la division Chabran devant Molins-del-Rey, lui enjoignant d'y dresser une batterie, comme si on devait agir sérieusement par cet endroit, et de ne rien négliger pour persuader aux Espagnols que c'était là le vrai point d'attaque. Il lui prescrivit ensuite, lorsqu'elle verrait que les autres colonnes avaient traversé le Llobregat au-dessous, de fondre impétueusement sur le pont, de l'enlever, et de se placer sur la route de Valence, qui donnait juste sur les derrières de l'ennemi. Tandis qu'il disposait ainsi la division Chabran, il porta au-dessous à gauche la division Pino, avec ordre de passer le Llobregat au gué de Llors, et plus au-dessous encore la division Souham, avec ordre de le passer au gué de Saint-Jean Despi. Le Llobregat franchi, ces deux divisions devaient déborder la position des Espagnols, l'attaquer vigoureusement, et l'emporter. Ce mouvement devait jeter les Espagnols sur la division Chabran, si elle avait suivi ses instructions. Il ne pouvait dès lors s'en sauver qu'un petit nombre.

Les dispositions du général Saint-Cyr s'exécutèrent fidèlement, en partie du moins. Le général Chabran feignit bien l'attaque prescrite sur Molins-del-Rey. Les divisions Pino et Souham franchirent bien aussi le Llobregat aux deux points indiqués, ce qui les conduisit au pied des positions de l'ennemi, de manière à les déborder. Arrivées devant ces positions, elles les gravirent avec aplomb, sous un feu assez sûrement dirigé, et qui prouvait que les Espagnols avaient acquis déjà quelque instruction. Au moment où nous allions les joindre, leur seconde ligne passant en colonne à travers les intervalles de la première, et opérant cette manœuvre avec une certaine précision, fit mine de vouloir nous arrêter. Mais elle se rompit à la vue de nos baïonnettes, et les réserves espagnoles, n'attendant pas pour tirer qu'elle eût évacué le terrain, lui causèrent autant de dommage qu'à nous-mêmes. Alors toute la masse s'enfuit en désordre, abandonnant son artillerie, son parc de munitions, jetant ses fusils et ses sacs. Si dans cet instant le général Chabran, faisant succéder à une attaque feinte une attaque sérieuse, comme il en avait reçu l'ordre, eût enlevé Molins-del-Rey à temps, et débouché sur les derrières des Espagnols, pas un n'aurait réussi à se sauver. Le général Chabran enleva à la vérité cette position, mais trop tard pour que sa présence sur la route de Valence eût toute l'utilité désirée.

> Résultats de la victoire de Molins-del-Rey.

Néanmoins cette bataille fut encore pour les Espagnols une affreuse déroute, qui nous valut la prise de cinquante bouches à feu, d'une immense quantité de fusils jetés en fuyant, et de douze ou quinze cents prisonniers ramassés par la cavalerie. Dans le nombre se trouvait le général espagnol Caldagnès. La dispersion de l'ennemi fut complète, comme après Tudela et Espinosa.

De toute l'armée du général Vivès, il ne se rallia pas plus de quinze mille hommes à Tarragone, privés d'armes et fort affaiblis dans leur moral. Dès ce moment, le général Saint-Cyr était maître de la campagne en Catalogne, et nul obstacle ne l'empêchait de la parcourir en tous sens pour y entreprendre les sièges qu'il lui plairait d'exécuter. Barcelone soumise ne pouvait plus rien tenter.

Une place forte réduite au moyen d'un siége régulier, une marche des plus hardies et des plus difficiles à travers un pays couvert d'ennemis, deux batailles gagnées, un ascendant décisif acquis à nos armes, tels étaient les résultats qu'avait obtenus l'armée du général Saint-Cyr, du 6 novembre au 21 décembre, et qui compensaient bien quelques retards reprochés à cet habile général. On aurait pu agir plus vite, mais non pas mieux.

> Situation générale des Français en Espagne de décembre 1808.

Les Français étaient donc, dans la seconde moitié de décembre, libres de leurs mouvements en Catalogne, occupés en Aragon à préparer le siège de

Saragosse, maîtres des Asturies et de la Vieille-Castille par le maréchal Soult, en possession de Madrid et de la Nouvelle-Castille par le gros de l'armée française, et envoyaient des patrouilles de cavalerie à travers la Manche, jusqu'à la Sierra-Morena. Ils n'avaient plus qu'un pas à faire pour envahir le midi de la Péninsule; mais auparavant, Napoléon voulait avoir sous sa main les corps qu'il attendait, soit pour prendre les Anglais à revers, s'ils s'engageaient vers le nord de l'Espagne, soit pour percer dans le midi s'ils se retiraient en Portugal: alternative possible, et à laquelle on pouvait croire d'après les renseignements contradictoires fournis par les déserteurs et les prisonniers.

Mais au moment même où s'accomplissaient en Catalogne les heureux événements que nous venons de retracer, les corps en marche étaient arrivés, et des rapports plus circonstanciés éclaircissaient la situation. Le maréchal Ney était entré à Madrid avec les divisions Marchand et Lagrange (celle-ci devenue Maurice-Mathieu par suite de la blessure du général Lagrange). La division Dessoles, restée pendant quelques jours en arrière pour pacifier la province de Guadalaxara, y avait laissé le 55e de ligne avec de l'artillerie et un détachement de dragons, et entrait elle-même à Madrid à la suite du 6e corps.

> Forces dont dispose Napoléon par l'arrivée de tous les corps appelés à Madrid.

Le maréchal Lefebvre, rejoint, comme nous l'avons dit, par la division polonaise Valence, était descendu par le Guadarrama sur l'Escurial, et avait été envoyé à Talavera, précédé par la cavalerie légère de Lasalle, et par les dragons de Milhaud. Napoléon avait donc à Madrid les corps de Victor, de Ney, de Lefebvre, la garde impériale et les divisions de dragons Latour-Maubourg, Lahoussaye, Milhaud, représentant environ 75 mille hommes, capables de marcher immédiatement. Il avait par conséquent de quoi frapper où il voudrait un coup décisif. En arrière venaient la division Laborde, déjà rendue à Burgos, la division Loison qui la suivait, les dragons de Lorge placés au delà de Burgos, les dragons de Millet en deçà, et enfin le maréchal Soult, repassant des Asturies dans le royaume de Léon avec les divisions Merle et Mermet, et un détachement de cavalerie. Napoléon attendait à chaque instant d'être exactement renseigné sur les Anglais pour prendre définitivement un parti à leur égard.

Le général Moore, tout aussi embarrassé que lui pour savoir la vérité dans un pays où l'on ne disait rien aux Français, par haine, et guère plus aux Anglais, par répugnance pour les étrangers, même quand ces étrangers étaient des auxiliaires, le général Moore avait fini, après de longues hésitations, par adopter un plan de campagne.

> Les Anglais, après de longues hésitations,

prennent enfin leur parti et marchent sur Valladolid. Alarmé de sa situation au milieu des armées françaises, dégoûté de ses alliés, qu'il avait crus ardents, dévoués, empressés à le seconder, et qu'il trouvait abattus, consternés, ne livrant rien qu'à prix d'argent, il aurait voulu se retirer, et se serait retiré en effet, si les supplications de la junte centrale, réfugiée à Séville, ne l'en avaient empêché, et surtout si le ministre anglais, M. Frère, n'avait appuyé les supplications de la junte par des sommations impérieuses[28]. Le sage général Moore, qui déjà, comme on l'a vu, avait abandonné sa ligne de communication avec le Portugal pour s'en créer une sur la Galice, et s'était acheminé vers le Duero, pour y rallier sir David Baird, venait d'ajouter quelque chose à cette résolution: c'était de se porter à Valladolid, ce qui lui donnait encore mieux l'apparence de menacer les communications des Français, et de servir de quelque manière la cause des Espagnols, sans compromettre ni sa jonction avec David Baird, ni sa retraite sur la Corogne. Le général anglais, une fois cette résolution prise, avait marché de Salamanque sur Valladolid, prescrivant à sir David Baird de le rejoindre par Benavente. Une dépêche interceptée par les Anglais, les décide à marcher contre le maréchal Soult. Mais à peine commençait-il ce mouvement, que les Espagnols ayant assassiné un officier français qui portait au maréchal Soult des ordres de l'Empereur, et ayant vendu pour quelques louis ses dépêches à la cavalerie anglaise, il apprit que le maréchal Soult passait des Asturies dans le royaume de Léon, qu'il allait y être en force inférieure à l'armée britannique; car il était dit dans les dépêches interceptées que le maréchal n'avait en ce moment que deux divisions d'infanterie, ce qui ne pouvait faire avec la cavalerie plus de 15 mille hommes, tandis que les Anglais en devaient avoir 29 ou 30, après la réunion du corps principal avec David Baird. Le général Moore dans cette situation, ayant plutôt à désirer une rencontre qu'à l'éviter, n'en résolut pas moins, en accélérant sa jonction avec sir David Baird, de l'opérer plus en arrière qu'il n'avait projeté d'abord, et, au lieu de l'effectuer vers Valladolid, de l'effectuer par Toro sur Benavente, où il avait appelé sir David Baird. Ce mouvement exécuté comme il l'avait conçu, il arriva le 18 à Castronuevo, et sir David Baird à Benavente. Le 20 décembre ils étaient réunis l'un et l'autre à Mayorga, ayant environ 29 mille hommes, dont 24 mille fantassins, 3 mille cavaliers, 2 mille artilleurs, et 50 bouches à feu, armée du reste excellente, et ayant déjà pris en Portugal l'habitude de se mesurer avec les Français. Le général Moore se hâta d'écrire au marquis de La Romana, qui venait de quitter Léon avec les restes de l'armée de Blake pour chercher un abri en Galice, de ne point le laisser seul en présence des Français, devant lesquels il allait se trouver. Le marquis de La Romana, devenu à cette époque généralissime espagnol, et commandant spécial des armées de Vieille-Castille, Léon, Asturies et Galice, avait rallié une vingtaine de mille hommes, dans un état de dénûment absolu, incapables d'être présentés à l'ennemi, et le pensant eux-mêmes, car ils n'avaient plus aucun désir de rencontrer les Français. C'est pourquoi le marquis de La Romana les conduisait par Léon et Astorga en Galice, où il espérait les réorganiser sous la protection des montagnes, protection que l'hiver rendait plus rassurante. Le général Moore, regrettant moins son appui qu'alarmé de voir encombrer les routes de la Galice, seule ligne de retraite désormais de l'armée anglaise, obtint à force d'instances qu'il retournerait à Léon. Le marquis de La Romana y ramena en effet près de 10 mille hommes, les moins dépourvus, les moins désorganisés de cette armée de Blake, dont on s'était promis tant de merveilles. Le général espagnol envoya même une avant-garde de 5 à 6 mille hommes à Mansilla, sur la rivière de l'Esla.

> Le général Moore s'avance sur Sahagun à la rencontre du maréchal Soult.

Le général Moore réuni à son lieutenant sir David Baird, et comptant 29 mille hommes de bonnes troupes, avec environ 10 mille Espagnols, utiles au moins comme troupes légères, commença à s'avancer à pas de loup vers le maréchal Soult, désirant, craignant tout à la fois de le rencontrer, le désirant quand il songeait au petit nombre des soldats du maréchal, le craignant quand il songeait à la masse des Français répandus en Espagne, et à la rapidité avec laquelle Napoléon savait les mouvoir. Le 21, il se porta à Sahagun, où le général Paget enleva quelques hommes à un détachement des dragons de Lorge. (Voir la carte n° 43.)

> Napoléon est averti le 19 décembre, par des déserteurs, de la marche des Anglais.

> Promptitude et sûreté de ses déterminations.

C'est le 19 décembre que Napoléon apprit d'une manière certaine, par des déserteurs du général Dupont, que l'armée anglaise, forte, disaient ces déserteurs, de 15 à 20 mille hommes, avait quitté Salamanque pour se rendre à Valladolid. Des rapports de cavalerie l'informèrent en même temps de la prise de quelques Anglais en avant de Ségovie, lesquels appartenaient probablement au corps qui, sous le général Hope, avait eu tant de détours à faire pour rejoindre le général Moore à Salamanque. Napoléon savait de plus avec certitude qu'un autre corps était venu par la Corogne à Astorga. Il supposait donc que l'armée anglaise pourrait s'élever à trente mille hommes, et il eut d'abord un peu de peine à s'expliquer ses mouvements, car jusque-là il l'avait crue plutôt disposée à s'enfuir en Portugal, qu'à courir sur les derrières des Français. Mais bientôt il devina la vérité en concluant de sa marche au nord qu'elle voulait changer sa ligne de retraite, et la placer sur la route de la Corogne. Son parti fut pris à l'instant avec cette promptitude de détermination et cette sûreté de coup d'œil qui ne l'abandonnaient jamais.

Loin d'être inquiet de trouver les Anglais sur sa ligne d'opération, il souhaita de les y voir engagés plus encore qu'ils ne l'étaient, pour se porter lui-même sur leurs derrières. Il prescrivit au maréchal Soult et à tous les corps qui étaient en marche sur Burgos, ou au delà, tels que la division Laborde du corps de Junot, et les dragons de Lorge, de se concentrer entre Carrion et Palencia, et d'employer le temps, non pas à marcher en avant, mais à se rallier, car il aimait mieux attirer les Anglais que les repousser. | Manœuvre de Napoléon pour envelopper les Anglais. | Quant à lui, par un mouvement en arrière vivement exécuté, il songea à passer le Guadarrama entre l'Escurial et Ségovie, c'est-à-dire à la droite de Madrid, et à se jeter dans le flanc des Anglais, si par bonheur ils s'engageaient assez avant dans la Vieille-Castille pour rencontrer le maréchal Soult. S'ils avaient, comme on le disait, paru à Valladolid, il était possible en s'avançant rapidement par l'Escurial sur Villa-Castin, Arevalo, et Tordesillas, de les envelopper, et de les prendre jusqu'au dernier. Mais il fallait se porter en toute hâte dans cette direction, et profiter du temps, qui était superbe encore autour de Madrid, pour exécuter cette marche décisive.

| Départ du maréchal Ney pour passer le Guadarrama avec les divisions Marchand et Maurice-Mathieu.

Napoléon, informé le 19 décembre, ordonna au maréchal Ney de se mettre en route le 20 avec deux divisions, qui, outre l'avantage d'avoir ce maréchal à leur tête, étaient au nombre des meilleures de la Grande Armée. Le maréchal Ney devait être rejoint en route par les dragons de Lahoussaye, qui allaient se diriger vers lui par Avila. La division Dessoles et la division Lapisse, celle-ci empruntée au corps du maréchal Victor, devaient suivre aussi vite que le permettrait leur emplacement actuel autour de Madrid. | Départ de Napoléon avec la division Dessoles, la division Lapisse et la garde impériale. | Au cas où les renseignements encore incertains, d'après lesquels on avait résolu ce mouvement considérable, se confirmeraient, l'Empereur

- 303 -

avait le projet de partir avec toute la garde impériale à pied et à cheval, et une immense réserve d'artillerie, pour joindre le maréchal Ney, et accabler les Anglais si on parvenait à les atteindre. Il emmenait ainsi une quarantaine de mille hommes; le maréchal Soult en pouvait rallier une vingtaine; c'était plus qu'il n'en fallait pour écraser les Anglais et les faire tous prisonniers en manœuvrant bien.

> Forces laissées à Madrid pour la garde de cette capitale.

Napoléon confia au maréchal Victor le soin de garder Madrid et Aranjuez avec les divisions Ruffin et Villatte, plus la division allemande Leval, que le maréchal Lefebvre n'avait pas conduite avec lui à Talavera. Il lui adjoignit en outre la division des dragons Latour-Maubourg, la plus nombreuse de l'armée.

> Mouvement du maréchal Lefebvre pour se porter sur les derrières des Anglais.

Quant au maréchal Lefebvre, qui avait à Talavera la belle division française Sébastiani, une bonne division polonaise, la cavalerie de Lasalle, et les dragons de Milhaud, c'est-à-dire 10 mille fantassins et 4 mille cavaliers excellents, il lui ordonna de partir de Talavera, où il avait eu le loisir de se reposer, de courir promptement au pont d'Almaraz sur le Tage, d'enlever ce pont à l'armée d'Estrémadure, de la repousser au delà de Truxillo, de s'en débarrasser ainsi pour long-temps, et puis de se dérober par sa droite pour se porter par Plasencia sur la route de Ciudad-Rodrigo. Il était possible en effet que si les Anglais, battus, mais non enveloppés, prenaient pour se retirer le chemin du Portugal, on réussît à leur couper la retraite par Ciudad-Rodrigo. Il y avait donc beaucoup de chances de leur fermer le retour vers la mer. Quant à l'ancienne armée de Castaños, retirée à Cuenca, le maréchal Victor avec les divisions françaises Ruffin et Villatte, avec la division allemande Leval, avec les dragons Lahoussaye, était bien assez fort pour lui interdire toute tentative, si par hasard elle songeait à en faire une. En tout cas, des instructions étaient laissées pour qu'au premier signal le maréchal Lefebvre fît un mouvement rétrograde vers Aranjuez et Madrid.

Napoléon ayant ainsi paré à tout, et se confirmant de plus en plus dans l'opinion qu'il s'était faite de la marche adoptée par les Anglais, se mit lui-même en route le 22 après avoir acheminé la garde à la suite des divisions Dessoles et Lapisse. Il réitéra à son frère l'ordre de rester toujours à la maison royale du Pardo, ne jugeant pas encore opportun de le rendre aux habitants de Madrid, et de substituer le gouvernement civil au gouvernement militaire.

> Passage du Guadarrama.

Parti le 22 au matin de Chamartin, il traversa rapidement l'Escurial, et arriva au pied du Guadarrama lorsque l'infanterie de sa garde commençait à le gravir. Le temps, qui jusque-là avait été superbe, était tout à coup devenu affreux, au moment même où l'on avait des marches forcées à exécuter. Ainsi déjà la fortune changeait pour Napoléon; car, après lui avoir envoyé le soleil d'Austerlitz, elle lui envoyait aujourd'hui l'ouragan du Guadarrama, dans une circonstance où il lui aurait fallu ne pas perdre un instant pour atteindre les Anglais. Était-il donc décidé que, toujours heureux contre l'Europe coalisée, nous ne le serions pas une fois contre l'implacable Angleterre? Napoléon, voyant l'infanterie de sa garde s'accumuler à l'entrée de la gorge, où venaient s'encombrer aussi les charrois d'artillerie, lança son cheval au galop, et gagna la tête de la colonne, qu'il trouva retenue par l'ouragan. Les paysans disaient qu'on ne pouvait passer sans s'exposer aux plus grands périls. Il n'y avait pas là de quoi arrêter le vainqueur des Alpes. Il fit mettre pied à terre aux chasseurs de la garde, et leur ordonna de s'avancer les premiers, en colonne serrée, conduits par des guides. Ces hardis cavaliers marchant en tête de l'armée, et foulant la neige avec leurs pieds et ceux de leurs chevaux, frayaient la route pour ceux qui les suivaient. Napoléon gravit lui-même la montagne à pied au milieu des chasseurs de sa garde, et s'appuyant, quand il se sentait fatigué, sur le bras du général Savary. Le froid, qui était aussi rigoureux qu'à Eylau, ne l'empêcha pas de franchir le Guadarrama avec sa garde. Son projet avait été d'aller coucher à Villa-Castin; mais force fut de passer la nuit dans le petit village d'Espinar, où il logea dans une misérable maison de poste, comme il en existe beaucoup en Espagne. On prit, sur les mulets chargés de son bagage, de quoi lui servir un repas, qu'il partagea avec ses officiers, s'entretenant gaiement avec eux de cette suite d'aventures extraordinaires, qui avaient commencé à l'école de Brienne, pour finir il ne savait où, et se plaignant quelquefois de ses généraux de cavalerie, qui avaient battu le pays entre Valladolid, Ségovie et Salamanque pendant plusieurs semaines, sans l'informer à temps du voisinage de l'armée anglaise. Il fallait que des déserteurs du corps de Dupont, conduits par le hasard, fussent venus lui apprendre un fait si important pour ses opérations ultérieures.

| Arrivée à Villa-Castin. |

Le lendemain 23, l'Empereur se rendit avec sa garde à Villa-Castin. Mais, la montagne franchie, à la neige avait succédé la pluie, et au lieu de gelée on trouva des boues affreuses. On enfonçait dans les terres inondées de la Vieille-Castille, comme deux ans auparavant dans les terres de la Pologne. L'infanterie avançait avec peine; l'artillerie n'avançait pas du tout. Le lendemain 24, on ne put pousser au delà d'Arevalo. Le maréchal Ney, qui, avec deux divisions d'infanterie, et les dragons Lahoussaye, formait la tête de la colonne, bien qu'il eût deux jours d'avance, n'avait pu dépasser Tordesillas.

L'Empereur, fatigué d'attendre, voulut se porter lui-même à l'avant-garde, afin de diriger les mouvements de ses divers corps, et laissa la garde impériale, les divisions Dessoles et Lapisse, qu'il conduisait avec lui, pour se rendre aux avant-postes. | Arrivée à Tordesillas le 26. | Arrivé le 26 à Tordesillas à la tête de ses chasseurs, il reçut une dépêche du maréchal Soult, qui lui était parvenue de Carrion en douze heures. Le maréchal Soult, après avoir quitté les Asturies et s'être porté de Potes à Saldaña, était ce jour même à Carrion, ayant à sa gauche la division Laborde à Paredes, et les dragons de Lorge à Frechilla. | Marche du maréchal Soult à la rencontre des Anglais. | On lui avait signalé la présence des Anglais entre Sahagun et Villalon, à une marche des troupes françaises. (Voir la carte n° 43.) Il avait 20 mille hommes d'infanterie, 3,000 de cavalerie, depuis sa jonction avec les généraux Laborde et Lorge. Il se trouvait donc en mesure de se défendre, sans avoir toutefois les moyens d'accabler les Anglais, qui étaient devant lui au nombre de 29 à 30 mille.

| Situation critique des Anglais près d'être pris entre le maréchal Soult et le maréchal Ney. |

Cette dépêche remplit Napoléon d'espérance et d'anxiété.—Si les Anglais, répondit-il au maréchal Soult, sont restés un jour de plus dans cette position, ils sont perdus, car je vais être sur leur flanc.—Le maréchal Ney entrait effectivement ce même jour à Medina de Rio-Seco, et marchait sur Valderas et Benavente. Napoléon ordonna au maréchal Soult de poursuivre les Anglais l'épée dans les reins, s'ils se retiraient, mais s'ils l'attaquaient de battre en retraite d'une marche; *car plus ils s'engageraient*, disait-il, *et mieux cela vaudrait*.

Malheureusement la fortune, qui avait tant servi Napoléon, ne voulait pas lui donner la satisfaction de prendre une armée anglaise tout entière, bien qu'il eût mérité ce succès par l'habileté et la hardiesse de ses opérations. Le général Moore, parvenu le 23 à Sahagun, et se disposant à faire encore une marche pour rencontrer le maréchal Soult, qu'il espérait surprendre dans un état de grande infériorité numérique, avait recueilli un double renseignement. | Avis parvenu au général Moore qui le décide à décamper. | D'une part, il avait appris que des fourrages en quantité considérable étaient préparés pour la cavalerie française à Palencia; de l'autre, le marquis de La Romana avait reçu des environs de l'Escurial, et lui avait communiqué l'avis que de fortes colonnes se dirigeaient vers le Guadarrama, évidemment pour repasser du midi au nord, de la Nouvelle dans la Vieille-Castille. À ce double renseignement, obtenu le 23 au soir, le général Moore avait contremandé le mouvement ordonné sur Carrion, résolu à attendre avant de s'engager davantage. Le lendemain 24, le bruit de l'approche de nombreuses troupes françaises n'ayant fait que s'accroître, il avait redouté quelque grande manœuvre de la part de Napoléon, et s'était décidé aussitôt à opérer sa retraite. Il l'avait, en effet, commencée le 24 au soir pour l'infanterie, et l'avait continuée le lendemain 25 pour la cavalerie et l'arrière-garde. Sir David Baird s'était retiré sur l'Esla par le bac de Valencia; le gros de l'armée, sur l'Esla également, par le pont de Castro-Gonzalo. L'un et l'autre de ces points de passage aboutissaient à Benavente. Le général Moore avait en même temps supplié le marquis de La Romana de bien garder le pont de Mansilla, sur la même rivière, pour que les Français ne pussent pas le tourner; ce qui revenait à lui demander de se faire écharper pour le salut de l'armée anglaise. En décampant, le général Moore prit soin d'écrire au gouvernement espagnol à Séville, au gouvernement anglais à Londres, que, s'il se retirait, c'était après avoir exécuté une importante manœuvre, et rendu un grand service à la cause espagnole; car, en attirant Napoléon au nord, il avait dégagé le midi, et donné le temps aux forces des provinces méridionales de s'organiser, et d'arriver en ligne.

Cette manière présomptueuse de présenter les événements, peu ordinaire au général Moore, lui était inspirée par le désir de colorer la triste campagne qu'on l'avait condamné à faire. Au fond, il n'avait jamais songé, une fois parvenu sur le théâtre des opérations, et éclairé sur la valeur des armées espagnoles, qu'à se replier d'abord vers le Portugal, puis vers la Galice. Son mouvement au nord, donné comme une manœuvre importante entreprise dans l'intérêt des Espagnols, n'avait donc eu d'autre but que de changer sa ligne de retraite, et de la porter d'Oporto sur la Corogne. | Retraite du général Moore sur Benavente. | Le 26, du reste, il était à Benavente, échappé du filet dans lequel Napoléon allait le prendre, puisque, d'un côté, le maréchal Soult n'était ce même jour qu'à Carrion, et que de l'autre le maréchal Ney n'était qu'à Medina de Rio-Seco. (Voir la carte n° 43.) Les traînards, les bagages, les derniers corps de cavalerie ayant passé dans la soirée et dans la matinée du 27, on fit sauter le pont, qui était une création de l'ancien régime, du temps où la royauté, conseillée par de sages ministres, exécutait en Espagne de beaux ouvrages. C'était un dommage et une cause de grand déplaisir pour les Espagnols.

> Les Français ne peuvent arriver que le 29 à Benavente, où les Anglais étaient le 27.

Impatient d'atteindre les Anglais, Napoléon, accouru à l'avant-garde avec ses chasseurs, ne put cependant être que le 28 à Valderas, et que le 29 aux approches de Benavente. Le général Moore conduisant une armée solide mais lente, qui ne savait se battre qu'après avoir bien mangé, et ne pouvait manger qu'à la condition de porter beaucoup de bagage avec elle, avait perdu la journée du 28 à Benavente, à faire défiler sous ses yeux tout le matériel qui embarrassait sa marche. > Combat d'arrière-garde dans lequel le général Lefebvre-Desnoette est fait prisonnier. Le 29 il en partait avec une arrière-garde de troupes légères et de cavalerie, lorsque de Valderas accouraient les chasseurs de la garde impériale, ayant à leur tête l'impétueux Lefebvre-Desnoette, lequel était habitué à fondre sur les Espagnols sans les compter, et à leur passer sur le corps quel que fût leur nombre. Il emmenait quatre escadrons des chasseurs de la garde. L'Esla, qui coule à quelque distance de Benavente, et dont on avait détruit le pont, celui de Castro-Gonzalo, était grossie par les pluies torrentielles de l'hiver. Après avoir cherché un gué et l'avoir trouvé, Lefebvre-Desnoette franchit la rivière avec ses escadrons, et galopant sur les derrières des Anglais, se mit à en sabrer quelques-uns. Mais il n'avait pas vu la cavalerie anglaise réunie en masse à l'arrière-garde, et en ce moment sortant de Benavente pour couvrir la retraite. Cette cavalerie, qui était forte de près de trois mille chevaux, se rabattit presque tout entière, et enveloppa les chasseurs de Lefebvre-Desnoette. Celui-ci ne perdit pas contenance, chargea tous ceux qui voulaient lui barrer le chemin pour repasser l'Esla, puis se jeta avec ses hommes à la nage, afin de regagner l'autre rive, car il lui était impossible, n'ayant que trois cents chevaux, d'en combattre trois mille. La plupart de ses cavaliers parvinrent à s'échapper, mais une trentaine furent tués ou pris, et lui-même, s'étant élancé dans la rivière le dernier, allait se noyer, vu que son cheval, frappé d'une balle, ne pouvait plus le soutenir, lorsque deux Anglais le sauvèrent en le faisant prisonnier. Il fut amené comme un précieux trophée au général Moore. Le général anglais avait toute la courtoisie naturelle aux grandes nations; il accueillit avec des égards infinis le brillant général qui commandait la cavalerie légère de Napoléon, le fit asseoir à sa table, et lui donna un magnifique sabre indien. Le corps de bataille de l'armée anglaise continua sa marche sur Astorga, où sir David Baird avait déjà reçu l'ordre de se diriger.

> Janv. 1809.

> Destruction par le maréchal Soult de l'arrière-garde laissée au pont de Mansilla par le marquis de La Romana.

Tandis que l'armée anglaise s'en tirait en faisant sauter les ponts, l'armée espagnole de La Romana, qui se conduisait comme on se conduit chez soi, n'avait pas détruit le pont de Mansilla, jeté sur l'Esla en avant de Léon, ainsi que celui de Castro-Gonzalo l'est sur la même rivière en avant de Benavente. La Romana, non moins pressé de s'enfuir que les Anglais, avait cependant laissé une arrière-garde de trois mille hommes au pont de Mansilla. Ce pont était sur la route du maréchal Soult venant de Sahagun. Le 29, jour même de la mésaventure du général Lefebvre-Desnoette, le général Franceschi, commandant la cavalerie légère du maréchal Soult, aborda au galop le pont de Mansilla, qu'on n'avait pas eu soin d'obstruer, culbuta une ligne d'infanterie qui gardait ce pont, le traversa à la suite des fuyards, attaqua et culbuta une seconde ligne d'infanterie qui était sur l'autre rive, lui enleva son artillerie, tua ou blessa quelques centaines d'hommes, en prit 1,500 avec beaucoup de canons, puis se porta sur la ville de Léon, qu'il fit évacuer. La rivière de l'Esla était donc franchie sur tous les points, et, quoique les montagnes de la Galice, dans lesquelles on pénètre après Astorga, présentassent de graves et nombreux obstacles, toutefois la vitesse de nos soldats permettait d'atteindre l'armée anglaise, si le sol ne cédait pas sous leurs pieds. Mais la pluie continuait, et les routes détruites par le passage de deux armées, celles de La Romana et de Moore, pouvaient bien devenir impraticables.

Napoléon, arrivé à Benavente, n'y était malheureusement pas avec le gros de ses forces, car le maréchal Ney, les généraux Lapisse, Dessoles, la garde impériale, bien qu'ils se hâtassent tous de le joindre, ne suivaient ni sa personne ni ses chasseurs à cheval. Le 31 décembre 1808, il se trouvait à Benavente. Le maréchal Soult, qui avait pris la route de Léon, était bien plus près de l'ennemi. Napoléon lui avait ordonné de le poursuivre sans relâche. Mais la boue était profonde, et les soldats enfonçaient jusqu'à mi-jambe.

> Arrivée à Astorga le 1er janvier 1809.

Le 1er janvier 1809, année qui ne devait pas être moins féconde en scènes sanglantes que les années les plus meurtrières du siècle, le maréchal Bessières, précédant Napoléon, courait avec sept à huit mille chevaux sur Astorga, tandis que le général Franceschi, précédant le maréchal Soult, y courait par la route de Léon. On y était le 1er au soir. Rien ne pourrait donner une idée du désordre que présentait la route, et surtout la ville d'Astorga elle-même.

> Affreux spectacle offert sur les routes que parcourent les Anglais.

Malgré les vives instances que le général Moore avait adressées au marquis de La Romana pour qu'il lui laissât intact le chemin d'Astorga à la Corogne, et qu'il allât s'enfermer dans les Asturies afin d'inquiéter le flanc droit des Français, le général espagnol n'en avait tenu compte, et avait préféré gagner lui aussi la route de la Corogne, trouvant la Galice plus sûre que les Asturies, parce qu'elle était plus éloignée, et mieux protégée par les montagnes. Les deux armées anglaise et espagnole, si différentes de mœurs, d'esprit, d'aspect, s'étaient donc rencontrées sur la route d'Astorga, et, s'y faisant obstacle, y avaient accumulé leurs débris. Partout on voyait des Espagnols en haillons s'arrêtant, non qu'ils fussent fatigués, mais parce que nos cavaliers les avaient atteints de coups de sabre, des Anglais ne pouvant plus marcher, et la plupart ivres, une immensité de charrois traînés par des bœufs, et chargés ou de guenilles espagnoles, ou du riche matériel des Anglais. Il y avait là de nombreuses captures à faire; mais un spectacle pénible frappait plus que tout le reste nos soldats, c'était celui d'une quantité considérable de beaux chevaux, morts de coups de feu sur la route. Les Anglais, dès que leurs chevaux étaient fatigués, s'arrêtaient, leur tiraient un coup de pistolet dans la tête, et puis s'en allaient à pied. Ils aimaient mieux tuer leur compagnon de guerre que d'en laisser l'usage à l'ennemi. On n'eût jamais obtenu de nos cavaliers ce genre de courage. Toutes les habitations étaient dévastées sur la route.

> Mécontentement des Espagnols à l'égard des Anglais.

Les Anglais ne trouvant pas les habitants disposés à leur donner ce qu'ils avaient, et les appelant des ingrats, pillaient, brûlaient ensuite leurs maisons, et souvent expiraient eux-mêmes, ivres de vin d'Espagne, au milieu des incendies qu'ils avaient allumés.—Nous, des ingrats! répondaient les malheureux Espagnols; ils sont venus pour eux, et ils partent sans même nous défendre!—Les Espagnols en étaient arrivés à ce point, qu'ils regardaient presque nos soldats comme des libérateurs.

> Indiscipline et désorganisation de l'armée britannique dans sa retraite.

À Astorga ce spectacle paraissait encore plus attristant qu'ailleurs. Le matériel abandonné par les Anglais était immense. Le nombre de leurs malades, de leurs traînards, s'était accru en proportion des distances parcourues. Une proclamation ferme et honnête du général Moore, pour leur interdire la maraude, le pillage, l'ivrognerie, n'avait produit aucun résultat; car cette armée, qui ne se soutient que par la discipline, en la perdant par la fatigue et la précipitation, perdait tout ce qui la rend respectable. Après la satisfaction qu'on aurait eue à la faire prisonnière, on ne pouvait pas en goûter une plus vive que de la voir passée de tant de régularité et d'aplomb, à tant de désordre, d'abattement, de misère et de mauvaise conduite.

> Napoléon reçoit sur la route d'Astorga des dépêches de France qui l'obligent à s'arrêter.

Napoléon, suivant de près son avant-garde, entra lui-même à Astorga le lendemain 2 janvier. En route il avait été joint par un courrier venant de France, et avait voulu sur le chemin même prendre connaissance des dépêches qu'il lui apportait. On avait allumé un grand feu de bivouac, et il s était mis à lire le contenu de ces dépêches. Elles lui annonçaient ce dont il n'avait jamais douté, la probabilité d'une grande guerre avec l'Autriche pour le commencement du printemps. L'accord de cette puissance avec l'Angleterre, dissimulé d'abord quand elle avait craint de dévoiler ce qu'elle projetait, ses armements niés et même ralentis quand elle avait craint un brusque retour sur le Danube des troupes de la grande armée, n'étaient plus cachés, maintenant qu'elle croyait retenue dans le fond de la péninsule espagnole la plus considérable et la meilleure partie des forces de Napoléon. Elle se trompait en supposant que ce qui restait entre l'Elbe et le Rhin ne suffisait pas pour l'accabler, et elle en devait faire une nouvelle et terrible expérience. Mais après avoir laissé passer l'occasion où les Français étaient engagés sur la Vistule, elle ne voulait pas encore laisser passer celle où ils étaient engagés sur le Tage, et elle armait avec une évidence qui ne permettait plus de doute sur ses desseins. En même temps l'Orient s'obscurcissait. Ce n'était point au moyen de négociations pacifiques qu'on pouvait se flatter d'obtenir des Turcs ce qu'on avait promis aux Russes. De plus, la Russie, toujours fidèle à l'alliance au prix convenu des provinces du Danube, toujours insistant auprès de l'Autriche pour que celle-ci n'exposât pas l'Europe à une nouvelle secousse, ne montrait plus cependant le même enthousiasme pour l'alliance française, depuis que le merveilleux avait disparu, et qu'au lieu de Constantinople il s'agissait de Bucharest et de Jassy. Cette dernière acquisition était déjà fort belle assurément, car, après quarante ans écoulés, la Russie n'est pas encore dans ces deux capitales; mais c'était de la simple réalité (du moins à ce qu'elle croyait alors), et ce n'était pas du prodige. Elle répétait toujours que si l'Autriche devenait agressive, elle se joindrait aux Français pour l'en faire repentir; mais la chaleur de ses démonstrations avait perdu de sa vivacité; en tout cas elle serait trop occupée elle-même sur le bas Danube pour ne pas laisser exclusivement aux Français le Danube supérieur, et Napoléon devait s'attendre à ce que la tâche d'accabler l'Autriche, l'Allemagne, l'Angleterre, pèserait sur lui seul comme par le passé. Il fallait donc qu'il employât janvier, février, mars à préparer ses armées d'Allemagne et d'Italie. C'était assez pour sa merveilleuse puissance d'organisation, quoique ce ne fût pas trop. Il reprit tout pensif le chemin d'Astorga. Sa préoccupation avait été visible au point de frapper ceux qui l'entouraient.

> Napoléon renonce à poursuivre les Anglais lui-même, et laisse ce soin au maréchal Soult, appuyé par le maréchal Ney.

Arrivé à Astorga, il changea tous ses projets. Il ne renonçait pas, bien entendu, à faire poursuivre les Anglais l'épée dans les reins, mais il renonçait à les poursuivre lui-même. Il confia ce soin au maréchal Soult, qui, marchant par la route de Léon, était plus rapproché d'Astorga que le maréchal Ney, marchant par Benavente. Il plaça sous ses ordres les divisions Merle, Mermet, qui s'y trouvaient déjà, les divisions Laborde et Heudelet qui composaient le corps de Junot, et qui venaient de le rejoindre. La division Bonnet, formée de régiments provisoires, était restée dans les Asturies. Mais la division Merle (ancienne division Mouton), et la division Mermet étaient excellentes. Tout le corps de Junot avait été versé dans les deux divisions Laborde et Heudelet, et il était fort aguerri par sa dernière campagne de Portugal. La division Heudelet demeurait encore en arrière, mais la division Laborde avait rallié le maréchal Soult, et celui-ci avait ainsi sous la main trois belles divisions d'infanterie présentant environ 20 mille hommes. Napoléon lui adjoignit les dragons Lorge et Lahoussaye, qui avec la cavalerie Franceschi comptaient quatre mille chevaux. Renforcé de la division Heudelet, le maréchal Soult devait avoir 30 mille soldats, mais jusque-là il n'en possédait que 24 mille. Le maréchal Ney, à la tête des divisions Marchand et Maurice-Mathieu, dut l'appuyer au besoin. Napoléon ordonna au maréchal Soult de poursuivre les Anglais à outrance, et de ne rien négliger pour les empêcher de s'embarquer.

> Napoléon laisse la division Lapisse en Vieille-Castille, envoie la division Dessoles à Madrid, et s'établit de sa personne à Valladolid.

Napoléon renvoya ensuite la division Dessoles sur Madrid, pour demeurer dans cette capitale, et y faire face à toutes les éventualités. Il garda la division Lapisse dans la Vieille-Castille, voulant qu'il restât quelques troupes dans cette province. Enfin il dirigea la garde impériale et se dirigea lui-même sur Benavente, et de Benavente sur Valladolid, afin de s'y établir de sa personne, et de gouverner de cette résidence les affaires de l'Espagne et de l'Europe.

Il n'y avait plus en effet grande manœuvre à exécuter à la suite des Anglais. Il fallait marcher vite, les pousser rudement, et l'un des lieutenants de Napoléon était tout aussi propre que lui à cette opération, surtout si c'eût été le maréchal Ney. Celui-ci, par malheur, se trouvait trop en arrière pour être principalement chargé de la poursuite. Quoi qu'il en soit, Napoléon, ne se regardant pas comme nécessaire à la queue des Anglais, se crut mieux placé à Valladolid, parce que de ce point il pouvait conduire la guerre d'Espagne et être sur la route des courriers de France, tandis que s'il se fût posté à Astorga ou à Lugo, les courriers auraient eu un détour de plus de cent lieues à faire pour le joindre, et il n'aurait pas pu, tout en dirigeant les armées d'Espagne, s'occuper de l'organisation de celles d'Italie et d'Allemagne. Il se rendit donc à Valladolid avec sa garde, qu'il voulait rapprocher des événements d'Allemagne autant que lui-même.

Ayant dissous le corps de Junot pour renforcer celui du maréchal Soult, il résolut de dédommager le général Junot en lui confiant le commandement des troupes qui assiégeaient Saragosse, et que le maréchal Moncey à son gré commandait trop mollement. Il destinait plus tard le maréchal Moncey à opérer sur le royaume de Valence, que ce maréchal connaissait déjà. Le maréchal Lefebvre, auquel il était prescrit de repousser les Espagnols du pont d'Almaraz jusqu'à Truxillo, avait bien, il est vrai, enlevé ce pont, mais il avait eu l'idée singulière de se porter sur Ciudad-Rodrigo avant d'en avoir reçu l'ordre, prenant pour une instruction définitive une première indication de Napoléon. Dans ce mouvement il s'était laissé couper en deux par la Tietar débordée, et il avait envoyé une partie de son corps sur Tolède, tandis qu'il emmenait l'autre à Avila. Napoléon, très-mécontent, plaça sous l'autorité de l'état-major de Joseph le corps du maréchal Lefebvre, qu'il ne pouvait plus confier à un chef aussi peu capable, quoique fort brave un jour de bataille. Ce corps fut réparti entre Madrid, Tolède et Talavera, en attendant que, les affaires terminées au nord de l'Espagne, on pût songer au midi. Après avoir pris ces dispositions, Napoléon se transporta, comme nous venons de le dire, à Valladolid, pour s'y occuper de l'organisation de ses armées d'Allemagne et d'Italie, autant que de la direction de celles d'Espagne.

> Poursuite des Anglais par le maréchal Soult.

Le maréchal Soult s'était mis, avec les divisions Merle, Mermet, Laborde, la cavalerie de Franceschi, les dragons Lorge et Lahoussaye, à la poursuite du général Moore. Malheureusement la route était devenue presque impraticable par les pluies continuelles et le passage de deux armées, l'une anglaise, l'autre espagnole. À chaque instant on rencontrait des convois de munitions, d'armes, de vivres, d'effets de campement appartenant aux Anglais et conduits par des muletiers espagnols, qui s'enfuyaient en apercevant le casque de nos dragons. On ramassait par centaines les soldats anglais exténués de fatigue ou gorgés de vin, qui se laissaient surprendre dans un état à ne pouvoir opposer aucune résistance.

Le 31 décembre, le général Moore avait quitté la plaine pour entrer dans la montagne, à Manzanal, à quelques lieues d'Astorga. (Voir la carte n° 43.) Il se trouvait le 1er janvier à Bembibre, où il avait vainement usé de toute son autorité pour arracher ses soldats des caves et des maisons avant la venue des dragons français. Il était parti lui-même de Bembibre, formant toujours l'arrière-garde avec la cavalerie et la réserve, mais sans réussir à se faire suivre de tous les siens, dont un bon nombre resta dans nos mains. Nos dragons accourant au galop fondirent sur une longue file de soldats anglais, ivres pour la plupart, de femmes, d'enfants, de vieillards espagnols, abandonnant leurs demeures sans savoir où chercher un asile, craignant leurs alliés qui s'enfuyaient en les pillant, et leurs ennemis qui arrivaient affamés, le sabre au poing, et dispensés de tout ménagement envers des populations insurgées. Ceux qui avaient le courage de demeurer s'en applaudissaient dès qu'ils avaient pu comparer l'humanité de nos soldats avec la brutalité des soldats anglais, qu'aucun frein n'arrêtait plus, malgré les honorables efforts de leur général et de leurs officiers pour maintenir la discipline.

> Le général Moore, placé entre les routes de Vigo et de la Corogne, se décide pour celle de la Corogne.

À Ponferrada, le général Moore avait à choisir entre la route de Vigo et celle de la Corogne, qui aboutissaient toutes les deux à de fort belles rades, très-propres à l'embarquement d'une armée nombreuse. Il préféra celle de la Corogne, parce qu'en la suivant il fallait trois journées de moins pour atteindre au point d'embarquement. Il avait obtenu que le marquis de La Romana se dirigerait par la route de Vigo, qui passe par Orense, et débarrasserait ainsi celle de la Corogne. Il lui adjoignit trois mille hommes de troupes légères, sous le général Crawfurd, lesquels devaient occuper la position de Vigo, en supposant qu'il fallût plus tard s'y replier afin de s'embarquer. Il envoya courriers sur courriers pour faire arriver à sir Samuel Hood, commandant la flotte britannique, l'ordre d'expédier tous les transports de Vigo sur la Corogne.

> Combat d'arrière-garde à Pietros.

Le 3 janvier il se porta sur Villafranca. Désirant s'y arrêter, et donner à tout ce qui marchait avec lui un peu de repos, il résolut de livrer un combat d'arrière-garde à Pietros, en avant de Villafranca, dans une position militaire assez belle, et où l'on pouvait se défendre avantageusement.

La route, après avoir franchi un défilé fort étroit, descendait dans une plaine ouverte, passait à travers le village de Pietros, puis remontait sur une hauteur plantée de vignes, dont le général Moore avait fait choix pour y établir solidement 3 mille fantassins, 600 chevaux, et une nombreuse artillerie.

Le général Merle avec sa belle division, le général Colbert avec sa cavalerie légère, abordèrent le premier défilé, l'infanterie en avant, pour vaincre les résistances qu'on pourrait leur opposer. Mais les Anglais étaient au delà, à la seconde position, au bout de la plaine. Nous passâmes sans obstacle, et la cavalerie, prenant la tête de la colonne, s'élança au galop dans la plaine. Elle y trouva une multitude de tirailleurs anglais, et fut obligée d'attendre l'infanterie qui, arrivant bientôt, se dispersa de son côté en troupes de tirailleurs pour repousser l'ennemi. | Mort du général Colbert. | Le général Colbert, impatient d'amener les troupes en ligne, était occupé à placer lui-même quelques compagnies de voltigeurs, lorsqu'il reçut une balle au front, et expira, en exprimant de touchants regrets d'être enlevé sitôt, non à la vie, mais à la belle carrière qui s'ouvrait devant lui.

Le général Merle, ayant débouché dans la plaine avec son infanterie, traversa le village de Pietros, puis assaillit la position des Anglais, au moyen d'une forte colonne qui les aborda de front, tandis qu'une nuée de tirailleurs, se glissant dans les vignes, s'efforçaient de déborder leur droite. Après une fusillade assez vive les Anglais se retirèrent, nous abandonnant quelques morts, quelques blessés, quelques prisonniers. Ce combat d'arrière-garde nous coûta une cinquantaine de blessés ou de morts, et surtout le général Colbert, officier du plus haut mérite. L'obscurité ne nous permit pas de pousser plus avant. L'ennemi évacua Villafranca dans la nuit pour se porter à Lugo, qui offrait, disait-on, une forte position militaire. En entrant dans Villafranca nous le trouvâmes dévasté par les Anglais, qui avaient enfoncé les caves, ravagé les maisons, bu tout le vin qu'ils avaient pu, et qui étaient engouffrés dans tous les recoins de la ville, malgré les efforts réitérés de leurs chefs pour les rallier. Nous en prîmes encore plusieurs centaines, avec une grande quantité de munitions et de bagages.

Le lendemain on continua cette poursuite, ne pouvant guère avancer plus vite que les Anglais, malgré l'avantage que nos fantassins avaient sur eux sous le rapport de la marche, à cause de l'état des routes et de la difficulté des transports d'artillerie. Nos soldats vivaient de tout ce que laissaient les Anglais après avoir pillé et réduit au désespoir leurs malheureux alliés.

Arrivée des deux armées devant Lugo.

Toujours marchant ainsi sur les pas de l'ennemi, nous arrivâmes le 5 janvier au soir en vue de Lugo. Nous avions recueilli en chemin beaucoup d'artillerie et un trésor considérable que les Anglais avaient jeté dans les précipices. Nos soldats se remplirent les poches en ne craignant pas de descendre dans les ravins les plus profonds. On put sauver une somme de piastres valant environ 1,800,000 francs.

> Le général Moore prend la résolution de s'arrêter à Lugo, pour y offrir la bataille aux Français.

Le 5 au soir l'armée anglaise se montra en bataille en avant de Lugo. Le général Moore se sentant vivement pressé par les Français, et s'attendant chaque jour à les avoir sur les bras, voyant son armée se dissoudre par une rapidité de marche excessive, prit la résolution qu'il faut souvent prendre quand on bat en retraite, celle de s'arrêter dans une bonne position, pour y offrir la bataille à l'ennemi. Avec des soldats solides comme les soldats anglais, dans une excellente position défensive, il avait de grandes chances de vaincre. Vainqueur, il repoussait les Français pour long-temps, illustrait sa retraite par un fait d'armes éclatant, remontait le moral de ses soldats, et pouvait achever paisiblement sa marche sur la Corogne. Vaincu, il essuyait en une seule fois tout le mal qu'il était exposé à essuyer en détail par cette retraite précipitée. D'ailleurs à la guerre, quand la sagesse le conseille, le général doit braver la défaite, comme le soldat doit braver la mort.

> Avantages de la position de Lugo.

Il était impossible, au surplus, de choisir un meilleur site que celui de Lugo pour l'exécution d'un tel dessein. La ville, entourée de murailles, s'élevait au-dessus d'une éminence, laquelle se terminant à pic sur le lit du Minho d'un côté, était bordée de l'autre par une petite rivière vers laquelle elle allait en s'abaissant. De nombreuses clôtures garnissaient cette pente, et en facilitaient la défense. Le général Moore rangea sur ce champ de bataille, et en deux lignes, les seize ou dix-sept mille hommes d'infanterie qu'il avait encore. Il disposa son artillerie sur son front, et remplit de tirailleurs les nombreuses clôtures qui couvraient le côté abordable de sa position. Il rappela à lui sa cavalerie qui marchait en tête depuis qu'on était entré dans la région montagneuse, et nous montra ainsi environ vingt mille hommes établis de pied ferme en avant de Lugo. C'était tout ce qui lui restait des vingt-huit ou vingt-neuf mille hommes qu'il avait à Sahagun. Il en avait envoyé cinq à six mille, les uns sur Vigo, les autres en avant, et perdu environ trois mille.

> Le maréchal Soult passe trois jours devant la position de Lugo sans attaquer.

Les Français, parvenus le 5 au soir devant Lugo, discernaient à peine l'ennemi. Ils s'arrêtèrent vis-à-vis, à San-Juan de Corbo, dans une position également forte, où ils pouvaient, sans perdre de vue les Anglais, attendre en sûreté le ralliement de tout ce qui était demeuré en arrière.

Le lendemain 6, les deux divisions Mermet et Laborde, qui suivaient la division Merle, arrivèrent en ligne, mais elles avaient laissé la moitié de leur effectif en arrière, et, outre cette masse de traînards, leur artillerie et leurs convois de munitions. Ce n'était pas dans cet état qu'on devait songer à attaquer les Anglais, car on avait à leur égard la triple infériorité du nombre, des ressources matérielles, et du terrain sur lequel il s'agissait de combattre.

À chaque instant, toutefois, les traînards et les convois d'artillerie rejoignaient, et le lendemain 7, on était déjà beaucoup plus en mesure de livrer bataille. Mais devant la forte position des Anglais, inabordable d'un côté, puisque c'était le bord taillé à pic du Minho, et très-difficile à emporter de l'autre, à cause des nombreuses clôtures qui la couvraient, le maréchal Soult hésita, et voulut remettre au lendemain 8. Ce jour-là, la plupart de nos moyens étaient réunis, moins toutefois une partie de l'artillerie. Mais, toujours préoccupé des difficultés que présentait cette position, le maréchal Soult remit encore au lendemain 9, pour exécuter par sa droite sur le flanc gauche des Anglais un mouvement de cavalerie qui pût les ébranler.

> Le général Moore, après avoir attendu trois jours les Français dans la position de Lugo, se décide à décamper.

C'était trop présumer de la patience du général Moore, que d'imaginer qu'arrivé le 5 à Lugo, y ayant passé les journées du 6, du 7, du 8, il y resterait encore le 9. Le général Moore, en effet, ayant pris trois jours entiers pour faire filer ses bagages et ses troupes les plus fatiguées, pour remonter le moral de son armée, pour recouvrer enfin l'honneur des armes par l'offre trois fois répétée de la bataille, se crut dispensé de tenter plus long-temps la fortune. Ayant réalisé une partie des résultats qu'il se proposait d'obtenir en s'arrêtant, il décampa secrètement dans la nuit du 8 au 9 janvier. Il eut soin de laisser après lui beaucoup de feux et une forte arrière-garde, afin de tromper les Français.

> Entrée des Français à Lugo.

Le lendemain 9, les Français trouvèrent la position de Lugo évacuée, et ils y firent encore de nombreuses captures en vivres et matériel. On recueillit aux environs et dans Lugo même sept à huit cents prisonniers, qui, malgré les ordres réitérés de leurs chefs, n'avaient pas su se retirer à temps. Le retour à la discipline obtenu par le général Moore fut de courte durée; car de Lugo à Betanzos, dans les journées du 9, du 10, du 11, des corps entiers se débandèrent, et nos dragons purent enlever près de deux mille Anglais et une quantité considérable de bagages.

> Arrivée du général Moore à la Corogne.

Le 11, le général Moore atteignit Betanzos, et, franchissant enfin la ceinture des hauteurs qui enveloppent la Corogne, descendit sur les bords du beau et vaste golfe dont cette ville occupe un enfoncement. Par malheur, au lieu d'apercevoir la multitude de voiles qu'on espérait y trouver, on vit à peine quelques vaisseaux de guerre, bons tout au plus pour escorter une armée, mais non pour la transporter.

> Chagrin du général Moore en voyant que la flotte anglaise n'a pu encore arriver à la Corogne.

Les vents contraires avaient jusqu'ici empêché la grande masse des transports de remonter de Vigo à la Corogne. À cette vue, le général Moore fut rempli d'anxiété, l'armée anglaise de tristesse. Toutefois, on prit des précaution pour se défendre dans la Corogne, en attendant l'apparition de la flotte.

> Précautions des Anglais pour se défendre dans la Corogne.

Une rivière large et marécageuse à son embouchure coulait entre la Corogne et les hauteurs par lesquelles on y arrivait: c'était la rivière de Mero. Un pont, celui de Burgo, servait à la traverser. On le fit sauter. On fit sauter également, avec un fracas effroyable qui agita le golfe comme un coup de vent, une masse immense de poudre que les Anglais avaient réunie dans une poudrière située à quelque distance des murs. On prit enfin position avec les meilleures troupes sur le cercle des hauteurs qui environnent la Corogne. La première ligne de ces hauteurs, fort élevée et fort avantageuse à défendre, mais trop éloignée de la ville, pouvait, par ce motif, être tournée. On la laissa aux Français qui accouraient. On se posta sur des hauteurs plus rapprochées et moins dominantes, qui s'appuyaient à la Corogne même. On réunit sur le rivage tous les malades, les blessés, les éclopés, le matériel, pour les embarquer immédiatement sur quelques vaisseaux de guerre et de transport mouillés antérieurement dans le golfe. Le général Moore attendit de la sorte, et dans de cruelles perplexités, le changement des vents, sans lequel il allait être réduit à capituler.

> Arrivée du maréchal Soult devant la Corogne.

Ce n'était qu'une avant-garde qui, le 11 au soir, avait suivi les Anglais au pont de Burgo sur le Mero, et qui en avait vu sauter les débris dans les airs. Le lendemain 12 seulement, parurent d'abord la division Merle, puis successivement les divisions Mermet et Laborde. Le maréchal Soult, arrêté devant le Mero, expédia au loin sur sa gauche la cavalerie de Franceschi, pour chercher des passages qu'elle parvint à découvrir, mais dont aucun n'était propre à l'artillerie. Il fit vers sa droite border la mer par des détachements, tâchant de disposer des batteries qui pussent envoyer des boulets au fond du golfe, jusqu'aux quais de la Corogne; ce qui était très-difficile à la distance où l'on était placé.

Obligé de réparer le pont de Burgo, le maréchal Soult y employa les journées du 12 et du 13, opération qui devait donner aux traînards et au matériel le temps de rejoindre. Le 14, avant réussi à rendre praticable le pont de Burgo, il fit passer une partie de ses troupes au delà du Mero, franchit la ligne des hauteurs dominantes qu'on lui avait abandonnées, et vint s'établir sur leur versant, vis-à-vis des hauteurs moins élevées et plus rapprochées de la Corogne, qu'occupaient les Anglais. La division Mermet formait l'extrême gauche, la division Merle le centre, la division Laborde la droite, contre le golfe même de la Corogne. Il fut possible à cette distance de dresser quelques batteries qui avaient un commencement d'action sur le golfe.

> Nouveau retard du maréchal Soult avant de livrer bataille aux Anglais.

Cependant, ne se sentant pas assez fort, car il comptait au plus dix-huit mille hommes, tandis que les Anglais, même après tout ce qu'ils avaient perdu, détaché ou déjà embarqué, étaient encore 17 ou 18 mille en bataille, le maréchal Soult voulut attendre que ses rangs se remplissent des hommes restés en arrière, et surtout que toute son artillerie fût amenée en ligne. Les Anglais attendaient de leur côté l'apparition du convoi qui tardait toujours à se montrer, et ils étaient plongés dans les plus cruelles angoisses. Les principaux officiers de leur armée proposèrent même à sir John Moore d'ouvrir une négociation qui leur permît, comme celle de Cintra l'avait permis aux Français, de se retirer honorablement. N'ayant toutefois aucune chance de se sauver si les transports ne paraissaient pas très-promptement, il était douteux qu'ils obtinssent des conditions satisfaisantes pour eux. Aussi le général Moore repoussa-t-il toute idée de traiter, et résolut-il de se fier à la fortune, qui, en effet, lui accorda, comme on va le voir, le salut de son armée, mais non de sa personne, et lui donna la gloire au prix de la vie.

Les 14, 15, 16 janvier, les vents ayant varié, plusieurs centaines de voiles parurent successivement dans le golfe, et vinrent s'accumuler sur les quais de la Corogne, hors de la portée des boulets français. On pouvait les apercevoir des hauteurs que nous occupions, et à cet aspect l'ardeur de nos soldats devint extrême. Ils demandèrent à grands cris qu'on profitât pour combattre du temps qui restait, car l'armée anglaise allait leur échapper. Le maréchal Soult, arrivé en présence de l'ennemi dès le 12, avait employé les journées du 13, du 14 et du 15 à rectifier sa position, à attendre ses derniers retardataires, et surtout à placer vers son extrême gauche, sur un point des plus avantageux, une batterie de douze pièces, qui, prenant par le travers la ligne anglaise, l'enfilait tout entière.

> Le maréchal Soult se décide enfin à attaquer les Anglais.

> Bataille de la Corogne.

Le 16 au matin, ayant définitivement reconnu la position des Anglais, il résolut de faire une tentative, de manière à déborder leur ligne, et à la tourner. Un petit village, celui d'Elvina, situé à notre extrême gauche, et à l'extrême droite des Anglais, dans le terrain creux qui séparait les deux armées, était gardé par beaucoup de tirailleurs de la division de sir David Baird. Vers le milieu de la journée du 16, la division française Mermet, s'ébranlant sur l'ordre du maréchal Soult, marcha vers le village d'Elvina, pendant que notre batterie de gauche, tirant par derrière nos soldats, causait le plus grand ravage sur toute l'étendue de la ligne ennemie. La division Mermet, vigoureusement conduite, enleva aux Anglais le village d'Elvina, et les obligea à rétrograder. Dans ce moment, le général Moore, accouru sur le champ de bataille avec la résolution de combattre énergiquement avant de se rembarquer, porta le centre de sa ligne, composé de la division Hope, sur le village d'Elvina, afin de secourir sir David Baird, et détacha vers son extrême droite une partie de la division Fraser, pour empêcher la cavalerie française de tourner sa position.

La division Mermet, ayant affaire ainsi à des forces supérieures, fut ramenée. Alors le général Merle, qui formait notre centre, entra en action avec ses vieux régiments. La lutte devint acharnée. > Le maréchal Soult laisse la bataille indécise. < On prit et on reprit plusieurs fois le village d'Elvina. Le 2ᵉ léger se couvrit de gloire dans ces attaques répétées, mais la journée s'acheva sans avantage prononcé de part ni d'autre. Le maréchal Soult, qui avait à sa droite la division Laborde, laquelle, rabattue sur le centre des Anglais, les aurait sans doute accablés, fit néanmoins cesser le combat, ne voulant point apparemment engager ce qui lui restait de troupes, et hésitant à demander à la fortune de trop grandes faveurs contre un ennemi qui était prêt à se retirer.

Le combat finit donc à la chute du jour après une action sanglante, où nous perdîmes trois à quatre cents hommes en morts ou blessés, et les Anglais environ douze cents, grâce aux effets meurtriers de notre artillerie. > Mort du général Moore. < Le général Moore, tandis qu'il menait lui-même ses régiments au feu, fut atteint d'un boulet qui lui fracassa le bras et la clavicule. Transporté sur un brancard à la Corogne, il expira en y entrant, à la suite d'une campagne qui, moins bien dirigée, aurait pu devenir un désastre pour l'Angleterre. Il mourut glorieusement, fort regretté de son armée, qui, tout en le critiquant quelquefois, rendait justice néanmoins à sa prudente fermeté. Le général David Baird avait aussi reçu une blessure mortelle. Le général Hope prit le commandement en chef, et le soir même, rentrant dans la place, fit commencer l'embarquement. Les murs de la Corogne étaient assez forts pour nous arrêter, et pour donner aux Anglais le temps de mettre à la voile.

Résultats de cette campagne pour les Anglais.

Dans les journées des 17 et 18 ils s'embarquèrent, abandonnant, outre les blessés recueillis par nous sur le champ de bataille de la Corogne, quelques malades et prisonniers, et une assez grande quantité de matériel. Ils avaient perdu dans cette campagne environ 6 mille hommes, en prisonniers, malades, blessés ou morts, plus de 3 mille chevaux tués par leurs cavaliers, un immense matériel, rien assurément de leur honneur militaire, mais beaucoup de leur considération politique auprès des Espagnols, et ils se retiraient avec la réputation, pour le moment du moins, d'être impuissants à sauver l'Espagne.

Vraie cause qui empêche la destruction entière de l'armée britannique.

Poursuivis plus vivement, ou moins favorisés par la saison, ils ne seraient jamais sortis de la Péninsule. Depuis, comme il arrive toujours, quelques historiens imaginant après coup des combinaisons auxquelles personne n'avait songé lors des événements, ont reporté du maréchal Soult sur le maréchal Ney le reproche d'avoir laissé embarquer les Anglais, qui auraient dû être, dit-on, atteints et pris jusqu'au dernier. D'abord, il est douteux que, vu l'inclémence de la saison et l'état affreux des chemins, il fût possible de marcher assez vite pour les atteindre, et que le maréchal Soult lui-même, qui était continuellement aux prises avec leur arrière-garde, eût pu les joindre de manière à les envelopper. Quoique la fortune lui eût accordé trois jours à Lugo, quatre jours à la Corogne, il faudrait, pour assurer que son hésitation fut une faute, savoir si son infanterie, dont les cadres arrivaient chaque soir à moitié vides, était assez ralliée, si son artillerie était assez pourvue, pour combattre avec avantage une armée anglaise, égale en nombre, et postée, chaque fois qu'on l'avait rencontrée, dans des positions de l'accès le plus difficile. Mais, si une telle question peut être élevée relativement au maréchal Soult, on ne saurait en élever une pareille à l'égard du maréchal Ney, placé à quelques journées de l'armée britannique. La supposition qu'il aurait pu prendre la route d'Orense, et tourner la Corogne par Vigo, n'a pas le moindre fondement. Ni l'Empereur, qui était sur les lieux, ni le maréchal Soult, auquel on avait laissé la faculté de requérir le maréchal Ney, s'il en avait besoin, n'imaginèrent alors qu'on pût faire un tel détour. Il aurait fallu que le maréchal Ney exécutât le double de chemin par des routes impraticables, et tout à fait inaccessibles à l'artillerie. Et, en effet, le maréchal Soult ayant exprimé, vers la fin de la retraite, c'est-à-dire le 9 janvier, le désir que la division Marchand se dirigeât sur Orense, pour observer le marquis de La Romana et les trois mille Anglais de Crawfurd, le maréchal Ney ordonna ce mouvement au général Marchand, qui ne put l'effectuer qu'avec une partie de son infanterie, et sans un seul canon. Le maréchal Ney serait certainement resté embourbé sur cette route s'il avait voulu la prendre avec son corps tout entier.

Ce qui se pouvait, ce qui n'eut pas lieu, c'était de faire marcher les troupes du maréchal Ney immédiatement à la suite du maréchal Soult, de manière qu'un jour suffît pour réunir les deux corps. Or, à Lugo où l'on eut trois jours, à la Corogne où l'on en eut quatre, il aurait été possible de combattre les Anglais avec cinq divisions. Le maréchal Ney, mis par les ordres du quartier général à la disposition du maréchal Soult, offrit à celui-ci de le joindre, et ne reçut de sa part que l'invitation tardive de lui prêter l'une de ses divisions, lorsqu'il n'était plus temps de faire arriver cette division utilement[29]; nouvel exemple de la divergence des volontés, du décousu des efforts, lorsque Napoléon cessait d'être présent. Le vrai malheur ici, la vraie faute, c'est qu'il ne fût pas de sa personne à la suite des Anglais, obligeant ses lieutenants à s'unir pour les détruire. Mais il était retenu ailleurs par la faute, l'irréparable faute de sa vie, celle d'avoir tenté trop d'entreprises à la fois; car, tandis qu'il aurait fallu qu'il fût à Lugo pour écraser les Anglais, il était appelé à Valladolid pour se préparer à faire face aux Autrichiens[30].

> Projet de Napoléon de retourner à Paris.

> Ses vues pour la suite de la guerre d'Espagne.

Toujours plus sollicité par l'urgence des événements d'Autriche et de Turquie, qui lui révélaient une nouvelle guerre générale, il se décida même à partir de Valladolid, pour se rendre à Paris, laissant les affaires d'Espagne dans un état qui lui permettait d'espérer bientôt l'entière soumission de la Péninsule. Les Anglais, en effet, étaient rejetés dans l'Océan; les Français occupaient tout le nord de l'Espagne jusqu'à Madrid; le siège de Saragosse se poursuivait activement, le général Saint-Cyr était victorieux en Catalogne. Napoléon avait le projet d'envoyer le maréchal Soult en Portugal avec le 2e corps, dans lequel venait d'être fondu le corps du général Junot, en laissant le maréchal Ney dans les montagnes de la Galice et des Asturies, pour réduire définitivement à l'obéissance ces contrées si difficiles et si obstinées; d'établir le maréchal Bessières avec beaucoup de cavalerie dans les plaines des deux Castilles, et, tandis que le maréchal Soult marcherait sur Lisbonne, d'acheminer le maréchal Victor avec trois divisions et douze régiments de cavalerie sur Séville par l'Estrémadure. Le maréchal Soult, une fois maître de Lisbonne, pouvait par Elvas expédier l'une de ses divisions au maréchal Victor, pour l'aider à soumettre l'Andalousie. Saragosse conquise, les troupes de l'ancien corps de Moncey, qui exécutaient ce siége, pourraient prendre la route de Valence, et terminer de leur côté la conquête du midi de l'Espagne. Pendant ces mouvements savamment combinés, Joseph, placé à Madrid avec la division de Dessoles (troisième de Ney, rentrée à Madrid), avec le corps du maréchal Lefebvre, comprenant une division allemande, une division polonaise, et la division française Sébastiani, aurait une réserve considérable, pour se faire respecter de la capitale, et pour se porter partout où besoin serait. D'après ces vues, et en deux mois d'opérations, si l'intervention de l'Europe ne modifiait pas cette situation, la Péninsule tout entière, Espagne et Portugal compris, devait être soumise sans y employer un soldat de plus.

> Repos d'un mois accordé à l'armée avant d'envahir le midi de la Péninsule.

Mais pour le moment Napoléon voulait que son armée se reposât tout un mois, du milieu de janvier au milieu de février. C'était la durée qu'il supposait encore au siége de Saragosse. Pendant ce mois le maréchal Soult rallierait ses troupes, y réunirait les portions du corps de Junot qui ne l'avaient pas encore rejoint, et préparerait son artillerie; les divisions Dessoles et Lapisse ramenées vers Madrid auraient le temps d'y arriver et de s'y reposer; la cavalerie refaite se trouverait en état de marcher, et on serait ainsi complétement en mesure d'agir vers le midi de la Péninsule. La seule opération que Napoléon eût prescrite immédiatement consistait à pousser le maréchal Victor avec les divisions Ruffin et Villatte sur Cuenca, pour y culbuter les débris de l'armée de Castaños, qui semblaient méditer quelque tentative. Les ordres de Napoléon furent donnés conformément à ces vues. Il achemina vers le maréchal Soult les restes du corps de Junot; il fit préparer un petit parc d'artillerie de siége pour le maréchal Victor, afin de pouvoir forcer les portes de Séville, si cette capitale résistait; il ordonna des dépôts de chevaux pour remonter l'artillerie, et fit partir de Bayonne, en bataillons de marche, les conscrits destinés à recruter les corps, pendant le mois de repos qui leur était accordé. Trouvant que le général Junot, qui avait remplacé le maréchal Moncey dans le commandement du 3e corps, et le maréchal Mortier à la tête du 5e, ne concouraient pas assez activement au siége de Saragosse, il envoya le maréchal Lannes, remis de sa chute, prendre la direction supérieure de ces deux corps, afin qu'il y eût à la fois plus de vigueur et plus d'ensemble dans la conduite de ce siége, qui devenait une opération de guerre aussi singulière que terrible.

> Dispositions pour l'entrée de Joseph dans Madrid.

Enfin Napoléon s'occupa de préparer l'entrée de Joseph dans Madrid. Ce prince était resté jusqu'ici au Pardo, très-impatient de rentrer dans sa capitale, ne l'osant pas toutefois sans l'autorisation de son frère, quoique instamment appelé à y venir par la population tout entière, qui trouvait dans son retour le gage assuré d'un régime plus doux, et la certitude que le pouvoir civil remplacerait bientôt le pouvoir militaire. Napoléon, en effet, dans ses profonds calculs, avait voulu faire désirer son frère, et avait exigé qu'on lui produisît, sur le registre des paroisses de Madrid, la preuve du serment de fidélité prêté par tous les chefs de famille, disant, pour motiver cette exigence, qu'il ne prétendait pas imposer son frère à l'Espagne, que les Espagnols étaient bien libres de ne pas l'accepter pour roi, mais qu'alors, n'ayant aucune raison de les ménager, il leur appliquerait les lois de la guerre, et les traiterait en pays conquis. Mus par cette crainte, et délivrés des influences hostiles qui les excitaient contre la nouvelle royauté, les habitants de Madrid avaient afflué dans leurs paroisses pour prêter sur les Évangiles serment de fidélité à Joseph. Cette formalité, remplie en décembre, ne leur avait pas encore procuré en janvier le roi qu'ils désiraient sans l'aimer. Napoléon consentit enfin à ce que Joseph fît son entrée dans la capitale de l'Espagne, et voulut auparavant recevoir à Valladolid même une députation qui lui apportait le registre des serments prêtés dans les paroisses. Il accueillit cette députation avec moins de sévérité qu'il n'avait accueilli celle que Madrid lui avait envoyée à ses portes en décembre, mais il lui déclara encore d'une manière fort nette que, si Joseph était une seconde fois obligé de quitter sa capitale, celle-ci subirait la plus cruelle et la plus terrible exécution militaire. Napoléon avait très-distinctement aperçu, dans le prétendu dévouement du peuple espagnol à la maison de Bourbon, les passions démagogiques qui l'agitaient, et qui pour se produire adoptaient cette forme étrange, car c'était de la démagogie la plus violente sous les apparences du plus pur royalisme.

> Mesures sévères de Napoléon pour contenir la populace des villes espagnoles.

Ce peuple extrême avait en effet recommencé à égorger, pour se venger des revers des armées espagnoles. Depuis l'assassinat du malheureux marquis de Peralès à Madrid, de don Juan San Benito à Talavera, il avait massacré à Ciudad-Real don Juan Duro, chanoine de Tolède et ami du prince de la Paix, à Malagon l'ancien ministre des finances don Soler. Partout où ne se trouvaient pas les armées françaises, les honnêtes gens tremblaient pour leurs biens et pour leurs personnes. Napoléon, voulant faire un exemple sévère des assassins, avait ordonné à Valladolid l'arrestation d'une douzaine de scélérats, connus pour avoir contribué à tous les massacres, notamment à celui du malheureux gouverneur de Ségovie, don Miguel Cevallos, et les avait fait exécuter, malgré les instances apparentes des principaux habitants de Valladolid[31].—Il faut, avait-il écrit plusieurs fois à son frère, vous faire craindre d'abord, et aimer ensuite. Ici on m'a demandé la grâce des quelques bandits qui ont égorgé et pillé, mais on a été charmé de ne pas l'obtenir, et depuis tout est rentré dans l'ordre. Soyez à la fois juste et fort, et autant l'un que l'autre, si vous voulez gouverner.—Napoléon avait exigé de plus que l'on arrêtât à Madrid une centaine d'égorgeurs, qui assassinaient les Français sous prétexte qu'ils étaient des étrangers, les Espagnols sous prétexte qu'ils étaient des traîtres; et il avait prescrit qu'on en fusillât quelques-uns, voulant, de plus, que ces actes lui fussent imputés à lui seul, pour qu'au-dessus de la douceur connue du nouveau roi, planât sur les scélérats la terreur inspirée par le vainqueur de l'Europe.

Napoléon quitte Valladolid le 17 janvier.

Ces ordres expédiés, Napoléon quitta Valladolid, résolu de franchir la route de Valladolid à Bayonne à franc étrier, afin de gagner du temps, tant il était pressé d'arriver à Paris. Ses paroles à Joseph sur l'année 1809. Son frère l'ayant félicité à l'occasion des fêtes du premier de l'an, dans les termes suivants: «Je prie Votre Majesté d'agréer mes vœux pour que dans le cours de cette année l'Europe pacifiée par vos soins rende justice à vos intentions[32]...,» il lui répondit: «Je vous remercie de ce que vous me dites relativement à la bonne année. Je n'espère pas que l'Europe puisse être encore pacifiée cette année. Je l'espère si peu que je viens de rendre un décret pour lever cent mille hommes. La haine de l'Angleterre, les événements de Constantinople, tout fait présager que l'heure du repos et de la tranquillité n'est pas encore sonnée!» Les terribles journées d'Essling et de Wagram étaient comme annoncées dans ces rudes et mélancoliques paroles. Napoléon partit de Valladolid le 17 janvier au matin avec quelques aides de camp, escorté par des piquets de la garde impériale, qui avaient été échelonnés de Valladolid à Bayonne. Il fit à cheval ce trajet tout entier. Il répandit partout qu'il reviendrait dans une vingtaine de jours, et il le dit même à Joseph, lui promettant d'être de retour avant un mois s'il n'avait pas la guerre avec l'Autriche.

> Joseph, autorisé par Napoléon à rentrer dans Madrid, attend le résultat des opérations du maréchal Victor contre le corps de Castaños retiré à Cuenca.

Joseph, ayant la permission de s'établir à Madrid, fit les apprêts de son entrée solennelle dans cette capitale. Il aimait l'appareil, comme tous les frères de l'Empereur, réduits qu'ils étaient à chercher dans la pompe extérieure ce qu'il trouvait, lui, dans sa gloire. Joseph manquait d'argent, et il avait obtenu de Napoléon deux millions en numéraire à imputer sur le prix des laines confisquées, dont le trésor espagnol devait avoir sa part. Napoléon s'était procuré ces deux millions en faisant frapper au coin du nouveau roi beaucoup d'argenterie saisie chez les principaux grands seigneurs, dont il avait séquestré les biens pour cause de trahison. Joseph, toutefois, désirait reparaître dans sa capitale sous les auspices de quelque succès brillant. L'expulsion des Anglais du sol espagnol à la suite de la bataille de la Corogne, qu'on représentait comme ayant été désastreuse pour eux, était déjà un fait d'armes qui avait beaucoup d'éclat, et qui tendait à ôter toute confiance dans l'appui de la Grande-Bretagne. Mais d'un jour à l'autre on attendait un exploit du maréchal Victor contre les restes de l'armée de Castaños retirés à Cuenca, et Joseph disposa tout pour entrer à Madrid après la connaissance acquise de ce qui aurait eu lieu de ce côté. La prise de Saragosse eût été le plus heureux des événements de cette nature, mais l'étrange obstination de cette ville ne permettait pas de l'espérer encore.

> Marche du maréchal Victor sur Cuenca.

Effectivement, le maréchal Victor avait marché avec les divisions Villatte et Ruffin sur le Tage, dès que l'arrivée de la division Dessoles à Madrid avait permis de distraire de cette capitale quelques-uns des corps qui s'y trouvaient. Il s'était dirigé par sa gauche sur Tarancon, afin de marcher à la rencontre des troupes sorties de Cuenca. Voici quel était le motif de cette espèce de mouvement offensif de l'ancienne armée de Castaños, passée après sa disgrâce aux ordres du général la Peña, et récemment à ceux du duc de l'Infantado.

> Motifs du mouvement offensif des troupes espagnoles réfugiées à Cuenca.

Lorsque le général Moore, tout effrayé de ce qu'il allait tenter, s'était avancé sur la route de Burgos pour menacer, disait-il, les communications de l'ennemi, mais en réalité pour se rapprocher de la route de la Corogne, il avait craint de voir bientôt toutes les forces de Napoléon se tourner contre lui, et il avait demandé que les armées du midi fissent une démonstration sur Madrid, dans le but d'y attirer l'attention des Français. La junte centrale, incapable de commander, et ne sachant que transmettre les demandes de secours que les corps insurgés s'adressaient les uns aux autres, avait vivement pressé l'armée de Cuenca d'opérer quelque mouvement dans le sens indiqué par le général Moore. Le duc de l'Infantado, toujours malheureux en guerre comme en politique, s'était empressé de porter en avant de Cuenca, sur la route d'Aranjuez, une partie de ses troupes. Réduit primitivement à huit ou neuf mille soldats, fort indociles et fort démoralisés, qu'il avait reçus de la main de la Peña, il était parvenu à rétablir un peu d'ordre parmi eux, et il les avait successivement augmentés, d'abord des traînards qui avaient rejoint, puis de quelques détachements venus de Grenade, de Murcie et de Valence, ce qui avait enfin élevé ses forces à une vingtaine de mille hommes. Excité par les dépêches de la junte centrale, il avait dirigé quatorze à quinze mille hommes environ sur Uclès, route de Tarancon. (Voir la carte n° 43.) Il avait confié ce détachement, formant le gros de son armée, au général Vénégas, qui, dans la retraite de Calatayud, avait montré une certaine énergie. Il s'était proposé de le suivre avec une arrière-garde de 5 à 6 mille hommes.

Le maréchal Victor, pouvant disposer de la division Ruffin depuis le retour à Madrid de la division Dessoles, l'avait immédiatement acheminée sur Aranjuez, pour la joindre à la division Villatte, qui était déjà sur les bords du Tage, avec les dragons de Latour-Maubourg. Le 12 janvier, il porta ses deux divisions d'infanterie et ses dragons sur Tarancon, le tout présentant une force d'une douzaine de mille hommes des meilleures troupes de l'Europe, capables de culbuter trois ou quatre fois plus d'Espagnols qu'il n'allait en rencontrer.

| Manœuvre du maréchal Victor pour tourner la position des Espagnols à Uclès. |

Sachant que les Espagnols l'attendaient à Uclès, dans une position assez forte, il eut l'idée de ne leur opposer que les dragons de Latour-Maubourg et la division Villatte, qui suffisaient bien pour les débusquer, et, en faisant par sa gauche avec la division Ruffin un détour à travers les montagnes d'Alcazar, d'aller leur couper la retraite, de manière qu'ils ne pussent pas s'échapper.

| Bataille d'Uclès. |

Le 13 au matin, la division Villatte s'avança hardiment sur Uclès. La position consistait en deux pics assez élevés, entre lesquels était située la petite ville d'Uclès. Les Espagnols avaient leurs ailes appuyées à ces pics, et leur centre à la ville. Le général Villatte les aborda brusquement avec ses vieux régiments, et les chassa de toutes leurs positions. Tandis qu'à gauche le 27e léger culbutait la droite des Espagnols, au centre le 63e de ligne prenait d'assaut la ville d'Uclès, et y passait par les armes près de deux mille ennemis, avec les moines du couvent d'Uclès, qui avaient fait feu sur nos troupes. À droite, les 94e et 95e de ligne, manœuvrant pour tourner les Espagnols, les obligeaient à se retirer sur Carrascosa, où les attendait la division Ruffin dans les gorges d'Alcazar. Ces malheureux, en effet, fuyant en toute hâte vers Alcazar, y trouvèrent la division Ruffin qui arrivait sur eux par une gorge étroite. Ils prirent sur-le-champ position pour se défendre en gens déterminés. Mais attaqués de front par le 9e léger et le 96e de ligne, tournés par le 24e, ils furent contraints de mettre bas les armes. Une partie d'entre eux, voulant gagner la gorge même d'Alcazar, d'où avait débouché la division Ruffin, allaient se sauver par cette issue, qu'occupait seule actuellement l'artillerie du général Senarmont, restée en arrière à cause des mauvais chemins. Celui-ci pouvait être enlevé par les fuyards; mais, toujours aussi résolu et intelligent qu'à Friedland, il imagina de former son artillerie en carré, et tirant dans tous les sens, il arrêta la colonne fugitive, qui fut ainsi rejetée sur les baïonnettes de la division Ruffin. | Brillants résultats de la bataille d'Uclès. | Treize mille hommes environ déposèrent les armes à la suite de cette opération brillante, et livrèrent trente drapeaux avec une nombreuse artillerie.

Sans perdre un instant, le maréchal Victor courut sur Cuenca pour atteindre le peu qui restait du corps du duc de l'Infantado. Mais celui-ci s'était enfui précipitamment sur la route de Valence, laissant encore dans nos mains des blessés, des malades, du matériel. Nos dragons recueillirent les débris de son corps, et sabrèrent plusieurs centaines d'hommes.

Après les batailles de la Corogne et d'Uclès, Joseph se décide enfin à entrer dans Madrid.

Après ce fait d'armes, on devait pour long-temps être en repos à Madrid, et la victoire d'Uclès prouvait qu'on n'aurait pas beaucoup de peine à envahir le midi de la Péninsule. Toutefois on ne pouvait pas encore y songer. Il fallait auparavant que Joseph s'établît à Madrid, que l'armée française se reposât, et que Saragosse fût pris. Les événements de la Corogne étaient maintenant tout à fait connus. On savait que les Anglais s'étaient retirés en désordre, abandonnant tout leur matériel, et ayant perdu sur les routes ou sur le champ de bataille un quart de leur effectif, leurs principaux officiers et leur général en chef. La prise à Uclès d'une armée espagnole tout entière, vrai pendant de Baylen, si la prise d'une armée espagnole avait pu produire le même effet que celle d'une armée française, était un nouveau trophée très-propre à orner l'entrée du roi Joseph à Madrid. Napoléon avait voulu que cette entrée eût quelque chose de triomphal. | Entrée de Joseph dans Madrid le 22 janvier.

Il avait placé auprès de son frère la division Dessoles, la division Sébastiani, pour qu'il eût avec lui les plus belles troupes de l'armée française, et qu'il ne parût au milieu des Espagnols qu'entouré des vieilles légions qui avaient vaincu l'Europe.—*Je leur avais envoyé des agneaux*, avait-il dit en parlant des jeunes soldats de Dupont, *et ils les ont dévorés; je leur enverrai des loups qui les dévoreront à leur tour.*—C'est à la tête de ces redoutables soldats que Joseph entra, le 22 janvier, dans Madrid, au bruit des cloches, aux éclats du canon, et en présence des habitants de la capitale soumis par la victoire, résignés presque à la nouvelle royauté, et, quoique toujours blessés au cœur, préférant pour ainsi dire la domination des Français à celle de la populace sanguinaire, qui peu de temps auparavant assassinait l'infortuné marquis de Peralès. Celle-ci seule était irritée et encore à craindre. Mais on venait d'arrêter une centaine de ses chefs les plus connus par leurs crimes, et au Retiro, vis-à-vis de Madrid, s'élevait un ouvrage formidable, hérissé de canons, et capable en quelques heures de réduire en cendres la capitale des Espagnes. Joseph fut donc accueilli avec beaucoup d'égards, et même avec une certaine satisfaction par la masse des habitants paisibles, mais avec une rage concentrée par la populace, qui se sentait détrônée à l'avénement d'un gouvernement régulier, car c'était son règne plus que celui de Ferdinand VII dont elle déplorait la chute. Joseph se rendit au palais, où vinrent le visiter les autorités civiles et militaires, le clergé, et ceux des grands seigneurs de la cour d'Espagne qui n'avaient pas pu ou n'avaient pas voulu quitter Madrid. Joseph passait tellement pour protecteur des Espagnols auprès du conquérant qui avait étendu sur eux son bras terrible, qu'on ne regardait pas comme un crime de l'aller voir. Mais au fond, tant la gloire soumet les hommes, on était plus près d'aimer, si on avait aimé quelque chose dans la cour de France, l'effrayante grandeur de Napoléon que l'indulgente faiblesse de Joseph; et si celle-ci était le prétexte, celle-là était le motif vrai qui amenait encore beaucoup d'hommages aux pieds du nouveau monarque.

Joseph fut donc suffisamment entouré dans son palais pour s'y croire établi. Le célèbre Thomas de Morla accepta de lui des fonctions. On vint le solliciter d'alléger le poids de certaines condamnations. Il lui arriva plus d'un avis de Séville, portant qu'il n'était pas impossible de traiter avec l'Andalousie; car, indépendamment de ce que la junte centrale était tombée au dernier degré du mépris par sa manière de gouverner, elle avait perdu le président qui seul répandait quelque éclat sur elle, l'illustre Florida Blanca. Pour qui n'avait pas le secret de la destinée, il était permis de se tromper sur le sort de la nouvelle dynastie imposée à l'Espagne, et on pouvait croire qu'elle commençait à s'établir comme celles de Naples, de Hollande et de Cassel.

Au milieu de ces apparences de soumission, un seul événement, toujours annoncé, mais trop lent à s'accomplir, celui de la prise de Saragosse, tenait les esprits en suspens, et laissait encore quelque espoir aux Espagnols entêtés dans leur résistance. Nous avons vu en plaine les Espagnols fuir, sans aucun souci de leur honneur militaire et de leur ancienne gloire: ils effaçaient à Saragosse toutes les humiliations infligées à leurs armes, en opposant à nos soldats la plus glorieuse défense qu'une ville assiégée ait jamais opposée à l'invasion étrangère.

> Siége de Saragosse.

Nous avons déjà fait connaître les retards inévitables qu'avait entraînés dans le siège de Saragosse le mouvement croisé de nos troupes autour de cette place. > Première cause des lenteurs de ce siége. < Quoique la victoire de Tudela, qui avait ouvert l'Aragon à nos soldats et supprimé tout obstacle entre Pampelune et Saragosse, eût été remportée le 23 novembre, le maréchal Moncey, privé d'abord de la meilleure partie de ses forces par l'envoi de deux divisions à la poursuite de Castaños, rejoint ensuite par le maréchal Ney, et abandonné par celui-ci au moment où il allait attaquer les positions extérieures de Saragosse, n'avait pas pu s'approcher de cette ville avant le 10 décembre. Renforcé enfin le 19 décembre par le maréchal Mortier, qui avait ordre de couvrir le siège, de seconder même les troupes assiégeantes dans les occasions graves, sans fatiguer ses soldats aux travaux et aux attaques, il avait profité de ce concours fort limité pour resserrer la place, et enlever les positions extérieures. > Opérations tendant à resserrer l'ennemi dans la ville.

Le 21 décembre, la division Grandjean avait, par une manœuvre hardie et habile, occupé le Monte-Torrero, qui domine la ville de Saragosse, et sur lequel les Aragonais avaient élevé un ouvrage, tandis que la division Suchet, du corps de Mortier, se rendait maîtresse des hauteurs de Saint-Lambert sur la rive droite de l'Èbre, et que sur la rive gauche la division Gazan, appartenant au même corps, emportait la position de San Gregorio, rejetait l'ennemi dans le faubourg, et prenait ou passait par les armes 500 Suisses restés fidèles à l'Espagne. Cette journée avait décidément renfermé les Aragonais dans la ville elle-même, et dès lors les travaux d'approche avaient pu commencer. Ce secours une fois prêté au 3ᵉ corps, le maréchal Mortier était rentré dans son rôle d'auxiliaire, qui se bornait à couvrir le siège.

> Inaction du 5ᵉ corps pendant les commencements du siége.

Laissant la division Gazan sur la gauche de l'Èbre, pour bloquer le faubourg qui occupe cette rive, il avait passé sur la rive droite avec la division Suchet, et avait pris position loin du théâtre des attaques, à Calatayud, afin d'empêcher toute tentative des Espagnols, qui auraient pu venir soit de Valence, soit du centre de l'Espagne. C'était assez pour lier les opérations de Saragosse avec l'ensemble de nos opérations en Espagne; c'était trop peu pour la marche du siége, car le 3ᵉ corps, formé, depuis le départ de la division Lagrange, des trois divisions Morlot, Musnier et Grandjean, ne comptait guère plus de 14,000 hommes d'infanterie, 2,000 de cavalerie, 1,000 d'artillerie, 1,000 du génie. Avec les difficultés qu'on allait avoir à vaincre, il aurait fallu pouvoir se servir des 8,000 hommes de la division Gazan, qui bloquaient sans l'attaquer le faubourg de la rive gauche, des 9,000 hommes de la division Suchet, qui étaient postés vers Calatayud, à une vingtaine de lieues. Cette disposition ordonnée d'en haut et de loin par Napoléon, qui avait voulu tenir le corps de Mortier toujours frais et disponible pour l'utiliser ailleurs, avait l'inconvénient des plans conçus à une trop grande distance des lieux, celui de ne pas cadrer avec l'état vrai des choses. Ce n'eût pas été trop, nous le répétons, des 36 ou 38,000 hommes qui composaient les deux corps réunis, pour venir à bout de Saragosse.

> Préparatifs des assiégés et des assiégeants pour rendre la lutte terrible.

Les deux partis avaient mis à profit tous ces retards en préparant de plus terribles moyens d'attaque et de défense, tant au dedans qu'au dehors de Saragosse. Les Aragonais, fiers de la résistance qu'ils avaient opposée l'année précédente, et s'étant aperçus de la valeur de leurs murailles, étaient résolus à se venger, par la défense de leur capitale, de tous les échecs essuyés en rase campagne. Après Tudela, ils s'étaient retirés au nombre de 25 mille dans la place, et avaient amené avec eux 15 ou 20 mille paysans, à la fois fanatiques et contrebandiers achevés, tirant bien, capables, du haut d'un toit ou d'une fenêtre, de tuer un à un ces mêmes soldats devant lesquels ils fuyaient en plaine. À eux s'étaient joints beaucoup d'habitants de la campagne, que la terreur forçait à s'éloigner, de façon que la population de Saragosse, ordinairement de quarante à cinquante mille âmes, se trouvait être de plus de cent mille en ce moment.

> Caractère de Joseph Palafox, commandant de Saragosse.

C'était toujours Palafox qui commandait. Brave, présomptueux, peu intelligent, mais mené par deux moines habiles, secondé par deux frères dévoués, le marquis de Lassan et François Palafox, il exerçait sur la populace aragonaise un empire sans bornes, surtout depuis qu'on avait su qu'à la prudence de Castaños, qu'on qualifiait de trahison, il avait toujours opposé son ardeur téméraire, qu'on appelait héroïsme. La paisible bourgeoisie de Saragosse allait être cruellement sacrifiée, dans ce siége horrible, à la fureur de la multitude, qui par deux moines gouvernait Palafox, la ville et l'armée.

<u>Moyens de résistance accumulés dans Saragosse.</u> Des approvisionnements immenses en blé, vins, bétail avaient été amassés par la peur même des habitants des environs, lesquels en fuyant transportaient à Saragosse tout ce qu'ils possédaient. Les Anglais avaient de plus envoyé d'abondantes munitions de guerre, et on avait ainsi tous les moyens de prolonger indéfiniment la résistance. Pour la faire durer davantage, des potences avaient été élevées sur les places publiques, avec menace d'exécuter immédiatement quiconque parlerait de se rendre. Rien, en un mot, n'avait été négligé pour ajouter à la constance naturelle des Espagnols, à leur patriotisme vrai, l'appui d'un patriotisme barbare et fanatique.

Dans l'armée d'Aragon retirée à Saragosse, se trouvaient de nombreux détachements de troupes de ligne, et beaucoup d'officiers du génie fort capables, et fort dévoués. Chez les vieilles nations militaires qui ont dégénéré de leur ancienne valeur, les armes savantes sont toujours celles qui se maintiennent le plus long-temps. Les ingénieurs espagnols, qui, aux seizième et dix-septième siècles, étaient si habiles, avaient conservé une partie de leur ancien mérite, et ils avaient élevé autour de Saragosse des ouvrages nombreux et redoutables.

<u>Configuration de Saragosse.</u>

Cette place, comme il a été dit précédemment (livre XXXI), n'était pas régulièrement fortifiée, mais son site, la nature de ses constructions, pouvaient la rendre très-forte dans les mains d'un peuple résolu à se défendre jusqu'à la mort. (Voir la carte n° 45.) Elle était entourée, d'une enceinte qui n'était ni bastionnée ni terrassée; mais elle avait pour défense, d'un côté l'Èbre, au bord duquel elle est assise, et dont elle occupe la rive droite, n'ayant sur la rive gauche qu'un faubourg, de l'autre côté une suite de gros bâtiments, tels que le château de l'Inquisition, les couvents des Capucins, de Santa-Engracia, de Saint-Joseph, des Augustins, de Sainte-Monique, véritables forteresses qu'il fallait battre en brèche pour y pénétrer, et que couvrait une petite rivière profondément encaissée, celle de la Huerba, qui longe une moitié de l'enceinte de Saragosse avant de se jeter dans l'Èbre. À l'intérieur se rencontraient de vastes couvents, tout aussi solides que ceux du dehors, et de grandes maisons massives, carrées, prenant leurs jours en dedans, comme il est d'usage dans les pays méridionaux, peu percées au dehors, vouées d'avance à la destruction, car il était bien décidé que, les défenses extérieures forcées, on ferait de toute maison une citadelle qu'on défendrait jusqu'à la dernière extrémité. Chaque maison était crénelée, et percée intérieurement pour communiquer de l'une à l'autre; chaque rue était coupée de barricades avec force canons. Mais, avant d'en être réduit à cette défense intérieure, on comptait bien tenir long-temps dans les travaux exécutés au dehors, et qui avaient une valeur réelle.

En partant de l'Èbre et du château de l'Inquisition, placé au bord de ce fleuve, en face de la position occupée par notre gauche, on avait élevé, pour suppléer à l'enceinte fortifiée qui n'existait pas, un mur en pierre sèche avec terrassement, allant du château de l'Inquisition au couvent des Capucins, et à celui de Santa-Engracia. En cet endroit, la ville présentait un angle saillant, et la petite rivière de la Huerba, venant la joindre, la longeait jusqu'à l'Èbre inférieur, devant notre extrême droite. Au point où la Huerba joignait la ville, une tête de pont avait été construite, de forme quadrangulaire et fortement retranchée. De cet endroit, en suivant la Huerba, on rencontrait sur la Huerba même, et en avant de son lit, le couvent de Saint-Joseph, espèce de forteresse à quatre faces qu'on avait entourée d'un fossé et d'un terrassement. Derrière cette ligne régnait une partie de mur, terrassé en quelques endroits, et partout hérissé d'artillerie. Cent cinquante bouches à feu couvraient ces divers ouvrages. Il fallait par conséquent emporter la ligne des couvents et de la Huerba, puis le mur terrassé, puis après ce mur les maisons, les prendre successivement, sous le feu de quarante mille défenseurs, les uns, il est vrai, soldats médiocres, les autres fanatiques d'une vaillance rare derrière des murailles, tous pourvus de vivres et de munitions, et résolus à faire détruire une ville qui n'était pas à eux, mais à des habitants tremblants et soumis. Enfin la superstition à une vieille cathédrale très-ancienne, *Notre-Dame del Pilar*, leur persuadait à tous que les Français échoueraient contre sa protection miraculeuse.

| Force des Français devant Saragosse. |

Si on met à part les 8 mille hommes de la division Gazan, se bornant à observer le faubourg de la rive gauche, et les 9 mille de la division Suchet placés à Calatayud, le général Junot, qui venait de prendre le commandement en chef, avait pour assiéger cette place, gardée par quarante mille défenseurs, 14 mille fantassins, 2 mille artilleurs ou soldats du génie, 2 mille cavaliers, tous, jeunes et vieux, Français et Polonais, tous soldats admirables, conduits par des officiers sans pareils, comme on va bientôt en juger.

| Officiers du génie chargés de diriger les travaux du siége. |

Le commandant du génie était le général Lacoste, aide de camp de l'Empereur, officier d'un grand mérite, actif, infatigable, plein de ressources, secondé par le colonel du génie Rogniat, et le chef de bataillon Haxo, devenu depuis l'illustre général Haxo. Une quarantaine d'officiers de la même arme, remarquables par la bravoure et l'instruction, complétaient ce personnel. Le général Lacoste n'avait pas perdu pour les travaux de son arme le mois écoulé en allées et venues de troupes, et il avait fait transporter de Pampelune à Tudela par terre, de Tudela à Saragosse, par le canal d'Aragon, 20 mille outils, 100 mille sacs à terre, 60 bouches à feu de gros calibre. Il avait en même temps employé les soldats du génie à construire plusieurs milliers de gabions et de fascines. Le général d'artillerie Dedon l'avait parfaitement assisté dans ces diverses opérations.

> Ouverture de la tranchée dans la nuit du 29 au 30 décembre.

Du 29 au 30 décembre, tandis que Napoléon poursuivait les Anglais au delà du Guadarrama, tandis que les maréchaux Victor et Lefebvre rejetaient les Espagnols dans la Manche et l'Estrémadure, et que le général Saint-Cyr venait de se rendre maître de la campagne en Catalogne, le général Lacoste, d'accord avec le général Junot, ouvrit la tranchée à 160 toises de la première ligne de défense, qui consistait, comme on vient de le voir, en couvents fortifiés, en portions de muraille terrassée, en une partie du lit de la Huerba. (Voir la carte n° 45.) | Trois attaques, dont une simulée et deux sérieuses. | Il avait fait adopter le projet de trois attaques: la première à gauche, devant le château de l'Inquisition, confiée à la division Morlot, mais celle-là plutôt comme diversion que comme attaque réelle: la seconde au centre, devant Santa-Engracia et la tête de pont de la Huerba, confiée à la division Musnier, celle-ci destinée à être très-sérieuse; la troisième enfin à droite, devant le formidable couvent de Saint-Joseph, confiée à la division Grandjean, et la plus sérieuse des trois, parce que, Saint-Joseph pris, elle devait conduire au delà de la Huerba, sur la partie la moins forte de la muraille d'enceinte, et sur un quartier par lequel on espérait atteindre le *Cosso*, vaste voie intérieure qui traverse la ville tout entière, et qui ressemble fort au boulevard de Paris. La tranchée hardiment ouverte, on procéda au plus tôt à perfectionner la première parallèle, et on chemina vers la seconde, dans le but de s'approcher du couvent de Saint-Joseph à droite, de la tête de pont de la Huerba au centre.

> Ouverture de la seconde parallèle, le 2 janvier 1809.

Le 31 décembre, une sortie tentée par les troupes régulières de la garnison fut vivement repoussée. Ce n'était pas en rase campagne que les Espagnols pouvaient retrouver leur vaillance naturelle. Le 2 janvier, on ouvrit la seconde parallèle. Les jours suivants furent employés à disposer en plusieurs batteries trente bouches à feu déjà arrivées, afin de ruiner la tête de pont de la Huerba ainsi que le château de Saint-Joseph, et de contre-battre aussi l'artillerie ennemie placée en arrière de cette première ligne de défense. Pendant ces travaux, auxquels concouraient plus de deux mille travailleurs par jour, sous la direction des soldats du génie, les assiégés envoyaient dans nos tranchées une grêle de pierres et de grenades, lancées avec des mortiers. Nous y répondions par le feu de nos tirailleurs postés derrière des sacs à terre, et tirant avec une grande justesse sur toutes les embrasures de l'ennemi.

Le 10, nos batteries étant achevées commencèrent à tirer, les unes directement, les autres de ricochet, contre la tête de pont de la Huerba, et le couvent de Saint-Joseph. Quoique l'artillerie espagnole fût bien servie, la supériorité de la nôtre réussit bientôt à éteindre son feu, et à ouvrir vers l'attaque de droite une large brèche au couvent de Saint-Joseph, vers l'attaque du centre un commencement de brèche à la tête de pont de la Huerba. Celle-ci n'étant pas praticable, on différa de lui donner l'assaut; mais on ne voulut pas différer au couvent de Saint-Joseph, parce que c'était possible, et qu'il devait résulter de la prise de ce couvent une grande accélération dans les approches. Le feu ayant continué jusqu'au 11 janvier à quatre heures du soir, et à cette heure la brèche étant tout à fait praticable, on s'avança hardiment pour tenter l'assaut du couvent. <u>Assaut donné le 11 janvier au couvent de Saint-Joseph.</u> Dans ce moment même, l'ennemi exécutait une sortie qui fut repoussée au pas de course, et de la défense on passa immédiatement à l'attaque. Ce furent les voltigeurs et grenadiers de deux vieux régiments, les 14e et 44e de ligne, qu'on chargea de cette entreprise difficile, avec deux bataillons des régiments de la Vistule. Un officier, chef de bataillon dans le 14e, nommé Stahl, et juste objet de l'admiration de l'armée, les commandait. Le couvent, ouvrage de forme carrée, s'appuyait à la Huerba. L'ennemi y avait placé trois mille hommes.

À l'heure dite, pendant que le chef de bataillon Haxo, avec quatre compagnies d'infanterie et deux pièces de 4, marche à découvert hors des tranchées, et vient prendre à revers le couvent de Saint-Joseph, en enfilant de son feu la face qui est adossée au lit de la Huerba, ce qui épouvante les défenseurs et en décide un bon nombre à repasser la rivière, le chef de bataillon Stahl s'avance de front jusqu'au bord du fossé, pour s'élancer ensuite sur la brèche. Mais les décombres de la muraille n'avaient pas rempli le fossé, qui était profond de 18 pieds, et taillé à pic, car les terres sèches et solides en Espagne se soutiennent sans talus ni maçonnerie. L'intrépide Junot, qui assistait lui-même à l'opération, avait pourvu ses grenadiers de quelques échelles. Les uns s'en servent pour descendre dans ce fossé, les autres y sautent sans aucune précaution, puis, guidés par le brave Stahl, courent à la brèche, sous une pluie de feu. Mais ils ont beaucoup de peine à la gravir. Tandis qu'ils tentent ce périlleux effort, un officier du génie, Daguenet, à la tête de quarante voltigeurs, parcourt le fond du fossé, tourne à gauche le long de la face latérale, et aperçoit un pont jeté sur le fossé conduisant dans l'intérieur de l'ouvrage. Il y monte avec ses quarante hommes, et, se ruant sur la garnison du couvent, facilite au chef de bataillon Stahl l'entrée par la brèche. On passe par les armes ou l'on noie 300 Espagnols restés les derniers, on en prend 40.

Cette opération, qui avait exigé tout au plus une demi-heure, nous avait coûté 30 morts et 150 blessés, presque tous grièvement, ce qui prouvait assez, vu le peu de développement de l'ouvrage attaqué, l'énergie de l'action.

À peine en possession du couvent, on travailla à s'y loger solidement, à l'abri des retours offensifs de l'ennemi et des feux nombreux de la place, qui, à mesure que nous approchions, vomissait avec plus d'abondance les grenades, les bombes et la mitraille. Chaque journée nous coûtait de 40 à 50 hommes hors de combat, et atteints en général de blessures très-graves.

> Assaut donné le 16 janvier à la tête de pont de la Huerba.

Le 16, la brèche étant reconnue praticable à la tête de pont de la Huerba, on résolut l'assaut, et quarante voltigeurs polonais, conduits par des officiers et des soldats du génie, s'élancèrent sur l'ouvrage. Ils le gravirent rapidement, les uns avec leurs mains, les autres avec des échelles. Pendant qu'ils y montaient, une mine préparée par l'ennemi fit tout à coup explosion, mais sans blesser aucun de nos soldats, qui restèrent en dehors des atteintes de ce volcan. Parvenus à s'introduire dans la tête de pont, ils en expulsèrent les défenseurs, lesquels repassèrent la Huerba en faisant sauter le pont.

Le couvent de Saint-Joseph, adossé à la Huerba, étant pris à droite, la tête de pont de la Huerba étant emportée au centre, nous nous trouvions maîtres de la ligne des ouvrages extérieurs sur une moitié de leur développement.

> Travaux pour franchir la Huerba aux deux attaques principales.

C'était le plus important, car les opérations de la gauche n'avaient que la valeur d'une démonstration. Il s'agissait dès lors de franchir la Huerba sur les deux points par lesquels on y touchait, de jeter des ponts couverts d'épaulements sur cette rivière étroite mais profondément encaissée, de battre en brèche les portions d'enceinte qui s'étendaient au delà, et qui s'appuyaient au couvent de Santa-Engracia d'un côté, à celui des Augustins de l'autre. Il fallait enfin élever de nouvelles batteries pour les opposer à celles de la ville, qui devenaient en approchant plus nombreuses et plus meurtrières. C'est à quoi on employa l'intervalle du 16 au 21 janvier.

> Souffrances chez les assiégés et les assiégeants.

Pendant ce temps les souffrances s'aggravaient au dedans parmi les assiégés, au dehors parmi les assiégeants. La masse d'habitants réfugiés dans la ville, les blessés, les malades accumulés, y avaient fait naître une épidémie. Tous les jours une grêle de projectiles augmentait le nombre des victimes du siége, même parmi ceux qui ne prenaient point part à la défense. Mais une populace furieuse, fanatisée par les moines, comprimait les habitants paisibles, aux yeux desquels cette résistance sans espoir n'était qu'une barbarie inutile. Les potences dressées dans les principales rues prévenaient tout murmure. On inventait d'ailleurs toutes sortes de nouvelles pour soutenir le courage des assiégés. On disait Napoléon battu par les Anglais, le maréchal Soult par le marquis de La Romana, le général Saint-Cyr par le général Vivès. On promettait de plus l'arrivée d'une puissante armée de secours, et à ces nouvelles, annoncées au son du tambour par des crieurs publics, éclataient des vociférations sauvages, qui venaient retentir jusque dans notre camp.

> Efforts des frères Palafox pour obliger le pays environnant à se lever en masse.

Ce que nous avons raconté des événements généraux de cette guerre suffit pour qu'on puisse apprécier la véracité de ces bruits, répandus à dessein par Palafox et les moines dont il suivait les inspirations. Ces récits, du reste, n'étaient pas complètement faux, car les deux frères de Joseph Palafox, le marquis de Lassan et François Palafox, étaient sortis avec des ordres terribles pour faire lever le pays dans tous les sens, jusqu'à Tudela d'un côté, jusqu'à Calatayud, Daroca, Teruel et Alcañiz de l'autre. Tous les hommes en état de porter les armes étaient sommés de les prendre, et, dans la proportion d'un sur dix, devaient s'avancer sous la conduite d'officiers choisis, pour former une armée de déblocus. Chaque village était obligé de payer et de nourrir les hommes qui marcheraient. Ceux qui ne marcheraient pas devaient détruire nos convois, tuer nos malades, et affamer notre camp. Ces ordres étaient donnés sous menace des peines les plus sévères en cas d'inexécution.

> Cruelles privations des soldats français.

Il faut reconnaître que les Aragonais avaient mis un zèle tout patriotique à les exécuter. Déjà vingt ou trente mille hommes se remuaient du côté d'Alcañiz sur la rive droite de l'Èbre, et du côté de Zuera, la Perdiguera, Liciñena, sur la rive gauche. Malgré les efforts de notre cavalerie, la viande n'arrivait pas, vu que les moutons acheminés sur notre camp étaient arrêtés en route. Nos soldats, manquant de viande pour faire la soupe, n'ayant souvent qu'une ration incomplète de pain, supportaient de cruelles privations sans murmurer, et entrevoyaient sans fléchir un ou deux mois encore d'un siége atroce. Ils étaient tristes toutefois, en songeant à leur petit nombre, en considérant que toutes les difficultés du siége pesaient sur 14 mille d'entre eux, tandis que les 8 mille fantassins de Gazan se bornaient à bloquer le faubourg de la rive gauche, et que les 9 mille de Suchet vivaient en repos à Calatayud. Déjà plus de douze cents avaient succombé aux fatigues ou au feu. On les transportait, dès qu'ils étaient atteints de blessures ou de maladies, à l'hôpital d'Alagon, hôpital infect, où il n'y avait que du linge pourri, sans vivres ni médicaments. Le général Harispe, envoyé pour en faire l'inspection, et s'y montrant humain comme un héros, punit sévèrement les administrateurs coupables de tant de négligence, réorganisa cet établissement avec soin, et procura au moins à nos soldats la consolation de n'être pas plus mal à l'hôpital qu'à la tranchée. | Arrivée du maréchal Lannes au camp des assiégeants. | Le 21, arriva enfin l'illustre maréchal Lannes, qui approchait alors du terme de sa carrière héroïque, car on était en janvier 1809, à quelques mois de la terrible journée d'Essling, et sa présence était propre à soutenir le moral du soldat, et à lui rendre la confiance s'il l'avait perdue. Le général Junot le charmait par sa bravoure, mais il fallait un chef qui, prenant sur lui de modifier les ordres de l'Empereur, fît concourir toutes les forces françaises au succès du siège. C'est à cela que le maréchal Lannes fut d'abord utile.

| Le maréchal Lannes, modifiant les ordres de l'Empereur, fait concourir le 5e corps à l'attaque de Saragosse, et à la dispersion des insurgés extérieurs.

Il commença, grâce à son commandement supérieur, par faire concourir le 5e corps à la prise de la place, et à la répression des troubles extérieurs qui contribuaient à affamer notre camp. Il ordonna au général Gazan, posté avec sa division devant le faubourg de la rive gauche, d'entreprendre l'attaque en règle de ce faubourg. Cet asile une fois enlevé aux habitants, ils devaient être refoulés dans l'intérieur de la ville, et y augmenter l'encombrement, tandis que nous aurions le moyen de la foudroyer de la rive gauche de l'Èbre. Il lui donna un excellent officier du génie, le colonel Dode, pour diriger cette opération.

Le maréchal Lannes prescrivit ensuite au maréchal Mortier de quitter sa position de Calatayud où il ne rendait pas de services, aucune force ennemie ne pouvant venir du côté de Valence, et de passer sur la rive gauche de l'Èbre, pour y dissiper les rassemblements qui nous inquiétaient.

| Opérations du maréchal Mortier contre les insurgés extérieurs.

Le maréchal Mortier, exécutant les ordres qu'il avait reçus, franchit l'Èbre le 23, et laissant le 40e de ligne pour appuyer la division Morlot, qui était la plus faible du corps de siège, s'avança avec les 34e, 64e, 88e de ligne, le 10e de hussards, le 21e de chasseurs, et dix bouches à feu, sur la route de la Perdiguera. Il trouva en position à Liciñena, sur le penchant des montagnes, la plus grande partie d'un corps de quinze mille hommes, qui arrivait du nord de l'Aragon au secours de la capitale assiégée. Ce rassemblement se composait de troupes de ligne et de paysans. On y comptait des détachements des régiments de Savoie, de Prado et d'Avila, des bataillons de Jaca, des chasseurs de Palafox, et d'autres troupes d'ancienne et nouvelle formation. Le maréchal Mortier fit aborder les Espagnols par le 64e de ligne, qui marcha sur eux de front, avec l'aplomb et la résolution de nos vieilles bandes, tandis que les 34e et 88e de ligne, les tournant par les hauteurs, les rabattaient dans la plaine. Les Espagnols ne tinrent pas devant cette double attaque, et s'enfuyant à toutes jambes dans la plaine, ils vinrent passer à portée du 10e de chasseurs, qui fondit au galop sur cette masse de fuyards, et les sabra impitoyablement. Quinze cents restèrent sur la place. Nous prîmes six pièces de canon et deux drapeaux. Dans le même moment, l'adjudant commandant Gasquet s'étant porté, avec trois bataillons de la division Gazan, sur la route de Zuera, parallèlement au maréchal Mortier, culbutait environ trois mille Espagnols du même corps, et leur prenait des hommes et du canon. Le maréchal Mortier, après avoir repoussé pour tout le reste du siège les levées du nord de l'Aragon, descendit l'Èbre jusqu'à Pina, avec ordre de balayer les insurgés, de ménager les villages soumis, de brûler les villages insoumis, et d'acheminer du bétail sous l'escorte de la cavalerie vers le camp de l'armée assiégeante.

Tandis que le maréchal Mortier nettoyait la rive gauche, le général Junot avait envoyé le général Wathier, commandant la cavalerie du 3e corps, avec 1,200 hommes d'infanterie d'élite et 600 cavaliers, pour disperser un rassemblement formé des insurgés de quatre-vingts communes, lesquelles relevaient de la juridiction d'Alcañiz. Ils étaient retranchés dans la ville d'Alcañiz, qu'ils avaient barricadée et crénelée. Le général Wathier les chargeant dans cette position, comme il aurait pu le faire en plaine, à la tête de ses cavaliers, les aborda si brusquement qu'il entra pêle-mêle avec eux dans la ville d'Alcañiz, força toutes les barricades, et passa au fil de l'épée plus de six cents de ces malheureux. Les autres furent poursuivis par nos cavaliers, et se sauvèrent chez eux. La ville fut pillée, et tout le bétail ramassé dans les campagnes environnantes dirigé sur Saragosse.

Grâce à ces diverses expéditions, l'armée assiégeante n'eut plus rien à craindre pour ses derrières. Cependant elle ne reçut de moutons que ceux qui étaient bien escortés, et la viande resta fort rare dans notre camp.

> Continuation des travaux autour de la place.

Pendant que le maréchal Lannes faisait exécuter ces opérations aux environs de Saragosse, les travaux du génie, poussés avec une extrême activité par le général Lacoste, par ses lieutenants Rogniat et Haxo, permettaient enfin de donner l'assaut général, après lequel on devait se trouver dans la ville, et en mesure de commencer la terrible guerre des maisons.

> Passage de la Huerba au moyen de ponts de chevalets couverts d'épaulements.

À l'attaque de droite on avait jeté deux ponts de chevalets, couverts d'épaulements, sur la Huerba, en avant du couvent de Saint-Joseph, conquis par l'assaut du 11 janvier. La Huerba franchie sur ce point, on avait cheminé vers une huilerie, dont le bâtiment isolé était contigu au mur de la ville. Un peu à gauche, on avait conduit un boyau de tranchée vers un autre point de ce même mur. Deux assauts devaient être livrés en ces deux endroits, dès que le canon y aurait fait des brèches praticables.

À l'attaque du centre, on avait renoncé à se servir de la tête de pont de la Huerba, enlevée aux assiégés, à cause des feux qui la flanquaient. On avait passé la Huerba dans un coude au-dessous, vis-à-vis le couvent de Santa-Engracia, au saillant même de l'angle que la ville formait de ce côté. Une batterie de brèche, dirigée sur le couvent, devait rendre ses murailles accessibles à une colonne d'assaut. Maîtres de ces diverses brèches, deux à droite, une au centre, nous devions avoir trois issues pour pénétrer dans la ville, toutes trois aboutissant à de grandes rues qui donnaient perpendiculairement sur le *Cosso*.

Le 26 janvier, cinquante bouches à feu de gros calibre tonnèrent à la fois contre Saragosse, les unes pour ouvrir les brèches de droite et du centre, les autres pour accabler la ville de bombes, d'obus et de boulets. La ville supporta bravement cette pluie de feu: car les Espagnols enduraient tout derrière leurs murailles, pourvu qu'ils ne vissent pas l'ennemi en face; et quant à la population inoffensive, ils ne s'en inquiétaient pas plus que du vil bétail qu'ils abattaient chaque jour pour vivre. Le feu ayant duré toute la journée du 26 et la moitié de celle du 27, les trois brèches parurent praticables, et on résolut de livrer immédiatement l'assaut général.

> Assaut général donné le 26 janvier.

Tout le 3ᵉ corps était sous les armes, Junot et Lannes en tête. (Voir la carte n° 45.) À droite, la division Grandjean, principalement composée des 14ᵉ et 44ᵉ de ligne, se trouvait dans les ouvrages, attendant le signal. Au centre, la division Musnier, forte surtout en Polonais, attendait le même signal avec impatience. Elle était appuyée par la division Morlot, qui s'était massée sur sa droite pour seconder l'assaut du centre. Le 40ᵉ de ligne et le 13ᵉ de cuirassiers occupaient à gauche la place qu'avait abandonnée la division Morlot, et avaient pour mission de contenir les sorties qui pourraient venir par le château de l'Inquisition, sur lequel on n'avait dirigé jusqu'ici qu'une fausse attaque.

À midi, Lannes donne le signal vivement désiré, et aussitôt les colonnes d'assaut sortent des ouvrages. Un détachement de voltigeurs des 14ᵉ et 44ᵉ ayant en tête un détachement de sapeurs, et commandé par le chef de bataillon Stahl, débouche de l'huilerie isolée dont il a été parlé tout à l'heure, et s'élance sur la brèche qui était le plus à droite. L'ennemi, prévoyant qu'on partirait de ce bâtiment pour monter à l'assaut, avait pratiqué une mine sous l'espace que nos soldats avaient à parcourir. Deux fourneaux éclatent tout à coup avec un fracas horrible, mais heureusement sur les derrières de notre première colonne d'assaut, et sans enlever un seul homme.

Enlèvement de la première brèche à l'attaque de droite. La colonne se précipite sur la brèche et s'en empare. Mais lorsqu'elle veut pousser au delà, elle est arrêtée par un feu de mousqueterie et de mitraille qui part des maisons situées en arrière, ainsi que de plusieurs batteries dressées à la tête des rues. Ce feu est tel qu'il est impossible d'y tenir, et qu'on est obligé, après avoir eu beaucoup d'hommes hors de combat, notamment le brave Stahl, grièvement blessé, de se borner à se loger sur la brèche, et à y établir une communication avec l'huilerie qui a servi de point de départ. Les terres remuées par la mine de l'ennemi contribuent à faciliter ce travail.

Enlèvement de la seconde brèche à l'attaque de droite.

À la seconde brèche, ouverte tout près de celle-là, mais un peu à gauche, trente-six grenadiers du 44ᵉ, conduits par un vaillant officier nommé Guettemann, s'élancent de leur côté à l'assaut. Ils pénètrent malgré une pluie de balles, franchissent la brèche, et se logent dans les maisons voisines du mur. Une colonne les suit, et on essaie de déboucher de ces maisons dans les rues voisines. Mais à peine se montre-t-on à une porte ou à une fenêtre, qu'un effroyable feu de mousqueterie, partant de mille ouvertures, abat ceux qui ont la témérité de se faire voir. Toutefois, on s'empare des maisons contiguës en passant de l'une à l'autre par des percements intérieurs, et on gagne ainsi en appuyant à gauche jusqu'à l'une des principales rues de la ville, la rue Quemada, qui va droit de l'enceinte au *Cosso*. Mais la mitraille des barricades ne permet pas de s'y avancer. À cette seconde brèche, quoique plus heureux qu'à la première, il faut s'en tenir à une douzaine de maisons conquises.

SIÈGE DE SARAGOSSE.

Enlèvement de tous les ouvrages de l'ennemi à l'attaque du centre.

Au centre, l'action n'est pas moins vive. Des voltigeurs de la Vistule, dirigés par un détachement de soldats et d'officiers du génie, s'élancent, eux aussi, sur la brèche pratiquée dans le couvent de Santa-Engracia. Ils ont à parcourir à découvert, de la Huerba au mur du couvent, un espace de 120 toises, qu'ils franchissent au pas de course sous le feu le plus violent. Ils arrivent sans trop de pertes sur la brèche, et l'escaladent sans autre difficulté que la mousqueterie; car le rare courage des Espagnols derrière leurs murailles n'allait pas jusqu'à nous attendre avec leurs baïonnettes sur le sommet de chaque brèche. Les braves Polonais, mêlés à nos sapeurs, entrent dans le couvent, chassent ceux qui l'occupaient, débouchent sur la place de Santa-Engracia, pénètrent même dans les maisons qui l'entourent, et vont jusqu'à un petit couvent voisin, qu'ils emportent également. Maîtres de la place

Santa-Engracia, ils le sont aussi de la grande rue de ce nom, tombant perpendiculairement comme celle de Quemada sur le *Cosso*. Mais de nombreuses barricades hérissées d'artillerie, et vomissant la mitraille, ne permettent pas de pousser au delà, à moins de pertes énormes. Il faudrait la sape et la mine pour aller plus loin.

Du couvent de Santa-Engracia, on court par un terrain découvert jusqu'au saillant de l'angle que l'enceinte de la ville forme vers le milieu de son étendue. Nos soldats traversent rapidement cet espace qui est miné, et, par un inconcevable bonheur, plusieurs fourneaux de mine, éclatant à la fois, ouvrent de vastes entonnoirs sans qu'un seul de nos hommes soit atteint. À partir de cet angle, et en tirant à gauche, règne une ligne de murailles en pierres sèches, avec fossé et terrassement, laquelle aboutit au couvent des Capucins, et plus loin au château de l'Inquisition. Quoiqu'il n'entre pas dans le plan d'attaque d'enlever cette ligne d'ouvrages, qui n'a pas été battue en brèche, un accident imprévu excitant l'ardeur des divisions Morlot et Musnier, on s'y précipite avec une témérité inouïe. En effet, une batterie placée au couvent des Capucins incommodant de son feu la division Morlot, quelques carabiniers du 5e léger se jettent au pas de course sur cette batterie pour s'en débarrasser. Le régiment les suit et prend la batterie. À ce spectacle, le 115e de ligne, l'un des régiments de nouvelle formation, ne peut tenir dans les tranchées. Il s'élance sur le long mur d'enceinte qui s'étend de Santa-Engracia au couvent des Capucins, descend dans le fossé, escalade l'escarpe par les embrasures, s'empare de l'enceinte, de toute l'artillerie, et ose s'engager dans l'intérieur de la ville. Alors une populace furieuse, du haut des maisons environnantes, fusille nos soldats presque à coup sûr. Les Espagnols, plus hardis sur ce point que sur les autres, s'avancent même hors de leurs retranchements pour reprendre le couvent des Capucins. Des moines les dirigent, des femmes les excitent. Mais on les repousse à la baïonnette, et on reste maître du couvent, en y essuyant toutefois un horrible feu d'artillerie qui perce les murailles en plusieurs endroits. On tâche de se couvrir avec des sacs à terre. Mais, ne pouvant tenir à découvert le long de la muraille, on est obligé de la repasser, sans l'abandonner néanmoins et en essayant de s'y loger.

Résultats de l'assaut général du 26 janvier.

Dans cette sanglante journée, on s'était donc emparé de tout le pourtour de l'enceinte. Si c'eût été un siége ordinaire, consistant à enlever la partie fortifiée de la place, Saragosse eût été à nous. Mais il fallait emporter chaque île de maisons, l'une après l'autre, contre une populace frénétique, et les grandes horreurs de la lutte ne faisaient que commencer. Les Espagnols avaient perdu cinq à six cents hommes passés au fil de l'épée, et deux cents prisonniers, avec toute la ligne de leurs murailles extérieures. Les Français avaient eu 186 tués et 593 blessés[33], c'est-à-dire près de 800 hommes hors de combat, perte considérable, due à l'ardeur excessive de nos troupes et à leur héroïque témérité.

Le maréchal Lannes lui-même, saisi de cet affreux spectacle, ordonna aux officiers du génie de ne plus souffrir que les soldats s'avançassent à découvert, aimant mieux perdre du temps que des hommes. Il prescrivit de cheminer avec la sape et la mine, et de faire sauter en l'air les édifices, mais avant tout de ménager le sang de son armée. Ce grand homme de guerre, aussi humain que brave, avait ressenti de ce qu'il avait vu une impression profonde[34].

L'occupation de trois points sur l'enceinte dispensait de pousser une nouvelle attaque à l'extrême gauche vers le château de l'Inquisition, car il s'agissait maintenant de forcer les Espagnols dans leurs maisons, et peu importait dès lors une enceinte dans laquelle ne consistait plus la force de leur défense. On laissa la division Morlot en observation sur la gauche, et avec les divisions Musnier et Grandjean, fortes à elles deux de 9 mille hommes, on se mit à procéder par la sape et la mine à la conquête de chaque maison, tandis que devant le faubourg de la rive gauche le général Gazan pousserait ses travaux de manière à enlever ce dernier asile à la population. On lui envoya même une partie de l'artillerie de siége qui ne trouvait plus d'emploi à la rive droite, depuis qu'on avait ouvert l'enceinte en y faisant brèche, et qu'on devait surtout se battre de rue à rue.

> Commencement de la guerre de maison à maison dans l'intérieur de la ville.

Les deux divisions Musnier et Grandjean se partageaient en deux portions de 4,500 hommes chacune, et se relevaient dans cette affreuse lutte, où il fallait alternativement travailler à la sape, ou combattre corps à corps dans d'étroits espaces. Jamais, même à l'époque où la guerre se passait presque toute en siéges, on n'avait rien vu de pareil. Les Espagnols avaient barricadé les portes et les fenêtres de leurs maisons, pratiqué des coupures au dedans, de façon à communiquer intérieurement, puis crénelé les murailles afin de pouvoir faire feu dans les rues, lesquelles en outre étaient traversées de distance en distance par des barricades armées d'artillerie. Aussi, dès que nos soldats y voulaient paraître, ils étaient à l'instant assaillis par une grêle de balles partant des étages supérieurs et des soupiraux des caves, ainsi que par la mitraille partant des barricades. Quelquefois, pour forcer les Espagnols à dépenser leurs feux, ils s'amusaient à présenter d'une fenêtre un shako au bout d'une baïonnette, et il était à l'instant percé de balles[35]. Il n'y avait donc d'autre ressource que de cheminer comme eux de maisons en maisons, de s'avancer à couvert contre un ennemi à couvert lui-même, et de procéder lentement pour ne pas perdre toute l'armée dans cet horrible genre de combats. Il en devait résulter une lutte longue et acharnée.

Énergiques efforts des Espagnols pour reprendre les positions perdues.

Les Espagnols, que la prise de leur enceinte avait exaspérés au plus haut point par l'aggravation du péril, en étaient venus à un véritable état de frénésie. Ils ne voulaient plus s'en tenir à la défensive, et aspiraient à reprendre ce qu'on leur avait pris. Au centre, ils prétendaient reconquérir le couvent des Capucins pour déborder la position de Santa-Engracia. À droite, ils étaient restés maîtres des couvents de Sainte-Monique et des Augustins, contigus aux deux brèches que nous avions occupées, et de là ils faisaient d'incroyables efforts pour nous débusquer. Les moines, plus actifs que jamais, aidés par quelques-unes de ces femmes ardentes que leur nature irritable, quand elles se livrent à la violence, rend plus féroces que les hommes même, menaient au feu des bandes composées de ce qu'il y avait de plus fanatique, et de la portion la plus résolue de la troupe de ligne. Ainsi à l'attaque du centre, après avoir essayé avec leur artillerie de faire brèche au couvent des Capucins, qui nous était resté, ils osèrent encore une fois venir à l'assaut à découvert. Nos soldats les repoussèrent de nouveau à la baïonnette, et cette fois leur ôtèrent tellement l'espoir de réussir qu'ils les dégoûtèrent tout à fait de semblables tentatives.

Travaux d'attaque le long de la rue de Santa-Engracia.

La conquête commencée vers Santa-Engracia fut poursuivie. De ce couvent partait une rue assez large, appelée du nom même de Santa-Engracia, et aboutissant directement au *Cosso*. D'énormes édifices la bordaient des deux côtés: à droite (droite des Français), le couvent des Filles-de-Jérusalem et l'hôpital des Fous; à gauche, le couvent de Saint-François. Ces édifices pris, on débouchait sur le *Cosso* (boulevard intérieur, comme nous l'avons dit) et on possédait la principale et la plus large voie intérieure.

Procédés employés dans la guerre des maisons.

On se mit donc à cheminer de maisons en maisons, des deux côtés de cette rue de Santa-Engracia, pour arriver successivement à la conquête des gros édifices, qu'il importait d'occuper. Quand on entrait dans une maison, soit par l'ouverture que les Espagnols y avaient pratiquée, soit par celle que nous y pratiquions nous-mêmes, on courait sur les défenseurs à la baïonnette, on les passait par les armes si on pouvait les atteindre, ou bien on se bornait à les expulser. Mais souvent on laissait derrière soi, au fond des caves ou au haut des greniers, des obstinés restés dans les maisons dont un ou deux étages étaient déjà conquis. On se mêlait ainsi les uns les autres, et on avait sous ses pieds ou sur sa tête, tirant à travers les planchers, des combattants qui, habitués à ce genre de guerre, familiarisés avec la nature de périls qu'il présentait, y déployaient une intelligence et un courage qu'on ne leur avait jamais vus en plaine. Nos soldats, braves en toute espèce de combat, mais voulant abréger la lutte, employaient alors divers moyens. Ils roulaient des bombes dans les maisons dont ils avaient conquis le milieu; quelquefois ils y plaçaient des sacs à poudre, et faisaient sauter les toits avec les défenseurs qui les occupaient. Ou bien ils employaient la mine, et ils renversaient alors le bâtiment tout entier. Mais quand ils avaient ainsi trop détruit, il leur fallait marcher à découvert sous les coups de fusil. Une expérience de quelques jours leur apprit bientôt à ne pas charger la mine avec excès, et à ne produire que le ravage nécessaire pour s'ouvrir une brèche.

On chemina de la sorte dans cette rue, Santa-Engracia, jusqu'au couvent des Filles-de-Jérusalem, dans lequel on chercha à s'introduire par la mine. Nos mineurs ne tardèrent pas à s'apercevoir de la présence du mineur ennemi, qui s'avançait vers eux afin de les prévenir. On le devança en chargeant nos fourneaux avant lui, et on ensevelit les Espagnols dans leur mine. Une brèche ayant été pratiquée au couvent des Filles-de-Jérusalem, on y entra à la baïonnette, en tuant beaucoup d'hommes, et en recueillant un certain nombre de prisonniers. De ce couvent on pénétra dans l'hôpital des Fous, toujours à droite de la rue Santa-Engracia. Mais il fallait se frayer aussi un passage couvert à gauche de cette rue, pour arriver au gigantesque couvent de Saint-François, après la prise duquel on devait se trouver au bord du *Cosso*. On commença donc à miner dans cette direction.

Fév. 1809.

Progrès à l'attaque de droite pour s'avancer vers le Cosso.

Tandis qu'à l'attaque du centre, on marchait de couvent en couvent vers le *Cosso*, à l'attaque de droite le succès était aussi disputé, et obtenu par les mêmes moyens. On avait enlevé les couvents de Sainte-Monique et des Augustins, en faisant sauter les Espagnols au moment où ils voulaient nous faire sauter, ce qui était dû à l'intelligence et à l'habileté de nos mineurs. Puis, on s'était avancé, toujours par les mêmes procédés, le long des rues de Sainte-Monique et de Saint-Augustin, donnant vers le *Cosso*.

Les Espagnols pour arrêter nos progrès nous opposent l'incendie.

Les Espagnols, pour

retarder nos progrès, avaient imaginé un nouvel expédient: c'était de mettre le feu à leurs maisons, qui, contenant peu de bois, et ayant des voûtes au lieu de planchers, brûlaient lentement, et étaient inabordables pendant qu'elles brûlaient. On était réduit alors à cheminer dans les rues, en se couvrant avec des sacs à terre. Mais les premiers hommes qui paraissaient avant que l'épaulement les garantît, étaient blessés ou tués presque certainement. En même temps, par l'une des deux brèches de l'attaque de droite, on s'avançait le long des rues Sainte-Monique et Saint-Augustin, vers le *Cosso*, par la seconde, le long de la rue Quemada, on s'avançait aussi vers le même but, passant d'un côté à l'autre de cette rue, tantôt sous terre à l'aide de la mine, tantôt à découvert à l'aide des épaulements en sacs à terre. On arriva ainsi par ces diverses rues à deux grands édifices attenant tous deux au *Cosso*, l'un en formant le fond, l'autre le côté, et là on eut à lutter de courage, d'artifice, de violence dans les moyens, tantôt minant et contre-minant pour se faire sauter, tantôt s'abordant à la baïonnette, ou se fusillant à bout portant. Dans ces mille combats, les plus singuliers, les plus extraordinaires qu'on puisse concevoir, nos soldats, grâce à leur intelligence et à leur hardiesse, avaient presque constamment l'avantage, et s'ils perdaient souvent du monde, c'est que leur impatience les portant à brusquer les attaques, ils se présentaient à découvert devant un ennemi toujours caché. Nous n'avions pas moins de cent hommes par jour tués et blessés depuis que la guerre des maisons était commencée, et les Espagnols, qui avaient à braver le double danger du feu et de l'épidémie, voyaient jusqu'à quatre cents hommes par jour entrer dans leurs hôpitaux. C'est à l'une de ces attaques que le brave et habile général Lacoste fut tué d'une balle au front. Le colonel Rogniat le remplaça et fut blessé à son tour. Le chef de bataillon Haxo le fut également.

> Attaque du faubourg situé à la rive gauche de l'Èbre.

Ce genre d'opérations absorba le temps qui s'écoula du 26 janvier, jour de l'assaut général, au 7 février, moment où l'on attaqua enfin le faubourg de la rive gauche. Le maréchal Lannes avait ordonné au général Gazan de déployer une grande activité de ce côté, et ce dernier, toujours à cheval quoique malade, secondé par le colonel Dode, se trouva assez près du faubourg dans la journée du 7, pour battre en brèche un gros couvent, dit de Jésus, qui n'était pas loin de l'Èbre, et fort près d'un autre dont la possession devait être décisive pour la conquête du faubourg. Le 7, en effet, on put allumer le feu de 20 pièces de canon de gros calibre, puis en deux heures ouvrir une large brèche au couvent, que nous voulions prendre, et en chasser quatre cents Espagnols qui l'occupaient. Une colonne de voltigeurs s'y précipita et s'en fut bientôt emparée. Mais ayant voulu par trop d'ardeur franchir le couvent, qui était isolé, et se porter au delà, soit devant les maisons du faubourg, soit sur le second couvent, celui qu'on avait surtout intérêt à conquérir, elle fut ramenée par la vivacité de la fusillade. On se décida alors à partir du couvent déjà pris pour diriger des travaux d'approche sur le second, dit de Saint-Lazare, qui était adossé à l'Èbre, et qui venait toucher à la tête même du grand pont. De là on pouvait se rendre maître du pont, couper la retraite aux troupes qui défendaient le faubourg, et le faire tomber d'un seul coup. Toute l'artillerie de la rive droite fut envoyée à l'instant au général Gazan, pour exécuter le plus tôt possible cette opération importante.

> Horrible situation intérieure de Saragosse.

Dans l'intérieur de la ville, aux attaques de droite et du centre, la guerre souterraine que nous avons décrite continuait avec le même acharnement. Toutefois, de part et d'autre, la souffrance se faisait cruellement sentir. L'épidémie sévissait dans les murs de Saragosse. Plus de 15 mille hommes, sur 40 mille contribuant à la défense, étaient déjà dans les hôpitaux. La population inactive mourait sans qu'on prît garde à elle. On n'avait plus le temps ni d'enterrer les cadavres, ni de recueillir les blessés. On les laissait au milieu des décombres, d'où ils répandaient une horrible infection. Palafox lui-même, atteint de la maladie régnante, semblait approcher de sa dernière heure, sans que le commandement en fût du reste moins ferme. Les moines qui gouvernaient sous lui, toujours tout-puissants sur la populace, faisaient pendre à des gibets les individus accusés de faiblir. Le gros de la population paisible avait ce régime en horreur, sans l'oser dire. Les malheureux habitants de Saragosse erraient comme des ombres au sein de leur cité désolée.

> Murmures de nos soldats apaisés par le maréchal Lannes.

On ne songe dans ces extrémités qu'à ses propres souffrances, et on ne se figure pas assez celles de l'ennemi, ce qui empêche d'apprécier exactement la situation. Nos soldats ignorant l'état des choses dans l'intérieur de Saragosse, voyant qu'après quarante et quelques jours de lutte ils avaient à peine conquis deux ou trois rues, se demandaient ce qu'il adviendrait d'eux s'il fallait conquérir la ville entière par les mêmes moyens.—Nous y périrons tous, disaient-ils. A-t-on jamais fait la guerre de la sorte? À quoi pensent nos chefs? Ont-ils oublié leur métier? Pourquoi ne pas attendre de nouveaux renforts, un nouveau matériel, et enterrer ces furieux sous des bombes, au lieu de nous faire tuer un à un, pour prendre quelques caves et quelques greniers? Ne pourrait-on pas dépenser plus utilement pour l'Empereur notre vie qu'on dit lui être due, et que nous ne refusons pas de sacrifier pour lui?—Tel était chaque soir le langage des bivouacs, dans la moitié des divisions Grandjean et Musnier dont le tour était venu de se reposer. Lannes les calmait, les ranimait par ses discours.—Vous souffrez, mes amis, leur disait-il; mais croyez-vous que l'ennemi ne souffre pas aussi? pour un homme que vous perdez, il en perd quatre. Supposez-vous qu'il défendra toutes ses rues, comme il en a défendu quelques-unes? Il est au terme de son énergie, et sous peu de jours vous serez triomphants, et possesseurs d'une ville dans laquelle la nation espagnole a placé toutes ses espérances. Allons, mes amis, ajoutait-il, encore quelques efforts, et vous serez au bout de vos peines et de vos travaux.—L'héroïque maréchal, cependant, ne pensait pas ce qu'il leur disait. Général avec eux, mais soldat avec l'Empereur, il lui écrivait qu'il ne savait plus quand finirait ce siége terrible, que fixer un terme était impossible, car il y avait telle maison qui coûtait des journées.

Toutefois, ni Lannes, ni ses soldats, ne devenaient en se plaignant, ou moins actifs, ou moins courageux. À l'attaque du centre, tandis que par la mine on passait de l'hôpital des Fous au vaste couvent de Saint-François, on s'était aperçu que les assiégés minaient de leur côté. On avait alors chargé la mine de 3,000 livres de poudre, et dans l'intention de produire plus de carnage à la fois, on avait feint une attaque ouverte pour y attirer un plus grand nombre d'ennemis. Terrible explosion du couvent de Saint-François. Des centaines d'Espagnols avaient sur-le-champ occupé tous les étages, nous attendant de pied ferme. Alors le major du génie Breuille donnant l'ordre de mettre le feu à la mine, une épouvantable explosion, dont toute la ville avait retenti, s'était fait entendre, et une compagnie entière du régiment de Valence avait sauté dans les airs, avec les débris du couvent de Saint-François. Tous les cœurs en avaient frissonné d'horreur. Puis on s'était élancé à la baïonnette à travers les décombres, l'incendie, les balles, et on avait chassé les Espagnols. Mais ceux-ci, réfugiés dans un clocher, et sur le toit de l'église du couvent, y avaient pratiqué une ouverture d'où, jetant des grenades à la main, ils avaient un instant forcé nos soldats à rétrograder. Malgré toutes ces résistances, nous étions restés maîtres de ce poste, et sur ce point nous nous trouvions enfin au bord du *Cosso*. Sur-le-champ on avait commencé à miner pour passer par-dessous, et faire sauter par des explosions plus terribles encore l'un et l'autre côté de cette promenade publique.

Nous y étions également arrivés par l'attaque de droite, en suivant les rues Quemada, Sainte-Monique, Saint-Augustin. Nos troupes avaient pris le collége des Écoles Pies, miné le vaste édifice de l'Université, et poussé une pointe vers l'Èbre, pour se joindre à l'attaque du faubourg. L'Université devait sauter le jour même où tomberait le faubourg.

Prise du faubourg de la rive gauche.

On était au 18 février. Il y avait cinquante jours que nous attaquions Saragosse, et nous en avions passé vingt-neuf à pénétrer dans ses murs, vingt et un à cheminer dans ses rues, et le moment approchait où le courage épuisé de l'ennemi devait trouver dans quelque grand incident du siége une raison décisive de se rendre. Ce même jour, 18, on devait dans la ville faire sauter l'Université, et dans le faubourg s'emparer du couvent qui touchait au pont de l'Èbre. Le matin, Lannes à cheval, à côté du général Gazan, fit commencer l'attaque du faubourg. Cinquante bouches à feu tonnèrent sur le couvent attaqué. Les murs, construits en brique, avaient quatre pieds d'épaisseur. À trois heures de l'après-midi, la brèche fut enfin praticable. Un bataillon du 28ᵉ et un du 103ᵉ s'y jetèrent au pas de course, et y pénétrèrent en tuant trois ou quatre cents Espagnols. Si la brèche eût été assez large pour que toute la division Gazan y passât, c'en était fait des sept mille hommes qui gardaient le faubourg, car on pouvait de ce couvent se porter au pont, et couper le faubourg de la ville. Toutefois, on y introduisit autant de troupes qu'on put, et du couvent on courut au pont. La garnison du faubourg, voyant que la retraite lui était fermée, essaya de se faire jour. Trois mille hommes se précipitèrent vers l'entrée du pont; on voulut les arrêter, on se mêla avec eux, on en écharpa une partie, mais les autres réussirent à passer. Les quatre mille restant dans le faubourg furent réduits à déposer les armes, et à livrer le faubourg lui-même.

Cette opération brillante et décisive, conduite par Lannes lui-même, ne nous avait pas coûté plus de 10 morts et 100 blessés. Elle ôtait à la population son principal asile, et elle allait exposer la ville à tous les feux de la rive gauche. Tandis que cet événement s'accomplissait dans le faubourg, les troupes de la division Grandjean, se tenant sous les armes, attendaient l'instant où le bâtiment de l'Université sauterait, pour se précipiter sur ses ruines. Dans l'intérieur de la ville, à l'attaque de droite, on fait sauter le bâtiment de l'Université. Il sauta en effet, sous la charge de 1,500 livres de poudre, avec un fracas horrible, et aussitôt les soldats du 14ᵉ et du 44ᵉ, s'élançant à l'assaut, s'emparèrent de la tête du *Cosso* et de ses deux bords. À l'attaque du centre, on n'attendait plus qu'un jour pour détruire par la mine le milieu du *Cosso*.

Épuisement des assiégés.

Quelque obstiné que fût le courage de ces moines, de ces paysans, qui avaient échangé avec joie les ennuis de leur couvent, ou la dure vie des champs, pour les émotions de la guerre, leur fureur ne pouvait tenir devant les échecs répétés du 18. Il n'y avait plus qu'un tiers de la population combattante qui fût debout. La population non combattante était au désespoir. Palafox était mourant. La ville demande à capituler. La junte de défense, cédant enfin à tant de calamités réunies, résolut de capituler, et envoya un parlementaire qui se présenta au nom de Palafox. Les infortunés défenseurs de Saragosse avaient tant répété que les armées françaises étaient battues, qu'ils avaient fini par le croire. Le parlementaire vint donc demander qu'on permît d'expédier un émissaire au dehors de Saragosse pour savoir si véritablement les armées espagnoles étaient dispersées, et si la résistance de cette malheureuse cité était réellement inutile. Réponse de Lannes. Lannes répondit qu'il ne donnait jamais sa parole en vain, même pour une ruse de guerre, et qu'on devait l'en croire quand il affirmait que les Espagnols étaient vaincus des Pyrénées à la Sierra-Morena, que les restes de La Romana étaient pris, les Anglais embarqués, et l'Infantado sans armée. Il ajouta qu'il fallait se rendre sans conditions, car le lendemain il ferait sauter tout le centre de la ville.

Reddition de Saragosse.

Le lendemain 20 la junte se transporta au camp, et consentit à la reddition de la place. Il fut convenu que tout ce qui restait de la garnison sortirait par la principale porte, celle de Portillo, déposerait les armes, et serait prisonnière de guerre, à moins qu'elle ne voulût passer au service du roi Joseph.

Affreux état de Saragosse quand elle nous fut livrée.

Le 21 février, 10 mille fantassins, 2 mille cavaliers, pâles, maigres, abattus, défilèrent devant nos soldats saisis de pitié. Ceux-ci entrèrent ensuite dans la cité infortunée, qui ne présentait que des ruines remplies de cadavres en putréfaction. Sur 100 mille individus, habitants ou réfugiés dans les murs de Saragosse, 54 mille avaient péri. Un tiers des bâtiments de la ville était renversé; les deux autres tiers percés de boulets, souillés de sang, étaient infectés de miasmes mortels. Pertes cruelles des Français pendant ce siège mémorable. Le cœur de nos soldats fut profondément ému. Eux aussi avaient fait des pertes cruelles. Ils avaient eu 3 mille hommes hors de combat sur 14 mille participant activement au siège. Vingt-sept officiers du génie sur 40 étaient blessés ou tués, et dans le nombre des morts se trouvait l'illustre et malheureux Lacoste. La moitié des soldats du génie avait succombé. Rien dans l'histoire moderne n'avait ressemblé à ce siège, et il fallait dans l'antiquité remonter à deux ou trois exemples, comme Numance, Sagonte, ou

Jérusalem, pour retrouver des scènes pareilles. Encore l'horreur de l'événement moderne dépassait-elle l'horreur des événements anciens de toute la puissance des moyens de destruction imaginés par la science. Telles sont les tristes conséquences du choc des grands empires! Les princes, les peuples se trompent, a dit un ancien, et des milliers de victimes succombent innocemment pour leur erreur.

La résistance des Espagnols fut prodigieuse surtout par l'obstination, et attesta chez eux autant de courage naturel, que leur conduite en rase campagne attestait peu de ce courage acquis, qui fait la force des armées régulières. Mais le courage des Français, attaquant au nombre de quinze mille quarante mille ennemis retranchés, était plus extraordinaire encore; car, sans fanatisme, sans férocité, ils se battaient pour cet idéal de grandeur dont leurs drapeaux étaient alors le glorieux emblème.

> Caractère et résultats de cette seconde campagne d'Espagne.

Telle fut la fin de cette seconde campagne d'Espagne, commencée à Burgos, Espinosa, Tudela, finie à Saragosse, et marquée par la présence de Napoléon dans la Péninsule, par la retraite précipitée des Anglais, et une nouvelle soumission apparente des Espagnols au roi Joseph. Les manœuvres de Napoléon avaient été admirables, ses troupes admirables aussi; et pourtant, quoique les résultats fussent grands, ils n'égalaient pas ceux que nous avions obtenus contre les troupes savamment organisées de l'Autriche, de la Prusse et de la Russie. Il semblait que tant de science, d'expérience, de bravoure, vînt échouer contre l'inexpérience et la désorganisation des armées espagnoles, comme l'habileté d'un maître d'armes échoue quelquefois contre la maladresse d'un homme qui n'a jamais manié une épée. Les Espagnols ne tenaient pas en rase campagne, fuyaient en livrant leurs fusils, leurs canons, leurs drapeaux, mais on ne les prenait pas, et il restait à vaincre leurs vastes plaines, leurs montagnes ardues, leur climat dévorant, leur haine de l'étranger, leur goût à recommencer un genre d'aventures qui ne leur avait guère coûté que la peine de fuir, ce qui était facile à leur agilité et à leur dénûment; et de temps en temps aussi il restait à vaincre quelque terrible résistance derrière des murailles, comme celle de Saragosse! Il est vrai cependant que Saragosse était le dernier effort de ce genre qu'on eût à craindre de la part des Espagnols. Tout infatigables qu'ils étaient, on pouvait les fatiguer; tout aveugles qu'ils étaient, on pouvait les éclairer, et leur faire apprécier les avantages du gouvernement que Napoléon leur apportait par la main de son frère. Après Espinosa, Tudela, Somo-Sierra, la Corogne, Uclès, Saragosse, ils étaient effectivement abattus, découragés, du moins momentanément; et si la politique générale ne venait pas les aider à force de complications nouvelles, ils allaient être encore une fois régénérés par une dynastie étrangère. Mais le secret du destin était alors impénétré et impénétrable.

Napoléon recevant une lettre du prince Cambacérès, qui lui souhaitait une bonne année, lui avait répondu: Pour que vous puissiez m'adresser le même souhait encore une trentaine de fois, *il faut être sage*.—Mais après avoir compris qu'il fallait être sage, saurait-il l'être? Là, nous le répétons, était la question, l'unique question. Lui seul après Dieu tenait dans ses mains le destin des Espagnols, des Allemands, des Polonais, des Italiens, et malheureusement des Français comme de tous les autres.

Tandis que ses armées, après avoir pris un instant de repos, s'apprêtaient à s'élancer, celle du maréchal Soult de la Corogne à Lisbonne, celle du maréchal Victor de Madrid à Séville, celle de l'Aragon de Saragosse à Valence, il faut le suivre lui-même des sommets du Guadarrama aux bords du Danube, de Somo-Sierra à Essling et Wagram. Il lui restait alors quelques beaux jours à espérer, parce qu'il était encore temps d'être sage, et que les dernières fautes, les plus irrémédiables, n'avaient pas été commises. Il n'était pas impossible, en effet, quoique cela devînt douteux à voir la marche qu'il imprimait aux choses, que l'Espagne fût régénérée par ses mains, que l'Italie fût affranchie des Autrichiens, que la France demeurât grande comme il l'avait faite, et que son tombeau se trouvât sur les bords de la Seine, sans avoir un moment reposé aux extrémités de l'Océan.

FIN DU LIVRE TRENTE-TROISIÈME
ET DU TOME NEUVIÈME.

Notes

<u>1</u>: Le reste des 80,000 jeunes soldats envoyés en Espagne était dans les hôpitaux.

<u>2</u>: Toutefois il n'y eut de formés que les 13ᵉ, 14ᵉ, 17ᵉ et 18ᵉ régiments provisoires, les détachements ayant manqué pour les 15ᵉ et 16ᵉ.

<u>3</u>: On peut, par ces divers titres, se faire une idée de la complication que l'étendue des besoins et des ressources avait fait naître dans l'organisation militaire, que Napoléon maniait avec tant de génie. Il y avait les vieux régiments de ligne français portant les numéros 1 à 112, plus les régiments légers portant les numéros 1 à 32, qui étaient répandus en Pologne, en Allemagne, en Italie, en Illyrie, et qui avaient leurs bataillons de dépôt sur le Rhin ou sur les Alpes. Il y avait en outre les régiments dits provisoires, qu'on avait formés avec des compagnies tirées des bataillons de dépôt, et qui étaient détachés en Espagne pour y servir sous une forme temporaire. Il y avait de plus les détachements tirés plus tard de ces mêmes dépôts pour aller renforcer les régiments provisoires, et qui formaient pendant le trajet des régiments de marche. Les cinq légions de réserve, dont les trois premiers bataillons composaient le corps du général Dupont, dont les quatrièmes bataillons composaient l'une des divisions du maréchal Bessières, dont enfin les cinquièmes et sixièmes bataillons restaient à organiser, présentaient une nouvelle catégorie. Il y avait enfin les Italiens, les Polonais, les Suisses, qui concouraient de leur côté à la composition des forces dont disposait Napoléon. Il faut donc suivre avec une attention soutenue ces catégories si diverses et si nombreuses, si on veut apprécier l'art prodigieux avec lequel Napoléon maniait ses forces, et si on veut surtout comprendre comment il se faisait que, malgré cet art prodigieux, les ressources commençassent à être au-dessous de l'immensité de la tâche qu'il avait malheureusement embrassée.

<u>4</u>: Ces chiffres sont pris sur les états les plus authentiques, et n'ont été adoptés par moi qu'après de nombreuses vérifications. Ils sont importants à constater avec précision, parce que le général Dupont, dans son procès, s'attribua beaucoup moins de forces que n'en supposent ces chiffres, et que l'accusation lui en supposa beaucoup plus. La vérité rigoureuse est telle que je la donne ici, après avoir vérifié les états fournis par le général Dupont, ceux qui provenaient du ministère de la guerre, et ceux enfin qui formaient les états particuliers de Napoléon.

<u>5</u>: Le seul détournement, si c'en fut un, consista à accorder aux généraux et officiers supérieurs une gratification, mentionnée d'ailleurs dans les comptes de l'armée, et dont ils avaient indispensablement besoin. Elle varia entre trois et quatre mille francs par tête. Ce fait résulte d'une procédure fort rigoureuse et fort détaillée.

<u>6</u>: Tous ces détails sont extraits de la volumineuse procédure, fort curieuse et fort secrète, instruite contre le général Dupont de 1808 à 1811.

<u>7</u>: Je ne me permets d'exprimer ces jugements sur des questions toutes spéciales, que parce qu'ils sont conformes au simple bon sens, et appuyés de plus sur des autorités irréfragables, Napoléon et Berthier. Ces jugements, en effet, quant à ce qui concerne les opérations militaires du général Dupont, ne sont que la pensée de Napoléon et de Berthier, dégagée, pour le premier des questions qu'il fit adresser par le procureur général aux accusés, et pour le second du discours qu'il prononça dans la procédure.

<u>8</u>: J'exprime ici, par pur amour de la vérité, et surtout par le dégoût profond que j'ai toujours eu pour l'injustice envers les malheureux, un jugement sur l'affaire de Baylen, qui choquera tous les préjugés de l'époque impériale. Mais tout homme d'un esprit droit, après avoir lu les précieux documents que j'ai possédés, ne pourra pas porter un autre jugement que celui que je porte moi-même. Ces documents ont été de diverses sortes, et sont infiniment curieux et concluants. Il existe d'abord plusieurs volumes de pièces relatives à l'affaire de Baylen au dépôt de la guerre, avec les modèles d'interrogatoires qui furent dictés par l'Empereur, et qui révèlent l'opinion qu'il se faisait sur les fautes militaires commises en cette campagne. Il y a sa correspondance avec le général Savary, qui n'est pas le moins important de ces documents, la correspondance du général Dupont avec ses lieutenants, et enfin la procédure elle-même instruite contre les généraux Dupont, Marescot, Vedel, Chabert, etc. Napoléon voulut d'abord, dans un premier élan de colère, faire fusiller tous les auteurs de la capitulation. Bientôt, sur les remontrances du sage et toujours sage Cambacérès, et sous l'inspiration de son cœur, qui eût suffi pour l'arrêter, le premier moment passé, il déféra à un Conseil d'enquête, composé des grands de l'Empire, le jugement de l'affaire de Baylen. D'après l'avis de ce Conseil, un décret impérial prononça la destitution du général Dupont, lui enleva son titre de comte, le raya de la Légion d'honneur, lui retira ses dotations, prescrivit sa translation dans une prison d'État, et ordonna que trois exemplaires manuscrits de la procédure tout entière seraient déposés, l'un au Sénat, l'autre aux archives du gouvernement (Secrétairerie d'État), le troisième aux archives de l'Empire (Archives nationales). Lorsque, après la restauration, le général Dupont fut revenu en faveur (et à cette époque il devint, à mon avis, plus coupable qu'à Baylen), il obtint une ordonnance du roi qui prescrivait le dépôt de ces trois exemplaires à la Chancellerie, *pour être statué ultérieurement* sur la procédure même. Deux de ces exemplaires furent déposés à la Chancellerie, et ils n'ont jamais été communiqués. Le troisième était resté dans les mains de l'une des grandes familles créées par l'Empire. C'est ce précieux manuscrit, où tout, à mon avis, se trouve complètement éclairci, qui contient la justification du général Dupont, celle, du moins, qu'on peut fournir avec raison et justice. Si on lit

dans cette procédure l'opinion du prince Berthier, car chacun des grands de l'Empire exprima la sienne, on y verra, outre une rare supériorité de raison et une honorable humanité, dont les autres personnages, et surtout les personnages de l'ordre civil, ne donnèrent pas l'exemple, à peu près le jugement que je porte ici. J'ajouterai que Napoléon lui-même, revenu par la suite à plus de justice, répétait souvent: Dupont fut plus malheureux que coupable!—Il sentait dès lors les atteintes du malheur, et, avec son grand esprit et son grand cœur, il appréciait mieux à quel point il faut tenir compte des circonstances pour juger équitablement les hommes. Au surplus, je n'ai rencontré dans ma carrière aucun des acteurs qui figurent dans ce récit, ni eux ni leur famille, et je parle par un pur sentiment d'impartialité.

<u>9</u>: Je ne tire point ces observations uniquement de mon esprit. J'avais toujours pensé, en réfléchissant sur ces événements, qu'il restait, même après le désastre de Baylen, des forces suffisantes pour continuer à occuper Madrid; mais j'ai trouvé récemment une note de l'Empereur, datée de Bordeaux, du 2 août, qui m'a confirmé dans cette opinion, et c'est de cette note même que j'extrais les calculs que je viens de présenter, ainsi que l'indication des concentrations qu'on aurait pu opérer. Je n'ai fait que réduire quelques chiffres exagérés dans cette note sur la force des corps qui restaient en Espagne. Napoléon, voulant engager son frère à tenir bon, flattait naturellement un peu la situation, et entre les chiffres douteux préférait toujours les plus élevés. Quoiqu'il comptât plus de 80 mille hommes en Espagne après la perte des 20 mille de Dupont, il en restait à peine ce nombre, tant les maladies et le feu avaient déjà exercé de ravages.

<u>10</u>: J'emploie le nom le plus général; mais dans les Pyrénées, le chamois s'appelle izard.

<u>11</u>: C'est l'assertion du duc de Wellington dans sa correspondance avec le cabinet britannique, récemment imprimée en Angleterre, comme on sait, et présentant un ensemble de documents aussi précieux qu'intéressants.

<u>12</u>: Il existe aux Archives de la Secrétairerie d'État, ai-je dit, la minute des questions adressées au général Dupont par ordre de Napoléon, et on peut, avec ce document, se faire une idée exacte de l'opinion que Napoléon avait conçue de la catastrophe de Baylen et de la conduite du général Dupont. Il vit bien les fautes militaires qui suffisaient pour expliquer la catastrophe, mais il se laissa influencer un moment par les bruits calomnieux, répandus sur le général Dupont, et il le fit interroger sur ces bruits, sans y croire beaucoup lui-même. Il n'y croyait même plus du tout quelque temps après.

<u>13</u>: Cet entretien, transcrit à l'instant même par M. de Champagny, fut envoyé à Vienne à M. Andréossy, et se trouve conservé aux archives des affaires étrangères. Je ne fais ici qu'en résumer le contenu.

<u>14</u>: Il existe aux archives de la secrétairerie d'État des lettres de M. de Champagny fort curieuses, lesquelles, racontant à Napoléon les entretiens de M. de Champagny lui-même avec M. de Romanzoff, donnent la plus singulière idée de l'impatience du ministre russe. On en lira plus bas divers passages qui peignent cette impatience dans toute sa vérité.

<u>15</u>: J'ai déjà dit qu'il y avait des lettres de M. de Champagny à l'Empereur, où les détails de la négociation étaient racontés jour par jour, même quand M. de Champagny et Napoléon se trouvaient réunis à Erfurt. Ces lettres continuèrent naturellement pendant que Napoléon était à Weimar. Je ne suis donc pas réduit aux conjectures, et c'est d'après les documents les plus authentiques que je retrace les détails de cette entrevue, où les résolutions prises n'eurent pas moins d'intérêt que le spectacle donné à l'Europe.

<u>16</u>: Voici ce qu'écrivait Napoléon à M. de Champagny sur ce sujet:

«Toute la discussion ne peut donc tomber que sur la seule phrase ajoutée à l'article VII. Elle est cependant une conséquence immédiate de la démarche qui est faite; car, si l'Angleterre est portée à entrer en négociation, il est évident que la nouvelle lui survenant qu'une puissance d'une masse aussi considérable que la Turquie entre dans ses intérêts, cela la rendra plus exigeante dans la négociation. À quoi bon lui rouvrir sans raison les ports de la Syrie, de l'Égypte, de l'Afrique, de la Morée? Les comptoirs français seraient pillés, plusieurs milliers d'hommes emprisonnés et égorgés, le commerce interrompu; et tout cela en pure perte pour la Russie. Et si la paix était faite entre la Russie et la Porte pendant que les négociations auront lieu avec l'Angleterre, ce serait un incident qui aurait plus d'inconvénients que d'avantages, puisque l'Angleterre verrait plus clair dans les affaires qui se sont traitées à Erfurt, et le traité fait avec la Porte lui ferait comprendre que les idées de partage sont éloignées et l'effraierait moins. Tout porte donc à exécuter scrupuleusement l'article proposé.»

<u>17</u>: Voici comment M. de Champagny s'en explique avec l'Empereur:

«Erfurt, le 6 octobre 1808.

»Sire,

»Traitant cette question avec toute la bonne foi possible, bien persuadé que le délai demandé, celui qui subordonne toute démarche pour l'obtention des deux provinces à l'issue de la négociation avec l'Angleterre, est autant dans les intérêts de la Russie que dans ceux de la France, j'espérais éteindre le sentiment de défiance qu'annonçait la réponse de M. de Romanzoff; mais je n'ai pu l'ébranler. Celui qui est prêt à saisir une proie qu'il a long-temps convoitée, est sourd à toutes les raisons qui peuvent retarder sa jouissance. Il y a trente ans que M. de Romanzoff a rêvé cette acquisition; c'est le triomphe de son système; là est sa réputation et son honneur. Tout autre intérêt lui paraîtra faible auprès de celui-là. L'empereur Alexandre, qu'aucun motif personnel ne pousse, et à qui tous les intérêts de son empire sont également chers, doit être beaucoup plus accessible à la force des raisons qui, pour son intérêt, lui prescrivent de retarder, non pas une jouissance, mais une simple prise de possession d'une province qui ne peut lui échapper. Je ne suis donc convenu de rien avec M. de Romanzoff; quand même j'y aurais été autorisé, je n'étais pas plus disposé que lui à céder, et je regarde comme inutile de lui en parler encore avant l'arrivée de Votre Majesté. Sur le reste nous sommes à peu près d'accord.

«*Signé* CHAMPAGNY.»

«Erfurt, le 8 octobre 1808.

»SIRE,

»Deux heures de conférence avec M. le comte de Romanzoff n'ont amené aucun résultat. Son système paraît irrévocablement arrêté; il veut les provinces turques; il les veut à tout prix; il les veut aujourd'hui plutôt que demain. Ses objections sont moins contre l'article VI, dont Votre Majesté veut maintenir la rédaction, que contre l'addition qu'elle propose à l'article VII du contre-projet, et qui consiste en ces mots:

«Il ne sera donné aucun éveil à la Porte sur les intentions de la Russie qu'on n'ait connu l'effet des propositions faites par les deux puissances à l'Angleterre.»

»Ces mots effarouchent beaucoup M. de Romanzoff. Aucun délai ne lui paraît admissible, et surtout un délai indéterminé.—Quand, comment connaîtra-t-on, dit-il, l'effet de ces propositions? Un premier résultat ne mettra-t-il pas dans le cas d'en attendre un second, celui-ci un troisième, et notre arrangement avec la Turquie ne sera-t-il pas continuellement ajourné? Il appliquait ce raisonnement à tout. Si je lui parlais des ménagements dus aux Français établis dans le Levant, il me demandait: Mais voulez-vous attendre qu'ils soient revenus en France? Quand pourront-ils y revenir? La paix avec l'Angleterre lui paraît difficile, et c'est pour cela qu'il ne veut pas y subordonner la paix avec la Turquie. Il m'a parlé aussi de la nécessité de frapper l'opinion des Russes par la certitude de cette importante acquisition, et m'a paru avoir quelques craintes si tel n'était pas le résultat du voyage de l'empereur Alexandre. On m'a plutôt laissé deviner ces craintes qu'on ne me les a montrées; mais le sentiment qui perçait à chaque mot était celui de la défiance, défiance des événements, défiance aussi de nos intentions. C'est d'après cela qu'il mettait moins d'importance à l'article VI. Peu lui importe, en effet, de quelle manière cet article prononce le consentement de la France aux acquisitions de la Russie, si l'article suivant permet à celle-ci d'agir et de marcher à son but. C'est encore pour cela qu'un délai indéterminé l'effraie davantage: il craint d'exposer à des chances un avantage qui lui paraît presque acquis dans ce moment. Il consentirait plutôt à un délai dont le terme serait fixé. Il veut que tout soit précis. «Le vague des articles de Tilsit, dit-il, nous a fait trop de mal; une année a été perdue, et tel est encore l'unique résultat de notre alliance avec vous.»

»Cette obstination de M. de Romanzoff n'est pas le produit du moment. Elle tient à de longues réflexions qui n'ont eu qu'un but, à une attente impatiemment supportée, enfin à l'opinion que dans le moment actuel rien ne peut s'opposer à l'exécution des vues de la Russie. Je désespère de la vaincre.

»Je suis avec respect, etc.

»Signé CHAMPAGNY.»

<u>18</u>: M. de Talleyrand, en effet, comme nous l'avons dit, savait d'une manière générale qu'il s'agissait d'une convention qui fixerait les principes sur lesquels reposerait l'alliance; mais il ignorait que le point principal, c'était le don de la Moldavie et de la Valachie, et surtout que le point contesté était le délai de quelques semaines qu'on voulait imposer à la Russie avant de faire des démarches ouvertes relativement aux provinces cédées.

<u>19</u>: J'ai bien des fois, dans ma jeunesse, recueilli ce récit de la bouche même de M. de Talleyrand, et, en le confrontant avec les pièces officielles, j'ai pu constater à quel point il était vrai.

<u>20</u>: On a vu dans le livre précédent que Napoléon avait porté tous les régiments à cinq bataillons; que, pour ceux qui étaient en Allemagne, il en voulait quatre à l'armée, le cinquième au dépôt sur le Rhin; que, pour ceux qui servaient en Espagne, il en voulait trois au delà des Pyrénées, le quatrième à Bayonne comme premier dépôt, et le cinquième dans l'intérieur de la France comme second dépôt.

<u>21</u>: Je cite à cet égard une lettre curieuse du maréchal Jourdan, chef d'état-major de Joseph, et chargé de commander quand Berthier et Napoléon n'y étaient pas.

«Le maréchal Jourdan au général Belliard.

»Vittoria, le 30 octobre 1808.

»Mon cher général, malgré le peu de bonne volonté d'un chacun, le général Morlot est à Lodosa, le maréchal Ney à Logroño. L'ennemi nous a laissé le temps de faire nos allées et nos venues, et nous a laissés prendre nos positions.

»Le général Sébastiani avait reçu ordre de laisser à Murguia le 5ᵉ régiment de dragons; mais, comme chacun fait ce qui lui convient, il a mené avec lui, à ce qu'on m'a dit, le moitié du régiment avec le colonel: de manière qu'il va fourrer la moitié d'un régiment de dragons dans un pays où il est presque impossible d'aller à cheval. Ah! mon cher général, si vous pouviez coopérer à me sortir de la maudite galère où je suis, vous me rendriez un grand service! Combien je me trouverais heureux d'aller planter mes choux, si toutefois les choses doivent rester dans l'état où elles sont!

»Le roi a reçu la nuit dernière une lettre du maréchal Victor, datée de Mondragon. Monsieur le maréchal se plaint d'une manière un peu vive de ce qu'on a retenu une de ses divisions à Durango. Il aurait peut-être préféré trouver l'ennemi à Mondragon et à Salinas. Chacun a son goût et sa manière de voir.

»Le roi aurait grande envie de faire attaquer l'ennemi à Durango, mais je crois qu'il craint que cette attaque ne soit désapprouvée par l'Empereur. J'ignore encore à quoi Sa Majesté se décidera, mais très-certainement le succès est assuré. Il est vrai que si on attend encore quelques jours, et que monsieur Blake ait la bonté de rester où il est, il aura de la peine à en sortir. L'obstination de ce général me paraît une chose fort extraordinaire. Attendrait-il des renforts par mer? Si cela était, on ferait bien de le culbuter tout de suite. Mais comment prendre un parti lorsqu'on n'est pas le maître?

»Je vous écris, mon cher général, tout ce que je pense, tout ce que je sais et tout ce qui se passe. Je n'ai d'autre désir ni d'autre intérêt que de voir triompher les armes de l'Empereur, et de voir le roi assis sur le trône d'Espagne. Si ce que je vous écris peut être de quelque utilité, faites-en usage comme vous l'entendrez.»

<u>22</u>: Je cite deux lettres de Napoléon au ministre Dejean, remarquables par ses vues sur la régie et les marchés.

Au ministre Dejean, directeur de l'administration de la guerre.

«Bayonne, 4 novembre 1808.

»Vous trouverez ci-joint un rapport de l'ordonnateur. Vous y verrez comme je suis indignement servi. Je n'ai encore eu que 1,400 habits, que 7,000 capotes au lieu de 50,000; 15,000 paires de souliers au lieu de 129,000. Je manque de tout; l'habillement va au plus mal; mon armée qui va entrer en campagne est nue, elle n'a rien. Les conscrits ne sont pas habillés; vos rapports ne sont que du papier. Ce sont des convois qui m'étaient nécessaires; il fallait les faire partir en règle, et y mettre à la tête un officier ou un commis, et alors on eût été sûr de leur arrivée.

»Vous trouverez ci-joint des lettres du préfet de la Gironde et un rapport de l'inspecteur aux revues Dufresne; vous y verrez que tout est vol et dilapidation. Mon armée est nue, et cependant elle entre en campagne. Je n'en ai pas moins dépensé beaucoup d'argent, mais c'est autant de jeté dans l'eau.»

Au ministre Dejean, directeur de l'administration de la guerre.

«Tolosa, le 5 novembre 1808.

»Les vivres qui sont à Bayonne ne seront pas consommés. Il ne manque pas de vivres en Espagne, surtout des bestiaux et du vin. Je viens d'ordonner que la réserve de bœufs soit contremandée; elle est inutile, ce sera une économie de 2 millions.

»Ce qu'il me faut ce sont des capotes et des souliers. Je ne manquerais de rien si mes ordres avaient été exécutés. Aucun de mes ordres n'a été exécuté parce que l'ordonnateur n'est pas sûr, et qu'on ne traite qu'avec des fripons. Il faut envoyer à Bayonne un ordonnateur au-dessus du soupçon. Je ne veux point de marchés. Vous savez que les marchés ne produisent que des friponneries.

»J'ai cassé le marché de l'habillement de Bordeaux. Envoyez-y un directeur qui fasse confectionner pour mon compte, qui sera aidé du préfet, qui requerra le local et les ouvriers. Partez bien du principe qu'on ne fait des marchés que pour voler; que quand on paye, il n'y a pas besoin de marchés, et que le système de la régie est toujours meilleur.

»Comment faut-il donc faire pour cet atelier de confection? Comme on fait dans les régiments: mettre un commissaire des guerres probe à la tête de cet établissement, y joindre trois ou quatre maîtres tailleurs sous ses ordres, comme employés de l'atelier, et charger trois officiers supérieurs, de ceux qui se trouvent à Bordeaux, de surveiller la réception, de ne recevoir que de bons habits. Il n'y a pas besoin de marché pour tout cela, en mettant de l'argent à la disposition dudit commissaire.

»Par le décret, vous verrez qu'il n'est question que d'avoir un bon adjoint au commissaire des guerres, qui veuille mettre sa réputation à bien faire aller cet atelier, et d'avoir deux bons garde-magasins et deux maîtres tailleurs sortant des corps, honnêtes et experts. Moyennant ces cinq individus, cet atelier marchera parfaitement, et je veux avoir des habits aussi bien confectionnés que ceux de la garde.

»Quant à l'activité, si on veut confectionner 10,000 habits par jour, on les confectionnera, parce qu'il ne sera question que de requérir des ouvriers dans toute la France. Si vous aviez agi d'après ces principes, tout marcherait parfaitement. Mieux vaut tard que jamais. Pour votre règle, je ne veux plus de marché; et quand je ne ferai pas confectionner par les corps, il faudra suivre cette méthode.»

23: Je cite des dépêches qui expliquent clairement la situation, et prouvent ce que pensa de la conduite de ces deux maréchaux un juge infaillible, Napoléon lui-même, qui ordinairement avait plutôt de la faiblesse que de la sévérité pour les deux lieutenants dont il s'agit ici.

Le major général au maréchal Lefebvre.

«Vittoria, 6 novembre 1808, à midi.

»L'Empereur est très-fâché du faux mouvement de retraite de Bilbao. Sa Majesté ne s'attendait pas à cette faute capitale de la part d'un maréchal aussi zélé pour son service. Sa Majesté ne doute pas que si vous eussiez placé votre quartier général à Balmaseda et campé avec vos trois divisions pour agir suivant les circonstances, vous n'eussiez déjà fait plus de huit à dix mille prisonniers à l'ennemi, mais que la conduite tenue dernièrement est d'autant plus extraordinaire qu'en parlant des grands inconvénients des mouvements rétrogrades, vous en avez commencé un de cinq lieues.

»L'Empereur ordonne que vous vous réunissiez à la division Villatte afin de pousser vivement l'ennemi. Si, le 31, monsieur le maréchal, vous n'aviez pas attaqué, et aviez laissé le temps de faire les dispositions nécessaires, la campagne d'Espagne aujourd'hui serait bien avancée. L'Empereur trouve dans votre conduite que trop de zèle vous a fait manquer aux règlements militaires en attaquant sans ordres, mais Sa Majesté ne conçoit pas que l'ennemi puisse rester entier quand on a obtenu sur lui un succès. L'Empereur peut avoir besoin de ses troupes, et quand elles sont engagées on ne peut laisser une division isolée devant l'ennemi, quand d'un autre côté on fait un mouvement rétrograde. Sa Majesté trouve que c'est avec de pareilles dispositions que l'on perd l'avantage de ses succès. L'Empereur pense que, pendant le temps où les troupes des généraux Villatte, Labruyère et Ruffin sont devant l'ennemi, et manœuvrent pour le couper, ce n'était pas celui de vous retirer, et dans une pareille circonstance Sa Majesté trouve déplacé que les troupes du 4e corps restent inactives à Bilbao.

»Le maréchal Soult marche demain sur Burgos, d'où il se portera sur Reinosa et Santander. Marchez donc vivement, monsieur le maréchal. Le but de l'Empereur est qu'il n'y ait pas un moment de repos jusqu'à ce qu'on ait détruit le corps de Blake et qu'il soit repoussé dans les Asturies.

»L'ennemi s'étant retiré par Balmaseda, Villarcayo et Santander, vous devez le talonner sur les corps qui vont le barrer à Reinosa.

»ALEXANDRE.»

Le major général au maréchal Victor.

«Vittoria, 6 novembre 1808, à minuit.

«J'ai mis sous les yeux de l'Empereur votre lettre du 6, que votre aide de camp a dit avoir été écrite à midi. Sa Majesté a été très-mécontente de ce qu'au lieu d'avoir soutenu le général Villatte, vous l'ayez laissé aux prises avec l'ennemi; faute d'autant plus grave, que vous savez que le maréchal Lefebvre a commis celle de laisser exposée une division de votre corps d'armée en reployant ses deux autres divisions sur Bilbao. Vous saviez que cette division était exposée à Balmaseda, puisque le général Labruyère avait communiqué avec elle le 5 au matin. Comment, au lieu de vous porter en personne à la tête de vos troupes, pour secourir une de vos divisions, avez-vous laissé cette opération importante à un général de brigade, qui n'avait pas votre confiance, et qui n'avait avec lui que le tiers de vos forces? Comment, après que vous avez eu la nouvelle que, pendant la journée du 5, la division Villatte se fusillait avec les Espagnols, avez-vous pu, au lieu de marcher à son secours, supposer gratuitement que ce général était victorieux? Sa Majesté demande depuis quand la fusillade et l'attaque est une preuve de la retraite de l'ennemi? Cependant les instructions du maréchal Jourdan étaient précises de ne vous porter sur Miranda que quand vous seriez assuré que l'ennemi était en retraite; et au lieu de cela, monsieur le maréchal, vous êtes parti lorsque vous aviez la preuve certaine que l'ennemi se battait. Vous savez que le premier principe de la guerre veut que dans le doute du succès on se porte au secours d'un de ses corps attaqué, puisque de là peut dépendre son salut. Dans l'autre supposition, votre mouvement ne pouvait avoir d'inconvénient, puisque votre instruction de vous porter sur Miranda n'était qu'hypothétique, et qu'ainsi sa non-exécution ne pouvait influer sur aucuns projets du général en chef.

»Voici ce qui est arrivé, monsieur le maréchal: la colonne devant laquelle le général Labruyère s'est ployé a trouvé le général Villatte, qui, attaqué de front et en queue, n'a dû son salut qu'à son intrépidité, et après avoir fait un grand carnage de l'ennemi; de son côté il a peu perdu, et s'est retiré sur Bilbao deux lieues en avant de cette ville le 5 au soir.

»La volonté de l'Empereur est que vous partiez sans délai pour vous porter sur Orduña, que vous marchiez à la tête de vos troupes, que vous teniez votre corps réuni, et que vous manœuvriez pour vous mettre en communication avec le maréchal Lefebvre, qui doit être à Bilbao.

»ALEXANDRE.»

<u>24</u>: Voici à ce sujet une nouvelle lettre de Napoléon qui nous semble digne d'être rapportée:

L'Empereur au roi d'Espagne.

«Cubo, le 10 novembre 1808.

»Je pars à une heure du matin pour être rendu incognito demain ayant le jour à Burgos, où je ferai mes dispositions pour la journée; car vaincre n'est rien si l'on ne profite pas du succès.

»Je pense que vous devez vous rendre à Briviesca demain.

»Autant je pense devoir faire peu de cérémonie pour moi, autant je crois qu'il faut en faire pour vous. Pour moi, cela ne marche pas avec le métier de la guerre; d'ailleurs, je n'en veux pas.

»Il me semble que des députations doivent venir au-devant de vous et vous recevoir au mieux. À mon arrivée, j'ordonnerai tout pour le désarmement et pour brûler l'étendard qui a servi à la publication de Ferdinand. Donnez l'impulsion pour faire sentir que cela n'est pas pour rire.

»On me mande que l'armée d'Estrémadure est détruite. C'est d'ailleurs une infâme canaille fanfaronne, qui n'a pas soutenu la charge d'une brigade du général Mouton.

»Si vous savez quelque chose du côté d'Orduña ou des maréchaux Lefebvre ou Victor, mandez-le-moi. L'espérance d'avoir quelque nouvelle de ce côté m'a fait rester ici.

»Le général Dejean, qui commande mille chevaux à Miranda, a eu ordre de protéger le passage des Espagnols qui sont avec vous, des parcs qui se dirigent sur Burgos, du trésor, etc.

»NAPOLÉON.»

25: Nous citerons ici, sur ce fait important de la carrière de l'illustre maréchal, diverses lettres du quartier général, qui prouvent le cas que Napoléon faisait de ce grand homme de guerre, et la manière dont il jugea les motifs de son hésitation. On y verra d'abord que les instructions furent très-claires, très-positives, que les dates furent indiquées avec une grande précision; que s'il y eut de l'incertitude d'abord sur les deux routes de Soria et de Calatayud, le 21 toute incertitude avait cessé au quartier général, et qu'Agreda, route de Soria, fut indiqué. Évidemment les faux bruits recueillis à Soria firent seuls hésiter le maréchal Ney. Au surplus, on jugera mieux ce fait important par les documents originaux. Nous ajouterons que, quant au reproche adressé au maréchal Ney, d'avoir perdu son temps par jalousie pour le maréchal Lannes, il n'y a pas le moindre fondement à un tel reproche, quoiqu'il ait été souvent mérité en Espagne par nos généraux. La meilleure part du triomphe fût revenue au maréchal Ney s'il eût réussi, car c'est lui qui aurait pris Castaños. La cause véritable est celle que Napoléon assigna lui-même à la conduite du maréchal, et que j'ai indiquée dans mon récit. On peut s'en rapporter à un juge tel que Napoléon, surtout quand il ne jugeait pas sous l'impression d'un mouvement d'humeur; car, outre son infaillibilité en cette matière, il avait l'avantage d'être près des événements, il savait tous les faits, et ne se laissait influencer par aucune considération. Du reste, voici les documents jusqu'ici inédits; le lecteur prononcera lui-même en les lisant:

Le major général au maréchal Ney, à Aranda.

«Burgos, le 18 novembre 1808, à midi.

»L'Empereur ordonne que vous partiez demain avant le jour, avec vos deux divisions, toute votre artillerie, le 26ᵉ régiment de chasseurs à cheval et la brigade de cavalerie du général Beaumont, que le maréchal Bessières mettra à vos ordres, et que vous vous rendiez sur San Estevan de Gormaz, pour de là vous diriger sur Almazan ou sur Soria, à votre choix, selon les renseignements que vous recevrez. Vous intercepterez à Almazan la route de Madrid à Pampelune, et vous vous trouverez dès lors sur les derrières du général Castaños. En route, et surtout à Almazan, vous aurez les renseignements les plus précis. Si vous apprenez, ou que le général Castaños se soit retiré sur Madrid, ou qu'il se soit retiré de Calahorra ou d'Alfaro, et que sa ligne de communication avec Madrid fût celle de Saragosse par Calatayud ou Daroca, votre expédition aurait pour premier but alors de soumettre la ville de Soria, qu'il est important de réduire avant de marcher outre. À cet effet, vous vous dirigerez sur cette ville, vous la désarmerez et ferez sauter les vieilles murailles; vous y ferez arrêter les comités d'insurrection; vous formerez un gouvernement composé des plus honnêtes gens, et vous direz à la ville d'envoyer une députation au roi. Vous vous mettrez en communication avec le maréchal Lannes, qui marche avec la division Lagrange, la brigade Colbert, et tout le corps du maréchal Moncey, sur Calahorra, Alfaro et Tudela. Le maréchal Lannes se portera sur Lodosa le 21, il y sera le 22, où il se réunira au corps du maréchal Moncey, marchera sur Calahorra, et le 23 sur Tudela. Vous, monsieur le duc, vous serez le 21 au soir à Almazan, et le 22 à Soria. L'Empereur sera le 21 à Aranda. Ainsi, le 22 la gauche sera à Calahorra, le centre, que vous formez, sera à Almazan ou Soria, la droite sur Aranda.»

Le major général au maréchal Ney, à Almazan.

«Burgos, le 21 novembre 1808, à quatre heures du soir.

»Les maréchaux Lannes et Moncey attaquent, le 22, l'ennemi à Calahorra; vous devez donc continuer votre mouvement sur Agreda pour vous trouver sur les flancs de l'ennemi, et faire votre jonction avec le maréchal Lannes, si cela est nécessaire.»

Le major général au maréchal Ney, par Agreda.

«Aranda, le 27 novembre 1808, à dix heures du matin.

»Il paraît qu'après la bataille de Tudela, l'armée d'Aragon s'est retirée dans Saragosse, et que l'armée de Castaños s'est retirée sur Tarazona, et si vous vous fussiez trouvé le 23 à Agreda, elle aurait été prise.

»Sa Majesté me charge de vous réitérer l'ordre de poursuivre Castaños; ne le quittez pas, et poursuivez-le la baïonnette dans les reins. Point de repos que votre armée n'ait aussi un morceau de l'armée de Castaños.

»N'écoutez pas les bruits du pays. On disait qu'à Tudela il y avait au delà de 80 mille hommes, et il n'y en avait pas 40 mille, y compris les paysans, et ils ont fui aussitôt qu'on a marché sur eux, abandonnant drapeaux et canons. Cette canaille n'est pas faite pour tenir devant vous, et rien en Espagne ne peut résister à vos deux divisions quand vous êtes à leur tête. Ne quittez donc pas Castaños, et ayez-en votre part. Voilà votre but.»

Le major général au maréchal Ney, par Agreda.

«Aranda, le 28 novembre 1808, à sept heures du soir.

»L'Empereur me charge de vous donner l'ordre de poursuivre Castaños l'épée dans les reins. S'il va sur Madrid, vous le suivrez. Soyez toujours sur sa piste. L'Empereur passe demain la Somo-Sierra, et son projet est de faire couper, s'il est possible, Castaños sur Guadalaxara. Mais il est essentiel que vous, monsieur le maréchal, vous le poursuiviez et que vous ne le laissiez point se jeter sur le corps français qui marche à Madrid, et qui pourrait avoir en même temps à lutter contre les efforts des Anglais, qui, suivant les nouvelles, se mettent en mouvement. Le quartier général de l'Empereur sera demain à Bocequillas, et après-demain à Buytrago. Ainsi, monsieur le duc, le but que vous avez à remplir n'est ni la défense, ni la conquête, ni l'occupation d'un territoire, mais bien de suivre, d'attaquer et de combattre l'armée de Castaños, surtout si elle se portait sur Madrid.»

Le major général au maréchal Ney, à Guadalaxara.

«Chamartin, le 8 décembre 1808.

»Les Anglais se sauvent à toutes jambes; mais nous avons été ici un moment dans une situation sérieuse. C'est une faute d'être arrivé ici trop tard, c'en est une de n'avoir pas suivi l'esprit de vos premières instructions: elles vous faisaient connaître que le maréchal Lannes attaquait l'ennemi le 23, que vous étiez destiné à couper et poursuivre Castaños, et par conséquent à vous porter rapidement sur Agreda, sans vous arrêter deux jours comme vous avez fait en pure perte à Soria.

»Sa Majesté n'approuve pas que vous ayez mêlé votre corps avec celui du maréchal Moncey; il fallait suivre Castaños et laisser le duc de Conegliano faire le siége de Saragosse. L'Empereur ne peut comprendre comment, quand vous avez quitté le 2 Saragosse, vous n'avez pas laissé la division Dessoles au maréchal Moncey, l'exposant par là à faire un mouvement rétrograde. Enfin, ce qui est passé est passé; Sa Majesté connaît trop bien votre zèle pour vous en vouloir, elle vous mettra à même de réparer tout cela. L'Empereur a hésité de donner l'ordre à la division Dessoles et aux Polonais de retourner sur Saragosse, afin de ménager la fatigue de ses troupes. Sa Majesté a préféré faire des changements à ses projets ultérieurs. Elle vient d'ordonner au maréchal Mortier de se diriger sur Saragosse.»

L'Empereur au maréchal Lannes.

«Aranda, le 27 novembre 1808.

»Votre aide de camp est arrivé le 26, à huit heures du matin, et m'a annoncé la brillante affaire de Tudela. Je vous en fais mon compliment. Le maréchal Ney n'a pas, dans cette circonstance, rempli mon but. Arrivé le 22, à midi, à Soria, il devait, selon les ordres qu'il avait reçus, être le 23, de bonne heure, à Agreda. Mais, s'étant laissé imposer par les habitants, et ajoutant foi à un tas de bêtises qu'ils lui débitaient, croyant sur leur parole qu'il y avait 80 mille hommes de troupes de ligne, etc., il a eu peur de se compromettre, et il est resté le 23 et le 24 à Soria. Je lui ai donné l'ordre de partir sur-le-champ et de ne rien craindre. Il a dû être le 25 à Agreda. Il avait entendu votre canonnade le 23 et le 24, et il avait cru que vous aviez été battu, sans raison et sans aucun indice raisonnable. Je lui ai donné l'ordre depuis de pousser Castaños l'épée dans les reins. Je m'occupe de rappeler le corps du maréchal Victor, que j'avais envoyé du côté de l'Aragon, afin de pouvoir enfin marcher sur Madrid.»

<u>26</u>: Ces paroles sont textuellement celles de Napoléon, consignées tout au long dans le *Moniteur* de cette époque.

<u>27</u>: On est honteux, en lisant les Mémoires si remarquables d'ailleurs du maréchal Saint-Cyr sur sa campagne de Catalogne, des petitesses qui s'y rencontrent, à côté de vues saines et profondes. J'ai lu toute sa correspondance avec l'état-major impérial, et j'affirme qu'elle dément complètement ses assertions, sous un seul rapport, bien entendu, celui du soin qu'aurait mis l'Empereur à lui marchander les moyens, afin que les succès en Catalogne n'effaçassent point les succès en Castille. On est affligé, en vérité, de voir un esprit aussi distingué s'abaisser jusqu'à de si misérables suppositions. L'Empereur n'aimait pas le caractère insociable du maréchal Saint-Cyr, mais il rendait justice à ses qualités éminentes, et n'en était pas jaloux. On voit dans son Histoire de César qu'il était jaloux peut-être de César ou d'Alexandre, mais en fait de jalousie il ne descendait pas au-dessous.

<u>28</u>: Les dépêches de John Moore, publiées par sa famille, ne peuvent laisser aucun doute sur tous ces points.

<u>29</u>: Cette circonstance est prouvée par la correspondance des maréchaux.

<u>30</u>: Voici, en effet, ce qu'il écrivait à ce sujet au ministre de la guerre et au roi d'Espagne:

Au ministre de la guerre.

«Valladolid, le 13 janvier 1809.

«Vous verrez par le bulletin que le duc de Dalmatie est entré à Lugo le 9. Le 10, il a dû être à Betanzos. Les Anglais paraissent vouloir s'embarquer à la Corogne. Ils ont déjà perdu 3 mille hommes faits prisonniers, une vingtaine de pièces de canon, 5 à 600 voitures de bagages et de munitions, une partie de leur trésor et 3 mille chevaux, qu'ils ont eux-mêmes abattus, selon leur bizarre coutume. Tout me porte à espérer qu'ils seront atteints avant leur embarquement et qu'on les battra. *J'ai quelquefois regret de n'y avoir pas été moi-même, mais il y a d'ici plus de cent lieues; ce qui, avec les retards que font éprouver aux courriers les brigands qui infestent toujours les derrières d'une armée, m'aurait mis à vingt jours de Paris; cela m'a effrayé surtout à l'approche de la belle saison, qui fait craindre de nouveaux mouvements sur le continent.* Le duc d'Elchingen est en seconde ligne derrière le duc de Dalmatie; la force des Anglais est de 18 mille hommes. On peut compter qu'en hommes fatigués, malades, prisonniers et pendus par les Espagnols, l'armée anglaise est diminuée d'un tiers; et si à ce tiers on ajoute les chevaux tués qui rendent inutiles les hommes de cavalerie, je ne pense pas que les Anglais puissent présenter 15 mille hommes bien portants, et plus de 1,500 chevaux. Cela est bien loin des 30 mille hommes qu'avait cette armée.»

Au roi d'Espagne.

«Valladolid, 11 janvier 1809.

«.....Je suis obligé de me tenir à Valladolid pour recevoir mes estafettes de Paris en cinq jours. Les événements de Constantinople, la situation actuelle de l'Europe, la nouvelle formation de nos armées d'Italie, de Turquie et du Rhin, exigent que je ne m'éloigne pas davantage. *Ce n'est qu'avec regret que j'ai été forcé de quitter Astorga.*

«Il y a à Madrid un millier d'hommes de ma garde, envoyez-les-moi.»

<u>31</u>: *Au roi d'Espagne.*

«Valladolid, le 12 janvier 1809, à midi.

«L'opération qu'a faite Belliard est excellente. Il faut faire pendre une vingtaine de mauvais sujets. Demain j'en fais pendre ici sept, connus pour avoir commis tous les excès, et dont la présence affligeait les honnêtes gens qui les ont secrètement dénoncés, et qui reprennent courage depuis qu'ils s'en voient débarrassés. Il faut faire de même à Madrid. Si on ne s'y débarrasse pas d'une centaine de boute-feux et de brigands, on n'a rien fait. Sur ces cent, faites-en fusiller ou pendre douze ou quinze, et envoyez les autres en France aux galères. Je n'ai eu de tranquillité en France qu'en faisant arrêter 200 boute-feux, assassins de septembre et brigands que j'ai envoyés aux colonies.

Depuis ce temps l'esprit de la capitale a changé comme par un coup de sifflet.»

Au roi d'Espagne.

«Valladolid, 16 janvier 1809.

«La cour des alcades de Madrid a acquitté ou seulement condamné à la prison les trente coquins que le général Belliard avait fait arrêter. Il faut les faire juger de nouveau par une commission militaire, et faire fusiller les coupables. Donnez ordre sur-le-champ que les membres de l'inquisition et ceux du conseil de Castille, qui sont détenus au Retiro, soient transférés à Burgos, ainsi que les cent coquins que Belliard a fait arrêter.

«Les cinq sixièmes de Madrid sont bons; mais les honnêtes gens ont besoin d'être encouragés, et ils ne peuvent l'être qu'en maintenant la canaille. Ici ils ont fait l'impossible pour obtenir la grâce des bandits qu'on a condamnés; j'ai refusé; j'ai fait pendre, et j'ai su depuis que, dans le fond du cœur, on a été bien aise de n'avoir pas été écouté. Je crois nécessaire que, surtout dans les premiers moments, votre gouvernement montre un peu de vigueur contre la canaille. La canaille n'aime et n'estime que ceux qu'elle craint, et la crainte de la canaille peut seule vous faire aimer et estimer de toute la nation.»

[32]: Lettres de Joseph et de Napoléon déposées aux Archives de l'ancienne Secrétairerie d'État.

[33]: Nous donnons ici des nombres précis, parce qu'ils sont fournis cette fois avec détail dans les rapports existant au dépôt de la guerre.

[34]: Ses dépêches à l'Empereur font foi du sentiment qu'il avait éprouvé. On y lit les passages suivants: «Jamais, Sire, je n'ai vu autant d'acharnement comme en mettent nos ennemis à la défense de cette place. J'ai vu des femmes venir se faire tuer devant la brèche. Il faut faire le siège de chaque maison. Si on ne prenait pas de grandes précautions, nous y perdrions beaucoup de monde, l'ennemi ayant dans la ville 30 à 40 mille hommes, non compris les habitants. Nous occupons depuis Santa-Engracia jusqu'aux Capucins, où nous avons pris quinze bouches à feu.

«Malgré tous les ordres que j'avais donnés pour empêcher que le soldat ne se lançât trop, on n'a pas pu être maître de son ardeur. C'est ce qui nous a donné 200 blessés de plus que nous ne devions avoir. (Au quartier-général devant Saragosse, le 28 janvier 1809.)»

...... «Le siège de Saragosse ne ressemble en rien à la guerre que nous avons faite jusqu'à présent. C'est un métier où il faut une grande prudence et une grande vigueur. Nous sommes obligés de prendre avec la mine ou d'assaut toutes les maisons. Ces malheureux s'y défendent avec un acharnement dont on ne peut se faire une idée. *Enfin, Sire, c'est une guerre qui fait horreur.* Le feu est dans ce moment sur trois ou quatre points de la ville, elle est écrasée de bombes: mais tout cela n'intimide pas nos ennemis. On travaille à force à s'approcher du faubourg. C'est un point très-important. J'espère que, quand nous nous en serons rendus maîtres, la ville ne tiendra pas long-temps.

..... «Un rassemblement de quelques mille paysans est venu attaquer hier les 400 hommes laissés à El Amurria. J'ai donné ordre au général Dumoustier de partir hier, dans la nuit, avec une colonne de 1,000 hommes, 200 chevaux et deux pièces de 4. Je suis sûr qu'il aura tué ou dispersé toute cette canaille. Autant ils sont bons derrière leurs murailles, autant ils sont misérables en plaine.»

<u>35</u>: C'est un fait que j'ai recueilli de la bouche même de l'illustre et à jamais regrettable maréchal Bugeaud. Il était capitaine de grenadiers au siége de Saragosse, et il m'en racontait encore les détails quelques jours avant sa mort.

www.ingramcontent.com/pod-product-compliance
Ingram Content Group UK Ltd.
Pitfield, Milton Keynes, MK11 3LW, UK
UKHW040744200225
455358UK00004B/304